고구려통사 ❼

고구려의 멸망과 부흥운동, 유민사

동북아역사재단 한중연구소 편

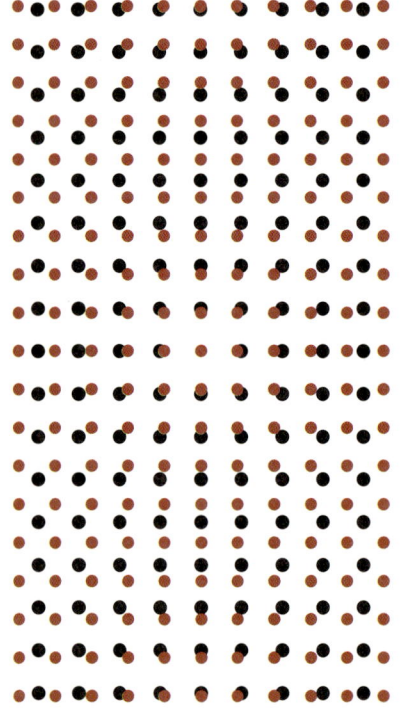

고구려통사 7

고구려의 멸망과
부흥운동, 유민사

책머리에

『고구려통사』의 편찬 목적과 주안점

고구려사는 한국고대사에서 지난 10년간 가장 큰 변화상을 보였던 분야이다. 『삼국사기(三國史記)』 고구려본기(高句麗本紀)의 초기 기사를 적극 활용하여 고구려사 연구의 방향과 방법론이 새롭게 모색되었으며, 정치사와 대외관계사를 중심으로 연구주제가 세분화되고 다양해지면서 괄목할 만한 성과를 거두었다. 또한 고고학에서는 북한의 연구성과에 기초하여 개설적인 정리를 시도하던 경향에서 벗어나, 중국에 남아 있는 고구려 고고자료가 소개되고 임진강 이남의 한반도 중부지역에서 고구려 유적에 대한 조사가 늘어나면서 고분벽화·고분·토기 등 여러 분야에서 독자적인 연구성과물이 나오는 단계에까지 이르고 있다.

이에 현시점에서 그간의 연구성과를 정리·집약하여 고구려사에 대한 우리의 이해가 어디에 이르렀는지를 파악하고, 남은 과제는 무엇이며, 새로운 연구는 어디로 나아가야 할 것인지를 따져 봐야 할 필요가 있다. 이 책은 다음과 같은 목적을 가지고 편찬하였다.

첫째, 축적된 연구성과를 정리해야 할 필요성이다. 현재 학계가 이용하고 있는 고구려사 개설서나 개인 연구자의 연구서들은 발간 당시의 성과를 반영한 결과물이지만, 담고 있는 내용이 제한적이거나 과거의 이해에 머물고 있다. 지난 10여 년 동안 연구범위가 넓어지고 새로운 이해가 더해졌지만, 학문적 성과를 잘 담지 못하고 있는 것이다. 그러므로 최근 연구성과를 반영한 새로운 정리물이 절실하다.

둘째, 역사상에 부합하는 이해를 제시할 필요성이다. 그동안 고구려사 연구가 커다란 성과를 거둔 것은 의심할 나위가 없다. 하지만 일부 연구에서는 재검토가 요청되는 섣부른 결론도 보인다. 이 경우 역사상에 부합하는 이해를 제시하여 이제 막 연구자의 길에 들어선 이나 역사에 관심 있는 이들이 학술적으로 타당한 이해를 토대로 고구려사를 고찰할 수 있도록 해주어야 한다.

이러한 문제의식에서 『고구려통사』 기획위원회를 구성하였다. 기획위원회가 가장 고민한 지점은 어떻게 하면 역사상에 충실하며 특정 이해에 치우치지 않는 집필이 가능할 것인가였다. 기획위원으로는 임기환(서울교육대학교 명예교수), 여호규(한국외국어대학교 교수), 김기섭(경기도박물관 관장), 정호섭(고려대학교 교수), 양시은(충북대학교 교수), 김현숙(동북아역사재단 명예연구위원), 이성제(동북아역사재단 수석연구위원)가 참여하였다. 『고구려통사』 총서는 시대별 특징과 고고자료의 중요성을 고려하여 초기사(전 2권), 중기사(전 2권), 후기사(전 3권), 고고자료(전 2권), 그리고 총론(1권)으로 구성하였다.

각 권은 주제와 시기를 달리하지만, 체계와 내용의 주안점에서 기획위원회가 마련한 일관된 기준에 따르도록 하였다. 관련 연구를 진행한 연구자가 책임지고 해당 장절을 집필하는 방식이 아니라, 위원회가 여러 차례 논의를 거쳐 마련한 편목별 내용구성안과 집필기준에 따라 원고를 작성토록 하였다.

한편, 고구려사 연구가 짧은 시간 내에 이토록 발전하게 된 데에는 중국의 동북공정식 연구가 추동한 위기의식 때문이기도 하였다. 이들 연구는 고구려사를 핵심과제로 다루었고, 자연히 고구려사를 구성한 제 분야를 섭렵하는 연구가 쏟아져 나왔던 것이다. 최근에는 유민묘지(遺民墓誌)나 『한원(翰苑)』 등 1차사료에 대한 활발한 연구와 고고자료를 활용한 새로운 논리 개발도 적극적으로 전개되고 있다. 이 점에서 『고구려통사』는 세 번째 주안점을 새로운 문헌자료와 고고자료의 충실한 소개와 중국 측 논거에 대한 학술적 비판과 정합적 이해의 제시에 두었다.

『고구려통사』 발간은 이러한 고구려사의 연구성과를 충실하게 정리하여 학계와 일반에게 제공하는 데 목적을 두고 있다. 연구에 막 입문한 이들에게는 고구려사의 주요 맥락과 과제에 보다 수월하게 접근할 수 있는 지침서가 되길 바라며, 역사에 관심을 가진 이들에게는 그간 알지 못했던 고구려의 새로운 모습을 살필 수 있는 자료가 되기를 희망한다.

기획위원회를 대신하여

이성제

차례

책머리에 / 5

1 동아시아 정세 변화와 고구려 멸망

1장 멸망 전후의 국내외 정세 변화 / 이동훈
1. 고구려의 대신라정책과 남방전선 / 16
2. 나당군사동맹과 당의 '고구려 선공' 전략 폐기 / 25
3. 백제의 멸망과 고구려의 대응 / 34

2장 나당연합군의 공세와 고구려의 멸망 / 정원주
1. 661년 당군의 공세와 신라의 군량수송작전 / 51
2. 당군의 고구려 공격 과정 / 62
3. 연개소문의 죽음과 자식들의 분열 / 77
4. 연남생의 투항 및 고구려 지배층의 동향 / 86
5. 667~668년 당의 공세와 고구려 멸망 / 100

2 고구려 멸망 후 부흥운동

3장 부흥운동의 전개 / 김강훈
1. 당의 고구려 고지 지배정책과 유민의 저항 / 131
2. 서북한 지역의 부흥운동 / 139
3. 요동·부여·책성 지역의 부흥운동 / 148
4. 당의 지배정책 변화와 보장왕의 부흥운동 / 156

4장 신라–당 전쟁의 전개와 고구려 유민의 활동 / 이준성

1. 신라의 백제 고지 장악과 신라–당 전쟁 / 168
2. 고구려 부흥운동과 신라로의 내투 / 180
3. 신라의 고구려 유민정책과 고구려 고지 지배 / 187

5장 고구려 멸망의 역사적 의미 / 박경철

1. 고구려의 국세 팽창과 전쟁 / 202
2. 7세기 동아시아 국제전쟁과 고구려의 멸망 / 208
3. 고구려 멸망의 역사적 의미 / 216

3 유민사 및 고구려 인식

6장 부흥운동 및 고구려 유민 연구의 신자료 / 장병진

1. 고구려 유민묘지명 자료 현황 / 231
2. 고구려 유민묘지명의 자료적 성격 / 249
3. 묘지명에 나타난 유민의 동향과 부흥운동 / 262

7장 고구려 유민의 향배와 존재방식 / 김수진

1. 보덕국과 신라의 고구려 유민정책 / 281
2. 왜로 이주한 고구려 유민과 고려군(高麗郡) / 285
3. 당으로 이주한 고구려 유민의 존재 양상 / 294
4. 돌궐로 이주한 고구려 유민 / 325

8장 고구려의 영향과 동북아시아 / 금경숙

1. 발해 건국의 배경과 고구려 계승의식 / 336
2. 고구려인으로 추정되는 도상(圖像) 등을 통한 고구려 인식 / 341
3. 후대 동아시아 각국의 고구려 인식 / 351

찾아보기 / 361

동아시아 정세 변화와
고구려 멸망

1

1장 멸망 전후의 국내외 정세 변화
2장 나당연합군의 공세와 고구려의 멸망

1장

멸망 전후의 국내외 정세 변화

이동훈 | (주)동북아역사문화연구소 연구소장

　7세기 초 고구려 원정 실패로 수가 멸망하고 당이 중국을 다시 통일해 나가던 시기 한반도 지역에서는 고구려, 백제, 신라 삼국이 상호 대립하고 있었다. 6세기 중반 신라가 한강 유역을 차지한 이후, 고구려와 백제는 직접적으로 전쟁한 적이 그다지 많지 않았다. 대신 한반도 중부와 동남부를 차지한 신라는 한반도 서남쪽에 위치한 백제와 북쪽에 위치한 고구려와 국경을 접하였기 때문에 양면에서 적을 맞이하는 형세였다. 그러므로 이 시기 삼국의 대립은 대체적으로 고구려와 백제가 신라를 공격하는 방식으로 진행되었다.

　특히 중국과 접경한 고구려는 삼국 항쟁에서 대륙 정세의 영향을 직접적으로 받았다. 중국이 분열되면 서북방이 안정되어 남부 전선에 전력을 집중할 수 있었다. 하지만 중국이 통일되면 서북방의 방어에 집중해야 했기 때문에 상대적으로 남부 전선은 교착 내지는 불리한 상황에 몰리기 쉬웠다. 또한 북방 유목세계의 정세도 무시할 수 없었다. 7세기 북방 유목세계의 패자로 군림하던 돌궐 이외에도 고구려와 돌궐과 당 세력의 영향권 안에 있었던 거란, 말갈의 동향에도 주의를 기울여야 했다. 특히 당·돌궐·고구려의 세력 변화에 따라 향배가 달라질 가능성이 있던 거란과 말갈 등은 고구려의 상시적 관심 대상이었다.

이 시기 한반도 남부는 백제와 신라 사이의 경쟁이 격화되었다. 양국 간의 전쟁이 삼국 간의 전쟁 중 가장 많은 빈도를 차지할 정도로 7세기 들어 양국의 대립은 더욱 격화되었다(강종훈, 2004). 치열한 전쟁을 치르면서 종국에는 둘 중 하나는 사라져야만 전쟁이 종식될 수 있다는 생각이 들 정도로 더 이상 양립할 수 없는 관계를 형성하였다. 삼국은 외부로부터 구원을 얻고자 국제외교에도 힘을 기울였다. 당을 비롯하여 왜와 돌궐 등 주변세력과 외교관계를 맺고 도움을 얻고자 했다. 고구려는 당의 침략에 맞서 돌궐과 연계하고, 거란·말갈에 대한 지배권을 강화하려고 했고, 백제의 세력을 이용하여 신라를 견제하는 한편 직접 공격하여 고토를 회복하려고 했다. 백제는 왜와 연계하는 한편 고구려와 협력하여 신라를 공략하려고 했다. 당과는 건국 초기부터 접근했지만 당의 신라에 대한 편향적인 태도를 확인한 후 관계를 단절하고 고구려 일변도의 정책으로 돌아섰다. 신라 역시 고구려와 백제에서 오는 압박을 극복하기 위해 내정을 개혁하고 군사전략을 정비하여 대항하는 한편, 고립무원한 형세를 탈피하기 위해서 외교에 주력했다. 그리하여 결국 당과의 협력을 이끌어내는 데 성공했다. 이렇게 삼국이 합종연횡을 반복하고, 외국세력까지 끌어들이면서, 삼국 항쟁은 종국에 한반도와 만주를 넘어 동북아시아 전체에 영향을 미치는 국제전쟁으로 발전하였다.

한편 수가 멸망하고 당이 들어서자 고구려는 당과 평화적 관계를 유지하고자 했다. 하지만 645년 발생한 당의 고구려 침략은 그간의 노력을 수포로 돌렸다. 고구려는 계속되는 당의 침략에 맞서야 했고, 이것은 체제의 위기를 가속화시켰다. 장기항전은 군사력 이외에도 총체적 국력이 뒷받침되어야 했는데, 고구려는 동북아의 강국이긴 하지만 객관적으로는 당에 비해 열세였다. 이 시기 고구려는 대외전략 면에서 고차원적인 방정식이 필요했다. 서북방과 남방에서 오는 군사 압력에 맞설 수 있는 독자적인 군사력과 전력도 증대시킬 필요가 있었지만, 적확한 외교정책으로 이를 효과적으로 극복할 필요가 있었다. 고당전쟁 이후 적대적 태도로 일관한 당의 위협은 국가 생존이 걸린 중대 사안이었기 때문에 더욱더 그러했다. 고구려는 당과의 대결을 위해서 세력을 확대해야 했고, 국제외교는 정교한 기술이 요구되었다.

이러한 관점에서 1절에서는 전쟁에 임하는 고구려 지배층의 군사·외교전략을 살펴보고, 교착상태에 빠진 서북방과 달리 국경의 변화가 심했던 신라와의 국경지대, 즉 고구려 남방전선의 변화에 대해 살펴볼 것이다. 2절에서는 한반도 내에서의 국가 위기를 대당외교로 극복하려고 했던 신라의 외교와 나당군사동맹, 그리고 이 과정에서 당이 고구려 선공에서 백제 선공으로 변경하게 된 과정에 대해 서술할 것이다. 그리고 3절에서는 백제의 멸망 과정과 그 직후에 보여준 고구려의 반응, 그리고 고구려와 백제의 연화설(連和說)에 대해 다룰 것이다. 이러한 과정을 통하여 고구려 멸망 전후의 국내외 정세 변화를 설명하려고 한다.

1. 고구려의 대신라정책과 남방전선

고구려는 7세기 중반 이후 대당전쟁을 수행하는 과정에서 객관적인 열세에도 불구하고 장기항전을 지속했다. 전쟁 이외의 기간도 상시적인 긴장상태였다는 것을 고려하면 실질적인 전쟁 기간에 포함시킬 수 있기 때문에 645년 고당전쟁이 시작한 이후부터 668년 멸망할 때까지 전쟁의 소용돌이 속에 있었다. 그렇다면 이렇게 군사력은 물론 전체 국력에서 엄청난 열세에도 불구하고 장기항전을 지속할 수 있었던 동인은 어디에 있었을까?

군사작전에서 전략적·전술적인 원인도 있었겠지만, 대내적으로 전쟁과 관련하여 체제 정비가 진행되었던 것도 중요한 요인이었다. 고구려는 강력한 통일제국인 수·당과의 전쟁에서 승리하기 위해 국가적 총력전을 수행할 수밖에 없었다. 동원 가능한 모든 성인 남녀를 군역이나 역역에 동원할 필요성이 증대되었고, 이를 위해 호적제도를 정비하여 호구에 대한 파악을 더욱 촘촘히 진행함으로써 많은 병력자원과 노동력을 확보할 수 있었다.

이리하여 대민지배방식도 전에 없이 강화되었다. 고구려는 전쟁을 수행하는 과정에서 사회체제가 군사체제로 변하였다. 상시적인 전쟁상태에 있었던 고구려 사회가 군사편제화의 방향으로 흘러가는 것은 필연적이었다. 초·중기에 평상시에는 평지성에 거주하다가 전쟁이 발생하였을 때에만 산성에서 생활하던 방식은 고구려 말기 상시전시체제에서 변모할 수밖에 없었다. 산성을 확대하여 수축하거나 평지성에 성곽을 축조함으로써 성에 대한 방어체제를 정비하고, 일반민은 군사적 체제로 편제되어 전쟁에 대비해야 했던 것이다. 그런데 군사화는 바로 중앙집권화와 밀접한 관련이 있었다. 전쟁은 일원화된 지휘를 필요로 했기 때문이다. 그 결과 고구려는 수·당전쟁에서 강력한 중국 통일왕조와 오랫동안 대응해 나갈 수 있었다. 고구려 사회의 군사편제화는 중국 통일왕조의 침략에 대해 오랫동안 강력하게 대응해 나갈 수 있는 사회적 기초가 되었던 것이다(이동훈, 2019).

한편 645년 고구려 원정 실패 이후 소모전으로 전략을 변경한 당 태종은 647, 648년 연이어 고구려를 침략하고, 649년에는 또 다시 대규모 원정을 기획하여 양국 사이에 긴장이 고조되었다. 그런데 이 무렵 태종의 사망으로 고구려와 당의 관계는 전기를 맞게 되었다. 당 고종은 즉위 초기에 내부 모반과 황후 교체 문제로 정신이 없었고, 또한 서북방에서 아사나하노(阿史那賀魯)가 반란을 일으키면서 요동과 한반도 전선에 군대를 투입할 여력이 없었다. 이후 당의 내부 문제가 수습되고 이민족 반란이 해결되면서 661~662년 요동, 한반도 지역에 대한 전면전이 재기되기까지 고구려와 당 사이의 전쟁은 대체로 소강상태에 머물렀다. 655, 658, 659년에 변경에서 국지전이 발생한 것을 제외하고는 대체로 안정적이었다(김진한, 2011). 하지만 당은 국내외 문제가 수습되자 내부 역량을 결집하여 고구려 정벌을 위한 전쟁을 개시했다. 660년 신라와 연합하여 백제를 멸망시키고 고구려에 대한 공세를 본격화한 것이다.

고구려는 보장왕 11년(652) 정월 당에 사신을 파견하는 등 최대한 전쟁을 피하려고 하였다. 그러나 고구려가 소극적으로 방어전만 진행한 것은 아니었다. 비록 실패로 끝났지만 보장왕 13년(654) 10월에는 말갈과 함께 거란을 공격하였다. 그리고 655년에는 신라에 대한 대대적인 공세를 펼쳤다. 645년 당과의 대규모 전투 이후 고구려는 당의 공격에 대해서는 대체로 방어적으로 접근한 반면 신라에 대해서는 공세적인 태도를 취했던 것이다. 그렇다면 이렇게 신라에 공세가 집중된 이유는 무엇일까?

쿠데타 직후 내부적으로는 반대파를 일소하고 외부적으로는 당에 사신을 보내어 정권의 정당성을 확보하려고 했던 연개소문에게 고당전쟁은 위기이자 기회였다. 전쟁을 수행하는 과정에서 지휘권을 확보한 연개소문은 전쟁이 승리로 귀결되면서 자신의 명망을 드높였고, 이로 인해 정권 장악력은 더욱 강력해졌다. 국왕의 권한을 대신하여 행사한 연개소문은 중앙집권체제를 강화했다. 권력강화를 위하여 기존의 집권세력에 타격을 가했으며, 기존세력을 견제하기 위해 자신을 따르는 새로운 신진세력도 등용했다. 그 결과 연개소문에게 권력을 탈취당한 왕은 유명무실해지고, 다른 지배세력은 몰락하게 되었다. 심지어 연개소문은 가문 내에서도 자신과 대적하는 대상은 모두 제거하였다. 이리하여 고구려 말기의 정치는 연개소문 가문의 전횡이라는 형태로 전개되어 갔다. 고구려 국내에서 독점적인 지배력을 누리게 된 연개소문 가문은 고당전쟁에서 전쟁을 지휘하는 거의 유일한 세력이 되었다(이동훈, 2019).

이렇게 독재권력을 행사하게 된 연개소문은 대외정책에 있어서 강경책을 고수했다. 당에 대해서는 상황에 따라 강온정책을 병행했지만, 그 밖의 세력에 대해서는 강경한 태도를 고수했다. 고구려 지배층은 시종일관 신라에 대해 강경책을 펼쳤는데(최호원, 2013), 이것은 고수전쟁 기간 동안 신라가 고구려의 남방 영역을 빼앗았기 때문이었다(노중국, 1981). 고구려는 6세기 중엽 신라에 의해 한강 유역을 빼앗기면서 온달에 의해 '고토회복론'이 제기되었는데, 이는 7세기 중반 연개소문 집권기까지 이어져 내려와 당시 고구려인들 사이에서 일정한 공감대를 형성하고 있었다. 당시 고구려의 현실은 서북방과 남방에서의 위협이 상호 연동하며 존재하던 시기였다. 필요하다면 군사적 대처를 통해서라도 위기를 극복해야 했고, 이런 상황에서 신라를 응징의 대상으로 삼는 것이 현실적인 해결방안이었다. 당시 고구려의 대신라정책은 '고토회복'을 위한 필연적인 조치였으며, 이를 통해 신라를 무력화함으로써 대당전선에 전력을 집중해야 하는 전략적 필요성에서 기인한 것이었다(윤성환, 2011a).

한편 654년 고구려가 거란을 공격한 원인에 대해서는 당의 부용세력이었던 거란과 해를 견제하기 위한 것이라는 의견(이재성, 2011), 궁극적으로는 당을 견제하기 위해서였다는 견해(여호규, 2018)가 존재한다. 그런데 신라에 국한된 전략인 '고토회복론'을 대외적으로 확장시키면 과거 '독자 세력권의 회복'으로 확대된다. 654년 말갈과 연합하여 거란을 공격하고, 655년 백제, 말갈과 연합하여 신라를 공격한 것은 바로 이러한 전략에 근거한 것이며, 이것은 650년대 중반 고구려의 대외전략의 하나로 채택되고 있었다(윤성환, 2010).

642년 쿠데타를 일으킨 이후 정권을 공고히 하는 작업에 여념이 없던 연개소문은 그 와중에도 군대를 이끌고 남방전선으로 가서 신라를 상대로 군사작전을 지휘하고 있었다. 이에 신라가 당의 개입을 요청하자, 고구려의 상황도 염탐할 겸 644년 당의 상리현장이 사신으로 와서 연개소문을 만나 신라를 침략하지 말 것을 요청하였다. 연개소문은 이에 대해 "우리는 신라와 원한이 쌓여 틈이 벌어진 지 오래되었다. 이전에 수나라 사람이 쳐들어왔을 때 신라가 틈을 타서 우리 땅 500리를 빼앗고, 그 성읍을 모두 차지하였다. 스스로 우리에게 빼앗긴 땅을 돌려주지 않는다면 전쟁은 아마 그치지 않을 것이다"(『삼국사기』 권5)라고

대답하였다. 신라 공격의 당위성을 설명하면서 고수전쟁 당시 신라가 고구려 남방 영역을 탈취했다는 사실을 알린 것이다.

　이 기록에 관해서는 6세기 중반 신라가 한강 유역을 차지한 일을 잘못 기록한 것이라고 이해하는 견해도 있지만(노태돈, 1999), 다수는 역사적 사실로 긍정하는 편이다. 이때 고구려가 상실한 남쪽 영역에 대해서는 춘천을 중심으로 한 북한강 유역이 그 중심지에 포함되었을 가능성을 제시하기도 한다(장창은, 2014). 고구려가 608년에 일시적으로 춘천이나 동해안 지역으로 남하했다가, 610년대 신라의 반격으로 인해 다시 북쪽으로 후퇴하였다는 것이다(윤성호, 2017). 해당 지역이 500리나 되는지 의심스럽지만, 고수전쟁 때 신라가 어느 정도 남쪽 영역을 잠식한 것은 분명해 보인다.

　고구려는 평원왕 대 이후 정국이 안정되면서 고토 회복에 나섰고 어느 정도 성과를 본 것도 사실이다. 하지만 고수전쟁 때 신라의 공세로 그동안의 노력이 허사가 되었다. 고수전쟁의 상처가 어느 정도 마무리되자 고구려는 638년 마침내 신라에 대한 일제 공세에 나섰다. 그리하여 고구려의 '고토회복론'과 신라의 북진정책이 전면적으로 충돌했다. 638년을 전후하여 고구려와 신라가 크게 충돌한 지점은 크게 네 군데인데, 서쪽부터 동쪽으로 칠중성, 낭비성, 우명산성, 비열홀 방향에서 각각 공방전이 벌어졌다. 먼저 고구려의 대공세 이전인 630년대 상황을 중심으로 살펴보면 다음과 같다.

　우명산성의 위치에 대해서는 크게 경기도 동북부나 춘천을 중심으로 한 북한강 일대(서영일, 2001), 춘천 일대(윤성호, 2019)와 안변 일대(전덕재, 2014)로 보는 의견이 있다. 현재는 춘천으로 보는 견해가 좀 더 유력하다. 고구려는 608년 우명산성을 함락했다. 신라는 선덕여왕

6년(637)에 춘천을 중심으로 우수주(牛首州)를 설치했다. 이에 대해서는 629년에는 포천에 위치한 반월산성을 차지하고, 이를 근거로 다시 춘천을 공격하여 우수주를 설치한 것으로 이해한다(박종서, 2022).

낭비성의 위치에 대해서는 청주 지역(이원근, 1976), 파주 칠중성(심광주, 2003), 포천 반월산성(서영일, 1995; 장창은, 2014)으로 비정하는 견해가 제기되었다. 이 중 반월산성에서 삼국시대의 낭비성 지명인 '마홀(馬忽)'명 기와가 출토됨으로써, 현재는 반월산성을 낭비성에 비정하고 있다(서영일, 1995; 박종서, 2010). 반월산성이 위치한 포천 지역은 고대부터 교통의 요충지이며 북한강을 따라 춘천 지역으로 진출할 수 있는 곳이기도 하다. 또한 신라가 임진강 유역으로 방어선을 북상하여 한강 유역의 북한산주를 안정화시키기 위해서도 필요했다(윤성호, 2019). 고구려는 608년 우명산성(춘천)을 차지하고, 그 후 어느 시기에 낭비성(포천)을 차지한 것 같은데, 629년 신라에 다시 빼앗겼던 것이다(박종서, 2022).

칠중성은 경기도 파주군 적석면에 소재했는데, 임진강을 두고 신라와 고구려가 대치하는 상황에서 강의 남쪽을 방어한 거점성이다(정창은, 2021). 임진강에서 가장 도하하기 쉬운 지점인 가여울(戍灘)의 남안(南岸)에 위치하고 있어 고구려가 북한산성 방면으로 진출하기 위해서는 반드시 거쳐야 하는 요충지였다(선봉조, 2017). 하지만 629년에서 638년 사이에 신라에 빼앗겼는데, 629년 낭비성을 빼앗긴 후 이를 기점으로 동쪽으로는 우명산성을, 서쪽으로는 칠중성을 빼앗긴 것으로 보인다(박종서, 2022).

이상 낭비성·우명산성·칠중성은 모두 630년을 전후하여 신라에게 빼앗긴 지역이었다. 이것은 고수전쟁 이후에도 고구려가 내부 정비에 여념이 없는 틈을 이용하여 신라가 고구려의 남방 영역을 조금씩 잠식해갔다는 사실을 보여준다. 따라서 고수전쟁의 피해에서 어느 정도 벗어나 국력을 회복한 고구려가 신라에 대해 반격에 나서 실지 회복을 도모하는 것은 예견된 일이었다. 영류왕 21년(638) 고구려는 파주 임진강 남쪽에 위치한 칠중성을 공격했지만 실패로 끝났다. 그 후 신라가 642년 김유신이 무력시위를 할 때와 645년 당을 도와 고구려를 침입했을 때 임진강을 도하했을 가능성이 있지만(윤성호, 2022), 대체로 고구려 남방전선 서쪽에서 신라와의 접경은 임진강 유역에서 고착화되었다. 이러한 상황은 660년 10월까지 계속 이어졌다(윤성호, 2022; 정동민, 2023).

다만 서부쪽 상황과 달리 동해안 지역에서 고구려의 공격은 소기의 성과를 거두었다. 이 지역에서 고구려와 신라의 경계 변동은 671년 신라 문무왕이 당 설인귀에게 보낸 서한인 「답설인귀서」에서 답을 얻을 수 있다. 답서에는 "비열성(卑列城)은 본래 신라 땅이었는데 고구려가 쳐서 얻은 지 30여 년 만에 신라가 다시 이 성을 되찾아 백성을 옮기고 관리를 두어 수비하였습니다. 그런데 [당이] 이 성을 가져다 고구려에 주었습니다"(『삼국사기』 권7)라는 내용이 기술되어 있다. 비열성은 오늘날 원산만과 인접한 안변 지역으로 비정되는데, 신라가 비열홀 지역을 되찾은 것은 666년 12월 안정토가 12성을 들어 신라에 항복한 것이 계기가 되었다고 보는 게 일반적이다(박종서, 2022). 일각에서는 668년 고구려가 멸망할 때 차지한 것으로 이해하기도 한다(장창은, 2014). 그러므로 고구려가 비열성을 되찾은 것은 30여 년 전으로 638년 칠중성을 공격하던 무렵이다.

결국 638년 고구려의 공격은 동해안 방면에서 비열홀을 공격하여 차지한 것을 제외하면, 임진강 유역에서 신라에게 계속 패한 것으로 정리된다. 630년대 말 고구려와 신라는 서쪽 방면에서는 임진강 이남과 한탄강 유역을 중심으로, 동쪽 방면에서는 비열홀(안변)과 달홀(고성)의 중간지점에서 대치했던 것이다. 645년 당과의 전쟁 직전에도 연개소문이 대신라전선에 나선 것에서 알 수 있듯이 고구려는 고토 회복을 위해 노력했다.

그렇지만 645년 고당전쟁과 그 후 이어진 일련의 전쟁으로 인해 고구려는 한동안 남방전선에 신경쓸 겨를이 없었다. 그러다가 당 고종 재위 초기인 650년대에 들어 당과의 관계가 소강상태에 접어들자 655년 신라에 대한 공격을 재개했다. 이 공격은 645년 고당전쟁 당시 신라의 공격에 대한 보복의 의미를 담고 있었다. 또한 고구려는 당과의 전쟁으로 요동 지역이 황폐해지고 적지 않은 호구를 상실한 상태였다. 이를 만회하기 위해 신라의 영역을 더 차지할 필요가 있었다. 아울러 고구려 원정에 실패한 당의 기세가 주춤한 틈을 타서 신라를 제압, 한반도 안의 세력권을 공고히 하려는 노력이기도 하였다(최호원, 2020).

이 공격으로 고구려는 신라의 북쪽 변경 33성을 차지했다. 이 전투에 대해서는 실제로 일어난 사실인지 의심하기도 하지만(방용철, 2016), 대체로 사실로 인정하는 경향이 강하다(선봉조, 2017; 윤성호, 2017; 최호원, 2020). 33성의 위치에 대해서는 충주, 보은 일대, 당항성 인근, 한강 유역, 소백산 이남과 한강 하류 지역으로 보는 견해도 있지만, 영서 내륙과 동해안 지역으로 보는 견해가 좀 더 강하다(윤성환, 2010; 고창민, 2021). 661년에 있었던 고구려의 술천성과 북한산성 공격이 죽령로를 통한 작전임을 고려하면, 영서 내륙과 동해안 쪽으로 보는 편이 타당할 것이다(윤성환, 2010; 장창은, 2014). 지금의 경기도 여주로 생각되는 술천성에 이를 때까지 고구려군은 신라군의 특별한 저항을 받지 않았으므로, 655년의 공격을 통해 대략 화천과 춘천 등 북한강 유역을 거쳐 남으로 원주 일대까지 차지한 게 아닐까 생각된다(최호원, 2020).

한편 신라는 선덕왕 8년(639) 하슬라주(何瑟羅州)를 북소경(北小京)으로 삼았는데, 태종무열왕 5년(658)에 하슬라 땅이 말갈과 접한 북쪽 변경이라 사람들이 편안치 못하다고 여겨 소경을 폐지하고 주를 설치하고 도독을 두어 지키게 하였다. 그리고 실직을 북진(北鎭)으로 삼았다고 전한다. 이 기록을 통해 658년 무렵에 하슬라가 신라의 북경(北境)이었다는 것이 확인된다. 그러므로 655년 정월 말갈, 백제와 함께 군사를 연합하여 신라의 북쪽 변경을 침략하여 33성을 탈취했을 때 고구려는 신라 북방을 공략하여 하슬라 근처까지 접근했던 것이다(박종서, 2022).

이와 같이 655년 고구려의 대신라 공세는 동해안 방면으로는 하슬라 근처까지, 영서 내륙 방면으로는 620년대 말부터 630년대까지 신라에 의해 상실되었던 춘천 지역에 대한 패권을 재탈환한 것으로 볼 수 있겠다. 이것으로 연개소문을 비롯한 고구려 지배층이 남방전선인 신라를 대상으로 추진했던 '고토회복론'이 적어도 동부 지역에서는 어느 정도 실현되었다고 봐야 할 것이다.

요컨대, 7세기 고구려와 신라의 남방전선은 서쪽에서는 한강과 임진강 유역을 중심으로 공방을 이어가다가 630년 무렵부터 임진강 유역으로 고착화되었던 반면, 동쪽에서는 영서와 동해안 지역을 중심으로 일진일퇴를 거듭하면서 대립이 격화되었다고 할 수 있다. 최종적으로 신라가 북진하여 안변 일대를 차지한 것은 고구려 멸망 무렵 안정토가 12성을 들어 투항한 666년이다. 대략 강원도와 함경남도에 위치한 비열홀, 천정군(덕원), 각련군(회양) 일대이다(노태돈, 1999).

2. 나당군사동맹과 당의 '고구려 선공' 전략 폐기

6세기 중엽 한강 유역을 차지한 후 고구려와 백제의 지속적인 침략에 시달렸던 신라는 군사상의 열세를 외교로 극복하려고 하였다. 그리하여 수와 당에 사절을 파견하여 고구려, 백제, 신라 삼국의 분쟁에 대한 적극적인 개입을 요청했다.

하지만 당은 신라가 원한 만큼 적극적인 반응을 보이지 않았다. 국초부터 관중본위정책을 시행한 당의 입장에서는 동북 지역보다는 수도인 장안이 위치해 있는 관중과 인접한 서북방의 안정이 더 중요했기 때문이다(陳寅恪, 2011). 당 전기에 설치된 상설 군부인 절충부만 하더라도 전국적으로 630여 개가 설치되었는데, 그 중 80%가 관내도(44.9%), 하동도(24.9%), 하남도(11.2%)에 집중되어 있을 정도였다(谷霽光, 1962). 당의 수도가 위치한 장안과 당의 발흥지인 태원, 낙양 주변 지역에 병력이 집중되었던 것이다. 당의 동북 변경지역은 당 전체에서 그다지 중요하지 않았다. 당은 한반도 삼국의 분쟁에 대해 조서를 내려 화해를 권유하는 방식으로 삼국의 세력균형을 유지하는 정책을 펼쳤다. 그리하여 신라의 거듭된 삼국 분쟁에 대한 적극적 개입 요청을 거절한 채 소극적으로 중재에 나섰을 뿐이었다.

아울러 당은 건국한 이래 백제와 줄곧 평온한 관계를 유지하고 있었기 때문에 신라 편만 들어줄 수 없는 형편이었다. 백제는 당에 대해 조공의 의무를 다했는데, 외부로부터 오는 압력을 감소시키는 한편 신라에 대한 공세를 강화하기 위함이었다. 당이 사신을 파견하여 신라를 공격하지 말라고 권유하면 신라를 침략한 행위에 대해 사죄하는 한편 개선하겠다는 방식으로 일을 처리하여 당과 직접적으로 맞서는 것을 피했다. 그러므로 당은 외견상 조공의 의무를 다하는 백제를 저버릴 명분이 없었다.

그런데 645년 고구려 침략에 즈음하여 당의 정책에 변화가 생겼다. 당은 수륙 양면에서 고구려를 공격하는 작전을 수립했다. 당 태종이 이끄는 주력군이 요동 전선으로 향하고, 수군이 평양을 공격하는 전략이었다. 그리고 백제와 신라로 하여금 당과 협력하여 고구려의 남쪽에 제2의 전선을 구축하고자 하였다. 그런데 약조와 달리 백제는 파병을 하지 않았고, 오히려 신라의 서쪽을 공격하여 7개 성을 차지했다. 신라는 고당전쟁 초기에 군사 5만을 동원하여 수구성을 함락시키기도 했지만, 이로 인해 더 이상의 전과를 거둘 수 없었다. 다만 이때 보여준 백제와 신라의 상반된 태도는 이후 당이 대고구려전쟁에서 신라만을 우호세력으로 삼겠다는 내부 결정을 하도록 하였다(주보돈, 2017).

645년 고당전쟁의 결과는 백제의 대당외교에도 영향을 주었다. 당의 거듭된 실패 때문인지는 몰라도 백제는 당과의 협력관계에서 이탈하여 친고구려적인 성향을 보였다(김수태, 2004). 백제에 의한 신라 공격이 계속되면서 양국의 대립은 다시 격화되었다. 645년 제1차 고당전쟁 이후 640년대 후반기에도 한반도·요동 지역의 북쪽에서는 당의 연이은 침략으로 고구려와 당이 계속 맞붙는 전황이 펼쳐졌다. 남쪽에서도 백제의 도발로 신라와 백제 양국이 치열한 각축을 벌이는 형세가 전개되었다. 당 조정은 645년 고당전쟁 이후 지속적인 소규모 전투를 통해 고구려를 피폐하게 한 다음 대규모 병력을 투입한 전면전을 벌일 계획이었다. 그러는 가운데 당 태종은 645년 원정의 실패를 교훈 삼아 고구려 남부에 제2의 전선을 구축하여 고구려의 방어력을 분산시키는 한편 보급품 문제를 해결하고자 했다. 그리하여 신라의 존재에 주목하게 되었다.

그러던 차에 648년 신라 김춘추가 당에 사절로 방문하자 당 태종은 극진히 환대하였다. 이것은 당 태종이 직접 고구려를 원정할 때 병력을 보내 도와준 것에 대한 보답 행위였다(주보돈, 2017). 김춘추는 다른 사신과 달리 먼저 태학에서 석존과 강론 참관을 요청하여 중국의 유학을 받아들일 것을 천명하여 당 태종의 환심을 샀다(김덕원, 2022a). 이에 태종은 본인이 쓴 '온탕비'와 '진사비'를 하사하고, 새로 편찬된 『진서(晉書)』를 선물하여 본인의 통치이념을 알렸다. 김춘추는 649년 하정지례(賀正之禮) 이후 두 차례의 면담을 통해 태종에게 한반도 정세에 대해 논의했다(김덕원, 2022a). 당이 이렇게 신라의 요구에 적극적으로 응한 것은 신라의 전략적 가치를 인정했기 때문이었다.

이와 관련하여 『삼국사기』에 수록된 「답설인귀서」에는 다음과 같은 내용이 실려 있다.

> 선왕(무열왕)께서 정관 22년(648)에 태종문황제(太宗文皇帝)를 직접 뵙고서 은혜로운 칙명을 받았는데, "내가 지금 고구려를 치는 것은 다른 이유가 아니라, 너희 신라가 두 나라 사이에서 두려워하여 매번 침략을 당하여 편안할 때가 없음을 가엽게 여기기 때문이다. 산천과 토지는 내가 탐내는 바가 아니고 보배와 사람들은 나도 가지고 있다. 내가 두 나라를 평정하면 '평양 이남 백제 토지(平壤已南 百濟土地)'는 모두 너희 신라에게 주어 길이 편안하게 하겠다" 하시고는 계책을 내려주시고 군사행동의 약속을 주셨습니다. _『삼국사기』권7

648년 김춘추가 당 태종을 만났을 때 고구려와 백제를 멸망시킨 후 '평양 이남 백제 토지'는 신라에 귀속시킨다는 묵계가 있었다는 것이다.

여기서 '평양 이남, 백제 토지'의 경우, 어디에 방점을 두는지에 따라 '평양 이남의 고구려 고지와 백제 고지'(이호영, 1997; 노태돈, 2009) 혹은 '평양 이남에 해당하는 백제 고지'(김영하, 2010; 윤경진, 2016)로 해석이 가능하다. 관점의 차이에 따라 신라의 통일에 의미를 부여함에 있어 '일통삼한론' 혹은 '백제병합론'으로 평가가 달라지기 때문에 학계의 논쟁이 되어왔다.

한편 이 사료의 사실성에 대해서는 부정론과 긍정론이 교차한다. 부정론은 과거 김춘추가 당 태종과 만나서 백제 영토를 신라에 귀속시키겠다는 신라 문무왕의 글이 다른 사서에는 없는 귀중한 자료라는 것을 인정하면서도, 본문의 전체 내용에 사실인 점도 많지만 사실을 왜곡하고 신라의 입장을 강조한 것도 섞여 있어서 사실 그대로 믿기 어렵다는 의견이다(黃約瑟, 1995). 하지만 문서의 내용이 사실성과 구체성을 띤다는 점에서 해당 사실을 인정할 수 있고(주보돈, 2017), 660년대 당과 신라가 백제와 고구려 멸망에 연합군사작전을 전개한 사실을 보면 부정할 수만은 없다고 보인다(노태돈, 2009).

「답설인귀서」의 관련 내용은 당 태종이 김춘추에게 문서 형태가 아닌 구두로 표명한 것을 김춘추가 사후 보고를 하고, 신라가 이를 공식 기록으로 남긴 것으로 이해된다(주보돈, 2017). 그런데 최근 「답설인귀서」에 김춘추가 당 태종을 '직접 뵙고 칙명을 받았다'는 구절에 주목하여 구두약속이 아닌 공식적인 외교문서 형식으로 받은 것이라는 견해가 제시되었다. 이에 따르면 648년 나당동맹에서 적어도 군사동원의 방법과 시기, 그리고 전후 처리에 대한 문제도 논의되었을 것으로 추정한다(김덕원, 2022a).

하지만 649년 7월 당 태종이 사망하고, 죽기 전에 고구려 원정 준비를 취소하라는 유언을 남기면서 당의 동방정책은 일대 변환을 맞이하게 되었다. 태종의 죽음은 동아시아의 국제관계에 영향을 주었고, 나당동맹 역시 변화가 불가피했다. 하지만 내부 문제로 인해 대외적으로 신경 쓸 겨를이 없었던 당과 달리 당의 협력이 절실했던 신라는 지속적으로 나당동맹을 유지하기 위해서 노력했다.

649년 귀국한 김춘추는 당복(唐服)으로 의관을 정비하여 당과의 외교적 관계를 대내외에 천명하였다. 이 때문에 왜를 방문했던 신라 사신과 왜가 외교적으로 마찰이 생길 정도였다. 651년에는 대신들에게 아홀(牙笏)을 들게 하고, 같은 해 신라의 독자적인 연호를 포기하고 당 고종의 연호인 영휘(永徽)를 사용하였다. 652년 정월에는 하정지례를 처음 실시하는 관례를 만들고, 뒤이어 품주를 집사부로 명칭을 바꾸고, 그 장관을 중시(中侍)로 명명하였다. 당제를 모방한 이러한 일련의 제도 정비는 당의 환심을 사기 위한 외교적 목적도 담겨 있었다(주보돈, 2017). 신라는 자국의 예복과 연호를 포기하는 적극적인 귀속의식을 표방한 결과 당을 유인하는 데 성공하였다(이도학, 2014). 신라의 정치개혁은 당과의 동맹과 상호 인과관계를 이루고 있었던 것이다. 그러므로 나당동맹은 기본적으로 정치동맹과 군사동맹의 성격뿐만 아니라 문화동맹이라는 성격도 겸하고 있었다(김덕원, 2022a). 654년 당은 신라왕 김춘추를 개부의동삼사 신라왕에 책봉하였는데, 이는 고구려왕과 백제왕에게 책봉한 관위보다 높아 당이 신라를 중시하고 있다는 사실을 알렸다.

655년 고구려가 신라 변경을 침입하여 33성을 빼앗아 가자 신라는 당에 구원을 요청했다. 이에 당은 정명진과 소정방을 파견하여 귀단수에서 고구려를 격파하였다. 당의 귀단수 공격과 신라의 요청과의 상관성을 부인하는 견해도 있지만(정원주, 2014), 이것은 649년 나당동맹이 성립한 이후에 양국 사이에 처음으로 이루어진 군사적인 협력이었을 뿐만 아니라 당 태종의 죽음 이후에 신라의 구원 요청에 당이 처음으로 보인 반응이었다(김덕원, 2022b). 그 전까지 신라가 청병을 하였을 때 외교적으로 중재했던 것과는 달라진 모습이었다. 한반도 문제에서 이익이 일치한 신라와 당의 관계는 외교적인 협력 차원에서 나아가 군사적 동맹관계로 점차 발전하였던 것이다.

한편 신라가 나당동맹에서 가장 주안점을 둔 것은 군사동맹이고, 그중에서도 백제에 대한 군사작전에 확답을 받는 것이었다. 그런데 건국 초부터 당의 대요동·한반도 군사작전의 주된 목표는 고구려 정벌이었다. 대외정책의 순위에서 백제는 후순위에 머물렀다. 그렇지만, 660년대 먼저 백제를 멸망시키고 다음에 고구려를 멸망시킨 것에서 알 수 있듯이, 어느 순간 '백제 선공'으로 전략이 바뀌었다. 당이 군사전략을 바꾼 시기와 원인 등에 대해서는 정확히 밝혀진 바 없지만, '고구려 선공'에서 '백제 선공'으로 정책이 변환한 시기에 대해서는 648년설과 659년설이 있다.

648년설은 김춘추와 당 태종의 회담에서 백제를 선제공격하는 방향이 정해졌다는 견해이다(이호영, 1997). 「답설인귀서」에 등장하는 '평양 이남 백제 토지'를 신라령으로 한다고 약속했다면 그것은 곧 당군이 대고구려전을 수행하기 위해 백제 공격을 감행하는 데 동의했다는 것이다(노태돈, 2009). 659년설은 신라의 지속적인 외교적 교섭과 거듭된 청병 요구에 마침내 당이 화답함으로서 '고구려 선공' 정책에서 '백제 선공' 정책으로 전략을 변경했다는 것이다(김덕원, 2022b). 한편, 당의 대외환경 변화에서 그 이유를 찾기도 하는데, 648년에 백제 공략 방안과 신라의 고구려 이남 지역에서의 군사작전이 논의되기는 했지만, 658년 서

돌궐 멸망을 계기로 백제선공책이 확정되었다는 것이다(여호규, 2020). 659년에 '백제 선공'으로의 전략 변경이 당 내부의 정치적 상황 변화로 사전에 결정된 것이라는 의견도 제시되었다(주보돈, 2017).

이 연구에 의하면 659년은 당 고종이 즉위한 지 10년이 되어가던 시기이다. 그런데 이 당시 당 조정의 권력구도는 태종 시기와 많은 차이가 있었다. 태종의 고구려 원정 때 참여했던 공신집단은 655년 황후를 측천무후로 교체하는 사안에 대해 각기 다른 의견을 제시하면서 분열되었다. 황후 교체를 두고 장손무기와 저수량은 반대, 허경종은 찬성, 이적은 표면적으로는 집안일이니 스스로 결정하라는 중립을 표시했지만, 사실상 황제의 뜻을 지지했다. 이를 계기로 측천무후가 권력을 장악하면서, 반대파들이 숙청되고 허경종 일파가 득세했다. 장손무기를 대표로 하는 관롱집단(關隴集團)이 쇠퇴하고, 산동사족(山東士族)을 대표로 하는 비주류가 부상한 것이다. 지역적인 관계로 관롱집단이 서역 실크로드에 이권이 많이 걸려 있었다고 한다면, 산동사족은 상대적으로 만주, 한반도와 밀접한 관계가 있었다(서영교, 2021). 그런데 이적은 산동 지역과 관련이 있었고, 허경종은 그 조상이 남조 출신이지만 널리 보면 산동 귀족집단에 포함시킬 수 있는 부류였다(黃永年, 1995). 그리하여 측천무후를 중심으로 새롭게 재편된 세력들은 기존의 정책을 재검토한 끝에 백제 선공으로 방향을 바꾸었다. 이런 상황에서 신라의 청병 요구가 있자 최종적으로 '백제 선공'쪽으로 결론을 내리게 되었다는 것이다. 이 견해에 따르면 대동방정책에 있어서 관롱집단은 '고구려 선공'파, 산동사족은 '백제 선공'파에 해당한다.

하지만 당 고종 초기 집권세력이었던 장손무기나 저수량은 대외관계에서 온건파였다. 오히려 나중에 고구려 원정군 총사령관이 된 이적 같은 이가 대외강경파에 해당했다. 그러므로 측천무후의 대외정책 조정은 온건파인 장손무기나 저수량의 사망과 강경파인 이적 같은 인물의 득세와 관련이 있었다. 새롭게 재편된 이들은 대외정책에서 강경책을 주도했고, 그 결과 650년부터 반란을 일으켜 당제국의 골칫거리가 되었던 서돌궐 세력을 강경 진압하였고, 대고구려 원정도 주도했던 것이다(여호규, 2018). 당은 659년 백제 원정을 결정하기까지 단독작전에 의한 요동 공략을 지속적으로 시행하고 있었다. 하지만 거듭된 실패로 전략적 한계가 드러남에 따라 새로운 전략적 변화가 요구되는 시점이었다. 이때 신라의 백제 원정 요청으로 당의 백제에 대한 입장은 적극적인 방향으로 선회했던 것이다(김영하, 2000). 요컨대 당의 정치적·군사적 요인도 있었지만, 당이 군사전략을 '고구려 선공'에서 '백제 선공'으로 전환하는 데 신라의 외교적 노력이 큰 역할을 했다는 것은 부인할 수 없다.

이와 같이 나당동맹은 시간이 지나면서 신라와 당의 여러 변화된 상황과 궤를 같이하였고, 다시 나당동맹에 반영이 되면서 새롭게 변화했다(김덕원, 2022a). 이로 인해 어느 수준을 동맹으로 볼 건가에 따라 나당동맹의 성립 시기나 군사동맹의 체결 시기에 대해서는 의견이 갈리고 있다. 나당동맹의 성립 시기에 대해서는 648년으로 보는 견해가 대부분이다(최현화, 2004; 이기동 2005; 김은숙, 2007; 선봉조, 2017). 그 밖에 648년을 수정하여 649년으로 보는 견해(김덕원, 2022a), 659년으로 보는 견해(주보돈, 2017) 등이 있다. 648년 또는 649년 동맹과 659년 동맹의 성격 차이에 주목하여 시기별로 나당동맹의 성격을 분류하기도 한다. 648년은 동맹의 단초를 열었지만 연합군 편성이 성사되는 단계는 아니었고, 백제 공격을 목표로 한 659년에야 합동작전이 전개되었기 때문에 나당동맹은 659년에 성립되었다는 것이다(주보돈,

2017). 이에 대해 649년에 이미 군사동맹이 체결되었지만 당 태종의 죽음 등으로 사실상 중단되어 명목상 유지되다가 659년에 재성립된 것으로 보고, 649년은 제1차 나당동맹, 659년은 제2차 나당동맹으로 구분하면서, 그 군사전략은 제1차는 '고구려 선공'이었지만, 제2차는 '백제 선공'으로 차이가 있는 것으로 이해하기도 한다(김덕원, 2022b).

640년대에 격화된 백제의 대신라 공세 및 고구려와 당의 전면전쟁의 결과에 입각한 대응책으로 648년 무렵 성립된 나당동맹은 7세기 중반 삼국의 관계를 대결적 동맹구도라는 형태로 재편시켰다. 개별 국가 간의 국지적인 분쟁 형태에서 탈피하여 커다란 두 세력 간 대결로 변모함으로써 과거와는 비교할 수 없을 정도의 파급력을 가져왔다. 동맹구도의 성립으로 삼국의 역학관계는 현상을 유지하는 단계에서 벗어나 타파하는 새로운 단계로 발전될 수밖에 없었다. 백제와 고구려는 신라를 고립시켜 지속적인 소모전을 종식시키려 했고, 신라는 백제와 고구려의 위협을 근원적으로 해결하기 위해 당과의 동맹을 통한 백제·고구려의 제거를 추진했다.

백제 역시 당과의 관계가 악화되자 653년 왜와 통호하고, 655년 고구려와 연합하여 신라의 33개 성을 빼앗은 후 다시 왜에 사신을 보내 백제 편으로 끌어들였다. 왜 역시 수·당 제국의 침입을 격파한 고구려의 군사력에 대한 신뢰와 함께 신라의 고압적 자세에 대한 반감 등을 이유로 백제와 고구려 진영에 합류하였다.

왜는 전통적으로 한반도 삼국의 주요 외교 대상 중 하나였는데, 백제와 고구려의 대왜외교 기조는 일찍이 630년을 기점으로 점차 변화했다. 고구려는 왜에 대하여 그 이전에는 문화적 교류에 초점을 맞추었다면 630년대부터는 정치·경제적 교섭으로까지 확대하고 있었다.

백제 역시 630년대부터 군사외교를 강화하는 방향으로 전개했다(김지영, 2016). 650년대 이후 백제, 고구려와 왜의 협력은 이러한 국제정세의 변화를 배경으로 하였다.

그리하여 본래 한반도의 고구려·백제·신라 사이의 전쟁에 국한되었던 삼국 항쟁은, 신라가 당을 끌어들이고 백제가 왜를 끌어들이면서 국제전쟁으로 비화하였다. 여기에 고구려와 연계된 돌궐, 설연타까지 포함하면 그 범위는 더욱 확대된다. 이런 식으로 형성된 고구려-백제-왜-(돌궐-설연타)로 구성된 진영과 신라-당으로 구성된 양대 진영은 이후 한반도 및 동북아시아의 역사에 깊은 영향을 미쳤다. 삼국 항쟁은 시간이 가면 갈수록 그 규모와 범위가 확대되었을 뿐만 아니라, 동북아 지역의 국제전쟁으로 발전하였다. 이 전쟁의 결과로 고구려와 백제는 멸망했고 신라는 부분적이지만 삼국을 아우르는 통일국가를 수립할 수 있었다. 따라서 나당군사동맹과 이에 대응하는 고구려, 백제, 왜 진영의 대립구도 성립은 7세기 중후반 동아시아 정세를 요동치게 한 배경이라고 할 수 있다.

3. 백제의 멸망과 고구려의 대응

백제는 647~649년 연속으로 신라의 서쪽 변경을 침략했지만, 김유신 등의 활약으로 격파당하고, 도리어 큰 피해를 입었다. 이에 따라 650년대 전반기에는 신라에 대한 공격을 한동안 중지할 수밖에 없었다. 집권 후 친정체제 구축과 친고구려정책으로 왕권강화를 도모했던 의자왕은 655년에 고구려와 힘을 합쳐 신라의 30여 성을 빼앗았다.

하지만 그 후 초심을 잃고 사치와 향락에 빠지면서 실정을 거듭하였다. 게다가 귀족들의 내분으로 인해 백제는 대내적으로 어려운 상황에 빠졌다. 이런 현실을 파악한 신라는 임자 등 백제 최고위층을 첩자로 포섭하였고, 이들이 제공하는 정보를 통해서 백제의 대내적 상황을 비교적 정확히 파악하였다(김덕원, 2022b). 이와 같은 상황에서 무열왕은 백제를 병합할 계획을 수립했다(고창민, 2021).

659년 백제가 자주 변경을 침입하자 이를 기회로 신라는 당에 사신을 보내어 군사를 요청했다. 이때 사신으로 파견되었던 인물은 무열왕의 아들인 김인문이었다. 무열왕은 자신의 아들인 김인문을 당에 사신으로 파견하여 명목적인 상태로 유지되었던 나당동맹을 다시 운용하려고 했던 것이다(김덕원, 2022b). 신라의 지속적인 대당외교의 노력이 효과를 본 것인지 마침내 당은 출병을 결정했다. 고구려 선공에서 백제 선공으로 전략을 바꾼 당은 즉각 군대를 편성하고, 소정방을 원정군 총사령관으로 임명했다. 전쟁이 결정되자, 659년 왜가 당에 보낸 사신을 억류하고, 당에 체류하던 왜인들을 대상으로 귀국금지령을 내렸다(주보돈, 2017). 당은 고구려, 백제와 연관된 왜인을 억류하면서까지 백제 침공계획을 비밀로 한 것이다. 당시 왜는 649~653년 무렵 친백제 세력이 실권을 잡으면서 신라·당과는 관계가 소원해졌기 때문에 백제정벌계획이 왜를 통해 백제와 고구려에 전달될 가능성을 배제할 수 없었기 때문이다(김지영, 2014).

당은 출병 이전에 '백제 선공'으로 전략을 변경하면서 백제를 정벌한 이후 전후 처리에 대한 문제도 논의하였을 것으로 보인다(김덕원, 2022b). 이렇게 백제 침략에 만전을 기한 나당연합군은 660년 7월 10일 백제 수도에서 양군이 합류하기로 약정하고 공격을 단행하였다.

중국 산동성에서 출발한 당의 군대는 덕물도를 거쳐 7월 9일 기벌포로 진입했다. 신라도 김유신이 이끈 5만 정병이 탄현을 넘어 황산벌에서 계백이 이끌던 백제결사대를 격파하고 백제 왕성으로 쳐들어왔다.

645년 고당전쟁 이후 고구려 일변의 외교를 펼쳤던 백제는 652년을 마지막으로 당에 대한 사신 파견을 중단하였다. 당에 대한 정보가 부족한 백제는 양국의 계획을 전혀 눈치채지 못했기 때문에 나당연합군의 공격에 대해 당황하였다. 그리하여 7월 18일 전쟁 개시 10여 일 만에 항복하였다.

그러나 신라군과 당군이 점령한 지역은 사비성과 웅진성 등 백제의 중심부에 국한되었다. 이 지역을 제외한 다른 곳은 온전히 남아있는 상태였기 때문에 백제인의 봉기가 계속해서 일어났다. 백제부흥군이 진압되지 않은 상태에서 당군은 9월 3일 유인원을 진장으로 하는 1만 명과 신라 왕자 김인태가 이끄는 신라 군대 7,000명을 주둔군으로 남겨놓고 철수하였다. 당에게 백제는 고구려 정벌을 위한 사전 정지 작업 대상에 불과했기 때문이다.

한편, 나당연합군에 의해 백제가 멸망하기까지 고구려의 역할에 대한 의문이 제기되었다. 불과 5년 전인 655년만 해도 양국은 말갈과 연합하여 신라를 공격한 적이 있었기 때문이다. 『삼국사기』와 중국 정사에는 고구려와 백제는 통화(通和), 화친(和親), 연합(聯合) 등 표현은 달리하지만 연화(連和)한 기록이 있다(선봉조, 2017). 그러므로 고구려, 백제의 연화 시기나 연화의 정도에 대해 견해차가 있기는 하지만, 양국이 일시적이라도 연화를 했다는 사실은 인정하는 입장이다. 연화를 긍정하는 견해에서는 그 시기를 연개소문이 집권한 642년이나 의자왕 즉위 초인 643년으로 보는 경우가 많다(노중국, 1981; 김수태, 1994;

정동준, 2002). 『삼국사기』 고구려본기와 『일본서기』에 두 나라가 화친했다는 기록이 있고 공동으로 군사행동을 하는 모습이 나타나기 때문이다(선봉조, 2017). 실제 고구려와 백제 관계는 시간이 흐를수록 개선되는 양상을 보였으며, 화친을 전하는 기사도 보인다. 이에 고구려와 백제의 관계를 '연화'를 넘어 '연합군 결성'으로 보는 견해도 등장하였다. 아울러 양국의 관계를 시기별로 파악해 접근 → 화친 → 연합군 결성으로 단계적인 발전을 거쳤다고 이해하기도 한다(윤성환, 2011b).

하지만 백제 멸망 과정에서 보여준 백제와 고구려의 태도는 여·제연화설을 부인하는 주요 근거가 되었다. 백제 집권층은 멸망을 앞둔 상태에서 다양한 대책을 내세우면서도 고구려에 도움을 요청하지 않았다. 그리고 백제가 멸망한 직후 봉기한 백제부흥군은 왜에게 지원군 파견을 요청하는 등 적극적으로 교류를 전개하였지만, 고구려에는 어떠한 교섭도 진행하지 않았다(이영재, 2018). 연화설을 부인하는 근거 중 하나는 신라가 당과 외교하는 과정에서 교묘한 말로써 여·제연화설을 당에 전한 결과라고 보는 것인데(이호영, 1982), 백제와 고구려의 실질적·잠재적 침략 위험에 처해 있던 신라가 위급함을 강조하는 가운데 연화설이 출현했다고 이해하는 것이다(박윤선, 2007).

그런데, 신라의 무열왕은 백제의 독산성, 동잠성 공격에 대응하여 659년 4월 당에 군사 원조를 요청했는데, 백제 멸망을 초래한 이 청병 요구에서 더 이상 여·제연화설을 주장하지 않았다. 이것은 나당연합군이 백제를 공격하더라도 고구려가 돕지 않을 것이라는 확신이 전제되었기 때문이라는 것이다. 사실 고구려는 일련의 신라의 외교공작에 대응하지 않고 오히려 '여·제연화설'에 대한 당의 의구심을 지속시킴으로써 일정한 수혜를 입었다. 이를 통해 신라와 백제의 상쟁을 부추기는 한편 당의 공격력을 분산시킨다는 측면에서 고구려식 이이제이(以夷制夷) 책략으로 평가할 여지가 있는데, 백제 멸망 과정에서 보여준 고구려의 태도는 이에 부합한다(방용철, 2016).

하지만 여·제연화설을 견지하는 입장에서는 백제의 멸망과 고구려의 대응에 관해 달리 분석한다. 앞서 의자왕의 실정과 대당외교의 부재에 대해 언급했지만, 이를 포함하여 그 외 요인을 나열하면 다음과 같다.

첫째, 고구려의 당에 대한 정보 부재이다. 백제는 신라 일변도인 당의 한반도정책에 실망하여 653년 이후 대당외교를 단절하였다. 고구려 역시 656년 이후 10년 동안 견당사를 중지하는 강경책을 실시하여 당 내부의 정세 변화를 제대로 확인하지 못했다. 그리하여 고구려와 백제 모두 당의 백제 공격 정보를 제대로 인지하지 못했다(김지영, 2016).

둘째, 고구려와 백제의 영역이 신라에 의해 분리되어 있는 지정학적 요인이다. 육상은 한강 유역을 점령한 신라에 의해 단절되어 있었고, 해상으로는 650년대 이후 해상제해권을 상실한 상태에서 도울 수 없는 상황이었다.

셋째, 군사적인 측면에서 당시 나당연합군의 기만적인 군사전략에 당했다. 660년에 백제를 공격하기 직전까지 중국은 대돌궐 군사작전을 전개하고 있었다. 이와 함께 고구려를 공격하여 고구려로 하여금 서북방전선에 집중하도록 하였다. 이는 당의 백제 공격에 효율적으로 대응하지 못하게 하였다. 10여 일 만에 끝난 군사작전으로 인해 물리적으로 도울 시간이 부족했다는 것이다. 물론 나당연합군의 압도적인 군사역량도 무시할 수 없다.

넷째, 여·제연화의 한계성이다. 양자의 주 공격대상은 신라였지만 중국 방면에는 주의를 기울이지 않았다는 것이다. 그러므로 대륙 방면에서 오는 군사 압력에 대한 대응에는 태생적으로 한계를 지닐 수밖에 없었다(선봉조, 2017).

이렇게 나당연합군의 백제 공격에 대한 백제와 고구려의 대응 실패는 지정학적 요인 이외에도 정치적, 외교적, 군사적인 방면에서의 총체적 역량 부재에서 기인한 것으로 분석한 것이다.

백제의 급작스런 멸망은 나당연합군의 압도적 화력에 대응하기에 부족한 군사력의 열세가 원인이었다. 하지만 단기간의 공격에 의한 멸망은 상대적으로 이후 백제 부흥운동이 일어날 수 있는 인적·물적 자원을 남겨놓았다. 그리하여 멸망 이후 백제 지역에서는 부흥운동이 활발하게 진행되었다(김지영, 2016).

백제 부흥운동이 거세게 일어나 신라가 이를 진압하기 위해 전력을 기울이고 있던 660년 11월 1일 고구려가 신라의 칠중성(七重城)을 공격하여 함락시켰다. 백제가 멸망한 지 3개월이 지났을 때이다. 칠중성의 함락은 7세기대 신라의 한강 이북 방어와 북진의 거점성 역할을 했던 북한산성을 최단거리로 남진해 공격할 수 있는 요충지를 확보하는 의미가 있었다(장창은, 2014). 이후 칠중성이 고구려의 영유하에 있었던 것으로 보기도 하지만(서영일, 2001; 백종오, 2007), 662년 김유신이 평양성 부근에 있던 당의 소정방군에게 식량을 보급하기 위해 칠중성을 거쳐 칠중하(임진강)에 이르기까지 고구려군의 아무런 제약을 받지 않았던 것으로 보아 얼마 후 고구려가 칠중성을 포기하고 임진강 이북으로 퇴각했을 것으로 보기도 한다(장창은, 2016). 당의 침공과 칠중성의 입지조건으로 인해 고구려가 이 성을 유지하기 어려웠다는 것이다. 즉 임진강 남쪽에 위치한 칠중성은 신라에게는 천혜의 방어선을 앞에 둔 셈이지만 고구려에게는 배수의 진을 친 형세였다. 그러므로 칠중성을 차지한 후 임진강 남안 신라의 방어체계를 무너뜨리고 북한산성까지 장악해야 이를 토대로 남진의 거점성으로서 역할을 할 수 있었다. 그러나 후술하듯이 북한산성 공략의 실패로 인해 제대로 활용할 수 없었다. 힘들게 확보한 성을 포기해야만 했던 것이다.

고구려는 다음 해인 661년 5월 말갈과 더불어 한강 이북 지역의 거점성인 북한산성을 공격하였다. 신라가 백제부흥군 진압에 전력을 기울이면서 신라의 북쪽 경계에 힘의 공백이 발생했기 때문이다. 백제를 멸망시킨 여세를 이용하여 당 고종이 고구려 친정 조서를 발표하여 장차 고구려 침공이 임박했음에도 불구하고 북한산성에 대한 공격을 단행한 것이다(이상훈, 2016). 『삼국사기』 신라본기에 의하면 5월 9일 고구려 장군 뇌음신(惱音信)이 말갈 장군 생해(生偕)와 함께 군사를 합해 술천성(述川城)을 공격해 이기지 못하자 북한산성으로 옮겨가 공격하였다고 한다. 고구려군은 투석기인 포차를 벌여 놓고 돌을 날려 성가퀴와 건물을 부수었다. 『삼국유사』 기이 편 태종춘추공전에 따르면 30여 곳의 고구려군 포차가 부서졌다고 되어 있어 대규모 공성장비가 투입되었음을 알 수 있다(이상훈, 2016). 당시 북한산성에는 성주 동타천(冬陀川)의 지휘하에 남녀 2,800명이 고구려·말갈 연합군의 공세를 20여 일 동안 방어하고 있었다. 식량이 바닥나고 힘도 다하면서 신라군은 위기에 처하게 되었다. 이때 하늘에 지극한 정성으로 빌었더니 갑자기 큰 별이 고구려·말갈 연합군의 진영으로 떨어지고 천둥과 비가 내리며 벼락이 치자 두려워서 포위를 풀고 물러갔다고 한다.

고구려와 말갈 연합군의 북한산성 진출경로에 대해서는 여러 논의가 있다. 이때, 고구려가 먼저 공격한 술천성을 여주시 흥천면 일대로 보는 견해와 여주 파사산성으로 비정하는 견해가 있는데, 모두 경기도 여주시 관내로 추정하고 있다(여호규, 2012; 장창은, 2014). 고구려군의 남진경로에 대해서는 죽령로를 이용하여 춘천-홍천-원주까지 내려온 후 서진하거나, 홍천에서 양평 방면으로 나아가 남진해 술천성에 이른 것으로 파악한 견해(여호규, 2012; 서영일, 2014; 장창은, 2016)가 일반적이다.

고구려·말갈 연합군은 술천성을 함락하지 못한 채 북한산성을 공략하였다. 이때 고구려군은 육로로의 이동이 쉽지 않기 때문에 술천성에서 북한산성까지 배를 타고 이동했을 가능성도 제기되었다(황보경, 2015).『삼국사기』김유신열전에 의하면 고구려군과 말갈군이 수륙으로 함께 진군하여 북한산성을 포위하였는데, 고구려는 서쪽에, 말갈은 그 동쪽에 주둔하였다고 한다. 수군과 육군이 동원되었는데, 육군의 주력은 말갈군, 수군의 주력은 고구려군으로 보는 견해(장창은, 2016)가 있다. 이와 달리 고구려군과 말갈군이 함께 육로로 이동해 술천성전투를 치렀고, 전투에서 패한 후 고구려군이 술천성에서 북한산성까지 배를 타고 이동했을 가능성이 제기되기도 했다(황보경, 2015). 하지만 여주 인근의 남한강에 고구려 배가 미리 정박할 가능성을 희박하게 보고, 고구려 수군이 평양성에서 출발해 한강 하류를 거슬러서 북한산성까지 이동했을 가능성도 제기되었다(장창은, 2016).

나당연합군과 백제부흥군이 한창 교전하던 시기에 진행된 고구려의 신라 북변에 대한 공격은 당군의 북상을 막기 위한 조치였다. 그런데 이것이 백제 부흥운동을 지원하기 위한 전략에서 비롯된 것인지 분명하지는 않다. 하지만 연화론을 주장하는 입장에서는 이를 백제 부흥운동을 위한 지원으로 해석하고, 백제 멸망 이후 부흥운동이 진행되는 663년까지 고구려·백제·왜의 지속적인 군사 연계가 고구려의 남방전선을 중심으로 보다 긴밀하게 드러난 것으로 이해하기도 한다(김지영, 2016).

최근에는 고구려가 당과 신라의 비밀 엄수로 나당연합군의 백제 원정에 제대로 대처하지 못했지만, 그 후 고구려가 구축한 국제적 네트워크를 이용하여 거란을 위시한 중국 주변 여러 나라와 왜를 이용하여 당의 군사활동을 견제했다는 의견이 제시되었다. 이에 따르면 고구려는 645년 고당전쟁의 승리로 제고된 국제사회에서의 자국의 위상을 최대한 활용하여 당에 대항하는 국제적인 연결망을 조직하였고, 이를 활용하여 당이 자국을 침략할 때마다 배후에서 공격하는 식으로 해서 당의 침략을 제어했다는 것이다. 백제를 멸망시킨 여세를 이용하여 고구려를 침략한 당에 대해 거란의 공격을 유발해서 당이 한반도에서 철수하도록 했고, 또 왜와 함께 백제 구원과 관련한 대책을 논의하여 백제부흥군을 지원했다는 것이다(여호규, 2018).

그리하여 부흥운동 시기에 고구려와 신라의 접경에서 전개된 공성전은 당의 북상을 막는 한편 부흥운동을 지원하기 위한 목적으로 보았다(여호규, 2018). 따라서 고구려는 신라가 백제 부흥운동 진압에 몰두하고, 당의 공격이 본격적으로 시작되기 전에 속전속결로 신라를 선제 타격함으로서 남쪽 방어선을 확보하고 백제 부흥운동에 도움이 되고자 했던 것으로 보인다. 그렇지만 고구려의 신라 북변에 대한 공격은 신라가 확고히 막아내면서 중단되었다. 이와 동시에 당은 계속하여 편사를 파견하여 고구려를 공략하였는데, 이로 인해 고구려는 서북방에 신경 쓰느라 백제 부흥운동을 제대로 지원하지 못하고 전체적으로 수세적인 형세에 처해 있었다. 663년 백제 부흥운동이 실패하면서 고구려의 고립은 더욱 가속화되었다. 백제의 멸망으로 고구려는 북부와 남부 두 전선에서 나당연합군을 상대하게 되어 방어에 더욱 어려움이 배가되었다.

참고문헌

노태돈, 1999, 『고구려사 연구』, 사계절.
_____, 2009, 『삼국통일전쟁사』, 서울대학교출판부.
이동훈, 2019, 『고구려 중·후기 지배체제 연구』, 서경문화사.
이호영, 1997, 『신라삼국통합과 여·제패망원인연구』, 서경문화사.
장창은, 2014, 『고구려 남방 진출사』, 경인문화사.
_____, 2020, 『삼국시대 전쟁과 국경』, 온샘.

강종훈, 2004, 「7세기 삼국통일 전쟁과 신라의 군사 활동 – 660년 이전 對高句麗戰을 중심으로」, 『신라문화』 24.
고창민, 2021, 「660~661년 고구려의 한산주 공격과 신라의 방어전략」, 『서울과 역사』 109.
김덕원, 2022a, 「나당동맹의 성립과정」, 『민족문화연구』 95.
_____, 2022b, 「나당동맹의 전개과정」, 『한국전통문화연구』 30.
김수태, 2004, 「삼국의 외교적 협력과 경쟁 – 7세기 신라와 백제의 외교전을 중심으로」, 『신라문화』 24.
김영하, 2000, 「高句麗 內紛의 국제적 배경 – 당의 단계적 전략변화와 관계하여」, 『한국사연구』 110.
김은숙, 2007, 「7세기 동아시아의 국제관계 – 수의 등장 이후 백제 멸망까지를 중심으로」, 『韓日關係史硏究』 26.
김지영, 2014, 「7세기 고구려의 대외관계 연구」, 숙명여자대학교 박사학위논문.
_____, 2016, 「7세기 고구려와 백제 관계의 변화」, 『인문학연구』 32.
김진한, 2011, 「보장왕대 고구려의 대당관계 변화와 그 배경」, 『高句麗渤海硏究』 39.

_____, 2014, 「「답설인귀서(答薛仁貴書)」에 보이는 신라·당 밀약기사의 사료적 검토」, 『인문논총』 71.

노중국, 1981, 「高句麗 百濟 新羅의 力關係 變化에 대한 一考察」, 『東方學志』 28.

박윤선, 2007, 「7세기 전반 삼국의 역관계와 백제의 대당외교-백제의 입장을 중심으로」, 『역사문화연구』 27.

박종서, 2010, 「고구려 娘臂城 위치에 대한 검토」, 『국학연구』 17.

_____, 2022, 「6세기 중반~7세기 高句麗·新羅의 境界와 그 變遷」, 『사학지』 62.

방용철, 2016, 「麗·濟連和說의 再檢討」, 『民族文化論叢』 62.

서영교, 2021, 「황산벌 직전의 국제형세」, 『군사연구』 131.

서영일, 1995, 「高句麗 娘臂城考」, 『사학지』 28.

_____, 2001, 「6~7世紀 高句麗 南境 考察」, 『高句麗研究』 11.

선봉조, 2017, 「7세기 麗·濟同盟 研究」, 한국학중앙연구원 박사학위논문.

여호규, 2002, 「6세기말 7세기초 동아시아 국제질서와 고구려 대외정책의 변화」, 『역사와 현실』 46.

_____, 2018, 「7세기 중엽 국제정세 변동과 고구려 대외관계의 추이」, 『大丘史學』 133.

_____, 2020, 「7세기 만주·한반도 전쟁과 지정학 구도의 재편」, 『역사비평』 131.

윤경진, 2016, 「671년 '답설인귀서'의 '평양이남 백제토지'에 대한 재해석-백제의 영토의식과 패하의 새로운 이해-」, 『역사문화연구』 60.

윤성호, 2017, 「신라의 한강유역 영역화 과정 연구」, 고려대학교 박사학위논문.

_____, 2019, 「신라 진평왕대 대고구려 전투의 의미」, 『역사와 경계』 110.

_____, 2022, 「신라의 임진강유역 진출과 대고구려 경계의 형성」, 『한국고대사탐구』 41.

윤성환, 2010, 「650년대 중반 고구려의 대외전략과 대신라공세의 배경」, 『국학연구』 17.

_____, 2011a, 「6세기말~7세기 고구려 지배세력의 대외인식과 대외정책」, 『민족문화』 37.

_____, 2011b, 「6세기 말 7세기 고구려와 백제의 관계 연구-단계적 변천과정을 중심으로-」, 『향토서울』 79.

이기동, 2005, 「신라의 대당 군사동맹과 삼국통일」, 『한국사시민강좌』 36.
이도학, 2014, 「三國統一期 新羅의 北界 確定 門題」, 『동국사학』 50.
이상훈, 2016, 「661년 북한산성 전투와 김유신의 대응」, 『국학연구』 31.
이영재, 2018, 「660년대 고구려의 대남방전략」, 『대구사학』 130.
이원근, 1976, 「백제낭비성고」, 『사학지』 10.
이재성, 2011, 「麗唐戰爭과 契丹·奚」, 『중국고중세사연구』 26.
李昊榮, 1982, 「麗濟連和說의 檢討」, 『경희사학』 9·10.
임기환, 2006, 「7세기 동북아시아 국제정세의 변동과 전쟁」, 『전쟁과 동북아의 국제질서』, 일조각.
장창은, 2004, 「新羅 慈悲~炤智王代 築城 交戰 地域의 檢討와 그 의미: 소백산맥 일대 신라·고구려의 영역향방과 관련하여」, 『新羅史學報』 2.
_____, 2013, 「6세기 후반~7세기 초반 高句麗의 南進과 對新羅 領域向方」, 『민족문화논총』 55.
_____, 2016, 「660~662년 고구려와 신라·당의 전쟁」, 『新羅史學報』 38.
전덕재, 2014, 「新羅의 東北地方 國境과 그 變遷에 대한 고찰」, 『군사』 91.
정동민, 2023, 「三國時期 七重城에 대한 再檢討와 戰略的 位相」, 『군사』 129.
정동준, 2002, 「7세기 전반 백제의 대외정책」, 『역사와 현실』 46.
정원주, 2014, 「고구려멸망연구」, 한국학중앙연구원 박사학위논문.
朱甫暾, 1993, 「金春秋의 外交活動과 新羅內政」, 『韓國學論集』 20.
_____, 2017, 「羅唐同盟의 始末」, 『大丘史學』 126.
최현화, 2004, 「7세기 중엽 羅唐關係에 관한 考察」, 『史學研究』 73.
최호원, 2013, 「연개소문 정변과 高句麗 新羅關係」, 『사총』 80.
_____, 2014, 「高句麗 寶藏王 대 對新羅關係와 認識」, 『고구려발해연구』 50.
_____, 2020, 「고구려 후기 국내정세와 신라관계」, 고려대학교 박사학위논문.

谷霽光, 1962, 『府兵制度考釋』, 上海人民出版社.
陳寅恪, 2011, 『隋唐制度淵源略論考·唐代政治史述論考』, 商務印書館.
黃約瑟, 2004, 『薛仁貴』, 西北大犚出版社.
黃永年, 2004, 『六至九世紀中國政治史』, 上海書店出版社.

2장

나당연합군의 공세와 고구려의 멸망

정원주 | 한국교통대학교 교양학부 강사

    고구려와 중국 대륙을 통일한 거대제국 수·당과의 70여 년에 걸친 전쟁은 고구려의 멸망으로 귀결되었다. 고구려와의 전쟁을 거듭하면서 멸망에 이르게 된 수를 이은 정통왕조라는 명분과 당 태종의 야심에 의해 진행된 645년의 고구려 공격 실패는 또 다른 전쟁으로 이어지는 계기가 되었다. 647년에서 648년에 소규모로 진행된 고구려 공격은 또 다른 전면전을 위한 준비 단계였으며, 공동의 목적을 가진 당 태종과 신라의 김춘추 간에는 나당동맹이 합의되었다. 그 결실로 신라가 얻게 되는 것은 '평양 이남의 백제 땅(平壤已南 百濟土地)'이었다.

    이 전쟁은 당 태종의 죽음으로 중단되었지만, 고구려와 백제에 둘러싸여 위태로웠던 신라에게는 이를 현실화하는 것이 위기에서 탈출해 도약할 수 있는 기회였으므로 여기에 집중할 수밖에 없었다. 이는 적극적인 친당정책으로 실현되었으며, 이를 기반으로 김춘추는 진덕여왕을 이어 왕위에 오를 수 있었다. 태종을 이어 왕위에 오른 고종 역시 고구려와의 전면전을 준비하고 있었다.

당 태종의 죽음으로 중단된 전쟁은 650년대 거란을 둘러싼 고구려와 당의 충돌로 재개되었다. 그리고 660년에 신라와 연합해 백제를 멸망시킨 당은 곧이어 고구려와의 전면전에 들어갔다. 이 전쟁은 고구려와 당의 두 번째 전면전이라는 점에서 2차 려·당전쟁(민덕식, 2002; 박경철, 2007) 혹은 2차 고당전쟁(정원주, 2013; 장창은, 2016; 이상훈, 2023), 2차 고구려-당전쟁(김용만, 2004; 이민수, 2021 등)으로 불리고 있다. 또한, 나당동맹 차원에서 본다면 660년의 백제 멸망전에 이어 두 번째로 진행된 전쟁이었다. 백제 지역에서 활발히 전개된 부흥운동으로 인해 신라는 적극적으로 이 전쟁에 참여할 수 없었지만, 나당동맹 차원에서의 활동은 고구려 멸망까지 이어졌다.

이전까지 2차 고당전쟁은 단독으로 다루어지기보다는 고구려 멸망전쟁 혹은 삼국통일전쟁 속의 나당전쟁이라는 측면에서 다루어졌다. 그러나 고구려와 당의 전면전을 645년은 1차, 661~662년은 2차, 666~668년은 3차로 규정하면서 다른 국지전과는 구분되어야 한다는 견해(김용만, 2004)가 제기되면서 2차 전면전으로 주목받게 되었다. 최근에는 이 전쟁을 집중해서 다루는 연구가 나오기 시작해 어느 정도 전쟁의 윤곽이 잡혀가고 있다. 또한, 전쟁에서의 결과를 토대로 662년 이후의 고구려와 당의 관계를 이전처럼 고구려를 전쟁의 피해국이라는 입장에서 바라보는 시각과는 달리 고구려 공격에 실패한 당의 입장과 상황에 맞추어 고찰하려는 연구도 진행되고 있다.

연개소문(淵蓋蘇文)의 죽음과 자식들 간의 권력다툼으로 촉발된 세

번째 전면전인 3차 고당전쟁은 666년에서 668년까지 이어졌고 그 결과는 고구려의 멸망이었다. 이 전쟁 역시 나당동맹에 의해 신라의 참전이 이루어졌으며, 신라는 667년과 668년 두 번에 걸쳐 군대를 꾸려 고구려로 향하였다. 3차 고당전쟁과 관련된 연구는 소략한 기록과 충돌되는 기사로 인해 연구자마다 전쟁 상황을 달리 기술하고 있을 뿐 아니라 본격적인 연구도 미약한 실정이다.

고구려와 수의 첫 충돌이 있었던 598년부터 시작해 668년의 고구려 멸망에 이르기까지 70년에 걸친 전쟁은 주변국과 이해관계가 얽히면서 동아시아 국제대전의 양상을 띠고 있다. 힘의 강약에 따라 그 향방을 달리하던 거란, 해, 말갈 등의 동향과 고구려와 당의 전쟁을 이용해 자국의 이익을 극대화하기 위해 공격의 방향을 달리했던 설연타, 철륵과 같은 유목국가와 백제 등의 행보도 이 전쟁의 결과에 적지 않은 영향을 끼쳤다. 무엇보다 나당동맹의 한축을 담당했던 신라의 움직임은 이 전쟁의 진행 상황을 이해하는 데 한몫을 하고 있다. 따라서 660년에 시작된 2차 고당전쟁에서 668년 고구려 멸망으로 귀결된 3차 고당전쟁을 이해하기 위해서는 고구려와 당의 전쟁이라는 측면만이 아니라 신라와 주변국들의 동향과 역할에 대해서도 세심하게 다루어야 할 것이다.

또한, 662년에서 666년에 진행된 고구려와 당의 관계 변화와 고구려 정국을 주도하던 연개소문의 사망과 연남생(淵男生) 형제들의 권력다툼으로 이어지는 고구려의 국내 상황에 대한 이해 역시 3차 고당전쟁을 바라보는 시각을 보완해 줄 수 있을 것이다. 무엇보다 이 시기의 정치 상황에 대한 이해가 고구려 멸망의 원인을 파악하는 주요한 단서가 될 것이다. 고구려 멸망은 외침에 의한 것이지만 이러한 상황을 가져오게 된 기저에는 내분(內紛)이라는 결정적 요인이 작용하였다. 이로 인해 전근대 사서에서부터 오늘날까지 고구려 멸망의 원인으로 연개소문의 독재정치와 그의 사후 아들들의 권력투쟁을 꼽고 있다(손진태, 1979; 이병도, 1976).

이 글의 1절에서는 660년 백제의 멸망 이후 진행된 당의 고구려 공격 시기와 부대 편성이 어떻게 이루어졌는지와 신라의 참전이 어떠한 방식이었는지에 대해 지금까지의 연구결과를 토대로 살펴보고자 한다. 2절에서는 661년에서 662년까지 진행된 전쟁에서 당군의 고구려 공격이 어떻게 이루어졌으며, 고구려의 대응으로 인해 어떠한 결과로 이어졌는지를 살펴보고자 한다. 3절에서는 전쟁 이후 고구려의 정국을 이해하기 위해 연개소문의 죽음과 자식들의 분열로 내전이 일어난 시기와 배경을 살펴보고, 이 당시 진행되었던 당의 봉선참례가 갖는 정치적 의미를 여러 연구자의 연구결과를 토대로 파악하고자 한다. 4절에서는 3차 고당전쟁의 배경이 되는 연남생의 당 투항과 666년 당군의 행보를 통해 전쟁이 어떻게 시작되었는지에 대해 살펴보기로 하겠다. 더불어 여러 묘지명을 통해 당에 투항한 고구려 지배층의 행적을 살펴보는 것 역시 당시 상황을 이해하는 데 도움이 될 것이다. 5절에서는 본격적으로 진행된 667년과 668년 전쟁 상황에 대해 살펴보겠다. 이 시기 자료들의 미비함과 불완전함으로 인해 전쟁의 전모를 밝히기는 어려운 실정이다. 이에 따라 지금까지 연구된 결과를 반영해 주요 전장 중심으로 진행 상황을 파악하고자 한다.

1. 661년 당군의 공세와 신라의 군량수송작전

1) 당군의 고구려 공격 시기와 부대 편성

660년 당은 백제 멸망에 대한 논공행상이 끝난 후 곧이어 고구려 공격에 보낼 장수를 발표했다. 그리고 662년 초반 당군이 고구려의 수도 평양에서 퇴각하기까지 전쟁이 이어졌다. 이 전쟁은 645년 당 태종의 고구려 공격에 이은 두 번째 전면전이라는 의미에서 2차 고당전쟁으로 불린다. 이 전쟁은 이미 645년 당의 고구려 공격이 실패하면서 예정되었으며, 이후 재개되기까지 두 나라가 꾸준히 준비해 온 전쟁이었다(김용만, 2004).

백제의 멸망은 당의 고구려 공격을 위한 선제작업이었다. 이는 당 태종의 생존 시에 구상되었던 전략으로, 식량 및 군사 지원을 위한 후방기지 확보를 위한 일이었다. 한편, 백제 선공책은 655년 장손무기(長孫無忌) 정권이 실각하고 허경종(許敬宗) 정권이 등장하면서 당의 대외정책이 강경책으로 선회하며 본격화되었다고 파악하기도 한다(여호규, 2018). 확정 시점은 당에서 서돌궐 방면의 토벌작전이 마무리 국면에 접어든 657년 말에서 658년 초로 추정하였다.

당은 660년 11월 헌부례(獻俘禮)를 거행해 백제 공격을 마무리한 후, 12월에 곧바로 대규모 고구려 공격군을 편성했다(『구당서』 고종본기). 당의 고구려 공격에 대한 계획은 백제 공격에 착수했을 때 수립했을 것이다(여호규, 2018). 12월 15일 당은 글필하력(契苾何力)을 패강도(浿江道)행군대총관(行軍大總管)으로, 소정방(蘇定方)을 요동도(遼東道)행군대총관으로, 유백영(劉伯英)을 평양도(平壤道)행군대총관으로, 정명진

(程名振)을 누방도(鏤方道)총관으로 삼아 고구려를 공격하도록 하였다. 661년 1월 19일에는 하남(河南), 하북(河北), 회남(淮南) 67주의 4만 4,000여 명을 모집해 평양과 누방 행영으로 가게 하였다. 이어 22일에는 소사업(蕭嗣業)을 부여도(扶餘道)행군총관으로 삼아 회흘(回紇) 등 여러 유목민집단을 거느리고 평양으로 가게 하였다(『자치통감』 권200).

이 기록을 근거로 당의 고구려 공격이 660년부터 시작된 것으로 보는 견해(이호영, 2002; 윤명철, 2003; 정원주, 2013)가 제기되었다. 한편, 661년 1월에 선발대인 부여도행군이 출병하고 이후 나머지 군대가 출병한 것으로 보는 견해(김병곤, 2013a; 서영교, 2014a)도 제기되었다. 이는 사료마다 시기를 달리해 여러 차례에 걸친 고구려 공격을 위한 부대 편성 기사가 존재하기 때문이다.

최근의 연구에서는 660년과 661년 1월에 당군과 고구려군의 교전 기사가 없으므로 이때 전투가 벌어진 것으로 보기 어렵다는 견해(장창은, 2016)가 제기되었다. 660년 12월에 발표된 고구려 공격의 주요 인물인 소정방이 661년 3월 1일에 낙양(洛陽)에서 당 고종이 베푸는 연회에서 일융대정악(一戎大定樂)을 참관하였다(이민수, 2021). 또한, 군대 모집을 위한 기간(김용만, 2004)과, 백제 공격에서 막 돌아온 군대의 전투력을 정리하기 위한 시간이 필요하다는 점(拜根興, 2002)도 660년에 당군이 고구려로 출병할 수 없는 근거로 제시되었다.

661년 4월 16일에 당 고종은 고구려 공격을 위한 행군 편성을 새로이 했는데, 임아상(任雅相)을 패강도행군총관으로, 글필하력을 요동도행군총관으로, 소정방은 평양도행군총관으로, 소사업을 부여도행군총관으로, 정명진은 누방도행군총관으로, 방효태(龐孝泰)를 옥저도(沃沮道)행군총관으로 삼고 35개의 군으로 고구려를 공격하게 하였다(『신

『당서』고종본기). 이때, 당의 35개 군단이 고구려를 향해 출정한 것으로 보는 견해(여호규, 2018)가 있다. 반면에 4월에 발표된 고구려 공격을 위한 부대 편성 기사는, 직접 전쟁에 참전하려는 당 고종의 결정이 결국 신하들과 측천무후의 만류로 포기하면서 출발 기일이 늦추어져, 다음 달인 5월 16일 발표된 부대 편성 기사가 최종 결정된 것으로 보기도 한다(이민수, 2021). 이 편성 기사에는 글필하력, 소정방, 임아상이 모두 대총관으로 기록되어 있는데(『구당서』고종본기), 4월 편성 기사에 오류가 있거나(김용만, 2004; 이재성, 2018; 이민수, 2021) 고종의 전쟁 불참과 관련이 있을 것이다.

고구려 공격에 편성된 또 다른 인물로는, 아사나충비(阿史那忠碑)에 의하면 아사나충이 장잠도(長岑道)행군대총관으로 참여하였다고 한다. 이 외에도 사서에 전하지 않는 일부 행군들이 묘지명과 『삼국사기』에 산재되어 있다. 당시장군정사초당비(唐柴將軍精舍草堂碑)에 시장군(柴將軍)인 철위(哲威)가 함자도(含資道)행군총관에 제수되었다고 하며, 장경(張脛)묘지명에는 장경이 660년 압록도총관에, 남곽생(南郭生)묘지명에는 남곽생이 662년에 낙랑도(樂浪道)로 고구려를 공격하였다고 하였다. 이로써 함자·압록·낙랑도행군이 35군에 편재되었음을 알 수 있다(이민수, 2021). 설만비(薛萬備)묘지명에 따르면, 설만비가 660년 압록도행군부총관에 제수되어 내주(萊州)에 이르렀다가 병으로 661년 5월 11일에 관저에서 사망하였다고 한다. 이를 통해 압록도행군이 있었음을 확인할 수 있다. 또한 『삼국사기』에 함자도총관인 유덕민(劉德敏)의 존재가 확인되므로 함자도행군 역시 포함되었음을 확인할 수 있다(이민수, 2021).

당군의 규모에 대해서는 육군과 수군을 각각 4만 명씩으로 하여

8만~9만 명 정도로 추정하는 견해(김병곤, 2013a), 20여만 명으로 추정하는 견해(劉矩, 2018), 『당육전(唐六典)』을 근거로 1군을 5,000명으로 하여 35군의 규모를 17만 5,000명으로 파악하는 견해(呂思勉, 1984; 서인한, 1994)와 서주와 춘추전국시대 제(齊)의 1군 규모를 기준으로 1군을 최소 1만 명으로 보아 35만~44만 명으로 보는 견해(김용만, 2004)가 있다. 대개의 연구자들은 『삼국유사』의 기록에 따라 35만 명으로 추정하는 견해(민덕식, 2002; 노중국, 2003; 이재성, 2016; 劉矩·姜維東, 2006)를 따른다. 또한, 660년 백제 공략 시 당군이 14개군 12만 2,711명이므로 그 2.5배에 해당하는 35개의 행군 규모를 대략 35만 명으로 보기도 한다(이민수, 2021).

662년 사수전투에서 연개소문이 이끄는 고구려군에 패해 죽임을 당한 옥저도행군총관 방효태군의 전사자가 수만 명이었다는 점에서 1군의 규모는 적지 않았을 것이다. 이처럼 당은 6개 행군에 35군이라는 대규모의 군사를 동원했는데, 고구려와의 교전이 확인되는 것은 661년 7~8월이었다.

2) 신라의 참전과 군량수송작전

나당연합군의 공격으로 백제가 멸망했지만, 신라와 당군이 점령한 지역은 사비성과 웅진성 등 백제의 중심부만이었다. 여전히 건재했던 다른 지역에서는 백제인들의 저항이 계속해서 일어났으며, 그러한 상황은 661년에도 이어졌다. 초기의 부흥운동은 백제의 서북부 지역과 사비성 인근 지역에서 시작해 661년에는 동부와 남부 지역으로 확대되어, 백제 고토 전역이 부흥운동군의 활동영역으로 편입되었다고 할 정도로 확산되었다(김영관, 2005).

　더욱이 신라가 당과 군사동맹을 맺는 데 큰 공훈을 세움으로써 진골 출신으로 처음 왕위에 오른 태종무열왕(太宗武烈王) 김춘추(金春秋)가 이해 6월에 사망하였다. 그의 맏아들인 김법민(金法敏)이 문무왕이 되어 그가 미처 끝을 맺지 못한 삼국 통일 과업의 완수를 잇게 되었다. 이러한 혼란스러운 와중에 당은 신라를 고구려 공격에 동원하였다. 661년 6월 당에서 숙위하던 김인문(金仁問)에게 당 황제의 칙서를 들고 신라로 귀국하게 하였다. 당 군대의 고구려 공격에 맞추어 신라도 군사를 동원하여 이에 호응하라는 것이었다. 당시 신라는 무열왕의 사망으로 장례의식만 치른 국상기간이었다. 더욱이 이해 초에는 전염병이 돌아 군사와 말을 징발할 상황이 아니었는데(장창은, 2016), 이는 당 전역에 유행하다가 660년 나당연합군에 의해 신라에 전파된 것으로 추정되는 두창(痘瘡: 천연두)이었다(이현숙, 2003).

　문무왕은 상중임에도 다음 달인 7월 17일에 김유신(金庾信)을 대장군으로 삼고 인문, 진주(眞珠), 흠돌(欽突) 등을 대당(大幢)장군으로, 천존(天存) 등을 귀당(貴幢)총관으로, 품일(品日) 등을 상주(上州)총관, 진흠(眞欽) 등을 하주(下州)총관, 군관(軍官) 등을 남천주(南川州)총관, 술실(述實) 등을 수약주(首若州)총관, 문훈(文訓) 등을 하서주(河西州)총관, 진복(眞福)을 서당(誓幢)총관, 의광(義光)을 낭당(郎幢)총관, 위지(慰知)를 계금대감(罽衿大監)으로 하는 대규모 고구려 공격 부대를 편성하였다. 그리고 8월에 직접 문무왕이 여러 장수들을 거느리고 출발했다.

　시이곡정(始飴谷停)에 이르렀을 때, 백제부흥군이 옹산성(甕山城)을 점령했다는 소식을 접하자 군대를 돌려 9월 25일 옹산성을 포위했다. 9월 27일에는 성을 함락하였다(『삼국사기』 신라본기 문무왕1). 이때 유인원(劉仁願)도 일부 당군을 이끌고 사비에서 수로를 통해 혜포(鞋浦)로 와서 그곳에서 남천주로 나아가 신라군과 회합하였다(『삼국사기』 김유신전). 10개 군단으로 이루어진 신라군은 편성된 장군 수만 24명이었다. 장군 1명당 1,500명 내외의 병력을 인솔했다고 가정한다면 동원된 신라 병력 수는 3만 6,000명에 달하며, 여기에 전투 지원 부대 30%를 더해 총병력 수는 4만 6,800명으로 추산되고 있다(이상훈, 2012a).

문무왕이 이끄는 고구려 공격 부대의 이동경로와 도달한 곳에 대해 『삼국사기』 신라본기와 김유신열전은 서로 다르게 기술하였다. 문무왕이 여러 장수를 거느리고 도착한 곳을 신라본기에는 시이곡정으로, 김유신열전에는 남천주로 표기하였다. 남천주는 경기도 이천으로 비정되는데(이상훈, 2015), 옹산성전투 등의 위치를 고려해 문무왕과 김유신의 군대가 남천주에 이르렀다는 기록을 두찬(杜撰)으로 보기도 한다(이병도, 1996; 정구복 외, 1997).

두 기록의 서술방식을 고려하여 고구려 공격의 주력부대는 김유신의 인솔하에 남천주에 도착해 유인원이 이끄는 당군과 합류하고, 문무왕은 주력부대와 떨어져 후방에서 전투 상황을 확인하고 지원하기 위해 시이곡정에 머물렀던 것으로 보는 견해(이상훈, 2015)도 제기되었다. 시이곡정의 위치를 대덕구 비래동으로 보는 견해(강헌규, 1996)와 다르게 삼년산성이 있는 보은 지역으로 추정하여, 문무왕은 웅진성에 고립되어 있던 당군을 구원하기 위해 출정했고, 김유신군은 평양성의 당군을 지원하기 위해 북진하였다는 견해(장창은, 2016)도 제기되었다.

고구려를 향해 북진하던 신라군은 백제부흥군이 점령하고 있던 옹산성으로 방향을 틀게 되었는데, 이에 대해 『삼국사기』 「답설인귀서(答薛仁貴書)」에는 웅진으로 가는 길을 개통하기 위한 것이라 하였다. 이에 옹산성전투의 발생 배경을 서쪽의 웅진성으로 향하는 길과 북쪽의 평양으로 북진하는 길을 확보하기 위한 것으로 이해하고 있다(이호영, 1997; 노중국, 2003; 김용만, 2004). 최근에는 백제부흥세력과 당 사이의 교섭이 상당히 진척되자 신라가 위기감을 느끼고 백제와 당의 연결고리를 차단함으로써 나당의 연합관계를 재확립하기 위한 것으로 보는 견해(김병남, 2013)도 제시되었다.

신라군은 옹산성을 점령한 후 전공(戰功)을 포상하고 웅현성(熊峴城)을 쌓았다. 상주총관 품일이 일모산군(一牟山郡)의 태수 대당(大幢)과 사시산군(沙尸山郡)의 태수 철천(哲川) 등과 함께 군사를 이끌고 백제부흥군이 지키던 우술성(雨述城)을 공격하여 1,000명의 목을 베었다(『삼국사기』 신라본기 문무왕1). 옹산성은 신라의 북진로와 웅진로를 모두 차단할 수 있는 요충지에 위치하고 있었다(이상훈, 2015). 이 옹산성은 대전시 대덕군 관내의 계족산성(鷄足山城)으로 보는 견해(심정보, 2007; 노태돈, 2009; 김병남, 2013; 이상훈, 2015)가 우세하지만, 인근의 회덕산성(노중국, 2003), 연축동산성(連丑洞山城)으로 보는 견해(강헌규, 1996)도 있다. 이와는 다르게 신라의 진군경로를 감안해 보은군 회인면 일대로도 보는데(장창은, 2016), 이를 구체화하여 주성산성(酒城山城)으로 비정하기도 한다(김영관, 2010).

신라군이 백제부흥군이 주둔하고 있던 옹산성과 우술성을 차례로 함락한 것으로 보아 두 성은 그다지 멀지 않은 곳에 위치하였을 것이다. 이 우술성은 계족산성으로 비정하거나(노중국, 2003; 김영관, 2010; 장창은, 2016) 연축동산성으로 비정(문안식, 2006; 심정보, 2007; 김병남, 2013)한다. 계족산성에서는 고려시대 '우술(雨述)'명 기와가 출토되었다(최병식, 2007). 이 산성은 대전 지역의 진산인 해발 423.6m의 계족산에 위치한 테뫼식 석축산성이다. 산 정상부에서는 서쪽으로 대전 지역 전체가 조망되며, 동쪽으로는 충청북도 옥천과 보은 지역이 조망된다(심정보, 2000).

백제부흥군의 옹산성 주둔으로 인해 신라군은 고구려를 공격하려는 계획에 차질을 빚게 되었으며, 당군의 고구려 공격에도 그 영향을 미치게 되었다. 옹산성 공격 이후 신라군은 북진하지 않았다. 이를 신라가 시간을 지체하면서 소극적인 태도를 취한 것으로 보는 견해(김용만, 2004)가 있다. 백제 지역이 완전히 진압되지 않은 상태에서 신라 본토 방위에도 차질을 빚을 수 있다는 점(이상훈, 2015)과 고구려와 당군이 소모전을 벌이는 사이 백제 지역에 대한 영향력을 확대하려는 목적(이호영, 1997; 이상훈, 2015)이 제시되었다. 반면 김유신군은 원래대로 북진을 계속해 당군과 합류하고자 하였다는 견해(장창은, 2016)가 있으나 이는 기록으로는 확인되지 않는다.

10월 29일까지 문무왕과 신라군이 옹산성 일대에 주둔하고 있을 무렵 경주에 당의 사신이 당도하였다. 당 사신은 왕을 조문하고 무열왕의 부음을 애도하고 부주하였다. 그리고 당 함자도총관 유덕민이 와서 고종의 칙서를 전하며 평양의 당군에게 군량을 수송하게 하였다. 이에 문무왕은 662년 정월에 김유신에게 명하여 인문, 양도(良圖) 등 9명의 장군과 함께 수레 2,000여 대에 쌀(米) 4,000석과 벼(租) 2만 2,000여 석을 싣고 평양으로 가게 하였다(『삼국사기』 신라본기 문무왕2). 벼는 『삼국사기』 열기열전에는 2만 2,250석으로 좀 더 구체적으로 기록되어 있다. 이때 김유신 부대가 지고 간 군량은 5만 명의 병사가 한 달 정도 먹을 수 있는 군량이었다(이상훈, 2012b).

『삼국사기』 김유신열전에는 661년 12월 10일에 고구려로 출발한 것으로 기술되어 있어 김유신이 지휘한 보급부대의 출발이 이때 이루어진 것으로 보기도 한다(김병곤, 2013a). 이에 대해 김유신열전의 기록이 날짜별로 더 자세하지만, 신라본기에 1월 23일에서야 칠중하를 건너 고구려 강역 안으로 들어갔다고 기술되어 있어서 실현되지 못한 것으로 보고 있다(장창은, 2016). 신라의 보급이 늦어진 것에 대해 왜의 지원을 받은 백제부흥군의 방해로 보기도 한다(서영교, 2014b).

이 수송작전은 김유신의 자발적 지원으로 이루어졌다. 김유신군의 규모는 장군 9명이 참여하였으므로 적어도 1만 5,000명 내외였을 것이다(이상훈, 2012b). 김유신은 영실(靈室)에 들어가 여러 날 밤낮으로 분향한 후에 나와서 "내가 이번 길에 죽지 않을 것이다"라고 하였다(『삼국사기』 김유신열전). 그동안 김유신은 수송작전에 대한 시뮬레이션, 즉 병력이동, 행군경로, 수송수단, 중간기착지 등에 대한 구상을 마치고 작전 성공을 예감했던 것으로 보인다(김주성, 2011).

평양의 당군은 추위와 배고픔을 견디며 고구려의 반격으로 전멸 위기에 놓여 있었다. 『일본서기(日本書紀)』에 이 당시의 상황을 전하는 고구려인의 말로는 "12월에 고려국에서는 추위가 매우 심해 패수가 얼어붙었다. … 고려의 사졸들이 용감하고 씩씩하였으므로 다시 당의 진지 2개를 빼앗았다. 2개의 요새만이 남았으므로, 다시 밤에 빼앗을 계책을 마련하였다. 당의 군사들이 무릎을 끌어안고 곡을 하였다"고 한다. 이 기록을 통해 당시 평양에서는 고구려군의 총공세에 당군이 위기에 처해 있었음을 알 수 있다. 당군이 신라에 군량을 요청했던 것은 추운 날씨로 인해 패수가 얼어붙어 수로로 운반되던 군량을 공급받기 어려운 처지에 있었기 때문일 것이다.

이때, 김유신 부대의 군량 수송은 『삼국사기』의 기록에 따르면 풍수촌(楓樹村) → 칠중하(七重河) → 산양(蒜壤) → 이현(梨峴) → 장새(獐塞) → 양오(楊隩) → 평양으로 이어지고 있다. 칠중하는 당시 고구려와 백제의 국경선에 해당하는 임진강이므로 풍수촌은 신라 국경 안에 위치한다고 볼 수 있는데, 그 정확한 지명은 알 수 없다. 김유신이 이끄는 군량 수송 부대는 고구려군과의 접촉을 피하기 위해 주요 거점이나 큰 성읍은 배제되고 험하고 좁은 길로 행군하였을 것이다. 이는 정확한 지명은 알 수 없지만 산양, 이현, 양오 등의 지명이 달래나무가 많은 평지, 배나무가 많은 고개, 버드나무가 많은 물길로 해석되는 것에서 알 수 있다(이상훈, 2012b).

장새는 현재의 황해도 수안으로(津田左右吉, 1964), 김유신의 부대가 경기도 적성에 위치한 칠중하를 거쳐 황해도 수안으로 가는 위치 사이에 산양과 이현이 위치함을 알 수 있다. 칠중하를 건너 수안으로 가는 길은 서쪽으로 개성을 지나 북상하는 방법과 동북쪽 방면으로 삭녕-토산-신계-수안을 통해 북상하는 방법이 있다(서영일, 2004). 김유신은 이현에서 고구려군과 접전을 했는데, 귀당제감(貴幢弟監) 성천(星川)과 군사(軍師) 술천(述川) 등이 공격해 죽였다(『삼국사기』 신라본기 문무왕2). 이러한 정황으로 볼 때 김유신의 부대는 고구려군과 대규모 접촉이 예상되는 곳을 배제하고 개성과 삭녕 사이의 마식령산맥을 넘어 북상했을 것이다(이상훈, 2012b).

김유신 부대는 2월 1일에 장새에 이르렀다. 먼저 보기감(步騎監) 열기(裂起)와 군사 구근(仇近) 등 15명을 소정방군 진영으로 보내 군량이 도착했음을 알리게 하였다(『삼국사기』 신라본기 문무왕2). 고구려군은 열기 등과 마주쳤으나 이날 몰아닥친 강추위와 눈보라로 저지하지 못하였다(임용한, 2012; 이민수, 2022c). 6일에 양오에 이르러 진을 치고 아찬 양도와 대감 인선(仁仙) 등을 보내 당 군영에 군량을 가져다 주었다(『삼국사기』 신라본기 문무왕2). 양오의 위치에 대해서는 평양 동쪽의 강동(江東)으로 보는 견해(이병도, 1996; 김주성, 2011)가 있다. 반면에 강동을 통해 식량을 조달하기 위해서는 대동강과 합장강 등을 건너야 하므로 수송로가 복잡하여 비효율적이므로 대동강 연안의 유포리(柳浦里)로 보는 견해(이상훈, 2012b)가 제기되었다.

양도는 군사 800명과 함께 바닷길로 귀국하였다(『삼국사기』 김인문전). 이때 김유신군은 육로를 통해서 평양성으로 갔으므로 양도가 이용한 선박은 장거리 철수를 해야 하는 소정방 수군의 배를 양도받았을 가능성은 적으며(이상훈, 2012b), 사수전투 이후 남은 당군의 병선이었을 것이다(김병곤, 2013a).

신라군으로부터 식량을 공급받은 당군은 퇴로를 확보하여 바닷길로 철군하였다. 군량 수송을 완료한 김유신의 부대도 철수하였는데, 소정방군과 김유신군의 철군시기가 사료마다 달리 기술되어 있다. 『삼국사기』와 『삼국유사』에는 소정방군이 보급품을 받은 2월 6일 직후에 철군하자 뒤이어 김유신의 보급군이 철군하였다고 하였다. 『자치통감』에는 방효태군이 전몰한 2월 18일 이후 큰 눈이 내려 평양성 포위를 풀고 철군하였다고 하였다. 소정방이 철군하기까지 약 2주 정도의 준비기간이 소요되었기 때문일 것이다(이민수, 2022c).

김유신군이 평양성에 이를 때까지 고구려군의 저항을 거의 받지 않은 가장 큰 원인으로는 당시 고구려의 남부전선 병력이 평양성 방어에 차출되었기 때문일 것이다(김용만, 2004). 황해도 일대에는 신라군을 견제할 만한 최소한의 병력만 남겨두었을 것이다(이민수, 2022c). 김유신군의 철수로에 대한 기록은 없지만 행군 속도를 높이고 고구려군과의 접전을 피하고자 가장 빠른 자비령로(다곡도)를 이용했을 것이다(이상훈, 2012b). 김유신의 부대는 임진강에 이르기까지 고구려군과 큰 접전이 없었다.

김유신군은 표하(瓢河)에 이르러서 급히 물을 건너 언덕에서 휴식하는데, 고구려군이 뒤를 쫓아오자 만노(萬弩)를 쏘게 하였다. 고구려군이 우선 퇴각하자 여러 부대의 장수와 병졸을 독려하여 그들을 패퇴시켰다. 이 전투로 고구려 군사 1만 명을 죽이고 포로 5,000명을 생포하였다(『삼국사기』 김유신열전). 신라본기에는 "1만여 급의 목을 베었으며, 소형(小兄) 아달혜(阿達兮) 등을 사로잡았고, 병계(兵械)를 얻은 것이 만을 헤아릴 정도였다"고 하였다. 임진강전투에서 신라에 사로잡힌 아달혜가 14관등 중 11위인 소형에 불과하므로 승전 내용이 과장된 것으로 보기도 한다(김용만, 2004). 그러나 김유신군은 무사히 신라로 귀환하였을 뿐 아니라 추격하는 고구려군에게 역공을 가함으로써 후방의 안전까지 도모하였다는 점에서 이 군량수송작전은 성공적이었다.

2. 당군의 고구려 공격 과정

1) 당군의 고구려 공격

661년에 당은 35군으로 고구려에 대한 전면전을 실시했다. 이 전쟁에 대해서는 평양도행군만이 비교적 상세히 기록되어 있고, 나머지 행군에 대해서는 일부 사실만을 파악할 수 있다. 평양도행군에 대해서는 『구당서』 고종본기 용삭(龍朔)2년(662) 3월조에 "소정방이 이끄는 당군이 위도(葦島)에서 고구려군을 격파하고 다시 나아가 평양성을 공격했으나, 이기지 못하고 돌아왔다"고 하였다. 『자치통감』에는 평양에서 고구려를 공격했던 소정방이 이끄는 당군이 퇴각한 것이 662년 2월 18일로 기록되어 있다. 따라서 662년 3월조 기록은 당의 고구려 공격에 대한 진반적인 평가였으므로, 당이 고구려의 위도를 공격한 것은 개전 초기 또는 대고구려전에서 특기할 만한 승리였을 것이다. 『책부원구(冊府元龜)』에서는 661년 8월 평양도행군대총관인 소정방이 이끄는 당군이 고구려군을 패강(浿江)에서 격파하고, 잇단 전투에서 모두 이기고 마읍산(馬邑山)을 빼앗아 군영을 설치해 평양성을 포위하였다고 한다. 이 패강전투는 『자치통감』에 661년 7월 11일로 기록되어 있다.

이 위도는 평안북도 박천군의 대령강과 청천강 하구에 소재한 섬으로 보는 견해(손영종, 1997; 장창은, 2016)가 일반적이다. 소정방이 이끄는 당군은 서해 연안항로를 따라 남하하면서 대령강·청천강 하구의 전략적 거점이었던 위도를 공략한 후, 남진해서 대동강 하구로 진입해 강을 따라 평양성으로 동북진했을 것이다(장창은, 2016). 패강은 대동강을 말하므로 위도전투는 7~8월에 있었던 패강전투보다 먼저 시작되었을 것이다(김용만, 2003). 당군이 위도를 점거했다는 내용이 없는 것으로 보아 다시 연안을 따라 곧장 남진하여 패강 하구에 진입한 것으로 보인다(이민수, 2022a).

고구려 수군은 패강에서 당군에 패하면서 상륙을 저지하지 못하고 마읍산을 빼앗겼다. 마읍산의 소재지는 『삼국사기』에는 '삼국유명미상지분(三國有名未詳地分)'이라 하여 그 위치를 알 수 없는 곳으로 분류되어 있다. 『신증동국여지승람(新增東國輿地勝覽)』에는 평양성 서남쪽으로 기록되어 있다. 그 위치는 대동강 하류 방면으로(이병도, 1996) 대체적으로 평양성 근교의 서남쪽으로 비정할 수 있다(村上四男, 1966). 소정방이 마읍산에 진영을 구축한 것은 평양성을 공격할 교두보를 확보하기 위한 것이다(김병곤, 2013a). 전방에서 오는 적의 공격을 방어하고 후방으로 오는 아군의 병력과 물자를 집결시키기 용이한 지역에 해당하는, 평양에서 서남쪽으로 60리 떨어진 서학산(捿鶴山) 일대로 볼 수 있다(이상훈, 2017). 마읍산이 위치한 서학산은 병력과 군수물자를 집적하기 수월한 수륙교통의 결절지로, 고구려군은 이곳을 상실함으로써 패강 이서의 통제권을 당군에게 내어주는 결과를 초래하였다(이상훈, 2017; 이민수, 2022a).

한편, 당 수군에 대항한 고구려 수군의 활동이 어느 기록에도 보이지 않는다. 이에 대해 방어라는 측면에서 해상에서의 비효율성과 막대한 재정이 소요되는 등의 이유로 고구려는 당과 함대 건조 경쟁을 할 수 없어 성책 증설과 수리 등의 비대칭적 대항책으로 일관했다고 보는 견해(서영교, 2023)가 있다. 이로 인해 당에게 재해권을 장악당함으로써 고구려가 기울어지는 요인의 하나가 되었다고 보았다.

당군은 육로와 수로로 길을 나누어 고구려를 공격하였다(『자치통감』 권200). 소정방이 위도를 거쳐 배를 타고 대동강을 통해 평양으로 움직였다는 점에서 소정방의 평양도 행군은 수군이었음을 알 수 있다. 선박을 이용해 고구려의 수도 평양으로 향한 부대는 소정방이 이끄는 당군만이 아니었다. 옥저도총관 방효태와 패강도총관 임아상 역시 각기 평양성에서 고구려군과의 격전이 있었으므로 이들은 소정방과 함께 평양성으로 가는 수군 대열이었을 것이다(김용만, 2004; 서영교, 2015a; 장창은, 2016; 이민수, 2021).

방효태가 이끄는 옥저도행군의 공격로를 육로로 보는 설(김복순,

1986; 임용한, 2012)도 있다. 그러나 방효태는 영남의 병사를 지휘했던 것으로 보아 수군으로 볼 수 있다(김병곤, 2013a). 한편, 방효태군이 662년 정월에 군선으로 상륙하려다 연개소문에게 패배한 것으로 보는 견해(윤명철, 2003)도 제기되었다. 그러나 평양도행군과 같이 편성된 옥저도행군이 뒤늦게 출발했다고 볼 근거는 없다(김용만, 2004).

임아상이 이끄는 패강도행군 역시 육로를 통해 고구려로 이동했다고 보는 설(김복순, 1986; 민덕식, 2002; 임용한, 2012)이 있다. 그러나 오흠(作欽)묘지명에서 임아상의 패강도행군은 배를 타고 수로를 따라 고구려군과 전투를 벌였다고 하였다. 이는 소정방군의 위도전투에 대한 내용으로 볼 수 있으므로, 임아상도 소정방군과 함께 수로를 통해 평양 방면으로 진군했을 것이다(이민수, 2021).

글필하력이 이끄는 요동도 행군은 압록수전투에서 확인된다. 글필하력이 도착하기 전에 이미 당군은 압록수에서 연남생군과 대치하고 있었다. 661년 9월 연개소문이 아들 연남생을 파견하여 정예군 수만 명으로 압록수를 지키게 해 당의 여러 군사들이 건널 수 없었다. 천남생(泉男生)묘지명에 의하면 연남생은 661년에 막리지 겸 삼군대장군에 취임하였다. 이로 보아 연남생은 압록수 방어전의 야전군 사령관이었고(이정빈, 2016), 그 군대 구성은 중앙군이 다수 포함되었을 것이다(이문기, 2007).

이때 글필하력이 요동을 통과해 육로로 압록강에 이르렀다는 설(손영종, 2000; 민덕식, 2002; 劉矩·姜維東, 2006; 노태돈, 2009; 임용한, 2012; 김병곤, 2013a; 서영교, 2015a; 장창은, 2016)과 수로를 이용해 압록강 방면으로 이동했다고 보는 설(김용만, 2004; 이상훈, 2012b; 정원주, 2013; 우석훈, 2014; 이민수, 2021; 임기환, 2022a)이 있다. 육로설은 요동 지역의 고구려성들을 피해 신속히 통과했다고 보는 견해이다. 오랜 전쟁으로 인해 요동방어선이 크게 약화되었다고 보고(임용한, 2012), 심지어 무인지경이라 연개소문이 압록강 이북을 반포기 상태로 방치했다고 보기도 한다(劉矩·姜維東, 2006).

반면 글필하력을 수군으로 보는 경우는 글필하력군의 진군과 회군 당시 요동을 통과했다는 기록이 부재하며(우석훈, 2014), 더욱이 고구려는 계속해서 요동방어망을 보강·축조했으며, 당군은 666~668년 전쟁에서도 요동방어망을 제대로 공략하지 못했으므로 글필하력군이 아무런 피해 없이 요동을 육로로 통과하는 것은 불가능하다고 하였다(김용만, 2004). 또한, 압록도행군부총관에 제수된 설만비가 출정을 위해 당 수군의 출항지인 내주로 향했으며, 계필숭(契苾嵩)묘지에서는 글필하력군이 배를 운용했음을 알 수 있는 기록이 존재한다(이민수, 2021).

글필하력의 본진이 압록수 이북에 상륙했을 무렵 예상치 못한 기상이변으로 압록수가 결빙되었다. 글필하력군이 얼음을 타고 강을 건너 진격하여 수만 명의 연남생군을 격파하였다. 달아나는 고구려군을 글필하력이 수십 리를 뒤쫓아 3만 명을 죽였으며, 나머지 무리는 모두 항복하고 연남생은 겨우 죽음을 면하였다(『자치통감』권200). 누경(婁敬)묘지에 의하면 연남생군을 격파한 글피하력군은 철산진(鐵山陣)에 이르렀다고 한다. 이 철산진은 평안북도 철산군으로 비정된다(이민수, 2022a).

소정방과 함께 행군대총관급에 해당하는 글필하력이 압록수전에 투입된 이유에 대해서는 요동 방면과 평양의 고구려군이 서로 연계하는 것을 차단하고(김용만, 2004) 보급기지를 확보하기 위한 것으로 볼 수 있다. 645년 전쟁에서 당의 수군이 산동-고대인성-비사성-건안성으로 이어지는 해상 보급로 확보에 실패한 경험을 되풀이하지 않고자 새로운 보급기지의 후보로 요동과 평양의 중간지대인 압록수 방면을 선택한 것이다(이민수, 2021).

이들을 수군으로 본다면 육로로 진격한 당군은 누구이며, 실제 요동에서의 전투가 있었는지에 대해서는 정사 기록에 보이지 않는다. 그러나 중국에서 발견된 고구려 유민인 고을덕(高乙德)의 묘지명에 따르면, 귀단도사(貴端道史)였던 고을덕은 661년 전투에서 생포되었다고 하였다. 귀단성은 일반적으로 요동 방어의 요충지인 신성으로 본다(池內宏, 1960; 田中俊明·東潮, 1994). 이와는 달리 657년 당과 고구려가 전투를 벌였던 귀단수전투에서 귀단성과 신성이 달리 쓰였던 기록을 토대로 귀단성이 신성 권역의 6개 성 중 한 곳이었을 가능성도 제기되었다(이민수, 2022a). 신성과 관련된 귀단성의 도사인 고을덕을 생포하게 된 정황은 당군의 신성 공략과 관련되어 있을 것이다(이민수, 2021). 한편, 고을덕이 도사로 있던 귀단성의 병력을 빼내 압록수전투에 투입되었다고 보기도 한다(葛繼勇·이유표, 2015; 이성제, 2015).

또한, 이 전쟁에 참여했던 당 장수의 묘지명이나 당대 편찬된 문집을 통해 요동성과 신성, 부여성에서 전투가 있었음을 밝히기도 했다(이민수, 2021). 우선 당대에 편찬된 『집신주삼보감통록(集神州三寶感通錄)』에는 설인귀(薛仁貴)가 이 전쟁에 참여했으며 요동 지역에 있었다고 한다. 그러나 661년 10월경 낙양에 있었다는 기록(『신당서』 설인귀열전)으로 인해 이 문집에서 날짜를 혼동했을 가능성을 제기하면서도 모종의 이유로 장수가 교체되어 귀국했을 것으로 보았다. 또한 남곽생묘지명에서 남곽생이 661년 낙랑도를 통해 고구려를 정벌하자 구제(九梯)와 숙신(肅慎)이 고시(楛矢)를 바쳤다고 한다. 정사 기록에는 누락되었지만 낙랑도 행군이 읍루, 숙신의 후신으로 인식된 말갈과도 전투를 치렀음을 의미한다고 하였다. 주로 말갈이 요동 방면의 전투에 동원된 사례를 들어 남곽생이 속한 낙랑도행군도 요동 방면으로 진군했다고 보는 것이다.

정명진이 이끄는 누방도행군의 전장은 알 수 없다. 650년대 중후반 당의 동방 진출 거점인 영주(營州)도독 겸 동이도호(東夷都護)였던 이력으로 볼 때, 정명진은 영주를 경유해 신성으로 진군했을 것이다(이민수, 2021). 정명진은 662년 누방도행군총관을 마지막으로 역임하고 죽었다(『구당서』 정무정열전). 그의 열전은 없고 자식인 정무정의 기록에 흔적을 남긴 것으로 보아 전쟁터에서 죽임을 당했을 것이다(김용만, 2004).

회흘 등을 거느리고 출정한 부여도행군총관 소사업 역시 요동 방면으로 진군한 것으로 보인다. 행군명처럼 부여성으로 진군했을 가능성이 제기되었다(이민수, 2021). 당이 부여도행군을 편성한 목적을 고구려와 거란의 연계 가능성을 염두에 둔 것으로 보기도 한다(김지영, 2011). 이와 달리 소사업이 이끄는 부여도행군이 육로를 통해 압록강으로 진격했다고 보는 견해(김병곤, 2013a)가 있다. 부여도행군은 661년 정월에 선발대로 고구려로 진군했는데, 육로로 요동을 통과하면서 교통로상에 위치한 고구려 산성들을 무시하고 진격하였으며, 압록강에서 방어선을 구축한 남생군의 저지를 받고 후발대로 출발한 글필하력군과 합류했다고 보는 것이다.

아사나충이 이끄는 당군 역시 회군할 때 거란과 전투를 벌였다는 기록으로 보아 부여성 방면으로 진군했을 가능성이 높다(이재성, 2016; 이민수, 2021). 육로를 통해 요동에서 출발하는 당군이나 수군으로 압록강에 진출한 당군 모두의 최종 목적지는 평양성이었을 것이다(이민수, 2021). 당 고종의 칙명에 따라 신라군 역시 평양성으로 모일 예정이었다.

2) 고구려의 반격과 당군의 퇴각

성공적으로 시작된 당군의 고구려 공격에 여러 변수가 발생하였다. 신라군은 완전히 진압되지 않은 백제부흥군으로 인해 북진이 막히게 되었다. 더욱이 서부 몽골 일대에 있던 철륵(鐵勒)이 당에 반기를 들면서 대고구려전에 참전했던 많은 당군이 회군해 고구려전선을 이탈하게 되었다.

철륵은 튀르크계 유목종족으로 구성(九姓)철륵이라고도 하며 이전시대에는 정령(丁零) 또는 고차(高車)라는 이름으로 불리기도 했다. 유연의 지배하에 있었다가 다시 돌궐에 복속되기도 하였는데, 646년 철륵의 한 부락이었던 설연타(薛延陀)가 당에 반기를 들었다가 패한 뒤 나머지 부락들이 당에 복속되었다. 그 주요 부락은 15개 정도였으며, 당은 이들 부락을 기미주부로 나누어 연연도호(燕然都護)를 두어 통솔하게 하였다. 현경 연간(656~660)에 발야고(拔野古)가 사결(思結), 복골(僕骨), 동라(同羅)와 함께 반란을 일으켰다(『신당서』 회골전).

661년 10월 11일 당 고종은 철륵 공격 조서를 발표하였다. 좌무위대장군 정인태(鄭仁泰)를 철륵도행군대총관으로 삼고, 연연도호 유심례(劉審禮)와 좌무위장군 설인귀를 부장으로 삼고, 홍려경 소사업을 선악도(仙萼道)행군총관으로, 우둔위장군 손인사를 부장(副將)으로 삼아 군사를 거느리고 이를 토벌하게 하였다(『자치통감』 권200). 당은 663년 1월이 되어서야 이들을 완전히 평정할 수 있었다. 이 토벌전에는 글필하력도 철륵도안무사로 참여했는데, 그는 이들을 회유해 스스로 주모자급을 잡아와 목을 벰으로써 이곳을 안정시켰다. 글필하력은 본래 철륵의 한 무리인 글필부 출신으로 632년에 당에 귀순하였다(『신당서』 회골전).

특히 이 철륵 토벌전에는 당시 고구려 공격에 참여했던 부여도행군총관이었던 소사업만이 아니라 『신당서』 고종본기에 따르면 좌효위대장군인 아사나충도 장잠도행군대총관으로 참가했다. 아사나충은 행군명의 변경 없이 철륵전선으로 차출되었는데, 이는 당이 철륵전선을 고구려 공격의 연장이라고 인식한 것으로 볼 수 있다(이민수, 2022a). 이들은 고구려전선에서 곧바로 철륵전선으로 이동하였을 것이다. 그 시기는 당에서 고구려전선까지 조서 내용을 전달하는 데 걸린 시간이나 군대를 이동시키기 위한 재정비 기간을 고려할 때, 10월 말이나 늦어도 11월 초였을 것이다(이민수, 2022a).

또 다른 고구려전선에 있던 글필하력의 이동은 철륵 공격에서의 문제점으로 뒤에 투입되었던 것으로 보아 이보다는 늦게 철륵으로 이동했을 것이다. 그 시기는 해를 넘기지는 않았을 것이다. 철륵으로 인한 일부 당군의 이탈은 당의 대고구려전에 크게 영향을 미쳤다. 이처럼 고구려에게 유리하게 전개된 정세 변화가 의도된 상황이었는지에 대한 기록은 보이지 않는다. 정황상 철륵이 당에 저항하도록 연개소문이 외교적 노력을 기울였을 가능성이 있다(김용만, 2004; 김지영, 2008; 서영교, 2014a; 이재성, 2018; 이민수, 2022a).

아사나충묘지명에 의하면 아사나충은 철륵 방면으로 철군하는 도중에 거란의 공격을 받았는데, 거란이 '도이(島夷)'와 결탁하였다고 하였다. 이 '도이'는 고구려를 의미한다(윤용구, 2005; 최진열, 2012). 거란은 660년 이후 고구려가 멸망할 때까지 당의 대외공격에 동원된 흔적이 보이지 않는다(김지영, 2011)는 점에서도 고구려와 거란이 결탁했을 가능성이 제기되었다. 거란은 660년에 당의 지나친 병력 징발로 인해 반기를 들었다가 진압되었지만, 이것이 계기가 되어 고구려와 결탁하였다고 보는 것이다(이재성, 2011).

연개소문은 당에게 제압되었던 거란을 포섭하려는 외교전략을 구사하였을 것이다(서영교, 2014a). 고구려가 거란을 포섭하였다면, 철륵이 당을 공격한 661년 10월 전후로 볼 수 있다(이민수, 2022a). 거란과의 연계는 고구려가 거란의 서쪽에 소재한 철륵 여러 부와도 연계했을 가능성을 높여준다(이민수, 2022a). 반면에 고구려가 거란이나 해 등의 반당 움직임을 적극 활용하지 못했으며, 거란과의 연계가 미친 영향도 제한적이었을 것으로 보는 견해(이성제, 2016)도 제기되었다.

10월경에 소사업과 글필하력 등 요동과 압록강 유역의 당군이 퇴각한 뒤에도, 평양성을 에워싸고 고구려군을 상대하던 소정방 등의 당군은 661년 겨울을 보내야 했다. 이에 대해 철륵과의 전쟁을 위해 퇴각하는 당군이 무사히 돌아가도록 하기 위한 것으로, 이미 당의 대고구려전은 마무리 단계인 것으로 보는 견해(김병곤, 2013a)가 있다. 일부 당군의 철군은 당의 대고구려전에 결정적 반전의 계기가 되었는데, 무엇보다 보급 문제가 심각해졌다. 이미 소정방은 10월 무렵 신라의 문무왕에게 군량이 부족하고 전황이 어렵다는 전갈을 보냈다. 더욱이 당 조정에서는 평양의 당군에게 군량을 보내라는 사신을 파견해, 10월 29일에 당의 사신이 신라의 국도인 서라벌에 당도해 있었다. 이는 당의 대고구려전이 마무리되고 있음을 의미하며, 다만 요동과 압록강에서의 철수가 완료될 때까지 고구려군을 잡아놓기 위해서는 군량이 해결되어야 했을 것이다(김병곤, 2013a).

『일본서기』에는 661년 12월에 당군이 운차(雲車)와 충팽(衝輣)을 동원하여 진격했지만 고구려의 반격으로 2개 보루를 함락당하고 2개 요새만이 남았으며, 당군은 추위와 고구려군의 공격으로 이미 전의를 상실한 상태인 것으로 기술하고 있다. 이는 당군이 고구려의 강력한 저항과 추위로 인해 사기가 저하되었을 뿐 아니라, 추가적인 병력의 지원이 끊기면서 위기에 처한 상황을 보여주는 것이다.

다음 해인 662년 2월 방효태가 이끄는 당군이 연개소문이 이끄는 고구려군에게 크게 패해 방효태를 포함한 아들 13명과 수만 명이 죽는 사건이 발생했다. 『책부원구』에 의하면 방효태는 영남(岺南)의 수군을 이끌고 사수(蛇水) 가에 진영을 구축했는데, 연개소문에게 대패하였다. 포위를 뚫고 유백영과 조계숙(曹繼叔)의 진영에 갈 것을 권하자 이를 거절하였다. 연계소문이 재차 공격하자 방효태와 그의 아들 13명을 비롯해 죽은 자가 수만 명이었다. 일명 '사수전'으로 알려진 이 전투는 사수에서 2차에 걸쳐 치른 전투였다.

사수는 일반적으로 합장강(合掌江)으로 비정하는 견해(津田左右吉, 1964; 이호영, 1997; 노태돈, 2009; 김병곤, 2013a)와 보통강으로 비정하는 견해(손영종, 2000; 김용만, 2004; 이상훈, 2021; 이민수, 2022a)로 나뉜다. 특히 사수를 평양성 서쪽의 보통강으로 추정하면서 당군이 평양성을 포위하기 위해 4곳에 진영을 편성했는데, 서남쪽의 적두산성(赤頭山城), 서쪽의 사수 일대, 북쪽의 병현(竝峴) 일대, 동북쪽의 청암리토성(靑巖里土城)이었을 것으로 보았다(이상훈, 2023). 더불어 방효태의 부대가 평양성 서쪽에, 그 왼쪽에는 유백영 부대가, 오른쪽에는 임아상과 조계숙 부대가 주둔하였으며, 소정방은 마읍산 일대에 주둔했을 것으로 추정하였다.

1차 사수전에서 연개소문이 이끄는 고구려군은 방효태가 데리고 온 향리 자제 5,000명을 죽이는 전과를 거두고 방효태군을 포위하였다. 이때 방효태의 측근이 유백영과 조계숙 진영으로 피할 것을 건의하였으나 이를 거절한 것으로 보아 유백영과 조계숙은 임아상군 소속이었을 것이다(김용만, 2004; 이민수, 2022c).『구당서』에서 임아상은 662년 2월 14일 평양의 군영에서 죽음을 맞이하였다고 한다. 대총관인 임아상의 부재가 패강도행군의 전열이 와해되는 결과를 초래한 것으로 보는 견해(문안식, 2006)가 있다. 방효태가 패강도행군 소속인 유백영과 조계숙 진영으로 가지 않은 것은 최고지휘관의 부재만이 아니라 그를 구원해 줄 군사적인 여력이 없다고 판단했기 때문일 것이다(이민수, 2022c).

한편, 소정방군이 평양성의 포위를 풀고 철군하자 이 틈을 탄 고구려군이 방효태군을 공격하여 격파한 것으로 보는 견해(김복순, 1986)도 제기되었다. 임아상의 죽음과 방효태군의 전멸은 불과 4일 차이였다. 이러한 상황으로 보아 소정방군의 전멸 가능성도 시간문제였을 것이다. 고구려군의 대공세에 당군이 매우 위기에 빠져있는 상황이었다.

소정방군은 김유신이 이끄는 신라군이 보급품을 건네자 곧이어 철군하게 되었다. 이에 대해『구당서』고종본기에 이 전쟁이 아무런 성과 없이 끝났다고 기록하고 있다. 단순히 성과가 없는 것으로 전쟁이 종결된 것만이 아니라 당은 여러 측면에서 손실이 큰 전투였다고 볼 수 있다. 우선 고구려 공격에서 많은 전사자가 나오면서 전력에 큰 손실을 입게 되었다. 방효태와 그가 이끌던 군사들이 모두 전사하였다. 방효태가 힘겨운 싸움 중에도 다른 지원을 받지 못한 것은 이를 지원하기 어려운 상황이었기 때문일 것이다. 이는 평양전에 참전했던 임아상의 죽음과도 연결되어 있을 것이다(이민수, 2022c).

또한, 실제 이 전쟁에 참여했던 주요 장수 가운데 정명진 역시 그의 아들의 열전에서 누방도행군총관을 마지막으로 죽었다고 한다. 이를 근거로 정명진도 이 전쟁에서 전사한 것으로 보고 있다(김용만, 2004; 김영관, 2009a; 서영교, 2022b; 이민수, 2022c). 정명진은 요동전선에 파견된 것으로 보이며, 다른 기록에 요동전선에서의 전황에 대한 기술이 보이지 않은 것에서도 이곳에서의 전황은 그다지 좋지 않았음을 알 수 있다.

645년 당 태종의 고구려 공격이 실패한 뒤 당에서 고구려와의 전쟁을 준비했던 것처럼, 고구려에서도 당과의 전쟁에 대비하고 있었을 것이다. 특히 이를 방어하기 위한 요동방어망은 더 견고해졌을 것이다(이민수, 2021). 고구려 최후의 전쟁이었던 666년에서 668년까지의 전쟁에서 신성은 당군의 공격에 7개월간을 맞서 싸웠다. 또한 평양성이 함락되고 보장왕이 항복할 때까지도 요동의 주요 성들이 당에게 함락되지 않고 굳건하였다. 이러한 사례를 통해 당시 고구려가 요동 방어에 많은 힘을 쏟았음을 알 수 있다(이민수, 2021).

662년 7월에 당 고종은 옛 백제땅에 주둔 중인 당군에게 평양성을 공격하던 당군이 철군하였으니, 신라에 들어가거나 철군해도 좋다는 조서를 내렸다(『자치통감』권200). 유인궤의 반대로 철군하지 않았지만, 패전의 여파가 백제 고지에 주둔한 당군의 철군을 논의할 정도로 컸기 때문이었다(이민수, 2022b).

또한, 어내전(御內殿)의 시신(侍臣)은 고종에게 해동의 전쟁으로 인해 백성들이 노역으로 몹시 고통받고 있으며, 탐욕스러운 관리들의 비리가 극심함을 설파하였다. 더욱이 고구려와의 계속된 전쟁으로 멸망한 수를 당의 현 정국에 빗대는 현상까지 나오고 있음을 고종에게 전하였다. 그리고 한 무제의 대외원정으로 경제가 피폐해졌음을 상기시키며 함선 건조를 중지하라고 간언하였다(『책부원구』제왕부142 미병).

663년 8월 27일에 고종은 고구려와의 전쟁을 위해 오랫동안 진행해 오던 36주의 선박 건조를 중지하는 조서를 발표하였다. 또한 관리를 10도에 보내 백성들의 병고를 묻게 하고 관리들을 내치거나 승진시키는 등 내치 안정에 주력하였다(『자치통감』 권200). 이는 당이 민생과 경제적인 측면에서 전쟁 실패의 후유증을 심하게 겪었기 때문이었다(김용만, 2004).

지금까지 당의 대고구려전은 태종을 중심으로 이해하거나 무황후의 행적으로 보는 측면이 있었다. 이를 비판하며 2차 고당 전쟁의 원인과 결과를 고종 대의 정치상황 변화와 연계시켜, 이 전쟁을 '황권제일주의'에 입각하여 황제의 독존적 위상을 확립한 고종 중심의 현경(顯慶) 정국의 종점이자 무주(武周)혁명으로 나아가는 계기를 제공한 중대한 정치적 의의를 담고 있는 사건으로 보는 견해(장창익, 2021)가 제기되었다.

한편, 당과 신라는 백제부흥군과의 전쟁에서 성과를 보았다. 선박 건조 중지 조서를 발표한 다음 날인 663년 8월 28일 백제부흥군과 왜의 연합군을 백강에서 대파하였으며, 9월 1일에는 주류성(周留城)을 함락하였다. 그리고, 마지막까지 저항하던 임존성(任存城)을 함락함으로써 백제 고지를 평정하였다. 백제 부흥운동에 고구려가 적극적으로 개입하지 못했던 이유를 당과의 전쟁에 대비해 요서 지역에 대한 영향력을 강화하기 위한 것에서 찾기도 한다(이민수, 2022b).

반면에, 당은 고구려 공격을 재개하기 어려운 실정이었다. 구자(龜茲)가 반기를 들어 12월에 평정해야 했으며, 토번(吐蕃)이 날로 강대해지면서 그 영향력이 서역과 서돌궐에까지 미치고 있었으나, 당은 이에 적극적으로 대처하지 못하고 있었다(정병준, 2013). 한편, 당의 번병으로 대고구려전에 투입되었던 거란과 해는 고구려가 멸망하기까지 더 이상 당군 편에서 활약하는 모습이 보이지 않는다(김지영, 2011). 오히려 666년 연개소문의 죽음 이후 그 후계자인 남생이 휘하의 병사들과 함께 거란병과 말갈병을 거느리고 당에 귀부하였다. 이로 보아 당시 거란이 말갈과 더불어 고구려 군사력의 일부였음을 알 수 있다.

더욱이 고구려는 650년대에 거란의 주 거주지였던 요서 지역에서 당과 군사적으로 충돌하였다. 결국 요서 지역에서 당군의 우세가 2차 고당전쟁을 위한 전초전이었다면, 전쟁에서 당이 또다시 패배하게 되면서 요서 지역에 대한 고구려의 우위가 확보되었을 가능성이 있다. 이러한 상황이 고구려의 영역에 대해『구당서』와『신당서』에 서북쪽으로 영주에 이르며 동서의 거리가 3,100리라는 기록으로 남게 되었을 것이다(정원주, 2014b). 이처럼 661~662년 전쟁에서 패한 이후 당의 대내외적 상황과 대처로 보았을 때, 당은 고구려와의 전쟁을 포기하였을 것이다(김용만, 2004; 정원주, 2014a; 임기환, 2023; 이민수, 2022c).

고구려 역시 전쟁에서는 이겼지만 전장이 고구려 전역에서 이루어졌으므로 그 폐해가 적지 않았다. 특히 전쟁 기간에 평양성이 당군에게 몇 개월 간 포위되었으며, 신라군이 북상하여 평양 일대에 이르는 등 방어체계의 허점 또한 노출하였다. 이에 전쟁 직후부터 방어체계 재정비라는 과제와 전후 복구라는 문제에 심혈을 기울여야 했을 것이다(이영재, 2018). 또한 백제의 멸망은 고구려의 군사·외교적인 위기를 가져왔다. 이처럼 고구려와 당 두 나라는 새롭게 전쟁을 치를 계획을 세우기 어려운 상황이었다. 두 나라는 군사적 긴장이 어느 정도 해소되고 새로운 관계로 접어들게 되었다.

3. 연개소문의 죽음과 자식들의 분열

661~662년의 전쟁에서 당군이 패한 이후, 고구려와 당 사이에는 군사적 충돌을 자제하면서 외교적으로 화해 분위기가 조성되었다. 당 고종은 664년 7월 봉선(封禪) 계획을 발표하였으며, 665년 8월에 고구려 태자 복남(福男)을 보내 시사(侍祠)하도록 하였다. 태자 복남은 665년 10월 당에 입조하여 당 고종을 수행하며, 666년 정월 태산에서 행해진 봉선의식에 참석하였다(『자치통감』 권201).

이 제전에는 돌궐, 우전(于闐), 파사(波斯), 천축(天竺), 곤륜(崑崙)을 비롯해 동쪽으로는 고구려·백제·신라·왜가 모두 참가하였다(『책부원구』 제왕부 봉선2). 중국 왕조의 봉선의식은 진 시황제에 의해 처음 시도된 이래 황제가 조정의 문무백관과 더불어 제국의 영향 아래에 있는 제후국, 즉 여러 번국(蕃國)을 거느리고 천하를 통일해 통치에 성공했음을 널리 알리고 하늘에 감사드리기 위해 태산에서 지내는 제사의례였다(하워드J. 웨슬러 지음, 임대희 옮김, 2005).

당 고종이 사신을 파견하여 고구려의 태자를 봉선의식에 참여하게 하고 고구려에서 태자를 보냈다는 것은 당이 양국 관계의 현안 해결에 필요한 조치를 취했음을 알려준다(이성제, 2019). 이 사건은 두 나라 간 오랜 적대관계의 극적인 전환을 의미하는데, 당이 기존의 강경책이 아닌 고구려와의 공존을 위한 관계 개선으로 전환했다고 볼 수 있다(이민수, 2022c). 당이 고구려에 대한 전략을 전쟁보다는 외교에 의한 복속으로 전환했다고 보거나(김영하, 2000), 혹은 당이 고구려 태자의 봉선의례 참여로 고구려에 대한 무력도발을 철회하고자 하였을 것으로 보기도 한다(채미하, 2017).

이처럼 고구려와 당 사이에 새로운 관계 변화가 보이는 가운데 666년 당과 고구려의 세 번째 전면전이 시작되었다. 5월에 연개소문이 죽고 장자인 연남생이 막리지(莫離支)가 되었지만 동생들과의 불화로 당에 구원을 요청했다. 당은 6월 7일에 우효위(右驍衛)대장군 글필하력을 요동도안무대사(安撫大使)로 삼아 연남생을 구원하게 하였다(『자치통감』 권201).

이렇게 시작된 전쟁은 668년 9월 국도인 평양성이 함락되면서 고구려 멸망으로 이어졌다. 이 전쟁의 배경과 사건 전개 과정에 대한 이해는 연개소문의 사망시점과 연남생이 권력을 승계한 시점, 연남생 형제들이 분열한 시점을 어떻게 볼 것인가에서 시작된다. 이는 고구려 태자 복남을 당의 봉선의례에 파견한 주체를 누구로 볼 것인가와 연관되어 있으며, 더 나아가 이 시기 고구려의 정치상황과 대외정책을 바라보는 시각과 연계되어 있다.

연개소문의 사망시점에 대해서는 663~666년으로 다양하게 논의되고 있다. 먼저 『자치통감』 기록을 토대로 666년 5월로 보는 것이다(김현구 외, 2004). 『구당서』나 『신당서』, 『책부원구』 등의 중국 측 사료에는 위 모든 내용이 건봉 원년 6월조에 기재되어 있다. 한국 측 사료인 『삼국사기』에도 연개소문의 죽음과 연남생의 태막리지(太莫離支) 취임 그리고 형제들과의 권력다툼으로 인한 내홍이 모두 666년 기사에 실려 있고, 6월조에 연남생을 구원하기 위한 당군의 파견이 기술되어 있어, 그의 죽음이 666년에 발생했다는 견해(지배선, 2006)를 뒷받침하였다.

그러나 666년 5월에는 연개소문의 죽음이 국제사회에 공인되었을 뿐이며(방용철, 2018), 시간 배분이라는 측면(連勁名, 1999)에서도 문제가 제기되었다. 연개소문의 죽음과 탈상, 연남생의 권력 승계와 형제

간의 갈등으로 촉발된 내분, 여러 차례에 걸쳐 행해진 대당 구원 요청 및 내전, 그리고 당군의 출병이라는 여러 사건이 5월에서 6월이라는 기간 내에 발생했다고 보기 어렵다는 것이다. 또한 『일본서기』에는 연개소문의 죽음을 664년 10월로 기록하고 있다. 이에 따라 665년설이 제기되었다. 『일본서기』 기사에 1년 정도의 착오가 있다고 보고 연개소문이 665년 10월에 사망했다고 보는 것이다(池內宏, 1960). 『일본서기』의 사료적 가치를 인정해 664년 10월에 연개소문이 사망했다고 보기도 한다(연민수 외, 2013).

천남생묘지명에 의하면 연남생은 28세에 막리지 겸 삼군(三軍) 대장군이 되고 32세에 태막리지가 되었다고 한다. 태막리지를 "군국(軍國)을 총괄하는 아형원수(阿衡元首)"라 하였는데, 이는 군사와 국사를 모두 관장하는 재상이자 통치권자임을 의미하는 것으로 고구려의 국권을 장악했던 연개소문의 권력을 연남생이 차지했다는 것을 나타낸다. 더욱이 "선조의 유업(遺業)을 이으니 선비들이 알고 진심으로 따랐으며, 위태로운 나라의 권력을 잡으니 논박하는 사람이 없었다"는 표현에서도 부친의 권력을 승계했음을 은유적으로 표현하고 있다.

이러한 상황은 연개소문의 사망과 연결 지을 수 있다. 연개소문이 아버지인 연태조(淵太祚)의 사망 후 권력을 잇는 과정에서 국인들의 반발에 직면했던 상황과는 달리 표현되었지만, 부친의 사망에 따른 권력 승계를 표현한 것으로 볼 수 있다. 당이 대규모 군사력을 동원해 고구려를 공격했던 661년 전쟁에서 압록강 방어에 나섰던 연남생은 당시 막리지 겸 삼군대장군이었다(천남생묘지명). 이 당시 연남생의 나이가 28세이므로 32세가 되는 해는 665년이다. 이해에 연개소문이 사망하고 그의 권력을 이어 연남생이 태막리지에 오른 것이다(池內宏, 1960;

이홍직, 1971; 정원주, 2013; 김진한, 2016).

한편, 연개소문이 죽은 후 곧바로 연남생이 부친의 직위를 계승했다고 보는 것은 무리이므로, 고구려의 최고 권력자였던 연개소문의 죽음에 따른 장례 절차를 고려하기도 한다. 3년상을 고려해 663년 10월로 보는 설(김용만, 2003; 이민수, 2024)과 664년 10월로 보는 설(서영교, 2015b)이 있다. 한편, 당시 고구려의 대외적 상황에 의해 장례절차가 생략되었다고 보고 665년설(김진한, 2016)에 힘을 싣기도 한다.

연개소문의 사망시기는 연남생이 권력을 승계한 시점과 형제 간의 권력다툼으로 고구려 국내가 분열된 시점과도 연결되어 있다. 일반적으로 연개소문이 사망한 뒤에 연남생이 권력을 이은 것으로 보지만, 연개소문의 병환 중에 권력을 이었을 가능성도 제기되었다. 또한, 연개소문의 죽음을 둘러싼 논의는 고구려 태자의 봉선의식 참여를 주도한 정치세력을 누구로 볼 것인가와도 연계되어 있다. 이는 당시 정국을 주도했던 인물을 누구로 볼 것인가에 따라 달리 해석되는데, 여기에는 연개소문의 사망시점은 물론 그의 아들 간에 권력을 두고 벌어진 내전 발발 시기를 언제로 보는가와도 연결되어 있다.

우선 연개소문의 사망을 665년 10월 무렵으로 보는 경우, 고구려 태자의 봉선의식 참여가 연개소문 주도로 추진되었으며, 그 후속 문제들이 연남생에게 주어졌다고 본다(이성제, 2019). 특히, 이 봉선 의식에의 참여를 통해 고구려가 의도했던 양국 관계는 당군의 재침 여부에 대한 적절한 조치로, 당은 이를 통해 고구려의 봉선의식 참가를 이끌어 낼 수 있었던 것으로 보았다. 이는 외신(外臣)으로서 보장왕의 지위를 통해 조공·책봉관계의 회복을 의미한다고 하였다. 한편, 연개소문의 사망연도는 665년이지만, 구체적인 시점은 태자 복남이 당으로 파견된 이후로 파악하는 견해(여호규, 2018)가 있다. 태자 복남을 당에 파견한 것은 연개소문의 마지막 외교적 움직임으로 볼 수 있으며, 고구려가 태산 봉선을 계기로 당과의 화친을 모색했다고 보는 것이다.

연개소문의 사망을 665년 10월 이전으로 보는 견해에서는 봉선의식 참가가 그의 죽음 이후에 이루어진 것으로 파악해서 권력을 승계한 연남생의 주도하에 이루어진 것으로 보고 있다(김수태, 1994; 김영하, 2000; 拜根興, 2002; 정원주, 2013; 서영교, 2015b; 채미하, 2017; 김진한, 2016; 방용철, 2018). 태자 복남의 입조가 665년 10월에 이루어진 것으로 보았을 때, 연개소문이 살아있다고 하더라도 병이 깊어 이미 연남생에게 권력이 넘어간 상태였기 때문에 역시 연남생의 주도하에 이루어졌다고 보는 것이다.

연남생을 파견 주체로 보는 이유는 그가 동생들에게 권력을 잃고 결국 당에 망명하는 선택을 하면서 고구려 멸망에 적극 기여했다는 사실과 천남생묘지명에서 "공은 내심 내관(內款)을 생각하였으나 일이 중앙에서 집권적으로 되지 않아, 바야흐로 나가서 변방의 백성을 위무하고 밖으로 황전(荒甸)을 순시하였으니, 우이(嵎夷)의 옛 땅을 살펴 희중(羲仲)의 새로운 관직을 요청하고자 하였다"라는 구절을 통해서였다. 그러므로 그가 권력을 이은 후 지방 순시를 떠난 목적이 당과의 관계 개선을 염두에 두고 이에 반대하는 세력을 회유하기 위해서였다고 보는 것이다. 연남생은 661년 압록강전투에서의 패배로 인해 그 지도력을 의심받고(이문기, 2008; 이강래, 2015), 집권층 내에서 책임론이 제기되었기 때문에 당으로부터 자신의 정통성을 인정받아 권력기반을 강화하고자 하였다는 것이다(김수태, 1994; 김진한, 2011).

연남생 형제들의 불화로 내전이 일어난 시기를 태자 복남의 파견시기보다 이전에 발생된 사건으로 보는 경우에는 남건과 남산이 파견 주체이며(서영교, 2015b), 보장왕이 이에 동참한 것으로 보았다. 보장왕을 파견 주체로 보기도 하는데, 여기에 동조한 세력을 연남생으로 보는 경우와 남건과 남산으로 보는 경우로 나뉜다. 먼저, 연개소문 사망 이후 왕권을 회복한 보장왕이 당과의 적대관계를 개선하기 위해 추진하였으며, 연남생은 국내의 정세 변화에 따라 보장왕의 온건책에 동조한 것으로 보았다(김영하, 2000). 이는 보장왕 또는 구 귀족세력을 상대로 당이 벌인 공작으로, 봉선의식 참여를 통해 고구려 내부의 갈등을 획책하였다는 것이다. 다음으로, 보장왕이 연남생 형제의 갈등을 조장하였으며, 연남생을 축출한 뒤 남건, 남산과 함께 대당외교를 추진했다는 것이다(정원주, 2013). 보장왕이 당의 봉선의식에 태자 복남을 보낸 것은 왕권 회복을 위한 것으로 보고 있다(정원주, 2014a).

이와 달리 당 측천무후는 고구려의 내분에도 불구하고 자신의 집권을 천명할 수 있는 봉선에만 집중했다고 보기도 한다(서영교, 2015b). 한편, 당이 신라, 백제와 맺은 취리산회맹(就利山會盟)을 백제의 옛 영토를 지배함으로써 신라를 견제하고 고구려 공격의 전진기지로 삼으려는 전략의 일환으로 보고, 이를 통해 고구려를 압박하면서 봉선의례 참여를 유도했다고 보는 견해(채미하, 2017)도 제기되었다.

연남생이 당에 구원을 요청하게 된 배경이 된 형제 간의 다툼은 연개소문의 죽음 이후 그의 권력을 이은 연남생이 지방 순시를 떠나면서였다. 그의 묘지명에 따르면 그는 태막리지에 올랐다고 한다. 이는 막리지에 '태(太)'를 가호한 것으로서 관등으로는 태대형(太大兄)에 해당한다(이문기, 2003). 그는 국정을 맡게 되면서 지방의 여러 성을 순행하였는데, 그 아우인 남건과 남산에게 수도에서의 뒷일을 처리하도록 하였다. 그의 순행 목적은 지방의 반대세력 회유와 자신의 새로운 세력기반을 확보하기 위한 것이었다(임기환, 1992; 이문기, 2008).

『삼국사기』에 따르면, 이때 두 동생에게 연남생이 그들을 제거하려는 속셈이 있으니 먼저 계책을 세워야 한다며 부추기는 사람이 있었다. 연남생에게도 두 동생이 형이 자신들의 권력을 빼앗을까 두려워하여 돌아오지 못하게 할 거라고 말하는 사람이 있었다. 이에 연남생이 두 동생을 살피기 위해 몰래 평양으로 사람을 보냈는데, 남건과 남산에게 사로잡히게 되었다. 남건과 남산은 왕명으로 연남생을 수도 평양으로 불렀으나 연남생은 두려워하며 돌아가지 못하였다. 남건은 스스로 막리지가 되어 군사를 내어 그를 토벌하였다.

『일본서기』에도 두 아우가 측근 사대부들의 꾐을 듣고서 연남생을 성내에 들어오지 못하게 막았다고 하였다. 이처럼 연남생 형제 사이의 다툼에는 또 다른 세력이 개입되어 있었다. 그 세력을 연개소문의 권력 독점에서 소외되어 온 귀족세력으로 보고 연개소문 사후에 일을 도모한 것으로 보는 견해(이기백·이기동, 1982; 김미경, 1992; 지배선, 2006)가 제기되었다. 특히, 대당정책을 둘러싼 국내 정치세력 간의 대립으로 형제들 간의 난이 일어났다고 보았다(김수태, 1994; 김진한, 2016).

한편, 연씨가 내부의 인물로 권력에 대한 야심을 품은 연정토(淵淨土)와 왕권 회복을 획책하는 보장왕의 동맹 가능성을 제기하기도 하였다(정원주, 2014a). 이와 달리 연개소문이 사망하기 전부터 후계 구도를 둘러싸고 연남생 형제 간에 갈등이 있었던 것으로 보기도 한다(이문기, 2008). 이러한 내분의 국제적 배경으로서 고구려 태자인 복남의 당 봉선의식 참여를 획책하여 분열을 가속화하려는 당의 공작이 있었던 것으로 보는 견해(김영하, 2000)도 제기되었다.

연남생 형제 간의 내분 발생시기에 대해서는 『자치통감』을 비롯한 중국 측 기록과 『삼국사기』의 기록에 따라 일반적으로 666년으로 본다. 그러나, 앞서 언급했듯이 연남생의 구원을 위한 당군의 파견이라는 사건을 기점으로 개별적인 여러 사건을 하나로 정리하였다는 점에서 이를 달리 바라보는 견해가 제기되었다. 천헌성(泉獻誠)묘지명에서는 연남생의 장자인 헌성이 연남생을 따라 순행길에 나섰으며 남건, 남산의 흉악함이 미쳤을 때 그의 나이가 열여섯이었다고 하였다. 또한, 헌성은 691년 2월 42세의 나이로 사망했다고 하였다. 이에 따라 그의 출생년은 649년이므로 연남생 형제 간의 다툼이 있었다는 16세는 665년이라는 것이다(連劭名, 1999; 서영교, 2015a). 반면, 『신당서』나 『자치통감』에서는 연헌성이 모함을 받아 692년 1월에 죽었다고 전하고 있다. 따라서 그의 출생연도는 651년이므로 내분 발생시기를 666년 초로 보는 견해를 뒷받침하였다(김진한, 2016).

천남생묘지명에 의하면 그는 격문을 사방으로 보내 동맹세력을 불러 오골(烏骨)의 교외에 이르러 평양으로 진격하고자 하였다. 또한, 대형(大兄) 불덕(佛德)을 당 조정에 보내 일의 전말을 알리고자 하였으나 이반이 있어(屬有離叛) 머무르게 되었다고 한다. 이처럼 연남생 형제들의 다툼은 내전으로까지 확대되었다. 이 '屬有離叛'에 대한 해석을 연남생이 불러 모은 동맹세력에서 이반이 있어 불덕이 당에 파견되지 못하였다고 보는 견해(지배선, 2006; 김진한, 2016)와 불덕이 고구려로 돌아오지 못하고 당에 체류하게 되었다는 견해가 있다. 즉 '屬有離叛'을 이반에 속하는 일이라 당에서 받아주지 않아 당에 머무르게 되었다고 해석한 것이다(이홍직, 1971).

대형 불덕을 통해 당에 구원을 요청하는 일이 뜻대로 이루어지지 않앉을 뿐 아니라 남건이 이끄는 고구려군에 쫓기게 되자 연남생은 현도의 성(玄菟之城)에 웅거하게 되었다. 이때 연남생이 달아난 곳에 대해 『자치통감』, 『구당서』, 『신당서』 등 중국 측 문헌에서는 국내성(國內城)으로, 『삼국사기』 고구려본기에는 별성(別城)이라 하여 일반적으로 국내성에 웅거한 것으로 여기고 있다(노태돈, 2009; 김진한, 2016; 방용철, 2017). 반면, 현도의 성을 645년 당 태종의 고구려 원정 시 이적(李勣)이 이끄는 당군이 신성(新城) 공략에 앞서 요수(遼水)를 건너 공격한 현도성으로 보는 견해(김용만, 2003; 정원주, 2014a; 서영교, 2021; 오진석, 2021)가 있다.

이에 대해 묘지명에서 보이는 요동, 해북(海北), 현도 등의 지명이 특정 지명을 가리키기보다는 고구려 영역에 대한 관용적인 표현으로 보아야 하며, 667년 연남생이 국내성 유력자들과 함께 당에 입조했을 때 '현도군공(玄菟郡公)'에 봉해진 사실 등을 들어 국내성으로 보아야 한다는 견해(임기환, 2022b)가 제기되었다. 그리고 동생들에게 쫓긴 남생이 국내성을 근거지로 삼은 이유에 대해 국내성 지역의 정치세력이 평소에도 평양의 중앙권력과 대립적이었기 때문으로 보았다(임기환, 2022a).

연남생의 아들인 헌성의 묘지명에서는 "손꼽아 적을 헤아리고서 맞서 싸우는 것이 불가능하다고 여겼다"고 하여 당시 연남생이 처한 위기 상황을 묘사하고 있다(정원주, 2023). 이때 헌성은 국내성에 의탁할 것을 권유하는 한편 당에 병력을 요청하는 사신을 입조시켜 함께 연합해 남건 등을 토벌할 것을 권유하였다고 한다. 국내성에 머물면서 연남생은 다시 대형 염유(冉有)를 당에 보내 구원을 요청하였다. 그리고 건봉 원년인 666년 또다시 아들 헌성을 당에 입조시켰다(천남생묘지명).

「좌무위장군성안자최헌행장(左武衛將軍成安子崔獻行狀)」에 따르면 당 고종은 사자가 계속해서 이어지자 최헌(崔獻)을 국내성으로 보내 연남생에게 영접하도록 하였다. 그리고 시자(侍子)를 당 장안에 입궐하도록 하였다(『전당문』 양형7). 이는 연남생의 계속적인 청병 요청에 당 고종이 사실을 확인하기 위해 최헌을 보냈음을 의미한다. 여기서 시자는 헌성을 가리키며, 최헌은 헌성의 입조와 고구려성의 투항을 청병에 대한 조건으로 내걸었을 것이다(김진한, 2016). 이로써 고구려 최고 권력자였던 연남생의 구원 요청이 받아들여지면서 글필하력을 요동도안무대사로 하는 당군이 고구려로 향하게 되었다.

4. 연남생의 투항 및 고구려 지배층의 동향

666년에 시작되어 668년 9월 고구려의 국도인 평양성이 함락되기까지 약 2년여에 걸친 고구려와 당의 전쟁은 3차 고당전쟁이자 최후의 전쟁으로 그 결과는 고구려의 멸망이었다. 이 전쟁의 시작은 연개소문을 이어 최고 집정권자가 된 연남생이 당에 구원을 요청하는 것에서 시작된다. 전쟁 과정에 대한 기록은 소략할 뿐 아니라 전황의 공백이 많으며, 무엇보다 각 사서기록 사이에 충돌되는 부분도 적지 않다. 그러므로 이 전쟁에 대한 본격적인 연구도 빈약할 뿐 아니라 연구자마다 전쟁 과정을 달리 기술하고 있다(임기환, 2022b). 또한, 이 전쟁에서 승리한 당과 신라 측의 입장에서 쓰여진 기록으로 인해 전쟁 진행 과정마저도 서로 뒤섞여 있어 사건 발생시기와 상황을 추정하기 어려운 측면이 있다.

이에 따라 먼저 666년 6월 연남생의 구원 요청에 의해 파견된 당군이 연남생과 합류하는 시점이 언제였는지에 대해 살펴보고자 한다. 더불어 남생과 함께했다던 소자하 유역의 남소성, 목저성, 창암성 등의 투항 및 공략 과정에 대해서도 다루고자 한다. 다음으로 666년 9월에 방동선이 고구려군과 접전해 이겼다는 전투는 무엇이었는지에 대해 살펴보겠다. 마지막으로 연남생의 당 귀부가 언제였으며 이로 인한 고구려 지배층의 동향에 대해 지금까지 연구결과를 통해 살펴보고자 한다.

1) 연남생의 구원 요청과 당군의 파병

666년 6월에 연남생이 내부(內附)를 청하자 당에서는 우효위대장군 글필하력을 요동도안무대사로 삼아 군사를 인솔해 연남생을 구원하게 했다. 요동도행군총관으로는 방동선(龐同善)과 영주(營州)도독 고간(高偘)을 파견하는 한편 설인귀와 이근행(李謹行)을 후속부대로 뒤따르게 하였다(『신당서』 고종본기). 연헌성을 우무위장군(右武衛將軍)으로 삼아 길을 인도하게 하였다(『자치통감』 권201). 천남생묘지명과 『신당서』 천남생열전에 의하면 당 고종이 연남생을 평양도행군대총관 겸 사지절(使持節) 안무대사로 제수하고 고구려 병사(蕃兵)를 거느리고 함께 경략을 책임지도록 하였다.

이 공격군의 규모와 파견 시기 및 경로에 대한 구체적인 자료는 보이지 않는다. 다만 9월에 방동선이 고구려군과 접전을 벌여 승리했다는 기록만이 전한다. 『신당서』 고종본기를 제외하고 대부분의 기록에 따르면 방동선이 이끄는 당군은 고구려군을 크게 쳐부수고 연남생과 합류하였다. 그리고 당에서는 연남생에게 특진(特進)요동대도독 겸 평양도안무대사를 제수하고 현도군공에 책봉했다. 기록에 따른다면 당군과 연남생이 합류한 시기는 666년 9월로 볼 수 있다(노태돈, 2009; 정원주, 2014a; 김진한, 2016; 서영교, 2021). 그러나 이 기사들은 시간을 구분하지 않고 발생한 사건과 그 결과에 중점을 두어 9월 기사에 모두 함축해 기록한 것이다. 따라서 각 사건을 개별적으로 나누어 살펴볼 필요가 있다.

우선 이 기록은 ① 방동선과 고구려군의 접전, ② 연남생과의 합류, ③ 현도군공으로 책봉하는 세 기사로 나눌 수 있다. 먼저, 방동선이 승리한 전투는 여러 기록에 언급된 것으로 보아 666년 파견된 당군의 최대 전과이자 이후 당의 대고구려전을 결정 짓는 주요한 전투였을 것이다. 이를 좀 더 자세히 살펴보기 위해 이때 참전했던 당군의 장수인 글필하력과 설인귀의 열전을 통해 당시 이들의 행로를 살펴보겠다.

『구당서』글필하력열전에서 요동도행군대총관 겸 안무대사가 된 글필하력의 이동경로가 ⓐ요수(遼水)에서 주둔해 있던 15만 명의 고구려군을 격파한 뒤 ⓑ말갈 수만 명이 웅거해 있던 남소성(南蘇城)을 깨뜨리고 ⓒ7개의 성을 함락한 후, ⓓ압록수에서 이적이 이끄는 당군을 만나 ⓔ욕이성(辱夷城)과 대행성(大行城) 2성을 함락한 후 ⓕ평양성에 이르고 있다. 이적이 압록수에 이른 것은 다음 해인 667년 신성을 함락한 9월 이후였다. 따라서 ⓐ~ⓒ까지의 전황은 666년에서 667년 9월 이후 압록수에서 이적의 군대와 합류할 때까지라 할 수 있다. 이동경로는 요수에서 남소성을 따라 압록수에 이르는 길이다. 남소성은 천남생열전에 연남생과 함께 귀순하였던 세 성 가운데 하나임에도 글필하력은 남소성을 공격해 함락했다고 하여 기록의 모순을 보인다.

『구당서』설인귀열전을 통해 전쟁의 경과를 살펴보면, ㉠연남생을 맞이하기 위해 파견된 방동선을 연남건이 국인(國人)을 거느리고 맞받아 공격하자 설인귀에게 군사를 거느리고 후원하도록 조칙을 내렸으며, ⓒ방동선 등이 신성에서 고구려군의 습격을 받자 설인귀가 구원하였고, ⓒ금산(金山)에서 방동선이 고구려군에게 패하자 설인귀가 측면에서 공격해 대승을 거둔 뒤, ⓔ남소·목저(木底)·창암(倉巖) 등 3성을 함락한 후 연남생과 합류하였다. 이 열전에 따르면 666년 고구려로 진격한 당군이 연남생과 합류하기까지 여러 번 고구려군과의 충돌이 있었으며, ⓒ, ⓒ은 방동선의 패전이었고, ⓒ은 고전하고 있던 방동선군을 설인귀가 후원했다고 하여 실제 전황은 알 수 없다.

이 기록에 글필하력열전을 대입해보면 당군과 남건이 이끄는 고구려군이 처음 교전한 곳이 요수였던 것으로 볼 수 있다(정원주, 2023). 글필하력이 남건이 이끄는 15만 명의 고구려군을 격퇴한 시기에 대해 667년 신성전투가 진행되던 시기로 보는 견해(서영교, 2021)가 있지만, 이적군이 요수에서 15만 명에 이르는 고구려군의 저항을 받았다면 2월에 신성에 도달하기 어려웠을 것이다(정원주, 2023). 설인귀의 경로를 보면, 요수-신성-금산-남소성 등 3성-연남생과의 만남으로 이어진다.

열전이 주인공의 공적을 위주로 작성되었다는 특수성을 감안한다면 당군과 고구려군이 접전한 요수전은 설인귀가 참전한 계기에 해당하고 ⓒ신성에서의 전투와 ⓒ금산에서의 전투는 설인귀의 두드러진 활약을 보여주기 위해 쓰여졌을 것이다. 그러나 이 신성과 금산에서 설인귀의 활약은 『자치통감』과 『삼국사기』 고구려본기에 9월 신성 함락 기사 뒤에 언급되어 있다. 이 신성에서의 당군에 대한 기습은 667년 9월 신성을 함락한 뒤 총사령관 이적이 당의 주력군을 이끌고 떠나자 연남건이 고구려군과 말갈군을 동원해 신성 탈환을 시도한 것으로 보고 있다(노태돈, 2009; 서영교, 2021).

반면에 신성에서의 당군에 대한 기습과 금산전투, 그리고 남생과의 만남이 2월에서 신성이 함락된 9월 사이의 일로 보는 견해(정원주, 2023)가 있다. 방동선과 글필하력은 2차로 파병될 때 요동도행군부대총관 겸 안무대사로 참전했다. 행군대총관의 임무는 이적이 대신하게 되었지만, 부대총관으로서 이전 안무대사의 임무는 여전히 그들에게 주어졌다. 이들의 임무는 666년 1차로 파병되었을 때와 마찬가지로 남생을 지원하는 동시에 그와 합류하는 일이었을 것이다. 특히 이 전쟁의 명분이자 승리를 위해서는 남생의 확보가 가장 우선시되어야 했으므로 신성이 함락되는 9월까지 미뤄지지 않았다고 보는 것이다.

설인귀의 가장 큰 공적은 금산전투였다. 설인귀열전에 의하면 당 고종은 설인귀에게 금산전투의 공훈을 칭찬하는 친필로 쓴 칙서를 내렸다고 한다. 금산전투에서 설인귀는 고구려 병사 5만 명의 목을 베었다고 할 정도로 큰 승리를 거두었으며, 군사전략적으로도 의미가 큰 전투였다. 이러한 전략적 가치로 인해 666년 9월 방동선이 승리한 전투를 금산전투로 보기도 한다(임기환, 2022b). 그러나 이 전투는 방동선이 패한 뒤 설인귀가 세운 공적이며, 대부분의 기록에서 667년 전투로 보고 있다.

ⓒ신성에서 고구려군의 방동선 피습사건과 ⓒ금산에서의 전투 모두 667년의 전투로 볼 수 있으며, 모두 방동선이 연관되어 있지만 패배한 전투였다. 따라서 666년 9월 방동선이 승리한 전투는 ㉠연남건이 국인을 거느리고 방동선군과 벌인 전투에서의 성과였으며(김진한, 2016) 이는 ⓐ요수에 주둔해 있던 15만 명의 고구려군과 대치한 전투

일 것이다(정원주, 2023). 이 전투에서의 승리는 당 조정에서 고구려와의 전면전을 위해 이적을 총사령관으로 하는 대규모 공격군을 편성하는 계기가 되었을 것이다(임기환, 2022b; 정원주, 2023).

한편, 방동선군이 연남생과 합류한 시기를 666년으로 보는 견해에서는 연남생과 함께 남소성, 목저성, 창암성도 이때 당에 투항한 것으로 보고 있다. 이 세 성은 소자하 유역에 위치한 주요 성으로 신성에서 국내성으로 통하는 주된 교통로이다(노태돈, 1999). 남소성의 위치는 혼하(渾河)와 소자하(蘇子河)가 합류하는 지점의 철배산성(鐵背山城)으로 비정(佟達, 1994; 여호규, 1995; 기경량, 2016)하는 것이 일반적이지만 신빈현(新賓縣) 서북쪽에 위치한 오룡산성(五龍山城)으로 보기도 한다(佟達, 1993; 정원철, 2017). 목저성의 위치는 목기진(木奇鎭) 일대(箭內桓, 1913; 今西春秋, 1935; 여호규, 1995)가 유력하나 오룡산성(張德玉, 1989; 王綿厚·李健才, 1990)으로 비정되기도 한다. 창암성은 영릉진(永陵鎭) 일대의 두목립자산성(頭木砬子山城)(王綿厚, 1986; 孫進己·馮永謙, 1989) 또는 이도하자(二道河子)의 구노성(舊老城)(張正岩·王平魯, 1994)으로 비정된다.

그런데, 이 세 성은『자치통감』과『삼국사기』고구려본기에 667년에 방동선, 고간, 설인귀의 군대가 연남생과 합류할 때 공격해 함락했다고 한다. 이를 합리적으로 해석하기 위해 연남생이 당군과 합류하면서 국내성을 비롯한 6성과 목저성 등 3성이 함께 하였지만, 얼마 지나지 않아 남건이 이끄는 고구려군에게 탈환되었다가, 667년 다시 당이 공격해 함락했다고 보는 것이다(池內宏, 1960; 노태돈, 1999; 여호규, 1999b; 노태돈, 2009; 정원주, 2014a; 김진한, 2016).

그러나 연남생이 있는 국내성까지 도달하기 위해서는 최전방인 신성에서 소자하 일대의 여러 방어망을 거치는 긴 교통로를 장악해야 하는데, 666년 파견된 당군에 대한 기록에서는 고구려성을 함락했다는 기사가 보이지 않는다. 이를 근거로 666년에는 당군이 연남생과 합류할 수 없었으며, 당군은 겨울을 앞두고 당으로 돌아가 다음 해인 667년 이적군과 함께 고구려로 향했다고 보는 견해(임기환, 2022b)가 제기되었다.

『자치통감』에는 연남생이 방동선군과 합류하자 당 고종은 조서를 내려 연남생에게 특진요동대도독 겸 평양도안무대사를 제수하고 현도군공에 봉하였다고 하였다. 『구당서』와 『신당서』 고려전, 『삼국사기』 고구려본기에도 같은 내용이 기록되어 있다. 그런데 천남생묘지명에서는 "건봉 원년(666)에 헌성을 입조시키니 황제가 연남생에게 특진을 제수하고 태대형을 예전과 같이 하였으며, 평양도행군대총관 겸 사지절 안무대사를 제수하여 그의 군사들을 이끌고 글필하력과 함께 경략을 책임지게 하였다"고 하였다. 그리고 총장(總章) 원년인 668년에 그를 사지절 요동대도독 상주국(上柱國) 현도군개국공(開國公)으로 봉하고 식읍 2,000호를 주고 나머지 관직은 예전대로 하였다고 하였다. 이는 『신당서』 천남생열전에서도 유사하게 기록되어 있다. 즉 특진과 평양도안무대사는 666년에 제수되었지만 요동대도독과 현도군공 임명은 668년 연남생이 당에 입조한 뒤에 책봉된 것이다(정원주, 2023).

대부분의 연구자들은 연남생의 당 투항이 처음부터 결정된 것으로 보지만 이와는 다른 견해(정원주, 2023)가 제기되었다. 666년 고구려로 진격했던 당군의 총사령관인 글필하력이 요동도안무대사였고, 이때, 연남생에게 내린 직책도 평양도행군대총관 겸 안무대사였다. 당에서 안무대사를 파견하는 것은 돌궐이나 철륵 등 당의 지배체제 안으로 편입된 국가에서의 분쟁을 바로잡고 질서를 확립하기 위한 것이다. 따라서 고구려를 번국으로 보고, 그 질서를 무너뜨린 남건과 남산을 토벌하는 임무의 선봉장으로서 고구려에서는 연남생에게, 당군에서는 글필하력에게 동일하게 안무대사라는 직위를 제수한 것으로 보았다. 따라서 666년 출병한 글필하력이 이끄는 당군의 가장 우선적인 임무는 연남생과의 합류였으며, 그를 확보함으로써 당이 고구려 국내 문제에 끼어들 수 있는 확고한 명분을 얻을 수 있었다고 보는 것이다. 따라서 연남생이 처음부터 당에 투항을 결심했다고 볼 수 없으며 고구려 국내에서의 위기를 당의 군사적 도움을 통해 벗어나려 했다고 보는 것이다(정원주, 2023).

그리고 천남생묘지명에서 그에게 처음 준 관작으로 "태대형을 예전과 같이 하였다"고 하여 고구려에서 그의 지위를 공고히 했다는 점도 제시되었다. 연남생은 이후 당군의 공격에 대한 고구려의 저항이 거세지고 더불어 연남생에 대한 반발도 적지 않게 되면서 입지가 좁아지자 귀순을 결심하게 된 것으로 보았다.

2) 고구려 지배층의 이반

연남생의 요청으로 당군이 고구려로 진입하게 되면서 고구려 유력자들의 이반이 시작되었다. 연정토는 666년 12월에 12성 763호 3,543명을 이끌고 신라로 투항하였다(『삼국사기』 신라본기 문무왕6). 『신당서』 고려전에 의하면 연정토는 연개소문의 아우다. 연정토가 투항할 때 함께한 12성에 대해서는 남한강 이북 철령 이남 지역으로 추정(池內宏, 1960)하기도 했으나, 비열홀군(比列忽郡: 현 안변), 천정군(泉井

郡: 현 덕원), 각련군(各連郡: 현 회양)에 속한 지역으로, 강원도 북부와 함경남도 남부 일대로 보는 견해(노태돈, 1999; 방용철, 2017; 임기환, 2023)가 일반적이다.

신라의 영역이었던 안변 일대의 비열성 지역은 630년대 말 고구려가 공격해 빼앗았다가 다시 신라가 차지한 곳으로, 그 계기를 연정토가 12성을 들어 신라에 투항한 것에서 찾는다. 당은 고구려 멸망 후 그 땅에 기미주를 설치하여 안동도호부 예하에 두려는 조치를 취하였다. 이에 『삼국사기』 「답설인귀서」에는 당이 비열홀 지역을 신라로부터 빼앗아 고구려에 주려고 한다는 문무왕의 항의가 있었다. 당 측에서 비열홀을 고구려의 옛 영토라고 한 것은 이 지역이 신라의 영역이 된 지 오래지 않았을 뿐 아니라 연정토가 668년 봄에 당으로 건너가 그곳에 머물렀기 때문이다(노태돈, 1999). 또한, 667년 7월 당 고종이 유인원과 김인태에게 비열도를 따라 징병하도록 명한 일이나, 사신으로 갔던 연정토가 당에서 돌아오지 않자 3월에 비열홀주를 설치한 일을 고려할 때 연정토의 관할범위는 비열홀로 볼 수 있다(방용철, 2017).

연남생이 당에 투항할 때 함께했던 인물도 있었다. 고현(高玄)묘지명에 따르면 고현은 연남생과 함께 당에 귀순하였다가 668년 연남생이 당에 회유되어 고구려전선에 투입될 때 함께 돌아왔으며 평양성 함락전에서 최선봉으로 활약했다고 한다(송기호, 1999). 천남생묘지명에 의하면, 남생은 국내 등 6성 10여만 호의 호적 문서(書籍)와 원문(轅門)을 이끌었을 뿐 아니라 목저 등 3성과 함께 당에 귀순했다고 하였다. 『신당서』 천남생열전에는 가물, 남소, 창암 등의 성을 바쳐 항복하였다고 하였다. 가물성은 요령성 환인의 오녀산성(五女山城)으로 비정(여호규, 1999)된다. 이로 보아 연남생이 당에 투항할 때, 국내성 권역의 6성과 소자하 유역의 남소, 목저, 창암 등의 유력자들도 당에 투항했음을 알 수 있다. 고현은 이 유력자 가운데 한 명이었을 것이다. 함께 투항했던 이들 가운데에는 고현처럼 전공을 통해 당에서의 지위를 높이려고 고구려전선에서 활약한 인물도 다수 존재했을 것이다.

본격적인 당으로의 투항은 667년 9월에 신성이 함락되면서 시작된 것으로 보인다. 667년 2월에 시작된 당의 공격을 막아내던 신성은 성 사람 사부구(師夫仇) 등이 성주를 결박한 뒤 성문을 열고 항복하였다. 668년 2월에 부여성이 함락되자 부여주 안의 40여 성도 모두 항복을 청하였다(『자치통감』 권201).

또한, 최후의 전장이었던 평양성전에서는 신성(信誠)이 소장(小將)인 오사(烏沙), 요묘(饒苗)와 함께 당군과 내통해 평양성문을 열고 투항하였다. 고요묘(高饒苗)묘지명의 주인공이 바로 평양성 문을 열어준 소장 요묘와 동일인으로 추정되고 있다(김영관, 2009b). 묘지명에 따르면 그는 종3품의 좌령군원외장군(左領軍員外將軍)으로 673년 11월 11일 사저에서 사망했다고 한다. 그가 받은 관품에 대해서는 입당 직후 받은 관품으로 보는 견해(김영관, 2009b; 이기천, 2014)가 있는 반면에 고요묘가 멸망 당시 신성 휘하의 소장에 불과하므로 그와 동급의 종3품에 제수되었다고 보기 어렵다는 견해(이민수, 2018)도 있다.

신성 함락과 부여성 함락 그리고 국내성 권역 성들의 투항으로 당과 고구려는 압록강을 두고 대치하게 되었고, 이로 인해 많은 고구려의 유력 인사들의 투항이 이어졌다. 고질(高質)묘지명에 의하면 고질은 고구려가 멸망하려는 기미가 보이자 형제들과 함께 당 조정에 귀화하였다고 한다. 고질의 자는 성문(性文)으로 고자(高慈)묘지명에 나오는 고자의 부친인 고문(高文)이다(閔庚三, 2007).

고질은 고구려에서 3품인 위두대형(位頭大兄) 겸 대장군의 지위에 있었다. 묘지명에 의하면 그의 증조인 전(前)은 3품 위두대형에 등용되었고, 조부인 식(式)은 2품인 막리지를 지냈으며, 부친인 양(量)은 책성도독 위두대형으로 대상(大相)을 겸하였다고 한다(閔庚三, 2007; 拜根興, 2009). 묘지명에 따르면 고질의 19대 선조 고밀(高密)이 당시 국왕을 도와 큰 공을 세웠으며, 그로 인해 후손이 대대로 재상의 지위를 누리게 된 것이다. 후손에 대한 신분의 보장이 금문철권(金文鐵券)이라는 신표로써 이루어질 정도로 고구려에서 높은 지위를 대대로 이어온 집안이었다(閔庚三, 2009).

고구려 유력자들의 투항은 고구려와 당이 격돌하는 전선과 떨어진 곳에서도 나왔다. 이타인(李他仁)묘지명에 의하면 이타인은 책주(柵州) 도독으로 고구려가 멸망할 것으로 생각해 당에 투항할 결심을 하였다고 한다. 책주는 책성(柵城)으로 다수의 백산말갈인이 거주하는 지역으로 책성욕살이 이들을 별도의 행정적 편제하에 두고 관할했던 곳이다(안정준, 2013). 묘지명에 따르면 12주를 관할하고 말갈의 37부를 통솔하였다고 하였다.

이타인의 투항시기에 대해서는 645년 당 태종이 고구려를 공격했던 시기로 보기도 하지만(孫鐵山, 1998; 윤용구, 2003), 최근에는 고구려가 멸망하는 666년에서 668년 설(김종복, 2005; 拜根興, 2010; 안정준, 2013)을 따른다. 좀 더 구체적으로는 667년 신성 함락 이후부터 668년 부여성 구원 전후로 보는 견해(余昊奎·李明, 2017; 김강훈, 2017)가 있다. 한편, 고구려의 부여성 구원군 패전 소식을 접한 시점에 당에 투항할 것을 결정해 휘하집단을 거느리고 4월경 책성을 떠나 5~6월경 요동성 일대에서 이적군에 투항한 것으로 보기도 한다(이민수, 2018).

그는 투항 이후 적극적으로 고구려군을 공격했는데, 석성(石城)의 9번에 걸친 저항에도 결국 항복하게 만들었으며, 평양성 공격에는 '도(屠)'라는 단어가 쓰일 정도로 적극적으로 전투를 벌였다. 이는 전공을 세움으로써 전쟁이 끝난 후 논공행상에서 더 좋은 대우와 지위를 받기 위한 것이었다. 이타인은 당으로의 투항 이후 종3품인 우융위장군(右戎衛將軍)이라는 무관직에 제수되어 부여성 일대에서 당에 저항하는 고구려 유민 진압에 동원되었다(이민수, 2018).

이타인이 공격한 석성에 대해서는 단순한 수사적인 문구로 파악해 '금진(金陳)'으로 해석하거나(拜根興, 2010) 견고한 요새(안정준, 2013)로 해석하기도 한다. 이와는 달리 특정 성곽을 지칭한다고 보아 백암성(白巖城)으로 파악하는 견해(孫鐵山, 1998), 요동반도 남단에 위치한 성산산성(城山山城)으로 파악하는 견해(余昊奎·李明, 2017), 요동 평원에서 천산산맥 일대로 진입하는 교통로상의 요충지로서 고수산성(姑嫂山城)으로 비정하는 견해(이민수, 2018), 박작성(泊灼城)으로 보는 견해(임기환, 2022b) 등이 있다.

책성도독이었던 이타인의 투항으로 고구려는 후방기지를 상실함으로써 전쟁 지속 능력이 감소되었음과 최후 방어선이 당에게 넘어갔다는 심리적인 타격이 심했을 것으로 보기도 한다(김강훈, 2017). 한편, 이타인의 투항은 당군의 최후 공격에 중요한 전환점을 제공하였는데, 후방에 대한 위협을 제거하였을 뿐 아니라 이타인의 병력이 말갈병을 통한 상당수의 병력을 유지하고 있었을 것으로 보아 당군의 병력을 증강시키게 되었을 것으로 보는 견해(이민수, 2018)도 제기되었다.

고흠덕(高欽德)묘지명과 고원망(高遠望)묘지명을 통해 고구려 멸망 즈음에 당에 투항한 또 다른 인물을 알 수 있다. 고흠덕과 고원망은 부자 관계로 이들의 직계 가계는 고흠덕의 증조부인 원(瑗)부터 확인이 되며, 고구려 당시부터 건안주(建安州)도독을 세습하는 유력한 가문이었다(권은주, 2014; 이규호, 2016).

이 건안주도독을 당이 설치한 것으로 보아 입당을 증조인 원이 주도한 것으로 보기도 하는데(김현숙, 2004; 程尼那, 2005), 건안주도독 외에 당의 관직을 겸하고 있어 조부인 회(懷)로 보는 견해(바이건싱, 2008)도 제기되었다. 한편, 건안주라는 표현은 고구려 멸망 이후의 표현이므로 당이 설치한 건안주로만 이해할 필요가 없다고 보아 부친인 천(千)의 주도로 당으로 이주했을 가능성을 제기하기도 했다(권은주, 2014). 부친인 천은 당 좌옥검위중랑(左玉鈐衛中郎)이며, 고흠덕은 둘째 아들이고, 고원망은 고흠덕의 장자이다.

고구려가 멸망의 위기에 직면하자 당에 투항함으로써 살길을 도모했던 이들 가운데에는 당시 전황을 고구려에 더 불리하도록 만들었던 이도 많았다. 두선부(豆善富)묘지명에 의하면 두선부는 683년에 태어난 고구려 유민 2세대로 그의 아버지인 졸(卒)(권은주 외, 2015) 혹은 두부(豆夫)(안정준, 2015)는 당이 고구려를 공격할 때 변경 요새의 고구려 장수를 제거하고 일부 주민을 이끌고 당에 귀의했다고 한다. 이로 보아 그는 고구려에 있을 당시에 어느 정도의 정치적·군사적 지위가 있었던 것으로 보인다. 그는 당에 귀부한 뒤 당의 서역 지역에서 기미주(羈縻州) 통치와 관련한 직무를 수행했던 고관이었다. 그가 당으로 귀부한 시기는 분명하지 않지만 당에서의 활동 내용을 통해 고구려 멸망기로 볼 수 있다(안정준, 2015).

또한, 고모(高牟)묘지명에는 고모의 투항시기가 언급되지 않았지만 666년에서 평양성이 함락된 668년 사이로 볼 수 있다(樓正豪, 2013).

고구려에서 그가 역임한 관직에 대한 기술은 없지만 "평양에서 명망이 높았다"고 하여 평양의 중앙관료였을 가능성이 있다. 긴급문서가 담긴 봉투를 들고 귀순하였다는 것으로 보아 고구려 멸망 시 기회를 틈타 당과 내통하여 중요한 군사정보를 당에 넘겨 공을 세웠을 것이다(樓正豪, 2013). 묘지명이 발견된 고족유(高足酉) 역시 고구려 멸망 직전에 당으로 투항하여 종2품에 해당하는 진군대장군(鎭軍大將軍)까지 승진한 인물이다(이문기, 2001; 拜根興, 2001).

남단덕(南單德)묘지명에서 남단덕은 고구려 멸망 후에 태어난 유민 3세대로, 그의 집안은 고구려 멸망 이후 줄곧 안동도호부 지역에 거주하였으며, 조부인 적(狄)은 마미주(磨米州)도독을 지냈다고 하였다. 마미주는 고구려 멸망 후 당이 설치한 14개 기미주 가운데 하나로 고구려의 마미성에 해당한다. 그 위치는 요령성 본계시의 하보산성(下堡山城)으로 비정된다(王錦厚, 2002).

남단덕의 가문은 고구려 멸망 당시 일정한 세력을 거느린 유력가문으로, 그의 조부인 적은 고구려를 멸망시키고 안동도호부가 설치되는 과정에서 당에 적극적으로 협조한 공으로 마미주도독에 임명되었을 것이다(장병진, 2015). 그의 묘지명은 고구려를 멸망시키는 데 주도적인 역할을 한 설인귀의 증손자인 설기(薛夔)가 작성하였다. 묘지명에서 고구려 멸망 이전부터 설인귀 가문과 남단덕 가문이 밀접한 관련을 맺어 왔다고 하는 것으로 보아, 당시 안동도호였던 설인귀의 발탁으로 남적이 마미주도독에 임명된 것으로 보인다(김영관, 2017).

『삼국사기』에는 668년 당군이 압록강을 뚫고 욕이성(辱夷城)을 함락한 이후 여러 성에서 도망하거나 항복하는 자들이 이어졌다고 한다. 이 무렵인 6월 22일에 대곡성(大谷城)과 한성(漢城) 등 2군 12성이 이탈해 웅진도독부에 항복하였다(『삼국사기』 신라본기 문무왕8). 이를 웅진도독부의 유인원 군대가 668년 5월 이전에 고구려로 진격하여 항복을 받은 것으로 보는 견해(임기환, 2023)도 있다. 이 시기 고구려 군민의 항전 의지가 이전에 비해 크게 약화되고 지배층의 이탈이 현저해졌다고 볼 수 있다(이문기, 2008). 668년 4월에 뜬 혜성이 고구려가 멸망할 불길한 전조로 고구려인에게 받아들여져 당으로의 투항이 이어졌던 것으로 보기도 한다(이민수, 2018; 서영교, 2022b).

연남생과 함께 당으로 내투했던 인물들을 제외한 다른 투항자들은 연남생과의 연관성을 언급하지 않았다. 더욱이 연남생을 통해 당에 항복했던 인물들이 누가 있는지에 대해서도 알 수가 없다. 당에서는 그에게 높은 지위와 수도 장안에 저택을 마련해 주는 등 좋은 대우를 해 주었다. 이러한 사실이 당에 항복해서 공적을 세워 그와 같은 영화를 누리고 싶어하는 고구려인의 마음을 부추기는 하나의 원인이 될 수 있었다.

5. 667~668년 당의 공세와 고구려 멸망

당과 신라 연합군의 본격적인 고구려 공격은 667년에서 668년에 걸쳐 이루어졌다. 이 전쟁의 주요 전장으로는 667년의 신성전투, 금산전투와 소자하 유역의 전투, 압록강전투, 평양성 공격전, 그리고 668년에 들어서는 부여성전투, 설하수전투, 대행성전투, 욕이성전투, 사천원전, 평양성전투 등이 있다.

1) 667년 당의 공세와 신라의 참전

당 조정에서는 이적을 총사령관으로 하는 고구려 공격군을 꾸렸다. 666년 10월 사공(司空) 영국공(英國公) 이적을 요동도행군대총관으로 삼고 12월에 공격군 편성이 마무리되었다(임기환, 2022b). 학처준(郝處俊)을 부관으로 하고, 666년에 출정했던 방동선과 글필하력을 요동도행군부대총관 겸 안무대사로 하였으며, 운량사(運糧使)인 두의적(竇義積), 독고경운(獨孤卿雲), 곽대봉(郭待封) 등은 모두 이적의 지휘를 받게 하였다. 또한 군량미를 하북(河北)에 있는 여러 주의 조부(租賦)로 충당하게 하였다(『자치통감』 권201). 독고경운을 압록도(鴨綠道)행군총관으로, 곽대봉을 적리도(積利道)행군총관으로, 유인원(劉仁願)을 필열도(畢列道)행군총관으로, 김대문(金待問)을 해곡도(海谷道)행군총관으로 삼았다(『신당서』 고려전).

당군의 행로는 대략 세 경로로 나누어져 있었다. 육군 주력은 이적의 지휘 아래 고구려 신성을 공략하였고, 부장인 학처준이 또 다른 군대를 이끌고 다른 고구려성을 공격하였으며, 곽대봉은 수군을 이끌고 평양으로 향하였다(임기환, 2022b).

먼저 육군 주력인 이적군은 667년 2월 요하를 건너 신성에 이르렀다. 신성은 요서에서 요동으로 가는 세 갈래 길 중 북도의 동쪽 입구에 있어 북으로 부여성(扶餘城)에 이르고, 동북으로는 옛 부여, 즉 지금의 길림(吉林) 지역으로 통하며, 남으로는 요동성으로 연결되며, 동으로는 소자하 유역을 거쳐 국내성으로 나아가는 교통의 길목에 위치한다(노태돈, 2009). 이적은 신성의 중요성을 여러 장수에게 주지시키며 "신성은 고구려의 서쪽 변방 요해지이니 먼저 그곳을 빼앗지 않고는 나머지 성들도 쉽게 함락할 수 없다"고 하였다(『삼국사기』 고구려본기 보장왕26). 당군은 신성 서남쪽으로 군사를 이끌고 가서 산에 의지해 성책을 쌓아 공격도 하고 방어도 하였다.

『자치통감』에서는 9월 14일에 신성이 함락되었다고 한다. 7개월에 걸친 당군의 공격에도 신성은 버텼으나 결국 성 내부에서 투항자가 나오면서 함락되었다. 외부에서 지원받을 수 없이 고립이 심화되면서 고구려 측 병사들이 지쳐갔기 때문에 내부에서 반란이 일어난 것이다(서영교, 2021).

이적의 부장인 학처준은 안시성(安市城)에서 아직 대열을 갖추지 못하였을 때 갑자기 나타난 고구려군 3만을 정예 군사로 패퇴시켰다(『삼국사기』 고구려본기 보장왕26). 『자치통감』에도 유사한 기록이 보이지만 안시성과 3만의 고구려군에 대한 내용은 보이지 않아 안시성이라고 확정하기는 어렵다. 다만 학처준의 군대가 요동의 고구려성을 공략한 것은 신성을 후원하려는 다른 고구려성의 움직임을 차단하여 당군의 신성 공격을 간접적으로 지원하기 위한 전술로 보인다. 따라서 학처준이 공격한 고구려성은 요동 방어의 요충성인 요동성이나 안시성일 것이다(임기환, 2022b).

『자치통감』에 따르면 곽대봉이 거느린 수군은 다른 길로 평양으로 향했다고 한다. 이적은 별장(別將) 풍사본(馮師本)을 파견해 양식과 무기를 싣고 그에게 대주게 했는데, 그의 배가 파손되어 시기를 놓치게 되자 곽대봉의 군대는 굶주리는 상황에 처하게 되었다고 한다. 이때 곽대봉이 이끄는 수군의 경로는 정확히 알 수 없지만 그가 적리도행군총관이라는 점과 평양으로 향하고 있다는 기록을 통해 그의 최종 목적지는 평양성일 가능성이 있다.

『삼국사기』 지리지에는 '압록수 이북의 아직 항복하지 않은 11성(未降城)', '압록수 이북의 이미 항복한 11성(已降城)', '압록 이북의 도망한 7성(逃城)', '압록수 이북의 쳐서 얻은 3성(打得城)'으로 기록된 압록수 이북의 현황을 기록한 자료가 있다. 압록수 이북의 고구려성 중에서 아직 항복하지 않은 성에 '북부여성주(北扶餘城州), 절성(節城), 풍부성(豊夫城), 신성주(新城州), 도성(桃城), 대두산성(大豆山城), 요동성주(遼東城州), 옥성주(屋城州), 백석성(白石城), 다벌악주(多伐嶽州), 안시성(安市城)'으로 11개의 성이 기록되어 있다. 이 목록의 옥성주는 오골성으로 비정된다(노태돈, 1999). 아직 항복하지 않은 성 목록에 신성이 포함되어 있어 이 목록이 작성된 시간적 하한은 신성이 함락된 667년 9월 이전일 것이다. 또한, 압록강 이북의 쳐서 얻은 성과 도망한 성이 언급된 것으로 볼 때 당군의 공격 이후 상황을 전하는 것으로 볼 수 있다.

또한 압록수 이북의 이미 항복한 성 목록으로는 '양암성(椋嵒城), 목저성, 수구성(藪口城), 남소성, 감물주성, 능전곡성(菱田谷城), 심악성(心岳城), 국내주, 설부루성(屑夫婁城), 후악성(朽岳城), 자목성(襟木城)'이 있다. 이미 항복한 성 목록에 국내주가 포함된 것과 연남생이 투항할 때 함께했던 목저성, 남소성, 감물주성 등이 있는 것으로 보아 연남생이 당에 투항한 이후에 작성된 것으로, 이 기록은 이적이 이끄는 당군 본대의 공격이 개시된 667년 2~9월 사이에 당군이 작성한 전황표로 볼 수 있다(池內宏, 1960; 노태돈, 1999; 정원주, 2014a; 임기환, 2022b).

이 목록은 총장 2년인 666년 당이 고구려 고지를 안동도호부(安東都護府)로 개편하는 과정에서 작성된 이적의 주청문과 당 고종의 조칙 일부가 기재된 바로 뒤에 나오는 기록이다. 이러한 구성을 근거로 이 목록이 고구려 멸망 이후의 상황을 반영하고 있는 것으로 보기도 한다(김현숙, 2004; 장병진, 2016; 방용철, 2018; 오진석, 2021 등). 이미 항복한 성 목록으로 기록된 북부여성주, 옥성주, 안시성 등은 당 지배 아래 편입과 이탈을 반복했음이 사료에서 확인되므로, 고구려 멸망 이후에도 압록수 이북에 아직 항복하지 않은 성이 다수 존재했을 가능성이 있다(김강훈, 2018).

또한, 이미 항복한 성에 들어있는 남소성, 목저성과 창암성으로 비정되는 양암성은 소자하 유역에 위치한 세 성으로 666년과 667년 두 차례에 걸쳐 당군에게 투항 내지 점령되었는데, 667년 2월에서 9월 사이에는 고구려의 지배하에 있었다고 보아 이를 고구려 멸망 이전으로 볼 수 없다는 것이다. 이 자료는 669년 안동도호부가 압록수 이북 지역을 확보하는 과정을 담고 있는 것으로 보고, 고구려 멸망 이후에 압록수 이북에서 당의 지배에 포섭되지 않은 지역이 다수 존재했다고 추정한 것이다.

이 목록의 작성시기에 대한 논란은 '아직 항복하지 않은 성' 목록에 고구려 요동 방어에 중요한 성들 가운데 일부만이 기재된 이유를 어떻게 해석하느냐에 달려 있다. 또한 이미 항복한 성 목록에 있는 목저성, 남소성, 양암성 등 소자하 유역에 위치한 세 성이 당군의 지배하에 들어간 시기를 언제로 볼 것인가에 따라 달라진다. 무엇보다 이 목록은 작성시기에 따라 이를 활용해 당시의 정황을 추정할 수 있는 자료로서의 가치가 매우 높은 편이다.

이 목록에는 압록 이북의 도망한 7성에 '적리성(積利城)'이 포함되어 있는데, 이는 646년 7월에 우진달(于進達)이 이끄는 당의 수군이 석성(石城)을 기습하고 이어서 공격한 성이다. 적리성은 요동반도 남부 해안 부근으로 수군의 공격이 가능한 곳이다. 곽대봉의 행군명으로 보아 그가 거느린 수군은 적리성 일대로 진격했을 것이다(노태돈, 1999; 임기환, 2022b).

이 곽대봉이 이끄는 수군의 문제는 신라군의 북진과 연관되어 있다. 667년 7월 7일 당 고종은 칙명을 내려 문무왕의 동생인 지경(智鏡)과 개원(愷元)을 장군으로 삼아 요동 전쟁에 나아가게 하였다. 대아찬 일원(日原)을 운마장군(雲麾將軍)으로 삼으라는 칙명을 궁정에서 받도록 하였다. 또한 당 고종은 유인원과 김인태(金仁泰)에게 명하여 비열도를 경유하게 하고 신라군을 징발해 다곡(多谷)과 해곡(海谷) 두 길을 따라 평양으로 모이게 하였다(『삼국사기』 신라본기 문무왕7).

비열도는 비열홀을 경유해 동해안을 따라 평양으로 가는 교통로이며, 다곡도는 대곡(大谷)을 경유하는 교통로로, 해곡도는 수곡성(水谷城)을 경유해 평양으로 가는 교통로로 추정되고 있다(池內宏, 1960). 그런데 해곡이란 지명은 『삼국사기』 고구려본기 서천왕19년조에 동해안 일대의 지방관으로 볼 수 있는 '해곡태수'와의 연관성과 고을덕묘지명에서 고을덕의 아버지가 역임했던 '해곡부도독'의 사례를 들어 지리적 위치나 지방행정단위의 위계로 보아 해곡을 수곡으로 비정하기 어렵다는 견해(葛繼勇·이유표, 2015)가 있어 해곡도가 수곡성을 경유한다고 볼 수 있는지 의문이다.

『신당서』 고려전에 유인원은 필열도(畢列道)행군총관으로, 김대문(金待問)은 해곡도행군총관으로 삼았다는 기록이 보인다. 필열도는 비열도와 동일한 지명이며, 김대문은 김인문(金仁問)의 오식으로 볼 수 있다(임기환, 2023). 지경과 개원은 실제 당의 공격군에 참여했는지 확인되지 않는다. 이 둘은 해곡도총관인 김인문 아래에 소속되었다고 보거나(임기환, 2023), 기록 그대로 요동전선으로 파견되었다고 보기도 한다(노태돈, 2009). 김인태와 일원은 660년 백제 멸망 뒤 유인원과 함께 사비성을 지킨(『삼국사기』 신라본기 문무왕1) 인연으로 보아, 일원은 유인원 휘하의 운마장군으로 임명되었을 가능성이 있다(임기환, 2023).

다음 달인 8월에 문무왕은 대각간(大角干) 김유신 등 30명의 장군으로 구성된 대규모 군대를 편성해 수도 경주를 출발하였다. 9월에는 한성정(漢城停)에 도착해 이적의 연락을 기다렸다. 그리고 10월 2일에 이적이 평양성 북쪽으로 200리 되는 곳에 도착해 이동혜촌주(尒同兮村主) 대나마(大奈麻) 강심(江深)을 보냈다. 강심은 거란 기병 80여 명을 이끌고 아진함성(阿珍含城)을 거쳐 한성에 이르러 서신을 전하여 군사 동원 기일을 독려하였다.

문무왕이 이끄는 신라군은 북진하여 11월 11일에 장새(獐塞: 현 황해도 수안)에 이르렀는데, 이적이 돌아갔다고 하자 다시 군대를 돌려 돌아갔다(『삼국사기』 신라본기 문무왕7). 「답설인귀서」에는 문무왕이 이끄는 신라군의 행렬이 수곡성에 이르렀을 때 당군이 이미 돌아갔다는 말을 듣고 회군한 것으로 기록되어 있다. 수곡성은 지금의 황해도 신계로 비정(정구복 외, 1997)되는데, 장새보다 남쪽에 위치한다.

강심과 거란 기병 80여 명이 문무왕이 있는 한성까지 이동하였을 경로에 있는 아진함성을 강원도 안협(현 북한 철원군 철원면) 일대로 비정하면서, 국내성에서 출발해 개마고원을 넘어 함흥과 안변을 거쳐 추가령구조곡을 따라 평강, 철원을 거쳐 한성으로 이동했다고 보는 견해(임기환, 2023)가 있다. 그러나 기록에는 이적이 평양성 북쪽으로 200리 되는 곳에서 강심 등을 파견했기 때문에 국내성에서 개마고원을 넘는 경로는 제고될 필요가 있다. 평양성 북쪽 200리가 아닌 압록강에서 출발한다고 해도 마찬가지일 것이다. 661년과 668년 고구려 공격

때와 달리 667년에는 문무왕에게 보내는 신라군의 출정을 요구하는 당 고종의 칙령이 기록에 보이지 않으므로 비공식적으로 유인원을 통해 간접적으로 신라군을 동원하였던 것으로 보는 견해(임기환, 2023)가 있다. 당이 신라군의 참전 범위를 최소화하려 했다고 보는 것이다.

한성정에서 문무왕이 이적의 연락을 기다리고 있을 무렵인 9월 14일에 이적이 이끄는 당군이 신성을 함락하였다. 이적은 함락한 신성을 글필하력에게 지키게 하고 군사를 이끌고 진격하여 16개의 성을 모두 함락하였다(『자치통감』 권201). 이 16개 성이 어디인지에 대한 기록도 보이지 않지만 이후 당군의 향방을 알 수 있는 자료도 매우 단편적이다. 이때 이적군의 행로에 대해 신성에서 출발해 요동성-오골성(烏骨城)-대행성(大行城) 경로로 이동했다고 보는 견해(노태돈, 1999)가 있다.

요충성인 요동성과 압록강 이북에서 최대의 성인 오골성은 앞에서 언급한 '압록강 이북에서 항복하지 않은 성'에 포함되어 있다. 9월 14일에 출발한 이적군이 보름 만에 두 성을 포함한 16개 성을 장악하고 10월 2일 압록강에 이르기는 어렵다고 보는 견해(임기환, 2022b)가 제기되었다. 또한, 신성 못지 않은 요동성이나 오골성 함락이 기록에 전하지 않을 리 없으므로, 신성에서 이미 글필하력군에 의해 공략된 목저성 등의 소자하 경로를 거쳐 본계(本溪)에서 단동(丹東)으로 이어지는 경로, 혹은 환인(桓仁)에서 단동으로 이어지는 경로를 택했을 것으로 보는 것이다.

앞의 『구당서』 글필하력열전에 의하면 글필하력은 남소성과 이어진 7개의 성을 함락하고 압록수에서 이적이 이끄는 당군과 합류했다고 하였다. 이에 따라 글필하력도 이때 신성 방어를 방동선과 고간에게 맡기고(池內宏, 1960) 국내성 방면으로 향해 가다 환인 방면에서 오골성-대행성으로 나아가 이적군과 결합한 것으로 보았다(노태돈, 2009). 반면, 글필하력이 압록수로 간 시기는 668년으로, 667년에는 설인귀 등의 당군과 빼앗긴 신성을 재탈환하려는 고구려군의 공격에 치열한 전투를 벌인 것으로 보기도 한다(이민수, 2018).

이적은 압록강 방어선을 지나 10월 2일에 평양성 200리 지점에 도달하였다가 11월 초에 평양성 일대에서 퇴각하였다(노태돈, 2009; 이민수, 2018; 서영교, 2021). 이때 이적군이 도착한 평양성 북쪽 200리 지점을 청천강 이남의 안주성 일대로 비정하는 견해(이상훈, 2020)가 있지만, 압록강을 도하하지 못한 것으로 보는 견해(임기환, 2022b)도 제기되었다. 이적 휘하에 있는 통사사인(通事舍人) 원만경(元萬頃)은 격고려문(檄高麗文)을 지어 "압록강의 험한 곳을 지킬 줄 모른다"라고 조롱하였는데, 남건이 이를 듣고 바로 군사를 옮겨 압록진을 점거하자 당군이 건널 수가 없었다. 이에 당 고종은 그를 영남으로 유배보냈다(『자치통감』권201). 이러한 정황으로 미루어 당시 당군이 압록강 방어선을 돌파하지 못했다는 것이다.

한편, 비열도로 진격하던 유인원 역시 연진(延津) 등 7성을 함락시키며 북진하였으나 이적의 병마가 돌아갔다는 말을 들었다고 하였다. 그리고 이적과 합류하는 기일을 어겼다는 죄로 요주(姚州)로 유배되었다(『책부원구』장수부 위약). 『자치통감』에 유인원의 유배가 668년 8월 12일에 기록되어 있어 유인원이 군기에 늦은 시점은 667년의 일로 볼 수 있으며, 신라군과 마찬가지로 이적이 보낸 강심을 통해 평양성 공격 기일을 전해 들었을 것이다(임기환, 2023). 반면, 이 사건을 통해 668년에 이적 군대가 6월 29일 직전에 평양성으로 진군하였다가 후퇴한 것으로 파악하기도 한다(서영교, 2022a).

이적이 서신으로 '평양성 북쪽 200리' 지점에 도달했다고 한 것은 거짓으로, 압록강전선의 고구려 전투력을 분산시키기 위해 신라군의 북진을 재촉하기 위한 전술적 목표를 가정한 것으로 보는 견해(임기환, 2022b)가 있다. 한편, 평양 200리 지점까지 왔다가 철수한 당의 장군은 이적이 아니라 해상으로 파견된 곽대봉으로 보는 견해(池內宏, 1960)가 있다. 그러나 곽대봉이 이끄는 수군은 평양으로 향했으며, 이적군이 평양 북쪽 200리까지 남하해서 신라군을 북상시킨 것은 대동강 기슭에 고립되어 있는 곽대봉이 이끄는 수군을 구출하기 위한 것으로 보기도 한다(서영교, 2021).

667년 당군은 평양 진공이 실패한 뒤 본국으로 돌아가지 않고 고구려에서 월동하였다. 당군은 본토와 연락이 용이한 요동의 신성과 요동성 일대로 전선을 축소하고, 국내성 일대의 연남생군과 연결하여 방어에 임하면서 월동한 것으로 보인다(노태돈, 2009).

2) 668년 나당연합군의 공세와 평양성 함락

당 고종은 668년 2월, 요동에 지도군량사(支度軍糧使)로 파견된 시어사(侍御史) 가언충(賈言忠)이 귀국하자 그에게 군대의 일을 물었다. 가언충은 세 가지 이유를 들어 고구려가 반드시 평정될 것이라 하였다. 우선, 고구려에서 남생 형제들의 내전으로 혼란한 상태에서 남생이 당의 향도 역할까지 함으로써 틈이 생겼다고 하였다. 둘째로 기근과 요이한 일로 고구려인들의 민심이 혼란하다는 점, 셋째로 고구려에 파견된 장수들이 충성스럽고 용감하다는 점을 들고 있다(『자치통감』 권201). 이러한 가언충의 말은 당의 승리를 확정하는 당 내 분위기를 보여주는 것으로 해석하였다. 반면에, 전해에 당군이 압록강 유역에서 정체됨으로 인해 전쟁이 장기화될 것을 우려하는 당 고종을 안심시키고자 하는 충언으로 해석하기도 한다(정원주, 2023).

당은 1월에 우상(右相) 유인궤(劉仁軌)를 요동도부대총관으로 삼아 전쟁에 투입하였다(『자치통감』 권201). 2월부터 본격적인 고구려 공격에 나섰는데, 첫 공략 대상은 부여성이었다. 2월 6일에 이적 등이 고구려의 부여성을 함락했다. 설인귀가 3,000명을 거느리고 선봉이 되어서 부여성을 함락했는데, 이때 죽거나 사로잡은 고구려군이 만여 명이었다. 또한 부여천(川)에 있는 40여 개의 성이 모두 당군에게 항복하였다(『자치통감』 권201). 『책부원구』에서는 부여주(州) 40여 성이라 하였다. 당은 이 작전으로 요서의 연군(燕郡)-통정진(通定鎭)-신성으로 이어지는 당군의 주된 보급선을 북에서 위협할 수 있는 고구려 세력을 제거할 수 있었다(노태돈, 2009).

이 부여성의 위치에 대해서는 요령성 서풍(西豐) 성자산산성(城子山山城)이라는 설(梁振晶, 1994), 장춘(長春) 농안(農安) 지역의 북부여성으로 파악하는 설(노태돈, 2009), 천리장성의 출발지로 보아 동요하 상류의 서풍이나 요원(遼源) 일대로 보는 설(임기환, 2022b) 등이 있다. 당군이 부여성을 함락한 것은 고구려의 후방기지를 공략하여 배후의 위협을 제거하기 위한 목적이었을 것이다(김복순, 1986). 한편, 북방의 여러 종족이 고구려를 중심으로 단합하는 것을 막고 후방에서의 안전을 확보하기 위한 것으로 보는 견해(김용만, 2003)와 송화강(부여성) 유역 일대를 점거함으로써 왕도 공위전의 성공 가능성을 담보하기 위한 것으로 보고, 이 지역이 갖는 전략적 가치를 연남생이 당에게 제보한 것으로 보는 견해(박경철, 2007)도 제기되었다.

『자치통감』에 의하면 부여성을 구원하기 위해 남건은 군사 5만 명을 보냈는데, 설하수(薛賀水)에서 이적이 이끄는 당군과 접전하여 패했으며, 이때 죽은 고구려 병사가 3만여 명이나 되었다고 한다. 당시 평양에서 부여성으로 가려면 요동 방면이나 국내성 일대를 거치기 어렵기 때문에(김강훈, 2022) 고구려의 구원군 5만 명은 평양성에서 동해안을 북상하는 평양성-간성(杆城: 현 함흥)-북청-책성(현 혼춘)-연길(延吉)-돈화(敦化)-부여성의 책성 경로(박경철, 1992)로 간 것으로 보기도 한다(이민수, 2018).

이 설하수의 위치에 대해서는 부여성에서 멀지 않은 곳으로 보는 견해(松田等, 1913)가 있는데, 부여성을 함경도 함흥으로 비정하여 설하수를 성천강(城川江)으로 보기도 한다(池內宏, 1960). 한편 청대 고증학자들이 편찬한 『대청일통지(大淸一統志)』 권421 설하수조를 참조해 현재 요령성 봉성시를 경유하는 난하(灤河)라는 견해(서영교, 2022a)도 제기되었다. 한편, 압록강전선을 방어하기 위해 필요한 요충성인 오골성을 확보하기 위한 전투로 보고, 설하수를 오골성 동쪽을 흐르는 애하(靉河) 혹은 오골성 북쪽의 초하(草河)로 비정(임기환, 2022b)하기도 한다.

설하수전투에서 승리한 이적이 이끄는 당군은 이어 대행성을 함락하고 다른 길로 나아갔던 군사들이 모두 이적과 만나서 압록책에 이르렀다(『자치통감』 권201). 이 대행성의 위치는 압록강 하구에 있던 박작성(泊灼城) 인근으로 추정한다(노태돈, 2009). 선박이 압록강을 100리까지 거슬러 올라가다가 더 올라가려면 작은 배를 갈아타야 하는데, 그 지점에 대행성이 있는 것으로 보고 있다(池內宏, 1960; 서영교, 2021).

2월 한 달 동안에 당군은 부여성 일대를 장악하여 후방을 든든하게 하고, 구원에 나선 5만의 고구려군을 설하수에서 격파하고 대행성 등 압록강 북안을 장악했다. 이제 압록강을 도강해 평양으로 진격할 일만 남았다. 글필하력의 군대도 국내성을 거쳐 연남생군과 함께 압록강 하구에 이르러 이적의 군대와 합류하였다. 부여성을 공격했던 설인귀 부대도 곧바로 압록강전선으로 이동했다. 이때가 늦어도 3월 초중순 무렵이었을 것이다(임기환, 2023).

당군이 압록책에서 고구려군의 저항을 물리치고 압록강 방어선을 돌파한 시점은 기록에 보이지 않는다. 9월에 평양성이 함락되는 것으로 보아 이곳에서 전선이 한동안 소강상태에 있었을 것이다. 당군이 압록책을 돌파한 뒤 200여 리 거리의 욕이성(辱夷城)을 함락시키고 평양성에 도착하는 시일을 최대 한 달여로 계산하면서, 압록강 방어선을 돌파하는 시점을 6월 말 무렵으로 추정하기도 한다(임기환, 2022b).

욕이성의 위치는 압록책에서 남쪽으로 200여 리 떨어진 것으로 보아 안주(安州) 일대(池內宏, 1960)나 청천강 북쪽(이병도, 1996)으로 추정하는데, 이를 좀 더 구체화해 안주성(이상훈, 2018b)으로 비정하였다. 안주성은 안주읍 동쪽 가두산을 배경으로 하고 청천강을 자연 해자로 하여 안주읍내를 둘러막은 평산성으로, 고구려시기부터 청천강 일대를 수비하는 서북지역 중심성의 하나였다. 북쪽으로 의주를 거쳐 요동으로 통하고, 동쪽으로 함경남도와 강원도로, 남쪽으로 평양으로, 서쪽으로 청천강을 따라 서해로 통한다(서일범, 1999).

『삼국사기』 신라본기에 따르면 6월 12일 요동도안무부대사 요동행군부대총관 겸 웅진도안무대사 행군총관 유인궤가 당 황제의 칙명을 받들고 당항진(黨項津)에 도착하였다. 신라 문무왕과 군사 동원 기일을 약속하고 유인궤는 천강(泉岡)으로 향했다. 6월 21일에 대각간 김유신을 대당대총관(大幢大摠管)으로 하는 여러 행군을 꾸렸다. 22일에 김인문, 천존(天存), 도유(都儒) 등은 일선주 등 7개 군 및 한성주의 병마를 이끌고 당 군영으로 출발했다.

이때, 동원된 신라군에 대해서 『삼국사기』 김인문열전에는 20만이라고 한다. 신라군의 총출정부대는 10개 군단에 병으로 수도에 남은 김유신을 제외한 28명의 장수가 참전하였으므로, 동원된 병력은 약 5만여 명이었을 것으로 추산하기도 한다(이상훈, 2018a). 「답설인귀서」에는 신라에서 대감 김보가(金寶嘉)를 보내 바닷길로 들어가 이적의 명을 받아오게 하였으며, 유인궤는 5월에 와서 신라의 군사를 징발해 평양으로 갔다고 하였다.

6월 22일에 먼저 출발한 김인문 등은 그달 29일에 이적을 만나 영류산(嬰留山) 아래까지 진군하였다고 한다. 신라군 선발대에는 장수 3명이 편성되었으므로 이들이 인솔하는 병력 수는 약 5,000명 내외로 추정되고 있다(이상훈, 2012a). 이 영류산에 대해 『삼국사기』 신라본기에서는 주를 달아 "지금 서경의 북쪽 20리에 있다"고 한 반면, 지리지에는 '삼국유명미상지분(三國有名未詳地分)'으로 분류해 위치를 알 수 없다고 기록하였다. 이 영류산은 대성산(大城山)으로 비정(池內宏, 1960)되고 있는데, 평양 인근의 교통로와 지형을 감안해 평양 북쪽에 위치한 봉수산(烽燧山) 일대로 비정하는 견해(이상훈, 2020)가 새롭게 제기되었다.

이 선발대는 평양까지 진격해 이적군과 합류한 것으로 보인다(김병곤, 2013b). 경주에서 출발한 선발대가 7일 만에 이적군과 조우했다고 보기 어려우므로 그들의 이동시간을 2~3주로 보는 견해(이상훈,

2018b)와 선발대가 경주가 아닌 한성에서 출발했을 것으로 보는 견해 (임기환, 2023)가 있다.

선발대의 이동이 수로를 통해 이루어졌다고 보는 견해에 따르면, 당항성에서 배를 타고 곧장 평양으로 이동했다고 보는 견해(서영교, 2022a)와 약 100척 규모의 선박에 승선하여 청천강 하구에 도착하여 이적군이 주둔하고 있던 욕이성에서 합류한 것으로 보는 견해(이상훈, 2018b)가 있다. 한편, 육로로 이동했다고 보는 경우에는 천강에 주둔해 있던 유인궤가 이끄는 웅진부 당군과 합류해 이미 확보한 한성(현 재령)을 경유하는 재령로 혹은 대곡성(현 평산)을 경유하는 자비령로를 이용한 것으로 보고 있다(임기환, 2023). 이 선발대가 첨병 역할과 전투 공병 역할을 수행한 것으로 파악하기도 한다(이상훈, 2018b).

문무왕은 6월 27일에 경주를 출발하였고 29일에 여러 도의 총관들이 출발하였다. 7월 16일에 문무왕은 한성주에 행차하여 여러 총관들에게 평양으로 진군해 당군과 합류하도록 명령을 내렸다. 비열주행군총관 문영 등은 사천벌판(蛇川之原)에서 고구려 병사를 만나 싸워 크게 무찔렀다(『삼국사기』 신라본기 문무왕8). 문무왕이 「답설인귀서」에서 이 전투에서의 승리에 신라군의 역할을 강조할 정도로 평양성전투의 변곡점이 되었던 전투였을 것이다(임기환, 2023).

사천벌판에서의 전투에 대해 「답설인귀서」에서는 '사수전(蛇水戰)'으로, 고구려 멸망 후 10월 22일에 문무왕이 군공을 포상할 때는 '사천전(蛇川戰)'으로 기록되어 있다. 이에 비열주행군총관 문영 등이 고구려 병사와 싸운 사천벌판을 662년 방효태부대가 전멸당한 '사수전투'가 벌어진 곳과 동일한 장소로 보고 평양성과 대성산성 사이에 남북으로 흐르는 합장강으로 비정하거나 보통강으로 비정한다. 반면에 사천벌판에서 고구려병을 만나 벌어진 전투는 662년의 사수전투와는 다른 지역에서 발생한 전투로 보아야 한다는 견해(김병곤, 2013b)가 제기되었다. 사천벌판은 하천과 평야가 연속되는 지리적 특징을 가진 곳으로 황해도 재령의 서흥강 중하류에서 사리원 일대까지의 강과 평야가 연속된 지역으로 비정하는 것이다.

당군의 평양성 공격시점은 대략 7월 말에서 8월 초 무렵으로 볼 수 있다(임기환, 2022b). 평양성을 둘러싸고 당군과 신라군의 거센 공격에도 평양성 함락은 쉽게 이루어지지 않았다. 평양성은 삼면이 대동강과 보통강을 해자로 둘러싸고 있으며 내성과 중성, 외성까지 갖춘 방어에 있어 견고한 성이었다(김희선, 2006). 평양성은 행정적인 도성이자 군사적 요새로 방어적인 면에서 외성이 무너지면 중성, 내성으로 방어선이 옮겨지며 최후로 북성에서 전투를 벌일 수 있도록 겹겹으로 축조하였다. 왕성을 산성과 복합시켜 군사적으로 요새화한 점은 수·당과의 전쟁을 효과적으로 수행할 수 있게 하였다(민덕식, 2003). 그러나 글필하력이 이끄는 당군만 50만 명이 넘었으며, 뒤이어 이적의 군대가 합류했고 신라군까지 합류하였다.

이적이 이끄는 당군이 평양을 포위하고 한 달여 만에 보장왕이 연남산을 파견하여 수령 98명을 인솔하고 백기를 들고 와서 항복하였다. 남건은 성문을 막고 지키며 자주 군사를 파견하여 싸웠지만 모두 패배하였다. 남건이 군사를 위임한 승려인 신성이 비밀리에 사람을 이적에게 보내 안에서 호응하겠다고 청하였다. 5일 후에 신성이 문을 열어 주어 당군이 성에 들어오자 남건이 칼로 자결하려 했으나 죽지 않고 사로잡혔다(『자치통감』 권201).

이 기록은 668년 9월 12일 기사에 실려 있다. 반면에 『삼국사기』 신라본기에는 9월 27일 기사에 신라군과 당군이 합류하여 평양성을 포위하자 보장왕이 남산을 보내 항복을 청하였으며, 이에 이적이 보장왕과 대신 등 20여만 명을 이끌고 당으로 돌아갔다는 내용이 실려 있다. 『책부원구』에는 8월에 보장왕과 남산을 비롯한 수령 98명을 보내 항복했다고 하며 남건만이 성문을 닫고 지키자 9월에 신성과 내응해 평양성문을 열고 함락했다고 하였다(『책부원구』제왕부 공업). 이처럼 보장왕의 항복 날짜와 평양성의 함락 날짜에 대해 기록마다 조금씩 달라 혼선을 빚고 있다. 일반적으로 『자치통감』 기록을 중시해 9월 12일 보장왕이 항복하고 5일 뒤인 17일에 평양성을 함락한 것으로 보고 있다.

신라군과 당군이 합류하여 평양성을 포위, 공격하면서 벌어진 전투 상황에 대한 자세한 기록은 없다. 다만 평양성 함락 후 문무왕이 한성으로 회군한 뒤 10월 22일에 전공에 따른 포상에 대한 기록에서 평양전투의 일면을 엿볼 수 있다. 각 전투에서의 전공과 그에 따른 포상을 기록하였는데, 전투 지점은 사천, 평양성내, 평양성 대문(大門), 평양군영, 평양성 북문, 평양 남교(南橋), 평양 소성(少城) 등이다(임기환, 2023).

「답설인귀서」에 보면 이적이 신라의 용맹한 기병 500명을 뽑아 먼저 성안으로 들어가게 했다고 한다. 『책부원구』에 의하면 신라군이 길을 열자 당군이 들어가 성 위에 올라 성문루(城門樓) 사면에 불을 질렀는데 성을 태우는 데 네 달이나 걸렸다고 한다. 이러한 기록으로 보아 668년 평양성 공격에서 신라군이 평양성의 거의 모든 지역에서 전투를 벌였으며 평양성 함락에도 먼저 투입되어 적극적으로 전쟁에 임했음을 알 수 있다. 그러나 전쟁이 끝난 뒤에 당에서 전공을 포상할 때 이적은 전에 신라군이 군대 동원 기일을 어겼다며 신라의 전공을 깎고자 하였다

(『삼국사기』 신라본기 문무왕11).

평양성이 함락되면서 고구려는 멸망하였다. 보장왕과 왕자인 복남, 덕남(德男), 대신 등 20여만 명이 포로로 당으로 끌려갔다(『삼국사기』 신라본기 문무왕8). 당 고종의 명령으로 먼저 소릉(昭陵)에 바쳐지고 당의 수도로 들어가서는 대묘(大廟)에 바쳐졌다. 그리고 12월 7일에 당 고종은 함원전(含元殿)에서 포로를 받는 최종 의례를 하였다. 고구려인들은 당에서 부여한 죄과에 따라 공과 벌을 받는 치욕을 겪게 된다. 보장왕에게는 왕의 정사는 자신이 행한 것이 아니므로 용서하고 사평태상백(司平太常伯) 원외동정(員外同正)의 벼슬을 내렸다. 연남산은 사재소경(司宰少卿)으로, 평양성문을 열어준 신성은 은청광록대부(銀靑光祿大夫)로, 연남생은 우위대장군(右衛大將軍)으로 삼았다. 반면에 끝까지 항거했던 연남건은 검주(黔州)로 귀양보냈다. 또한 이적을 비롯한 전쟁에 참여한 당군에게는 전공에 따라 차등 있게 관직과 상을 내렸다.

고구려의 옛 땅은 5부 176성 69만여 호를 나누어 9도독부 42주 100현으로 하고, 평양에 안동도호부를 두어 통치하였으며, 고구려 장수 중에 공이 있는 자들을 뽑아 도독, 자사, 현령으로 삼아 중국인(華人)들과 함께 정치에 참여하게 하였다. 또한 우위대장군 설인귀를 검교안동도호(檢校安東都護)로 삼아 군사 2만 명을 거느리고 진무하게 하였다(『삼국사기』 고구려본기 보장왕27;『자치통감』 권201).

참고문헌

『三國史記』, 『三國遺事』, 『日本書紀』.
『舊唐書』, 『新唐書』, 『資治通鑑』, 『冊府元龜』, 『全唐文』, 『唐六典』,
『集神州三寶感通錄』.

高牟墓誌銘, 高遠望墓誌銘, 高乙德墓誌銘, 高慈墓誌銘, 高質墓誌銘,
高玄墓誌銘, 高鐃苗墓誌銘, 高欽德墓誌銘, 南單德墓誌銘, 豆善富墓誌銘,
李他仁墓誌銘, 泉男生墓誌銘, 泉獻誠墓誌銘.
契苾嵩墓誌銘, 唐柴將軍精舍草堂碑, 婁敬墓誌銘, 南郭生墓誌銘,
薛萬備墓誌銘, 阿史那忠碑, 仵欽墓誌銘, 張脛墓誌銘.

권은주 외 7인, 2015, 『중국 소재 한국 고대 금석문』, 한국학중앙연구원출판부.
김강훈, 2022, 『고구려부흥운동 연구』, 학연문화사.
김영관, 2005, 『百濟復興運動研究』, 서경문화사.
김용만, 2003, 『새로 쓰는 연개소문 傳』, 바다출판사.
김현구 외, 2004, 『일본서기 한국관계기사 연구(Ⅲ)』, 일지사.
노중국, 2003, 『백제 부흥운동사』, 일조각.
노태돈, 1999, 『고구려사 연구』, 사계절.
_____, 2009, 『삼국통일전쟁사』, 서울대학교출판부.
문안식, 2006, 『백제의 흥망과 전쟁』, 혜안.
서영교, 2015a, 『고대 동아시아 세계 대전』, 글항아리.
徐仁漢, 1994, 『한민족전쟁통사 1 - 고대편』, 국방부군사연구소.
손영종, 1997, 『고구려사 2』, 과학백과사전종합출판사.

_____, 2000, 『고구려사의 제문제』, 사회과학원.
孫晋泰, 1979(중판), 『韓國民族史槪論』, 乙酉文化社.
여호규, 1999a, 『고구려 성 Ⅱ』, 국방군사연구소.
연민수 외, 2013, 『역주 일본서기』 3, 동북아역사재단.
윤명철, 2003, 『고구려 해양사 연구』, 사계절.
李基白·李基東 共著, 1982, 『韓國史講座 Ⅰ-古代篇-』, 一潮閣.
李丙燾, 1976, 『韓國古代史硏究』, 博英社.
_____, 1996, 『국역 삼국사기(상)』, 을유문화사.
이상훈, 2012a, 『나당전쟁 연구』, 주류성.
_____, 2021, 『신라의 통일전쟁』, 민속원.
이재성, 2018, 『고구려와 유목 민족의 관계사 연구』, 소나무.
李昊榮, 1997, 『新羅三國統合과 麗·濟敗亡原因硏究』, 書景文化社.
_____, 2002, 『신편 한국사 5-삼국의 정치와 사회 고구려Ⅰ』, 국사편찬위원회.
임기환, 2022a, 『고구려와 수·당 70년 전쟁』, 동북아역사재단.
임용한, 2012, 『한국고대전쟁사2』, 혜안.
정구복 외, 1997, 『譯註 三國史記』, 韓國精神文化硏究院.
정원철, 2017, 『고구려 산성 연구』, 동북아역사재단.
지배선, 2006, 『고구려·백제 유민 이야기』, 혜안.
최병식, 2007, 『최근 발굴한 백제유적』, 주류성.
하워드 J. 웨슬러 지음, 임대희 옮김, 2005, 『비단같고 주옥같은 정치』, 고즈윈.

葛繼勇·이유표, 2015, 「신출토 入唐 고구려인 〈高乙德墓誌〉와 고구려 말기의 내정 및 외교」, 『한국고대사연구』 79.
강헌규, 1996, 「백제의 雨述郡(/城)·甕山城 및 그 주변 지명과 고려 이후의 鷄足山(/城)에 대하여」, 『百濟文化』 25.
권은주, 2014, 「고구려유민 고흠덕(高欽德), 고원망(高遠望) 부자 묘지명 검토」, 『대구사학』 116.
기경량, 2016, 「4세기 고구려 '南道·北道'의 실체와 그 성격」, 『한국문화』 7.
김강훈, 2017, 「책성 권역의 고구려 부흥운동과 고정문(高定問)」, 『역사교육논집』 65.

_____, 2018,「고구려 멸망 직후 당의 고구려 故地 지배 시도와 유민의 동향」,『대구사학』133.

金美經, 1992,「淵蓋蘇文을 중심으로 살펴 본 高句麗末의 情勢變動」, 숙명여자대학교 석사학위논문.

김병곤, 2013a,「661~662년 당 수군의 평양직공책의 전략과 한계」,『韓國史學報』50.

_____, 2013b,「668년 고구려 멸망시 蛇川原戰의 재구성 및 의의」,『고구려발해연구』46.

김병남, 2013,「백제 부흥전쟁기의 옹산성 전투와 그 의미」,『전북사학』42.

金福順, 1986,「당의 침공과 고구려 멸망의 고찰」,『군사』13.

김수태, 1994,「統一期 新羅의 高句麗遺民支配」,『李基白先生古稀紀念韓國史學論叢』(上), 一潮閣.

金榮官, 2009a,「就利山會盟과 唐의 百濟 故土 支配 政策」,『선사와 고대』31.

_____, 2009b,「高句麗 遺民 高鐃苗 墓誌 檢討」,『韓國古代史硏究』56.

_____, 2010,「660년 신라와 백제의 국경선에 대한 고찰」,『新羅史學報』20.

_____, 2017,「高句麗 遺民 南單德 墓誌銘에 대한 연구」,『百濟文化』57.

김영하, 2000,「高句麗 內紛의 국제적 배경 - 唐의 단계적 戰略變化와 관련하여 -」,『韓國史硏究』110.

김용만, 2004,「2次 高句麗 - 唐 戰爭(661~662)의 進行 過程과 意義」,『民族文化』27.

김종복, 2005,「高句麗 멸망 전후의 靺鞨 동향」,『동북아역사논총』5.

김주성, 2011,「7세기 삼국 고대 전투모습의 재현」,『군사』81.

김지영, 2008,「7세기 고구려와 북방 제민족의 관계 변화」,『만주연구』8.

_____, 2011,「7세기 중반 거란의 동향 변화와 고구려 - 660년 거란의 이반을 기점으로 -」,『만주연구』12.

김진한, 2011,「보장왕대 고구려의 대당관계 변화와 그 배경」,『高句麗渤海硏究』39.

_____, 2016,「高句麗 滅亡과 淵蓋蘇文의 아들들」,『한국고대사탐구』22.

김현숙, 2004,「고구려 붕괴 후 그 유민의 거취 문제」,『韓國古代史硏究』33.

김희선, 2006,「6~7세기 동아시아 도성제와 고구려長安城 - 도성의 가로구획방식을 중심으로-」, 『韓國古代史硏究』 43.

樓正豪, 2013, 「高句麗遺民 高牟에 대한 考察」, 『韓國史學報』 53.

閔庚三, 2007, 「신출토 高句麗 遺民 高質 墓誌」, 『新羅史學報』 9.

_____, 2009, 「中國 洛陽 신출토 古代 韓人 墓誌銘 연구-高質 墓誌銘을 중심으로」, 『新羅史學報』 15.

閔德植, 2002, 「唐 柴將軍 精舍草堂碑에 대한 檢討」, 『百濟文化』 31.

_____, 2003, 「高句麗 平壤城의 都市形態와 設計」, 『고구려발해연구』 15.

박경철, 1992, 「扶餘史 展開에 關한 再認識 試論」, 『白山學報』 40.

_____, 2007, 「麗唐戰爭의 再認識」, 『東北亞歷史論叢』 15.

방용철, 2017, 「淵男生 형제의 內紛과 지방세력 동향」, 『新羅史學報』 39.

_____, 2018, 「연개소문의 후계구도 정립과 죽음」, 『대구사학』 131.

拜根興, 2001, 「高句麗 遺民 高足西 墓誌銘」, 『中國史硏究』 12.

_____, 2002, 「激動의 50年-高句麗와 唐 關係 硏究」, 『高句麗硏究』 14.

_____, 2008, 「고구려·발해 유민 관련 유적 유물」, 『중국학계의 북방민족 국가 연구』, 동북아역사재단.

_____, 2009, 「高句麗 遺民 高性文, 高慈 父子 墓誌의 考證」, 『忠北史學』 22.

_____, 2010, 「唐 李他仁 墓志에 대한 몇 가지 고찰」, 『忠北史學』 24.

徐榮敎, 2014a, 「唐高宗 百濟撤軍 勅書의 背景」, 『東國史學』 57.

_____, 2014b, 「倭의 百濟 援助와 蘇定方의 平壤城 撤軍」, 『대구사학』 117.

_____, 2015b, 「乾封元年(666) 封禪문제와 唐의 對고구려 정책」, 『대구사학』 120.

_____, 2021, 「당(唐)의 고구려 내전개입(內戰介入)과 신성(新城)·대행성(大行城) 점령」, 『中國史硏究』 131.

_____, 2022a, 「高句麗 最後의 戰爭」, 『역사학보』 254.

_____, 2022b, 「고구려의 最後와 彗星」, 『진단학보』 138.

_____, 2023, 「당의 해양력과 고구려」, 『유라시아 문화』 8.

서영일, 2004, 「漢城時代의 百濟 北方交通路」, 『文化史學』 21.

서일범, 1999, 「북한 내의 고구려 성 분포와 연구현황」, 『고구려발해연구』 8.

송기호, 1999, 「고구려유민 고현묘지명」, 『박물관연보』 10, 서울대학교박물관.

沈正輔, 2000, 「大田 鷄足山城의 考古學的 檢討」, 『考古歷史學志』 16.

_____, 2007, 「백제 부흥운동의 전개」, 『百濟文化史大系 硏究叢書. 6, 백제의 멸망과 부흥운동』, 충청남도역사문화연구원.

안정준, 2013, 「李他仁墓誌銘에 나타난 李他仁의 生涯와 族源: 高句麗에서 활동했던 柵城 지역 靺鞨人의 사례」, 『목간과 문자』 11.

_____, 2015, 「「豆善富 墓誌銘」과 그 一家에 대한 몇 가지 검토」, 『인문학연구』 27.

여호규, 1995, 「3세기 후반~4세기 전반 고구려의 교통로와 지방 통치 조직」, 『韓國史研究』 91.

_____, 1999b, 「高句麗 後期의 軍事防禦體系와 軍事戰略」, 『韓國軍事史研究』 3.

_____, 2018, 「7세기 중엽 국제정세 변동과 고구려 대외관계의 추이」, 『大丘史學』 133.

余昊奎·李明, 2017, 「高句麗 遺民〈李他仁墓誌銘〉의 재판독 및 주요 쟁점 검토」, 『韓國古代史研究』 85.

오진석, 2021, 「연남생 투항 이후 고구려 서북부 성곽방어체계의 붕괴과정과 그 영향」, 『역사와 현실』 122.

우석훈, 2014, 「遼河 유역의 高句麗 千里長城」, 『軍史』 92.

윤용구, 2003, 「중국출토의 韓國古代 遺民資料 몇 가지」, 『韓國古代史研究』 32.

_____, 2005, 「隋唐의 對外政策과 高句麗 遠征 - 裴矩의 '郡縣回復論'을 중심으로」, 『북방사논총』 5.

이강래, 2015, 「7세기 고구려 인식과 정통성의 문제」, 『歷史學研究』 60.

이규호, 2016, 「당의 고구려 유민 정책과 유민들의 동향」, 『역사와 현실』 101.

李基天, 2014, 「唐代 高句麗·百濟系 蕃將의 존재양태」, 『한국고대사연구』 75.

이문기, 2001, 「高句麗 遺民 高足酉 墓誌의 檢討」, 『역사교육논집』 26.

_____, 2003, 「고구려 중리제의 구조와 그 변화」, 『大丘史學』 71.

_____, 2007, 「7세기 高句麗의 軍事編制와 運用」, 『고구려발해연구』 27.

_____, 2008, 「高句麗 滅亡期 政治運營의 變化와 滅亡의 內因」, 『韓國古代史研究』 50.

이민수, 2018, 「李他仁의 唐 投降과 扶餘城의 高句麗 復國運動 鎭壓에 대한 分析」, 『역사와 경계』 106.

_____, 2021, 「660~661년 당의 고구려 공격군 편성과 水軍 운용 전략」, 『한국고

대사탐구』38.

_____, 2022a, 「661년 고구려-당 전쟁의 전황」, 『軍史』122.

_____, 2022b, 「661~662년 고구려·당 전쟁 직후 양국의 동향」, 『高句麗渤海研究』73.

_____, 2022c, 「662년 고구려의 평양성 전투와 임진강 전투 재구성」, 『한국고대사탐구』41.

_____, 2024, 「고구려 연개소문의 生沒年에 대한 검토」, 『고조선단군학연구』54.

이상훈, 2012b, 「662년 김유신의 군량 수송작전」, 『국방연구』55-3.

_____, 2015, 「백제부흥군의 옹산성 주둔과 신라군의 대응」, 『歷史敎育論集』57.

_____, 2017, 「삼국통일기 고구려 마읍산의 위치와 군사적 위상」, 『軍史』104.

_____, 2018a, 「삼국통일기 신라군의 행군편성 구조」, 『한국고대사탐구』30.

_____, 2018b, 「668년 신라군 선발대의 진군로와 그 의미」, 『대구사학』133.

_____, 2020, 「고구려 영류산의 위치와 나당연합군의 진군로」, 『한국고대사탐구』34.

_____, 2023, 「제2차 고당전쟁기(661~662) 사수 전투의 전개 양상」, 『北岳史論』17.

李成制, 2015, 「어느 고구려 무장의 가계와 일대기-새로 발견된 〈高乙德墓誌〉에 대한 譯註와 분석-」, 『중국고중세연구』38.

_____, 2019, 「唐 高宗의 泰山 封禪과 高句麗의 對應을 둘러싼 몇 가지 문제」, 『高句麗渤海硏究』64.

이영재, 2018, 「660년대 고구려의 대남방 전략」, 『大丘史學』130.

李在成, 2011, 「麗唐戰爭과 契丹·奚」, 『中國古中世史研究』26.

_____, 2016, 「아프라시아브 궁전지 벽화의 '조우관사절(鳥羽冠使節)'이 사마르칸트[康國]로 간 원인, 과정 및 시기에 대한 고찰」, 『동북아역사논총』52.

이정빈, 2016, 「〈천남생 묘지〉에 보이는 將軍과 7세기 고구려의 군사 운용」, 『한국고대사탐구』22.

이현숙, 2003, 「7세기 신라 통일전쟁과 전염병」, 『역사와 현실』47.

李昊榮, 2002, 「Ⅲ. 수·당과의 전쟁」, 『신편 한국사 5 - 삼국의 정치와 사회 고구려 I』, 국사편찬위원회.

이홍직, 1971, 「淵蓋蘇文에 대한 若干의 存疑」, 『韓國古代史의 硏究』, 新兵文化社.

임기환, 1992, 「6·7세기 高句麗政治勢力의 동향」, 『韓國古代史硏究』 5.
_____, 2022b, 「고구려와 당 최후의 전쟁 과정 복원 시론」, 『한국사학보』 86.
_____, 2023, 「고구려 멸망기 신라의 군사 활동」, 『한국사학보』 90.
장병진, 2015, 「새로 소개된 고구려 유민 '南單德' 묘지에 대한 검토」, 『高句麗渤海硏究』 52.
_____, 2016, 「당의 고구려 고지(故地) 지배 방식과 유민(遺民)의 대응」, 『역사와 현실』 101.
장창은, 2016, 「660~662년 고구려와 신라·당의 전쟁」, 『新羅史學報』 38.
장창익, 2021, 「唐 高宗 시기 2次 高句麗 遠征과 政局의 再編」, 『東洋史學硏究』 155.
정병준, 2013, 「吐蕃의 吐谷渾 倂合과 大非川 戰鬪-唐朝의 韓半島 政策과 관련하여-」, 『歷史學報』 218.
정원주, 2013, 「高句麗滅亡硏究」, 한국학중앙연구원 박사학위 논문.
_____, 2014a, 「男生의 失脚 배경과 그의 行步」, 『한국고대사연구』 75.
_____, 2014b, 「7세기 고구려의 서계(西界) 변화」, 『영토해양연구』 8.
_____, 2023, 「666년~668년 전쟁에서 淵男生의 鄕導 역할에 대한 考察」, 『역사와 담론』 107.
채미하, 2017, 「666년 고구려의 唐 封禪儀禮 참여와 그 의미」, 『동북아역사논총』 56.
최진열, 2012, 「唐代 高句麗 표기 기피현상-隋唐 墓誌銘의 國名 표기 분석을 중심으로」, 『동북아역사논총』 38.

呂思勉, 1984, 『隋唐五代史』 下, 上海古籍出版社.
劉矩·姜維東, 2006, 『唐征高句麗史』, 吉林人民出版社(東北史地硏究叢書).
孫進己·馮永謙, 1989, 『東北歷史地理(제1권)』, 黑龍江人民出版社.
王綿厚, 2002, 『高句麗古城硏究』, 文物出版社.
王綿厚·李健才, 1990, 『東北古代交通』, 瀋陽出版社.

佟達, 1993, 「關于高句麗南北交通路」, 『博物館硏究』 1993-3.
_____, 1994, 「新賓五龍高句麗山城」, 『遼海文物學刊』 1994-2.

孫鐵山, 1998, 「唐李他仁墓誌考釋」, 『遠望集』下.
梁振晶, 1994, 「高句麗千里長城考」, 『遼海文物學刊』 1994-2.
連劭名, 1999, 「唐代高麗泉氏墓誌史事考述」, 『文獻』 1999-3.
王綿厚, 1986, 「隋唐遼寧建置地理述考」, 『東北地方史研究』 1986-1.
劉矩, 2018, 「蘇定方東征高句麗得失析」, 『地域文化研究』 2018-6.
張德玉, 1989, 「軍事重鎭木底城考」, 『東北地方史研究』 1989-4.
張正巖·王平魯, 1994, 「新城道及新城道上諸城考」, 『遼海文物學刊』 1994-2.
程尼那, 2005, 「唐代安東都護府研究」, 『社會科學輯刊』 2005-6.

田中俊明·東潮, 1994, 『高句麗の歷史と遺跡』, 中央公論社.
池內宏, 1960, 『滿鮮史硏究』上世 第二冊, 吉川弘文館.
津田左右吉, 1964, 「高句麗戰役新羅進軍路考」, 『津田左右吉全集11 - 滿鮮歷史地理研究1』, 岩波書店.

今西春秋, 1935, 「高句麗の南北道と南蘇·木底」, 『靑丘學叢』 22.
箭內桓, 1913, 「南北朝時代の滿洲」, 『滿洲歷史地理』(1), 南蠻洲鐵道株式會社.
松井等, 1913, 「隋唐二朝高句麗遠征の地理」, 『滿洲歷史地理』 1, 南滿洲鐵道株式會社.
村上四男, 1966, 「新羅と小高句麗國」, 『朝鮮學報』 37·38.

2

고구려 멸망 후 부흥운동

3장 부흥운동의 전개
4장 신라-당 전쟁의 전개와 고구려 유민의 활동
5장 고구려 멸망의 역사적 의미

3장

부흥운동의 전개

김강훈 | 사동중학교 교사

668년 9월 고구려 도성인 평양성이 신라와 당의 연합군에게 함락되면서 고구려는 멸망하였다. 당은 평양에 안동도호부(安東都護府)를 설치하면서 고구려 고지(故地)를 지배하고자 하였다. 이제 고구려인은 망하여 없어진 나라의 백성이라는 의미인 유민(遺民)으로서 삶을 살게 되었다.

멸망 과정에서 살아남은 고구려 유민은 생존을 위해 다양한 방식으로 대응하였다. 일부 유민은 당에 적극적으로 협력하며 고구려에서 누려왔던 세력기반을 유지하고자 하였으며, 당의 지배체제에 순응하는 사람들도 있었다. 그에 비해 당의 지배를 피해 다른 지역이나 국가로 이주하는 등 소극적인 형태로 저항하였던 유민도 있었고, 적극적으로 반당(反唐) 항쟁을 전개하였던 인물과 세력도 존재하였다(김현숙,

2004).

 이 글에서는 고구려 유민이 고구려를 다시 일으키기 위해 펼쳤던 활동을 살펴보고자 한다. 고구려의 재건을 추구하였던 유민은 고구려 고지를 지배하고자 시도하는 당 세력의 축출을 선결 과제로 삼았을 것이다. 따라서 반당 항쟁은 전쟁의 양상을 띨 수밖에 없었다. 따라서 고구려 유민의 반당 항쟁을 부흥전쟁이라는 용어로 부르는 것이 가능하다(방용철, 2018). 다만 '한성 고구려국' 사례에서 알 수 있듯이, 일시적이나마 국왕을 세우고 외교활동을 하는 등 국가체제를 복원하는 단계까지 다다르기도 하였다. 따라서 고구려를 다시 일으키기 위한 여러 활동을 모두 수렴할 수 있는 고구려 부흥운동으로 부르고자 한다.

 부흥운동 관련 문헌사료가 단편적이고 고구려 유민 스스로가 남긴 기록도 매우 소략하기에 관련 연구가 심화되기 어려웠다. 근래 중국에서 당으로 귀부한 고구려 유민이나 고구려 고지에서 활동한 당 관인의 묘지명이 지속적으로 출토·보고되면서 당의 고구려 고지 지배 양상, 고구려 유민의 동향 등을 파악하는 데 실마리를 제공하고 있다. 이에 힘입어 최근에는 고구려 유민의 부흥운동이 고구려 고지 대부분에서 광범위하게 전개되었음이 밝혀졌다(여호규·拜根興, 2017; 방용철, 2018; 김강훈, 2022).

 고구려 유민은 각 지역에서 독자적으로 부흥운동을 전개하기도 하였으며, 서북한 지역에서는 나당전쟁과 결부되어 신라와 협력관계를 구축하며 고구려 부흥을 도모하였다. 결과적으로 부흥운동은 실패하였지만, 장기적인 관점에서 보면 만주 지역의 부흥운동은 발해가 건국되는 것으로 이어졌다고 할 수 있다. 따라서 고구려 부흥운동은 그 자체로 고구려사의 연장선으로 이해할 수 있으며, 7세기 후반 동아시아 국제질서의 재편 과정에서 고구려 유민이 주요 구성세력으로 존재하였음을 보여준다.

1. 당의 고구려 고지 지배정책과 유민의 저항

668년 12월 당은 고구려 고지에 대한 지배방침을 결정하였다. 5부, 176성, 69만 7,000호로 이루어진 고구려 영역에 당의 지방제도를 도입하여 9도독부, 42주, 100현으로 재편하고 상급통치기관으로 안동도호부를 평양성에 설치하였다. 그리고 그 책임자로 설인귀(薛仁貴)를 검교안동도호(檢校安東都護)에 임명하고 병력 2만 명으로 진수하게 하였다. 한편 고구려 지배층 가운데 공이 있는 자를 부, 주, 현의 장관인 도독, 자사, 현령으로 임명하고, 당 관리가 통치에 함께 참여하게 하였다. 이어서 669년 2월 이적(李勣)과 연남생(淵男生)은 구체적인 재편 계획을 상주하였으며, 당 고종(高宗)은 그 시행을 유인궤(劉仁軌)에게 담당하게 하였다. 당의 고구려 고지 지배정책은 1년여의 준비작업을 거쳐 670년 1월 정식으로 실행되었다(김종복, 2003; 여호규·拜根興, 2017).

당은 귀부한 이민족 부락이나 정복지에 당의 지방제도를 적용하면서 토착 수령에 의한 통치라는 간접지배방식을 취하였는데, 이를 기미지배(羈縻支配)라고 한다(金浩東, 1993). 기미지배에서 현지 유력자는 기미부주현(羈縻府州縣) 장관에 임명되고 그 직을 세습할 수 있는 등 자치적인 성격을 지녔다.

당은 기미지배의 일반적인 원칙을 고구려 고지에 적용하였다. 실제로 고구려 멸망 과정에서 당에 투항하거나 협력하였던 지배층을 발탁하여 기미부주의 장관에 임명한 사례가 최근 발견된 고구려 유민묘지명에서 확인된다(장병진, 2016; 이규호, 2016; 여호규·拜根興, 2017; 조영광, 2018).

부자 관계인 고흠덕(高欽德)과 고원망(高遠望)의 묘지명에 따르면, 그들의 가문은 고원(高瑗)-고회(高懷)-고천(高千)-고흠덕 4대에 걸쳐 건안주도독(建安州都督)을 역임한 사실이 확인된다. 고흠덕이 677년에 태어난 것을 고려하면, 고원과 고회는 고구려 멸망 이전에 활동했을 가능성이 높다. 그렇다면 이들이 역임한 건안주도독은 실제로는 고구려 건안성의 지방관이었다. 따라서 고흠덕 가문은 고구려 멸망을 전후하여 건안성을 다스리는 고구려 지방관과 기미부주 장관을 승습(承襲)하였던 것이다. 또 남단덕(南單德)묘지명에는 남단덕의 가문이 '자제 중 으뜸'이며, 남단덕의 조부 남적(南狄)이 안동도호부 예하 마미주(磨米州)의 도독을 역임한 사실이 기록되어 있다. 이는 당이 고구려 유민 중 유력자를 기미부주의 장관에 임명하고 그 직을 세습시킨 대표적 사례다.

그런데 당은 당 관인을 기미부주에 파견하여 고구려 유민 출신 장관과 함께 다스리는 변형된 형식의 기미지배를 시행하고자 하였다(鄭炳俊, 2018). 이러한 기미지배방식이 다른 지역에서도 확인되기에, 고구려 고지에 당의 지배질서가 직접적으로 강요되지 않았다고 이해할 수도 있다(장병진, 2016). 그러나 당 관리는 장사(長史)나 사마(司馬) 등 최고위 속료에 임명되어 고구려 유민 출신 장관을 감시·통제하는 것을 주된 임무로 하였다(김종복, 2003). 또 양현기(陽玄基)묘지명에서 당 관리인 검교(檢校) 동책주도독부(東柵州都督府) 장사 양현기가 고정문(高

定問) 등이 주도한 부흥운동을 진압한 사실이 확인된다(김강훈, 2017b). 따라서 고구려 유민의 자치는 표면적인 것에 불과하였을 뿐이며, 당의 지배력이 직접적으로 발휘되었다고 이해하는 것이 온당하다(盧泰敦, 1981a; 金文經, 1984; 金賢淑, 2001). 이를 당이 고구려 고지에 대해 영역화를 추진한 것으로 파악하기도 한다(粟原益男, 1979; 김종복, 2003).

다만 모든 지역에 당 관리가 파견되었다고 보기는 어렵고(津田左右吉, 1915), 양현기의 사례를 참고하면 도독부가 설치된 지역 등 주요 지배거점을 중심으로 배치되었음을 알 수 있다. 그렇다면 당의 계획과 달리 고구려 고지에 9도독부, 42주, 100현이 모두 설치되었다고 보기는 어려울 것이다. 이는 당의 지배정책에 대한 고구려 유민의 반발을 고려하면 더욱 분명해진다.

669년 4월 당 고종은 2만 8,200호에 달하는 고구려 유민을 장강(長江)·회수(淮水)의 남쪽과 산남(山南) 및 병주(幷州)·양주(涼州) 서쪽 여러 주(州)의 빈 땅으로 옮기라는 명령을 내렸다. 강제 이주는 다음 달 5월에 곧바로 개시되었다(李丙燾, 1964). 666년 연정토가 763호 3,543명을 이끌고 신라로 투항하였다는 기록에서 1호당 4.64명으로 환산되는 것을 적용한다면, 당의 변경지역으로 강제 이주된 고구려 유민은 최소 13만 명으로 추산된다(李文基, 2010).

당이 대규모 사민을 단행한 배경에 대하여 당의 고구려 고지 지배정책의 변화라는 관점에서 찾는 견해가 있다. 당이 처음에는 고구려 고지 전체에 기미지배를 추진하였지만, 이를 변경하여 요동 지역에만 당의 지방제도를 적용하고 나머지 고구려 고지는 대규모 사민을 통해 무력화하는 방안을 채택하였다는 것이다(정원주, 2018). 그런데 『자치통감』의 기록에 따르면, 고구려 유민 가운데 이반하는 사람들이 많아서 강제 이주를 시행하였다고 한다. 그렇다면 당에 항거하는 고구려 유민이 늘어나자, 이를 통제하기 위해 강제 이주를 시행하였다고 보는 것이 타당하다(여호규·拜根興, 2017).

당은 강제 이주 이후 빈약자(貧弱者)들을 남겨 안동도호부를 지키게 하였다. 여기에서 강제 이주의 대상은 안동도호부 통치에 반발하여 이반할 만한 일정 수준 이상의 군사력과 경제력 등을 가지고 있었던 부강자(富强者) 내지 유력자였음을 알 수 있다(이규호, 2016). 강제 이주 대상자로 선별된 고구려 유민은 내주(萊州)와 영주(營州)를 중간 기착지로 하여 당 내지(內地)로 옮겨졌다. 내주는 지금의 산동반도에 있었는데, 평양성 방면의 고구려 유민은 해로를 통하여 내주로 향하였을 것이다. 영주는 지금의 요서 지역에 해당하므로 요동 지역의 고구려 유민은 육로를 이용하여 영주로 이동하였을 것이다(日野開三郞, 1955; 김종복, 2003). 강제 이주가 기본적으로 고구려 전역을 대상으로 실시되었겠지만(정원주, 2018), 이동경로를 고려하면 도성인 평양성과 수·당과 70여 년에 걸친 전쟁의 주무대였던 요동 지역에 거주하던 고구려 지배층과 재지세력이 강제 이주의 주된 대상이었다(盧泰敦, 1981b).

669년 전반 당의 지배에 항거하는 이반자가 존재하였고 이에 대응하여 당이 대규모 강제 이주를 실시하던 즈음에, 시기가 분명하지 않지만 안동도호 설인귀는 평양성을 떠나 신성(新城)으로 옮겨 고구려 유민을 다스렸다. 신성은 중국 요령성(遼寧省) 무순시(撫順市)에 위치한 고이산성(高爾山城)으로 비정되는데, 고구려 서부 변경의 군사요충지이자 교통의 중심에 자리하고 있었다.『당서(唐書)』설인귀전에 따르면, 설인귀는 신성에서 고구려 유민을 안무하고 인재를 등용하는 등 적극적으로 통치행위를 하였다고 한다.

설인귀가 평양성에서 요동 지역의 신성으로 이동한 배경에 대하여 여러 견해가 제기되었다. 고구려 유민의 저항과 이탈로 평양성에 안동도호부를 유지할 수 없었다고 보기도 하고(李丙燾, 1964; 전준현, 1982; 梁炳龍, 1997), 669년 9월 토번(吐蕃)의 당 공격에 대응하여 설인귀가 토번 전선으로 투입되는 과정에서 신성으로 옮겨갔다고 파악하기도 한다(徐榮敎, 2002). 그러나 대체로 669년 5월 실시된 대규모 강제 이주를 수행하기 위해 신성으로 옮겼다고 이해하고 있다(盧泰敦, 1997; 임기환, 2003; 김종복, 2003; 여호규·拜根興, 2017; 방용철, 2018).

이는 669년 전반 고구려 고지의 정세와 관련하여, 『삼국사기』 권37, 지리지4의 기록을 어떻게 이해하는지와 관련된다. 여기에는 669년 2월 당이 고구려 고지를 안동도호부로 개편하는 과정에서 고구려 원정군 총사령관이었던 이적(李勣)이 당 고종에게 올린 주청문과 당 고종의 조칙 일부가 실려 있다. 그리고 이어서 압록수 이북의 고구려 성을 '아직 항복하지 않은 성(未降城)' 11성, '이미 항복한 성(已降城)' 11성, '도망한 성(逃城)' 7성, '공격하여 빼앗은 성(打得城)' 3성으로 분류하고 각각 해당하는 구체적인 성의 이름을 나열하고 있다. 이 기록을 '목록(目錄)'이라 지칭할 수 있다. 『삼국사기』 권37에 '목록'을 인용하며 "압록 이북에 '이미 항복한 성'이 열하나인데, 그중 하나가 국내성이다"라는 기록이 있기 때문이다.

기재 순서를 보면 669년 2월 고구려 고지 재편과 관련한 당 조정의 공식 조치를 기록하고, 바로 이어서 압록수 이북 고구려 성의 현황을 기재하고 있다. 따라서 '목록'은 고구려 멸망 이후의 상황을 반영한다고 이해하는 입장이 있다(李丙燾, 1964; 李基白·李基東 1982; 전준현, 1982; 金甲周, 1987; 손영종, 1997; 김현숙, 2004).

그에 반해 '목록'은 고구려 멸망 이전의 상황을 반영한다는 연구가 일찍이 있었다. '아직 항복하지 않은 성' 가운데 신성이 기재되어 있는데, 당군이 신성을 함락한 시기가 667년 9월이므로, '목록'은 그 이전에 작성된 기록에 근거하였다는 것이다(池內宏, 1941). 이를 구체화하여 '목록'은 당군이 신성을 포위한 667년 2월에서 신성을 함락하는 667년 9월 사이 작성한 일종의 전황표이며, '공격하여 빼앗은 성'이 3개에 불과하므로 개전 초기의 상황이 반영되었다고 보는 견해가 제기되었다(盧泰敦, 1996). 이 연구는 '목록'에 기재되어 있는 각 성의 위치 및 분포범위, 자료의 전승 과정, 고구려 말기 지방제도와의 연관성 등을 치밀하게 검토하였고, 이후 많은 지지를 받았다.

근래 '목록'의 작성 시기를 두고 연구가 활발히 진행되고 있다. 당이 평양을 중심으로 압록강 이남 지역을 먼저 재편하고 뒤이어 진행될 압록강 이북 지역의 부주현 설치를 위해 파악한 정보를 바탕으로 작성되었다고 이해하거나(장병진, 2016), '목록'의 항목 설정, 각 항목의 배치, 표기방식 등 작성방식을 중심으로 분석하여, 669년 2월 이적과 연남생이 안동도호부체제를 구성하면서 작성한 1차 현황 보고서로 파악하는 주장이 제기되었다(방용철, 2018). 한편 '아직 항복하지 않은 성' 가운데 고구려 멸망 이후 당의 지배를 이탈한 경우가 확인된다는 점을 바탕으로, '목록'이 고구려 멸망 이후 상황을 반영한다고 해석하며 북부여성주(北扶餘城州: 부여성), 옥성주(屋城州: 오골성), 안시성(安市城)을 사례로 든 연구도 있다. 여기에서는 안동도호 설인귀가 당의 지배를 벗어나 있던 압록수 이북의 고구려 성을 공략하기 위해 작성한 것이 '목록'이라고 이해한다(김강훈, 2018). 만약 '목록'이 고구려 멸망 이후 작성된 자료라는 추정이 타당하다면, 669년 전반 신성, 요동성, 안시성, 부여성 등 고구려 주요 성을 중심으로 요동 지역에서 광범위하게 부흥운동이 벌어지고 있었다는 이해가 가능하다.

그러나 '목록'에서 사용된 용어나 표현에서 고구려 멸망 이후로 파악하기 어려운 점이 있다. 예컨대 신성은 667년 9월 당군에 항복하였기 때문에 그 이후에는 '아직 항복하지 않은 성'으로 불리기에 어색하다(정원주, 2018). 또 당은 668년 12월에 고구려의 항복을 공식화하였기에, 그 이후에 작성된 문서라면 미항(未降)·타득(打得)보다 반(反)·토(討) 등의 표현이 적절하다(임기환, 2024). 그리고 당의 대응이라는 측면에서도 비판이 있다. '아직 항복하지 않은 성'에는 요동 일대 주요 거점이 망라되어 있는데, 669년 전반 요동 지역에서 당의 군사행동이 사료에서 확인되지 않는다. 이는 검모잠(劍牟岑)이 안승(安勝)을 왕으로 세우자 당 조정이 곧바로 고간, 이근행을 행군총관으로 삼아 군대를 파견하여 대응한 바와 비교가 된다(임기환, 2022a).

따라서 '목록'이 고구려 멸망 이후의 사정을 반영한다고 이해하기에는 신중한 접근이 필요하다. '목록'의 작성 시기에 대해서는 앞으로 면밀한 검토와 논의가 진행될 필요가 있다. 이를 위해서는 고구려 부흥운동의 시각에서 접근할 뿐만 아니라 고구려 지방제도(정호섭, 2019), 666~668년 고구려-당 전쟁의 전황(임기환, 2022b) 등 다각도로 '목록'의 내용, 작성 주체와 목적 등을 분석하여야 작성 시기도 밝혀낼 수 있을 것이다.

부흥운동을 이끈 사람들은 누구였을까. 이 문제는 그들이 왜 부흥운동을 일으켰는지와도 밀접히 연계되어 있다. 부흥운동의 주도층으로 재지 유력자를 꼽을 수 있다. 이들은 고구려 사회에서 세력기반을 지니고 있었다. 일부는 고구려가 멸망할 때 당에 협력하거나 투항하여 기존에 누려왔던 정치·사회적 지배력이 보장되기를 기대하였을 것이다. 당은 재지 유력자 중 공을 세운 자들을 도독, 자사, 현령에 임명하며 기득권을 인정해 주는 모양새를 취하였다. 그러나 앞서 서술하였듯이 당의 고구려 고지 지배정책은 당의 지배질서가 직접적으로 발휘되는 구조였다. 이에 유공자(有功者)로서 당의 기미지배에 참여하여 기미부주 장관에 임명된 현지 유력자들은 자신의 세력기반을 유지하고자 반당 투쟁을 일으켰을 것이다(김종복, 2003; 이정빈, 2009; 여호규·拜根興, 2017; 정원주, 2018).

고구려 지방관과 기미부주 장관의 권한 차이에 주목한 연구도 있다. 기미부주 장관에 임명된 유공자들은 고구려에서 지방관이었을 가능성이 높은데, 고구려 지방관이 군정과 민정을 총괄하는 권한을 지녔던 것에 비하여, 당의 기미지배에서 지방관의 권한이 제한적이었기 때문에 이들이 저항에 나섰다고 이해하는 것이다(장병진, 2016).

한편 당의 지배정책이 본격적으로 실행되기 전부터 부흥운동이 일어났다고 이해하는 연구에서는 고구려 지방관을 부흥운동의 주도세력으로 상정한다. 고구려에서 지방통치체제와 군사제도는 밀접히 연계되어 있었으며, 고구려 후기 지방관은 민정과 군정에 관한 권한을 아우르면서 관할지역을 책임졌다는(金賢淑, 1997; 이문기, 2007) 점에서 착안한 것이다. 국왕이 부재(不在)하고 지배층 상당수가 당으로 끌려갔음에도 각 지역에서 부흥운동이 전개된 원동력을 고구려 후기의 지배체제에서 찾는 입장이다(김강훈, 2022). 다만 이들이 부흥운동을 일으킨 배경에 대해서는 설명하지 못하는 한계가 있다.

이상의 견해에 따라 검모잠, 안승, 고연무(高延武), 고정문이 유공자 내지 지방관이었다고 추정하지만, 사료를 통해 명확히 드러나는 바는 없다. 다만 방증 사례는 있다. 고구려의 최고위 지방관이었다가 당에 투항하였던 이타인(李他仁)의 묘지명에 따르면, 그는 당에 항복하여 관직을 수여받은 후 부여 지역에서 발생한 고구려 유민의 저항을 진압하기 위해 파견되었다. 묘지명에는 당시 부여 지역의 상황을 강유(姜維)가 촉의 부흥을 시도한 바에 비유하고 있다. 강유는 중국 삼국시대 인물로, 위가 촉을 멸망시킬 때 투항하였다가 촉의 재건을 시도하였던 인물이다. 그렇다면 이타인묘지명의 찬자는 부여 지역 부흥운동의 지도자를 강유와 유사한 행적을 지닌 인물로 인식하였다는 의미가 된다. 즉 당의 기미지배에 협력했던 유력자가 부여 지역에서 부흥운동을 일으켰다고 해석할 수 있다(余昊奎·李明, 2017).

2. 서북한 지역의 부흥운동

서북한 지역에서 부흥운동과 관련하여 사료에 등장하는 인물은 안승, 검모잠, 고연무이다.

먼저 안승은 가장 이른 시기에 당의 지배로부터 이탈한 인물로 기록되어 있는데, 669년 2월 4,000여 호를 이끌고 신라로 투항하였다고 한다. 안승의 출자부터 살펴보면, 고구려 마지막 왕인 보장왕의 외손, 보장왕의 서자, 연개소문의 동생인 연정토의 아들 등 기록마다 다르다. 연정토의 아들이자 동시에 보장왕의 외손(李丙燾, 1964; 村上四男, 1966; 金壽泰, 1994; 盧泰敦, 1997; 임기환, 2003; 井上直樹, 2016; 정원주, 2018; 김수진, 2020)으로 이해하는 입장이 다수이지만, 보장왕의 서자로 보는 것이 타당하다는 견해도 있다(池內宏, 1930; 李丙燾, 1977; 李基白·李基

東, 1982; 손영종, 1997; 최호원, 2020; 김강훈, 2022). 무엇이든 안승이 고구려 최고위 지배층에 속한 인물이었음은 분명하다.

안승이 신라로 투항한 시기는 당이 고구려 고지 지배정책을 본격적으로 시행하기 시작한 때이다. 따라서 안승의 신라 투항은 당에 대한 저항의 의미로 이해된다. 다만 타국으로 집단 이주하는 형태는 소극적인 저항이라 할 수 있다. 그런데 669년 2월에 안승이 신라로 투항한 것이 실재한 사건인지 의문이 제기되었다. 뒤에서 살펴보겠지만, 검모잠은 신라로 남하하던 중 서해 사야도(史也島)에서 안승을 만났다. 그런데 서해안에는 4,000여 호가 머물 수 있는 섬을 찾기 어렵다. 그리고 신라 문무왕이 안승을 책봉하며 내린 책문에는 "공이 … 홀몸으로 이웃 나라에 의탁하였다"라는 구절이 있다. 이를 고려한다면 안승은 홀로 신라에 투항하였다고 이해할 수 있다(임기환, 2003; 임기환, 2024). 또는 안승이 4,000여 호를 이끌고 신라에 투항을 타진하였지만 신라는 당과의 갈등을 회피하고자 하였고, 결국 안승은 신라로 투항하지 못하고 사야도로 피신하였다고 보기도 한다(김강훈, 2022).

고연무는 태대형(太大兄)이라는 고위 관등을 소지한 인물이었다. 그는 670년 3월 신라의 설오유(薛烏儒)와 함께 각각 정병(精兵) 1만 명을 거느리고 압록강을 건너 옥골(屋骨)에 이르렀다. 그리고 먼저 개돈양(皆敦壤)에서 기다리고 있던 말갈병과 4월 4일 싸워서 크게 이겼다. 그런데 당 군사가 계속 이르자 고연무와 설오유는 군사를 이끌고 백성(白城)으로 물러났다고 한다. 옥골은 중국 요령성 봉성시 동남에 위치한 봉황산성(鳳凰山城)으로 비정되는 오골성(烏骨城)을 가리킨다(盧泰敦, 1997). 따라서 고구려의 고연무와 신라의 설오유가 연합하여 압록강을 건너 말갈과 충돌한 사건을 오골성전투라고 부를 수 있다.

신라군과 합동작전을 펼쳤던 고연무에 대해 신라에 귀순하였거나 복속되어 있던 고구려 장수라고 보기도 한다(池內宏, 1930; 村上四男, 1966; 金壽泰, 1994; 최호원, 2020). 이러한 입장에서 신라가 귀순한 고구려 유민세력을 활용하여 고구려 부흥세력과 연결된 말갈과 전투를 벌인 사건으로 오골성전투를 이해하기도 한다(金壽泰, 1994; 최호원 2020). 그렇다면 고연무는 고구려 부흥운동을 주도한 인물이 아니라 오히려 그 반대편에 섰던 인물이 된다.

반면에 고구려부흥군을 이끌던 인물로 파악하기도 한다(전준현, 1982). 고연무와 설오유가 각각 1만 명의 군사를 이끌었기에 고연무는 독자적으로 군대를 지휘하였다는 점, 그의 지위를 '고구려 태대형'으로 밝히고 있다는 점, 고연무가 이끈 정병은 특별히 선발된 날랜 군사를 의미하므로 고연무가 고구려 멸망 이전부터 지휘하였던 부대를 가리킬 가능성이 있다는 점을 고려한다면, 고연무는 고구려 부흥운동을 이끈 지도자로 이해하는 것이 설득력이 있다(이정빈, 2009).

그렇다면 오골성전투는 고구려 부흥세력과 신라가 연합하여 압록강 이북 지역에서 군사활동을 펼친 것이 된다. 오골성전투를 준비하는 과정과 이동거리 등을 고려할 때, 서북한 지역의 고구려 유민과 신라의 군사협력은 늦어도 669년 하반기부터 이루어졌을 것이다(盧泰敦, 1997; 이상훈, 2010). 오골성전투는 고구려 유민과 신라의 적대관계가 우호관계 내지 공생관계로 바뀌었음을 보여준다.

서북한 지역에서 부흥운동을 이끈 대표적인 인물은 검모잠이었다. 그의 행적과 당의 대응은 한·중 사서에 상대적으로 상세히 기록되어 있다. 『삼국사기』에 따르면, 고구려 수림성(水臨城) 사람으로 대형(大兄) 관등을 지니고 있던 검모잠은 잔민(殘民)을 모아 궁모성(窮牟城)으로부터 패강(浿江) 남쪽에 이르러 당 관리와 당 승려 법안(法安)을 죽이고 신라로 향하였다. 그런데 도중에 사야도에서 안승을 만나 한성(漢城)으로 맞아들여 임금으로 삼았다. 그리고 이를 신라에 알리고 도움을 요청하니 신라는 안승을 고구려왕으로 책봉하였다.

검모잠은 수림성 출신인데, 수림성의 위치는 비정하기 쉽지 않다. 하지만 그가 도성 출신이 아닌 것은 분명해 보인다. 그리고 그가 소지한 대형 관등은 7세기 고구려 관등제에서 7위에 해당한다. 따라서 검모잠은 지방 출신의 중급 귀족으로 볼 수 있다(조인성, 2007; 방용철, 2021).

검모잠이 부흥운동을 일으킨 시기와 배경 그리고 부흥운동의 존속 시기에 대한 견해는 엇갈린다. 먼저 거병시기부터 살펴보자. 중국 측 기록에는 670년 4월 검모잠이 반란을 일으켜 안승을 세워 임금으로 삼으니 당은 고간을 동주도행군총관(東州道行軍總管), 이근행을 연산도행군총관(燕山道行軍總管)으로 임명하여 검모잠을 토벌하게 하였다고 기술하고 있다. 여기서 670년 4월은 당 고종이 고간과 이근행의 파견을 명령한 시기로 보아야 하므로, 검모잠은 이보다 이른 시기에 거병하였을 것이다(전준현, 1982; 盧泰敦, 1997). 따라서 670년 초에 거병하였을 수 있다(池內宏, 1930; 金壽泰, 1994; 방용철, 2018). 또는 669년 5월 대규모 강제 이주의 배경이 된 이반자 중 하나에 검모잠을 포함시켜, 669년 4월 이전에 거병하였다고 보기도 한다(李丙燾, 1964; 전준현, 1982; 손영종, 1997). 대규모 사민이 고구려 유민의 반발을 초래하였고 그 속에서 검모잠이 거병하였다고 보면서, 거병시기를 669년 5월~670년 3월(이정빈, 2009), 669년 5월경(김강훈, 2016) 등으로 파악하는 견해도 있다.

거병 목적에 대해서는 『삼국사기』 고구려본기의 기록이 유의된다.

검모잠은 국가를 부흥시키고자 당에 반하여 안승을 왕으로 세웠다고 한다. 그는 신라에 도움을 요청하며 "우리나라의 선왕(先王)이 도를 잃어 멸망하였다"고 하였다. 즉 고구려가 이미 멸망하였다고 인식하였음을 알 수 있다. 따라서 검모잠은 당에 의해 멸망한 고구려를 다시 일으키고자 하였고, 이를 위해 당의 지배체제에 맞서며 안승을 고구려의 왕으로 옹립하였던 것이다.

검모잠이 부흥운동을 일으킬 수 있었던 배경은 무엇일까. 국제정세와 연관하여 살핀 연구가 있다. 당이 한반도보다 서역을 중시하는 정책으로 전환하면서 대규모 병력이 토번 전선에 투입되었는데, 그 일환으로 670년 4월 안동도호 설인귀가 토번 전선의 당군 사령관으로 파견되면서 안동도호부 병력이 설인귀와 함께 토번 전선으로 이동하였다는 것이다. 이로써 고구려 고지에서 당의 감시와 압력이 약화되었고, 이를 계기로 검모잠이 거병하였다고 이해한다(서영교, 2006; 菅沼愛語, 2013). 이에 대하여 당의 군사제도에서 설인귀가 토번 전선으로 차출되더라도 안동도호부 병력이 함께 이동하지 않으며(노태돈, 2009), 670년 당은 한반도 전선과 토번 전선을 동시에 유지하며 병력 운영에 차질을 빚지 않았다는(이상훈, 2006) 반론이 있다.

따라서 국제정세에 유의해야 하지만, 검모잠이 부흥운동을 전개한 서북한 지역의 정세 변동에도 주목할 필요가 있다. 앞서 살펴보았듯이 안동도호 설인귀는 평양성을 떠나 신성을 중심으로 활동을 하고 있었다. 평양성에는 유인궤가 남아 주현 재편 등의 업무를 맡고 있었다(김종복, 2003). 그런데 유인궤는 669년 후반 당으로 돌아갔으며 곧 질병으로 관직에서 물러났다. 이로써 평양 일대에서 당의 정치·군사적 지배력이 일시적으로 크게 약화되었다(池內宏, 1930; 梁炳龍, 1997; 임기환, 2003). 이를 틈타 검모잠은 평양 일대에서 당과 충돌하고 한성에서 안승을 왕으로 세울 수 있었던 것이다. 그리고 670년 3·4월 고연무의 고구려부흥군과 설오유가 이끄는 신라군이 서북한 지역을 지나 압록강 이북으로 진군할 수 있었던 것도 이러한 배경에서 가능하였을 것이다.

검모잠은 다른 부흥운동과 달리 안승을 국왕으로 세우면서 고구려의 부흥을 실현하였다. 여기에 참여한 고구려 유민들은 서북한 지역에서 재건한 국가를 '고구려'로 인식하였다. 이들이 일본에 외교사절을 파견하면서 스스로를 '고려(高麗)'라고 한 바에서 확인된다(盧泰敦, 1985). 그런데 연구자들은 668년 9월 멸망한 고구려와 안승을 국왕으로 하는 부흥세력을 구분하기 위하여, '한성의 소고구려국'(村上四男, 1966), '고구려국'(전준현, 1982), '한성의 고구려국'(임기환, 2003; 최재도, 2015; 정원주, 2018; 김수진, 2020), '안승의 고구려국'(이재석, 2010), '부흥고구려국'(김강훈, 2022) 등으로 부르고 있다. 이 글에서는 '한성 고구려국'이라 하겠다.

검모잠이 안승을 맞아들여 왕으로 세운 곳은 한성이었다. 한성은 황해도 신원군에 위치한 장수산성과 그 주변의 도시유적으로 비정된다. 검모잠이 부흥운동의 거점으로 한성을 선택한 배경에는 고구려 후기 한성의 위상이 고려되었다. 한성은 평양성, 국내성과 함께 3경(京) 중 하나이자 별도(別都)였다. 관청 등 국가시설과 5부의 행정구역이 설치되어 있었으며 많은 인구와 넓은 곡창지대를 보유한 지역이었다(김수진, 2020). 그리고 고구려 멸망기에 큰 전투를 치르지 않아 전쟁의 피해가 비교적 적은 편이었다(정원주, 2019). 따라서 부흥운동의 거점으로 충분히 기능할 수 있는 곳이었다. 또한 정치적 측면에서 분석하기도 한다. 이에 따르면 한성은 '한성 고구려국' 성립 이전부터 고연무가 이끄는 유민세력의 거점으로 기능하고 있었다. 검모잠은 황해도 일대에 세력기반을 갖추고 있지 못하였기에 안승을 국왕으로 내세우며 한성 지역의 고연무와 결합을 추진하였다는 것이다(이정빈, 2009).

검모잠은 670년 6월 다식(多式)을 신라에 파견하여 안승을 왕으로 세운 사실을 알리고 구원을 요청하였다. 이때 신라를 대국(大國)이라 칭하며 '한성 고구려국'이 신라의 울타리(藩屛)가 되기를 자청하였다. 검모잠이 안승을 왕으로 세우자 당은 두 개의 행군을 파견하며 적극적으로 대응하였다. 따라서 '한성 고구려국'은 당의 침공에 대비할 필요가 있었고, 이것이 신라에 원조를 요청하는 배경으로 작용하였다. 한편 신라는 670년 7월 웅진도독부가 파견한 사마(司馬) 예군(禰軍)을 감금하고 백제 고지를 공격하여 82성을 공취하였다. 신라는 백제 고지를 둘러싸고 당과 본격적인 대결을 시작하면서, 육로를 통한 당군의 남하를 저지할 수 있는 방안을 모색하였다. 이것이 신라가 안승을 고구려 왕으로 책봉하고 '한성 고구려국'을 지원한 이유였다(권창혁, 2021). 즉 '한성 고구려국'의 등장은 신라와 당의 대립이라는 국제정세의 변동 속에서 가능하였던 것이다(임기환, 2003). '한성 고구려국'과 신라의 결합은 서북한 지역에서 부흥운동이 3년여 동안 이어지는 원동력이 되었으며, 훗날 고구려 유민이 신라로 이주하는 배경이 되었다.

그런데 '한성 고구려국'에서 내분이 발생하여, 안승이 검모잠을 죽이고 신라로 들어가는 사건이 발생하였다. 이 문제는 '한성 고구려국'의 존속기간, 670~673년 서북한 지역 부흥운동의 주도세력, 안승의 위상 등과 관련되는데, 다양한 견해가 제기되었다.

먼저 안승이 검모잠을 죽인 이유와 시기부터 살펴보자. 중국 측 기록에 따르면 670년 4월 당이 행군을 파견하자 안승이 검모잠을 죽이고 신라로 달아났다고 한다. 그리고 『삼국사기』 신라본기에는 670년 6월 신라가 안승 세력을 지금의 익산 지역인 금마저(金馬渚)에 살게 하였다고 한다. 따라서 안승과 검모잠이 대립하게 된 배경을 당군의 공세에 대한 대응전략의 차이에서 찾을 수 있다. 즉 신라로 투항하려는 안승과 부흥운동을 지속하려는 검모잠의 입장 차이를 갈등의 배경으로 지목하는 것이다(李基白·李基東, 1982; 손영종, 1997).

더불어 '한성 고구려국'의 주도권을 둘러싼 갈등도 고려해봄 직하다(金壽泰, 1994; 조인성, 2007; 이정빈, 2009). 구체적으로 검모잠은 군사 지휘권과 외교권을 쥐고 있는 실권자였던 데 비하여 안승은 상징적인 존재에 머물러 있었는데, 안승이 국왕의 권위를 내세우며 주도권 다툼이 일어났다는 것이다(최호원, 2020). 신라에 의해 검모잠과 안승의 갈등이 촉발되었다고 이해하기도 한다. 신라가 '한성 고구려국'에게 금마저로의 이주를 먼저 제안하면서, 한성을 기반으로 부흥운동을 추진하려는 검모잠과 신라의 제안을 받아들여 금마저로 이주하려는 안승 사이에 갈등이 빚어졌을 가능성을 제기한 것이다(정원주, 2019; 김수진, 2020).

만약 670년 6월 안승을 따르는 고구려 유민세력이 금마저로 옮겨갔다면, '한성 고구려국'의 존속기간은 1~2개월가량이 된다. 그런데 서북한 지역의 부흥운동은 673년까지 지속되었다. 671년 9월 고간 등이 이끄는 당군 4만 명이 평양에 도착하여 방어시설을 정비한 후 대방(帶方)을 침입하였다. 대방은 한성이 위치한 황해도 일대를 가리킨다(임기환, 2003). 따라서 671년 당군은 한성을 중심으로 한 고구려 부흥 세력을 공격하였던 것이다. 그리고 672년 7월 고간과 이근행이 이끄는 당군이 평양에 이르러 군영을 짓고 주둔하였으며, 8월에는 평양 인근의 한시성(韓始城)과 마읍성(馬邑城)을 공격하여 차지하였다. 이어서 당군은 백수성(白水城) 인근에 군영을 설치하였다. 백수성은 황해도 재령 일대로 비정되고 있는데, 재령은 '한성 고구려국'의 중심지인 한성이 위치한 지역이었다. 따라서 672년 고구려 부흥세력은 당군과 평양 인근 및 황해도 일대에서 치열한 공방전을 벌였음을 알 수 있다(이상훈, 2012). 안승이 670년에 검모잠을 제거하고 신라로 투항하였다면, 670년 후반~673년 당군에 맞서 싸웠던 고구려 유민세력은 누구일까. 검모잠의 잔여세력(池內宏, 1930; 정원주, 2019; 김수진, 2020) 또는 고연무(이정빈, 2009)로 파악할 수 있다.

그런데 안승의 신라 투항 시점을 670년으로 보기에 어려운 점도 있다. 당은 '한성 고구려국' 성립에 대응하여 670년 4월에 고간과 이근행의 파견을 결정하였다. 그런데 고구려 고지에 파견된 당 행군은 671년까지 요동 지역 고구려 부흥세력에 막혀 한반도로 진입하지 못하였다. 671년 9월 당군이 안시성의 부흥세력을 격파하고 나서야 서북한 지역에 당군이 등장하였다. 그리고 계림도행군총관 설인귀가 671년 7월 신라 문무왕에게 보낸 서한에 따르면, 안승이 황해도 일대에 건재하였을 가능성이 있다. 더불어 672년 고구려 부흥세력과 당군 사이에 벌어진 전투 기록을 참고한다면, 안승의 신라 투항 시점은 672년 말~673년 초로 볼 수 있다. 그렇다면 '한성 고구려국'은 2년 반여에 걸쳐 당의 침입에 맞서 전쟁을 지속적으로 전개하였고, 그 중심에는 안승과 검모잠이 있었던 것이다(임기환, 2003; 임기환, 2024). 673년 윤5월 고구려 유민세력은 호로하 서쪽에서 이근행이 지휘하는 당군과 격전을 치른 끝에 큰 피해를 입고, 살아남은 자들은 신라로 도망치게 되었다. 이로써 서북한 지역의 부흥운동은 종결되는데, 이때 안승이 신라로 들어갔다고 이해하기도 한다(최재도, 2015; 최호원, 2020; 방용철, 2021; 김강훈, 2022).

이러한 견해 차이는 안승의 역할과 위상에 대한 평가로 연결된다. 안승이 검모잠에 의해 왕으로 추대된 지 얼마되지 않아 신라로 귀부하였다고 본다면, 그는 고구려 부흥에 대한 자발적 의지가 없었던 인물일 수 있다(김수진, 2020). 반면에 안승의 신라 투항 시기를 673년경으로 본다면, 그는 '한성 고구려국'의 국왕으로서 최후의 항전까지 지휘한 인물로 이해할 수 있다(최재도, 2015).

'한성 고구려국'은 특정 지역을 기반으로 무장봉기하는 데서 벗어나 고구려를 재건하는 데까지 이르렀다는 점에서 다른 부흥운동과 차별성을 지닌다. 반면 한계점도 지적되고 있다. 다른 부흥세력 내지 유민집단과 결집하거나 연대하는 모습이 드러나지 않으며, 신라에 의지하여 반당 항쟁을 전개하였다는 점이다. 이에 고구려 유민의 동참을 이끌어 내기 어려웠고 결국은 고구려의 부흥이 아닌 신라로 편입되는 과정으로 인식되었을 가능성이 컸다는 것이다(방용철, 2018).

3. 요동·부여·책성 지역의 부흥운동

요동 지역에서 부흥운동의 거점으로 대표적인 곳은 안시성이었다. 안시성은 요하 방면 군사요충지 중 하나였으며 645년 고구려-당 전쟁에서 치열한 전투 끝에 당군의 공격을 막아내고 결국 당군의 퇴각을 이끌어 낸 곳이었다. 따라서 고구려인에게 안시성은 당에 대한 저항과 승리의 상징과도 같은 곳이었을 것이다. 이는 고구려 멸망 이후 안시성이 부흥운동의 거점으로 자리매김하는 데 영향을 미쳤다.

안시성에서 언제 부흥운동이 발생하였는지, 그리고 얼마나 지속되었는지 불분명하다. 670년 1월 요동 지역 주현 개편에 따른 반발로 안시성에서 저항이 시작되었다고 보는 견해가 있다(정원주, 2024). 당은 검모잠 세력을 진압하기 위해 670년 4월 고간과 이근행을 파견하였지만, 당군은 곧바로 서북한 일대로 진입하지 못하고 먼저 요동 일대에서 고구려 유민들의 부흥운동을 진압해야 하였다. 고간이 지휘하는 당군이 안시성의 고구려 유민을 격파한 시기가 671년 7월이다. 따라서 안시성을 중심으로 한 요동 일대의 부흥운동은 적어도 1년여 동안 지속되었다고 할 수 있다.

669년 실시된 강제 이주로 요동 지역 고구려 유민의 경제력과 군사력은 상당히 약화될 수밖에 없었다. 그렇지만 안시성에는 '반란병'이라 일컬어질 정도의 고구려부흥군이 존재하였다. 이들은 안시성의 지방군을 기반으로 하였을 것이다(오진석, 2021). 그리고 안시성의 부흥군을 지휘하였던 인물은 안시성의 지방관을 역임하였던 인물이거나 재지유력자일 가능성이 높다. 또한 안시성에는 중외(中外)의 재이(災異)를 말하는 승려가 있었다. 아마도 이 승려는 자연재해와 이변 현상을 해석하고 전파하면서 고구려 부흥의 성공 가능성과 당의 재앙을 선전하였을 것이다(방용철, 2013). 따라서 안시성은 요동 일대 부흥운동의 군사적 거점이었을 뿐만 아니라 고구려 유민사회를 심리적·정신적으로 뒷받침하는 공간이었다(김강훈 2022).

고간은 안시성 공략에 앞서 안동도호부의 치소를 평양성에서 요동주(遼東州)로 옮겼다. 고구려 유민의 저항으로 평양성이 안동도호부 치소로 기능하기 어려웠기 때문이다. 또한 안동도호부가 고구려 유민의 반당 항쟁에 대응하는 군사거점 역할을 수행하였기 때문이기도 하였다. 고간과 이근행이 이끄는 당군은 요동성을 거점으로 요동 지역의 부흥운동을 차례로 진압하였다. 671년 요동 지역의 부흥운동과 관련하여, 당이 설인귀를 계림도총관에 임명한 기록을 살펴볼 필요가 있다. 설인귀는 안동도호로 활동하다가 670년 4월 토번 전선의 책임자로 투입되는데, 그해 8월 토번에게 크게 패배하며 제명(除名)되었다. 그런데 고구려 유민들이 잇달아 다시 저항하자, 당은 설인귀를 계림도총관에 임명하여 경략하게 하였다. 설인귀가 671년 7월 26일 계림도총관의 자격으로 신라 문무왕에게 외교문서를 보냈기 때문에, 계림도총관 임명시기의 하한은 671년 7월이다(여호규·拜根興, 2017). 설인귀가 파견된 지역은 대체로 백제 고지로 이해하고 있지만, 파견 이유를 고구려 유민의 저항으로 밝히고 있기에 671년 전반 고구려 고지의 정세와 관련하여 해석할 필요도 있다.

이와 관련하여 당 관인이었던 곽행절(郭行節)의 묘지명을 주목하기도 한다. 그는 계림도총관 설인귀 휘하에서 수송업무를 담당하는 부대를 지휘하였는데, 671년 풍랑을 만나 배가 침몰하면서 물에 빠져 죽었다. 그런데 묘지명에는 그가 익사한 장소를 요천(遼川)으로 밝히고 있다. 여기서 요천을 요하(遼河)로 비정하면서 곽행절은 요하를 통행하며 군수물자를 수송하던 중 익사하였다고 보고, 이를 통해 계림도행군은 고간, 이근행의 행군과 함께 안시성을 공격하였다고 이해하는 것이다(植田喜兵成智, 2014). 이러한 해석이 타당하다면, 671년 전반 당은 요동 지역의 부흥운동을 진압하기 위해 세 개의 행군을 운용한 셈이 되며, 이는 요동 지역에서 고구려 유민의 저항이 거세게 일어났다는 반증이 된다. 그러나 요천은 요하 동쪽 지역을 두루 일컫는 표현으로 주로 사용되었기 때문에(권덕영, 2017), 묘지명의 요천을 근거로 계림도행군이 요동 지역에서 군사활동을 전개하였다고 보기에는 추가적인 논거가 필요하다.

한편 검모잠이 처음 부흥운동을 일으킨 지역을 막연히 평양 일대로 파악하는 연구동향을 비판하며, 검모잠이 요동 지역에서 거병하였다고 이해하는 연구가 있다(이상훈, 2014). 검모잠의 거병지역을 요동 지역으로 본다면 『신당서』 고려전에서 검모잠이 당의 변경을 침입하였다는 기록이 자연스레 이해된다는 것이다. 더불어 당의 행군명(行軍名)을 또 다른 근거로 삼는다. 행군명은 일반적으로 원정 목적지를 가리키는데, 동주도행군(東州道行軍)의 동주는 요동주(遼東州)의 준말로, 연산도행군(燕山道行軍)의 연산은 지금의 북경 일대로 이해된다. 따라서 검모잠의 거병에 대응하여 당이 요동과 요서 지역으로 행군을 파견하였다는 점에서, 검모잠의 거병지는 요동 지역으로 볼 수 있다는 것이다. 이러한 이해를 바탕으로 검모잠과 요서 지역으로 강제 이주된 고구려 유민 간에 연계가 이루어졌다고 추정하기도 한다(김강훈, 2016). 다만 음운의 유사함이나 방증자료를 통한 추정에 근거하고 있기 때문에 논의의 진전을 위해서는 새로운 자료가 축적될 필요가 있다.

송화강(松花江) 유역의 부여 지역에서 부흥운동이 발생하였던 정황은 이타인묘지명에서 확인된다. 이타인은 요동(遼東) 책주인(柵州人)으로 책주도독(柵州都督) 겸 총병마(總兵馬)를 맡아 고구려의 12주를 주관하고 말갈 37부를 통솔한 인물이었다. 책주는 고구려 동북방의 거점인 책성으로 지금의 두만강 유역 혼춘(琿春) 일대로 비정되며, 그가 역임한 도독은 고구려 최고위 지방관인 욕살(褥薩)에 해당한다. 따라서 이타인은 두만강 일대인 책성 출신으로 책성 지역을 통솔하는 최상위 지방관을 역임한 인물인 것이다(안정준, 2013; 余昊奎·李明, 2017).

그런데 그는 당에 투항하여 고구려 멸망에 기여한 대가로 종3품의 우융위장군(右戎衛將軍)에 제수되었다. 이타인묘지명에는 장군직 제수에 곧이어 "강유(姜維)가 화를 일으켜 다시 성도(成都)를 어지럽혔듯이, 수혈(穟穴)에 요사한 기운이 뻗쳐 갑자기 예(穢)의 땅을 뒤집었다. 공이 다시 조서를 받들어 부여로 나아가 토벌하고 우두머리를 거듭 베었다"라고 기술되어 있다. 수혈은 『삼국지』 고구려전에서 신성한 제의공간인 국동대혈(國東大穴)을 지칭하는데, 여기서는 고구려를 의미한다. 즉 앞서 언급하였듯이 중국의 강유가 촉의 재건을 시도한 바와 같이 고구려 고지에서도 비슷한 움직임이 일어났다는 사실을 표현하고 있는 것이다(孫鐵山, 1998). 특히 그가 출정한 지역이 부여이므로 고구려 부흥운동이 부여 지역에서 전개되고 있었음을 알 수 있다.

이타인은 675년에 사망하므로 부여 지역에서 부흥운동이 일어난 시기는 그 이전이 된다. 검모잠 세력을 진압하기 위해 파견된 당 행군에서 이타인이 활동하였다고 이해하면서, 부여 지역에서 부흥운동이 전개된 시기를 670년으로 보기도 한다(孫鐵山, 1998; 김종복, 2005; 拜根興, 2010; 안정준, 2013; 이민수, 2018). 하지만 이보다 앞선 시기에 부여 지역에서 부흥운동이 발생하였다고 이해하기도 한다. 앞에서 살펴본 '목록'이 고구려 멸망 이후에 작성된 자료에 근거한다고 보는 입장에서는, '목록'의 '아직 항복하지 않은 성' 중 하나인 북부여성주를 근거로 고구려 멸망 직후부터 부여 지역이 당의 지배에서 이탈하였다고 파악하는 것이다(김강훈, 2018).

또한 669년 8월 1일 당 고종이 양주(涼州)로 순행한다는 조서를 내리자, 관료들이 순행을 만류하면서 내건 명분에 주목하기도 한다. 내공민(來公敏)은 "고구려를 비록 평정하였지만 부여에서 아직 저항이 거세다"는 이유를 앞세우며 순행을 반대하였고, 결국 고종은 이를 수용하였다. 따라서 669년 후반 부여 일대에서 고구려 유민들이 당의 지배에 저항하고 있었음을 확인할 수 있다(김강훈, 2017a).

부여 지역의 부흥운동이 당 조정의 현안 논의 과정에서 언급되고 최종적으로 황제가 순행을 포기하는 요인이 되었다는 점에서 그 규모가 작지 않았음을 알 수 있다. 그리고 속말말갈이 부여 지역 부흥운동에 참여하였을 가능성도 있다(孫鐵山, 1998; 김종복, 2005). 송화강 유역은 속말말갈의 거주지였으며 보장왕의 부흥운동과 벌노성(伐奴城)전투 등 고구려 멸망 이후에 고구려 유민이 말갈과 연계한 사례가 있기 때문이다.

부여 지역은 고구려-수·당 전쟁에서 요동 지역의 배후기지 역할을 수행하였고 지리적으로 말갈, 거란, 돌궐과 연결되는 곳이었다. 따라서 부여 지역의 부흥운동은 다른 고구려 고지뿐만 아니라 북방세력에도 파급력을 지닐 수 있었다. 따라서 당은 이타인을 파견하여 부여 지역 부흥운동에 대한 진압에 나섰던 것이다.

부여 지역의 부흥운동이 이후 어떻게 진행되었고 언제까지 지속되었는지는 파악하기 쉽지 않다. 다만 이타인묘지명에 따르면, 이타인은 부여에서 개선하고 돌아와 종묘에 승리를 고하였고 동정원(同正員) 우령군장군(右領軍將軍)으로 승격되었기에 부여 지역의 부흥운동이 이타인의 군사활동에 의해 종식되었다고 이해할 수 있다(이민수, 2018). 하지만 출정을 전후하여 이타인의 관직은 명칭만 달라졌을 뿐 동일하며(拜根興, 2010; 안정준, 2013), 묘지명에 고구려 멸망 시 이타인의 활약상은 구체적으로 기록된 데 비하여 부여 지역에서의 공로는 간략하기에, 부여 지역의 부흥군이 완전히 소멸하였다고 보기는 어렵다는 견해도 있다(김강훈, 2022). 이후 부여 지역에서 고구려 유민의 활동을 보여주는 기록을 찾을 수 없기 때문에 판단 내리기는 쉽지 않다.

두만강 유역은 고구려의 주요 지역 중 하나였으며, 그 중심인 책성에는 최고위 지방관인 욕살이 파견되었다. 요동 지역과 서북한 지역은 70여 년간의 고구려-수·당 전쟁으로 피폐해졌고 멸망 후에는 대규모 사민으로 인구가 크게 감소하였다. 그에 반해 두만강 유역은 직접적인 전쟁의 피해를 겪지 않았기에 다른 지역에 비하여 사회경제적 여건이 양호한 편이었다(盧泰敦, 1981b).

고구려 최말기 두만강 유역을 총괄하였던 인물은 책성욕살 이타인이었다. 그가 당군에 항복하고 고구려가 멸망하면서, 책성 일대는 당의 체제에 편입되었다. 고구려 멸망 후 두만강 유역의 동향은 당 고종과 무측천(武則天) 시기 무장으로 활동한 양현기의 묘지명을 통해 살펴볼 수 있다. 앞서 살펴보았듯이 양현기묘지명에는 양현기가 668년 검교 동책주도독부 장사에 임명되었다고 기록되어 있다. 여기서 동책주도독부를 고구려 책성 일대에 둔 당의 기미부로 비정하는 데 신중하자는 입장도 있고(방용철, 2018), 동책주도독부는 도상 계획에 불과할 뿐이었으며 당이 두만강 유역을 직접 지배하지 못하였다고 이해하는 견해도 있다(이민수, 2018).

하지만 양현기가 반수령(反首領) 고정문 등을 주살하고 정양군공(定陽郡公), 식읍 2,000호에 봉해졌다고 한 것에서 당이 책성 지역을 동책주도독부로 재편하여 기미지배를 시행하였고 실질적인 지배력을 행사하였음을 유추할 수 있다(呂九卿, 2008; 余昊奎·李明, 2017). 당시 유공자를 기미부주 장관에 임용하는 원칙에 따라 동책주도독은 이타인으로 추정할 수 있는데, 그는 당에 입조하여 현지에 부재하였다. 따라서 도독 이타인을 대리하여 도독부의 부관(副官)인 장사 양현기가 실질적으로 동책주도독부의 통치를 맡고 있었다(김강훈, 2017b). 당이 기미지배를 시행하면서 표면적으로는 고구려 유민의 자치를 허용하고 고구려 유민과 당 관리가 함께 통치한다고 표방하였지만, 실제로는 당 관리들이 두만강 유역에 대한 통치를 주도하고 있었던 것이다. 이에 따라 책성 지역에서 고구려 유민의 저항이 발생하였다.

양현기묘지명에는 양현기가 "반수령 고정문 등을 주살하였다"고 한다. '반수령'이라는 표현은 고정문이 책성 지역의 유력자 출신으로 부흥운동을 전개하였음을 시사한다(여호규·拜根興, 2017). 당대 율령에서 '반(反)'은 천자에게 위해를 가하려는 행위, 조정을 향해 정면으로 공격하는 행위를 가리키는 용어였다. 따라서 고정문이 군사력을 동원하여 안동도호부체제에 저항하는 군사활동을 펼쳤음을 알 수 있다. 그리고 당대에 수령은 이민족집단의 장이나 재지 세력가를 지칭하는 용어로, 고정문은 일정한 정치·사회적 영향력을 지녔던 재지 유력자이거나 지방관이었다고 할 수 있다(김강훈, 2017b).

양현기가 동책주도독부 장사로서 고정문 등이 이끈 부흥세력을 진압하는 데 결정적인 역할을 하였으므로, 고정문이 거병한 지역은 책성 일대, 즉 두만강 유역으로 이해하는 것이 일반적이다. 그런데 이타인이 부여 지역의 부흥운동을 진압할 때 양현기가 이타인을 보좌하고 감시하는 역할을 맡았다고 이해하면서, 고정문이 부여 지역에서 부흥운동을 전개하였다는 견해가 제기되었다(이민수, 2018). 하지만 이타인묘지명과 양현기묘지명에서 고구려 부흥세력을 진압한 사실을 기술한 부분에 차이가 있으며, 부흥운동을 진압한 후 전과에 따라 내려진 포상에도 다른 점이 엿보인다(김강훈, 2022). 따라서 고정문이 이끈 부흥운동에 관한 새로운 자료가 출현하기 전까지는 거병지역을 책성 일대로 이해하는 것이 합리적이다.

양현기묘지명에는 고정문이 부흥운동을 일으킨 시기, 부흥운동의 전개 과정, 활동범위, 존속시기, 당군과의 전투양상 등 구체적인 실체를 밝힐 수 있는 기록이 존재하지 않는다. 다만 양현기가 "반수령 고정문 등을 주살하였다"라고 하여, 고정문이 주도한 책성 일대의 부흥운동이 당군에 의해 좌절되었다는 결과만 확인할 수 있다. 양현기는 공을 인정받아 정양군공에 봉해졌다. 당대 9등급 봉작 중에 군공(郡公)은 네 번째에 해당한다. 설인귀는 고구려 멸망과 관련하여 무공을 세우고 평양군공(平陽郡公)에 봉해졌다. 양현기가 검교 동책주도독부 장사에 재임하고 있을 때 설인귀는 고구려 고지 운영의 최고책임자였다. 이를 고려한다면 당은 양현기의 공적이 설인귀에 버금간다고 인식하였을 가능성이 있다(김강훈, 2017b). 여기서 고정문이 주도한 부흥운동이 책성 일대 유민사회에 미친 영향이 적지 않았음을 알 수 있다.

4. 당의 지배정책 변화와 보장왕의 부흥운동

고구려 유민의 저항은 서북한 지역, 요동 지역, 송화강 유역 일대, 두만강 유역 일대 등 고구려 고지 거의 대부분에서 일어났다. 특히 서북한 지역의 부흥운동은 일시적이나마 고구려의 부흥을 달성하였으며 673년까지 전개되었다. 서북한 지역의 부흥세력이 당군에 패하며 신라로 귀부하자, 당과 신라는 임진강~한강 유역에서 본격적으로 대결하였다. 신라군은 675년 9월 매소성에서 이근행이 이끄는 당군을 격파하였고 676년 11월 금강 하구의 기벌포에서 설인귀가 지휘하는 당군에게 승리하였다. 이로써 나당전쟁은 종결되었다. 당군이 한반도에서 물러나면서 당의 고구려 고지에 대한 지배권은 요동 지역으로 한정되었고 당은 고구려 고지에 대한 지배정책을 수정할 수밖에 없었다(盧泰敦, 1981a).

당은 먼저 안동도호부에 파견하였던 관인을 모두 철수시키고, 676년 2월 안동도호부의 치소를 평양에서 요동성으로 옮겼다. 당이 안동도호부를 요동 지역으로 옮긴 이유에 대해서는 한반도를 방기하는 정책으로 전환하였기 때문으로 이해하거나(津田左右吉, 1915; 池內宏, 1930) 한반도 재침을 준비하기 위한 전략적 후퇴로 보는 입장이 있다(古畑徹, 1983; 김종복, 2003). 또는 토번이 변경을 위협하자 당군이 한반도에서 토번 전선으로 이동하면서 안동도호부가 함께 옮겨갔다고 보기도 한다(陳寅恪, 1982; 黃約瑟, 1997; 拜根興, 2002). 당의 동방정책, 나당전쟁, 당-토번 관계 등에 주목해야겠지만, 고구려 유민의 동향을 함께 살펴볼 필요가 있다.

안동도호부의 이동에 앞서 당 관리가 철수하였다. 여기서 당 관리는 기미지배에 참여하였던 관리들로, 이들의 퇴각은 고구려 고지에 대한 통제와 감독을 완화하겠다는 의도로 시행된 것이었다(盧泰敦, 1981a; 김종복, 2003). 이는 고구려 유민의 동요를 무마하고 회유하기 위한 방안이었다. 따라서 당 관리 철수와 연동하여 시행된 안동도호부의 이전도 고구려 유민의 움직임과 관련하여 해석할 필요가 있다.

이와 관련하여 『자치통감고이(資治通鑑考異)』에 인용된 『실록(實錄)』의 "의봉 원년(676) 2월 갑술, 고구려의 남은 무리가 반란을 일으키자 안동도호부를 요동성으로 옮겼다"라는 기록에 주목할 필요가 있다. 즉 고구려 유민의 항쟁으로 안동도호부가 요동 지역으로 퇴출되었다거나(梁炳龍, 1997), 요동 지역에서 발생한 반당 항쟁을 진압하고 유민사회를 진정시키기 위해 안동도호부를 요동성으로 옮겼을 가능성을 고려할 필요가 있다(金康勳, 2013).

677년 2월 당은 보장왕을 요동주도독(遼東州都督) 조선군왕(朝鮮郡王)에 임명하여 요동으로 파견하고 당 내지로 강제 이주되었던 고구려 유민을 함께 귀환시켰다. 그리고 안동도호부의 치소를 다시 신성으로 옮겼다. 보장왕과 고구려 유민의 귀환은 토착민의 자치라는 전형적인 기미지배로 전환되었음을 보여준다. 그런데 같은 해 연남생은 당 황제의 칙명을 받아 요동으로 파견되어 주현을 개편하고 구휼 실시, 조세 경감, 농경지 획정 등을 추진하며 안동도호부의 통치를 담당하였다. 그는 고구려 유민이 아니라 당 관인의 자격으로 파견된 것이었으며 요동으로 귀환한 보장왕과 고구려 유민을 견제하는 역할을 맡았던 것이다. 결국 676~677년의 조치는 표면적으로 고구려 유민의 자치를 허용해 주는 것처럼 보였으나, 실제로는 보장왕으로 대표되는 고구려 유민세력의 자치와 연남생을 정점으로 하는 당의 감독과 통제가 양립하는 구조였으며, 당은 이들의 상호 견제를 통해 고구려 고지에 대한 통제력을 강화하고자 하였다(盧泰敦, 1981a; 김종복, 2003; 여호규·拜根興, 2017).

그러나 당의 기대와 달리 고구려 유민의 저항은 지속되었다. 보장왕이 말갈과 통모하여 고구려 부흥을 도모하다가 발각되는 사건이 발생한 것이다. 679년 1월 29일 연남생이 사망하면서 보장왕과 고구려 유민사회에 대한 감시와 통제가 약화되기 시작하였다. 그리고 679년 10월 돌궐이 당에 항거하기 시작하는 등 북방 정세가 변동하였다. 보장왕은 679년에 일어난 대내외적 변화를 기회로 삼아 고구려의 부흥을 시도하였던 것이다(김종복, 2004; 권은주, 2010).

보장왕이 부흥운동을 도모하면서 말갈과 연대를 시도한 점이 주목된다. 말갈의 정체에 대해서는 『구당서』, 『신당서』 안동도호부조에 기재되어 있는 기미부주의 차이에 주목하여 철리(鐵利), 불열(拂涅) 등의 말갈 세력으로 추정하거나(金康勳, 2013), 고구려 멸망 전후 영주 지역으로 옮겨진 친고구려적 성격의 말갈 세력으로 파악하는 연구(임금표, 2022)가 있지만, 대체로 속말말갈(盧泰敦, 1981a; 김종복, 2004)로 이해하고 있다. 보장왕의 요동 귀환과 함께 새롭게 안동도호부 치소가 된 신성이 요동 지역의 고구려 유민과 송화강 유역의 속말말갈의 교섭을 차단할 수 있는 위치에 있기 때문이다(盧泰敦, 1981a).

보장왕의 부흥운동은 거병 단계에 이르지 못하고 당에 발각되었다. 당은 681년 보장왕을 지금의 중국 사천(四川) 지역에 있는 공주(邛州)로 유배 보내고 관련자들을 다시 당 내지로 강제 이주하였다. 그 결과 고구려 고지에는 빈약자만 남게 되었다. 강제 이주는 당의 지배에 비협조적인 유력자들을 제거하여 고구려 유민의 저항을 방지하려는 목적에서 실행된 것이었고, 결국 고구려 고지에 대한 당의 지배정책은 다시 677년 이전으로 되돌아갔다(여호규·拜根興, 2017).

한편 강제 이주의 대상에는 보장왕과 통모한 말갈도 포함되었을 것이다. 여기에 훗날 발해를 건국하는 핵심세력인 대조영 집단과 걸사비우 집단이 포함되어 영주 일대로 옮겨지게 되었을 가능성이 제기되었다(김종복, 2004). 그렇다면 보장왕이 계획한 부흥운동에 이들이 적극적으로 가담하였다고 볼 수 있다. 발해 건국 주도세력은 고구려 부흥운동에 참여했던 역사적 경험을 가지고 있었던 것이다. 이진충의 난을 계기로 요서 일대가 혼란에 빠지자, 이들은 고구려 고지로 되돌아와 발해를 건국하는데, 그 배경에는 고구려 부흥을 도모했던 경험이 자리 잡고 있었다고 말할 수 있다(김강훈, 2022).

참고문헌

김강훈, 2022, 『고구려부흥운동 연구』, 학연문화사.
金文經, 1984, 『唐代의 社會와 宗教』, 崇實大學校出版部.
노태돈, 2009, 『삼국통일전쟁사』, 서울대학교출판부.
서영교, 2006, 『羅唐戰爭史 硏究』, 아세아문화사.
손영종, 1997, 『고구려사』 2, 과학백과사전종합출판사.
李基白·李基東, 1982, 『韓國史講座』 I(古代篇), 一潮閣.
李丙燾 譯註, 1977, 『國譯 三國史記』, 乙酉文化社.
이상훈, 2012, 『나당전쟁 연구』, 주류성.

권덕영, 2017, 「중국 금석문을 활용한 신라사의 몇 가지 보완」, 『역사와 경계』 105.
권은주, 2010, 「7세기 후반 북방민족의 反唐 활동과 발해건국」, 『白山學報』 86.
권창혁, 2021, 「670~673년 신라의 고구려 부흥운동 지원 전략에 대한 검토」, 『신라사학보』 51.
金甲周, 1987, 「高句麗의 滅亡과 復興運動」, 『統一期의 新羅社會硏究』, 東國大學校 新羅文化硏究所.
金康勳, 2013, 「679~681년 寶藏王의 高句麗 復興運動」, 『歷史教育論集』 50.
_____, 2016, 「요동지역의 고구려부흥운동과 劍牟岑」, 『軍史』 99.
_____, 2017a, 「고구려 멸망 이후 扶餘城 圈域의 부흥운동」, 『大丘史學』 127.
_____, 2017b, 「책성 권역의 고구려부흥운동과 高定問」, 『歷史教育論集』 65.
_____, 2018, 「고구려 멸망 직후 당의 고구려 故地 지배 시도와 유민의 동향」, 『大丘史學』 133.
김수진, 2020, 「670년 평양 일대 고구려 유민의 남하와 부흥운동의 전개」, 『역사와 실학』72.

金壽泰, 1994, 「統一期 新羅의 高句麗遺民支配」, 『李基白先生古稀紀念 韓國史學論叢』上, 一潮閣.

김종복, 2003, 「高句麗 멸망 이후 唐의 지배 정책-安東都護府를 중심으로-」, 『史林』19.

＿＿＿, 2004, 「渤海의 건국과정에 대한 재고찰」, 『韓國古代史研究』34.

＿＿＿, 2005, 「高句麗 멸망 전후의 靺鞨 동향」, 『北方史論叢』5.

金賢淑, 1997, 「高句麗 中·後期 中央集權的 地方統治體制의 發展過程」, 『韓國古代史研究』11.

＿＿＿, 2001, 「中國 所在 高句麗 遺民의 동향」, 『韓國古代史研究』23.

＿＿＿, 2004, 「고구려 붕괴 후 그 유민의 거취 문제」, 『韓國古代史研究』33.

金浩東, 1993, 「唐의 羈縻支配와 北方遊牧民族의 對應」, 『歷史學報』137.

盧泰敦, 1981a, 「高句麗 遺民史 研究-遼東·唐內地 및 突厥方面의 集團을 중심으로-」, 『韓㳓劤博士停年紀念史學論叢』, 知識産業社.

＿＿＿, 1981b, 「渤海 建國의 背景」, 『大丘史學』19.

＿＿＿, 1985, 「對渤海 日本國書에 云謂한 '高麗舊記'에 대하여」, 『邊太燮博士華甲紀念史學論叢』.

＿＿＿, 1996, 「5~7세기 고구려의 지방제도」, 『韓國古代史論叢』8, 韓國古代社會研究所.

＿＿＿, 1997, 「對唐戰爭期(669-676) 新羅의 對外關係와 軍事活動」, 『軍史』34.

방용철, 2013, 「7세기 고구려 불교정책의 한계와 國祖神」, 『韓國古代史研究』72.

＿＿＿, 2018, 「고구려 부흥전쟁의 발발과 그 성격」, 『大丘史學』133.

＿＿＿, 2021, 「文武王의 安勝 책봉과 그 배경」, 『이화사학연구』63.

拜根興, 2002, 「"羅唐戰爭"研究 中의 몇 가지 問題」, 『中國學報』46.

＿＿＿, 2010, 「唐 李他仁 墓誌에 대한 몇 가지 고찰」, 『忠北史學』24.

徐榮敎, 2002, 「羅唐戰爭의 開始와 그 背景-國際情勢 변화와 관련하여-」, 『歷史學報』173.

안정준, 2013, 「「李他仁墓誌銘」에 나타난 李他仁의 生涯와 族源」, 『목간과 문자』11.

梁炳龍, 1997, 「羅唐戰爭 進行過程에 보이는 高句麗遺民의 對唐戰爭」, 『史叢』46.

여호규·拜根興, 2017, 「遺民墓誌銘을 통해본 唐의 東方政策과 高句麗 遺民의 동향」, 『東洋學』 69.

余昊奎·李明, 2017, 「高句麗 遺民〈李他仁墓誌銘〉의 재판독 및 주요 쟁점 검토」, 『韓國古代史研究』 85.

오진석, 2021, 「연남생 투항 이후 고구려 서북부 성곽방어체계의 붕괴과정과 그 영향」, 『역사와 현실』 122.

이규호, 2016, 「당의 고구려 유민 정책과 유민들의 동향」, 『역사와 현실』 101.

이문기, 2007, 「7세기 高句麗의 軍事編制와 運用」, 『高句麗研究』 27.

_____, 2010, 「墓誌로 본 在唐 高句麗 遺民의 祖先意識의 變化」, 『大丘史學』 100.

이민수, 2018, 「李他仁의 唐 投降과 扶餘城의 高句麗 復國運動 鎭壓에 대한 分析」, 『역사와 경계』 106.

李丙燾, 1964, 「高句麗의 一部遺民에 대한 唐의 抽戶政策」, 『震檀學報』 25·26·27.

이상훈, 2006, 「羅唐戰爭期 唐의 軍事戰略 變化」, 『歷史敎育論集』 37.

_____, 2010, 「羅唐戰爭의 開戰과 薛烏儒 部隊」, 『歷史敎育論集』 45.

_____, 2014, 「검모잠의 최초 거병지 검토」, 『한국 고대사 연구의 자료와 해석(노태돈 교수 정년기념논총 2)』, 사계절.

이재석, 2010, 「7세기 후반 報德國의 존재 의의와 왜국」, 『日本歷史研究』 31.

이정빈, 2009, 「고연무의 고구려 부흥군과 부흥운동의 전개」, 『역사와 현실』 72.

임금표, 2022, 「보장왕의 고구려 부흥운동과 '營州靺鞨'」, 『高句麗渤海研究』 72.

임기환, 2003, 「報德國考」, 『강좌 한국고대사』 10, 가락국사적개발연구원.

_____, 2022a, 「고구려 부흥군과 신라의 연합, 당과의 전쟁」, 『전라도 천년사 5: 신라의 일통과 전라도 지역』, 전북연구원.

_____, 2022b, 「고구려와 당 최후의 전쟁 과정 복원 시론」, 『韓國史學報』 86.

_____, 2024, 「고구려 부흥운동 자료의 재검토」, 『韓國史學報』 94.

장병진, 2016, 「당의 고구려 고지(故地) 지배 방식과 유민(遺民)의 대응」, 『역사와 현실』 101.

전준현, 1982, 「670년에 재건된 '高句麗國'에 대한 연구」, 『력사과학』 82-2.

鄭炳俊, 2018, 「唐代 異民族 管理方式의 다양성 및 그 변용」, 『東洋史學研究』 143.

정원주, 2018, 「唐의 고구려 지배정책과 安勝의 行步」, 『한국고대사탐구』 29.
_____, 2019, 「안승(安勝)의 향방(向方)과 고구려 부흥운동」, 『軍史』 110.
_____, 2024, 「고구려 멸망에서 발해 건국으로의 계기와 연속성」, 『한국사상사학』 76.
정호섭, 2019, 「고구려의 州·郡·縣에 대한 재검토」, 『사학연구』 133.
조영광, 2018, 「고구려 멸망 후 요동 지역의 동향」, 『大丘史學』 133.
조인성, 2007, 「고구려의 멸망과 부흥운동의 전개」, 『고구려의 정치와 사회』, 동북아역사재단.
최재도, 2015, 「漢城의 高句麗國 再檢討」, 『東北亞歷史論叢』 47.
최호원, 2020, 「고구려 검모잠·안승 세력과 대신라관계 인식」, 『新羅史學報』 49.

陳寅恪, 1982, 『唐代政治史述論稿』, 上海古籍出版社.

孫鐵山, 1998, 「唐李他仁墓誌考釋」, 『遠望集』 下, 陝西人民美術出版社.
呂九卿, 2008, 「試探武周陽玄基墓誌中的若干問題」, 『武則天與神都洛陽』, 中國文史出版社.
黃約瑟, 1997, 「武則天與朝鮮半島政局」, 『黃約瑟隋唐史論集』, 中華書局.

菅沼愛語, 2013, 『7世紀後半から8世紀の東部ユーラシアの國際情勢とその推移』, 溪水社.

古畑徹, 1983, 「七世紀末から八世紀初にかけての新羅·唐關係-新羅外交史の一試論-」, 『朝鮮學報』 107.
粟原益男, 1979, 「七·八世紀の東アジア世界」, 『隋唐帝國と東アジア世界』, 汲古書院.
植田喜兵成智, 2014, 「唐人郭行節墓誌からみえる羅唐戰爭-671年の新羅征討軍派遣問題を中心に-」, 『東洋學報』 96-2.
日野開三郎, 1955, 「高句麗國遺民反唐分子の處置」, 『史淵』 64.
井上直樹, 2016, 「高句麗遺民と新羅-七世紀後半の東アジア情勢-」, 『東洋史

研究』75-1.

池内宏, 1930, 「高句麗滅亡後の遺民の叛亂及び唐と新羅との關係」, 『滿鮮地理歷史研究報告』12.

_____, 1941, 「高句麗討滅の役に於ける唐軍の行動」, 『滿鮮地理歷史研究報告』16.

津田左右吉, 1915, 「安東都護府考」, 『滿鮮地理歷史研究報告』1.

村上四男, 1966, 「新羅と小高句麗國」, 『朝鮮學報』37·38.

4장

신라 – 당 전쟁의 전개와 고구려 유민의 활동

이준성 | 경북대학교 사학과 조교수

    동아시아에서 7세기는 전쟁의 시기였다. 신라와 당 사이에 군사동맹이 체결되었고, 그에 의해 백제에 이어 고구려도 멸망하였다. 보장왕을 비롯한 고구려의 지배층은 당 태종 이세민의 무덤인 소릉(昭陵)에 포로로 바쳐졌다. 고구려의 수도였던 평양성에는 안동도호부(安東都護府)가 설치되었고, 당은 설인귀(薛仁貴)로 하여금 2만의 병사를 이끌고 이곳에 주둔토록 하였다(노태돈, 2009).

    고구려 사회가 뿌리째 흔들렸고, 많은 이들이 자의 및 타의에 의해 삶의 터전을 떠나 다른 국가(지역)로 이주해야만 했다. 먼저 고구려의 유력한 2만 8,000여 호는 당의 내지로 강제 이주되었다. 그 외 일부는 이전부터 교류하던 돌궐 지역이나 말갈족의 거주지, 그리고 일본 등지로 흩어져 들어갔다. 고구려를 멸망시킨 신라로 합류한 이들도 적지 않았다. 신라로 유입된 이들 중에는 원주지가 신라에 병합됨에 따라 함께 귀속되거나 전쟁포로로 잡혀온 집단도 있었지만, 자신의 의지에 의해 집단적으로 내투하거나 부흥운동의 과정 속에서 당군에 밀리게 되면서 신라로 유입된 이들도 있었다. 고구려 유민의 신라 내투는 신라와 당의 전쟁이 일단락된 676년 이후까지도 소규모로 이어졌다.

한편, 신라와 당 사이에 내재되어 있던 갈등은 고구려가 멸망한 후 본격적으로 수면 위로 드러났다. 한반도 전역을 차지하려는 당의 야욕과 옛 백제 지역 및 대동강 이남의 고구려 영역을 확보하려는 신라의 전략은 충돌할 수밖에 없었으며 결국 양자 사이의 전쟁으로 귀결되었다.

신라-당 전쟁은 당시 동아시아 전체의 판도에 큰 영향을 미친 사건이었다. 특히 이 전쟁에는 멸망 이후 신라의 지원을 받으며 부흥운동을 전개하고 있던 고구려 유민들도 참여하였다. 이 글에서는 신라-당 전쟁 과정에서 고구려 유민에 대한 신라의 정책을 염두에 두면서 고구려 부흥운동의 전개와 소멸을 살핀다.

1. 신라의 백제 고지 장악과 신라-당 전쟁

1) 신라의 백제 고지 장악 과정

660년 7월 백제 패망 직후, 백제부흥군의 봉기가 시작되었다. 복신(福信)과 도침(道琛)이 중심이 된 부흥군은 주류성을 거점으로 삼아 나당연합군에 대한 보급로를 끊으며 이들을 고립시켰다. 이어서 왜에 체류하던 왕자 부여풍(扶餘豊)을 왕으로 옹립하여 왕통을 회복하였고, 왜에 사신을 보내 신라 공격을 요청하였다. 이에 호응하여 왜는 663년 3월과 6월에 신라를 공격하면서 백제부흥군을 지원하였다. 하지만 백제부흥군의 지도부에서 내분이 일어나 세력이 급격하게 약화되었고, 유인궤(劉仁軌)의 원군 요청에 응하여 당 고종이 손인사(孫仁師)와 7,000명의 군사를 파견하면서 전세는 완전히 기울었다. 결국 백제부흥군은 백강전투에서 패배하고 주류성과 두량윤성 등 주요 거점을 함락당하였다. 이들은 임존성에서 마지막 항거를 하였지만, 이 전투에서 흑치상지와 사타상여가 항복하면서 백제 부흥운동은 막을 내렸다. 약 3년 이상 지속된 백제부흥군의 항쟁 기간 동안 당군은 사비 및 웅진 지역에 발이 묶여 있을 수밖에 없었고, 그것은 백제 고지를 발판으로 삼아 고구려를 멸망시키고자 했던 당의 의도가 지연되는 결과로 이어졌다(노중국, 2003; 심정보, 2007).

한편, 백제 고지를 사이에 둔 당과 신라의 갈등은 백제 부흥운동이 진행되던 기간 중에도 종종 수면 위로 떠올랐다. 신라는 백제가 멸망하기 10여 년 전인 648년, 김춘추가 입당하여 당 태종에게 칙명으로 받은 "평양 이남의 백제 땅은 너희 신라에게 주겠다"는 내용을 여전히 중시했지만, 당의 입장에서는 그 약속을 그대로 유지할 생각이 없었다(김영관, 2009; 정운용, 2010). 실제 당은 백제가 멸망한 후 이 지역에 5도독부와 주현을 설치하고 백제의 유력세력을 발탁해 활용하려는 계획을 마련하였다. 다만 부흥군의 저항이 이어지자 현지에서 관리를 발탁하려던 계획을 바꿔 660년 9월 왕문도(王文度)를 웅진도독으로 임명하면서 백제로 보냈는데, 수정된 당의 계획 역시 삼년산성에서 왕문도가 급사하면서 실행되지 못했다.

소정방(蘇定方)은 백제 정벌에 참여했다가 귀국한 이후, 고구려와의 전쟁을 위해 다시 요동도행군대총관으로 임명받아 출병하였다. 당시 신라는 661년 6월 태종무열왕 사후 문무왕이 즉위하면서 큰 변화를 겪고 있는 상황 속에서도 당군을 위한 보급에 나섰다. 그렇지만 결과는 좋지 않았고, 신라군은 많은 희생을 치러야 했다. 소정방이 거느린 당군 역시 661년 8월 패강전투에서 패배하고, 662년 2월 옥저도행군총관(沃沮道行軍摠管)으로 출병한 방효태(龐孝泰)마저 전사하게 되면서 회군을 결정할 수밖에 없었다.

고구려를 공략하는 데 실패한 이후 당 고종은 유인궤에게 칙서를 내려 웅진에서의 철군을 지시하기에 이르렀다. 백제부흥군의 부여풍과 복신은 이때 사신을 보내 당 장군 유인원에게 "철군을 원한다면 마땅히 보내드리겠다"는 내용을 전달했다. 전쟁에 지친 당 병사들이 철군을 원한다는 사실을 간파한 심리전이라고 할 수 있는데(노중국, 2003), 결국 유인궤가 나서서 "백제가 다시 살아난다면 고구려를 멸망시킬 기회는 다시 오지 않을 수 있다"는 점을 내세우며 철군하지 않는 방향으로 군사들을 설득했다. 이로 인해 당군의 철군 논의는 일단락되었지만 재차 고구려에 대한 공세를 취하는 데까지는 시일이 필요했다.

고구려 원정을 잠시 멈춘 시점에서 당은 다시 백제 고토 지배를 위한 정지작업을 본격화했다. 662년 2월 웅진도독부체제를 만들면서 유인원(劉仁願)을 초대 웅진도독으로 삼은 것이다. 당은 이때 신라에 대해서도 계림대도독부(鷄林大都督府)로 삼는 조치를 취하고, 문무왕을 계림주대도독(鷄林州大都督)으로 임명하였다. 백제와 함께 신라에 대해서도 도독부체제를 적용한 것인데, 이로 인해 승전국과 패전국의 관계였던 신라와 백제는 당이 중심이 된 세계질서 내에 편입된 계림대도독부와 웅진도독부로서, 즉 동등한 위치에서 당의 기미주에 불과한 처지가 되었다(김종복, 2010).

갈등이 더욱 깊어지게 된 것은 부여융이 왜에서 귀환한 이후였다. 부여융을 웅진도독부로 불러오자는 제안을 한 것은 유인궤였다. 이는 백제 유민을 위무한다는 현실적인 목적에 더해, 명목상의 백제를 재건함으로써 신라가 백제 고지에 대한 권리를 주장하는 것을 막고자 하는 정략적 판단이 더해진 조치였다(김수미, 2008; 김영관, 2012). 당은 백제 고지에 대한 신라의 권리를 배제하기 위해 백제와 신라가 참여하는 회맹을 추진하였다. 당이 회맹 추진에 적극적이었다는 점은 다음 기사에서 확인된다.

> [문무왕 11년(671)] 남쪽이 이미 평정되자 군사를 돌려 북쪽을 정벌하였는데, 임존성(任存城) 하나만이 헛되이 고집을 부리고 항복하지 않았습니다. 두 나라 군대가 힘을 합하여 함께 하나의 성을 쳤으나, 그들이 굳게 지키고 반항했으므로 깨뜨릴 수가 없었습니다. 신라가 곧 돌아오려 할 때 두 대부(杜大夫)가 "칙명에 의거하면 평정을 마친 후 함께 모여 맹약을 맺으라고 하였으니, 비록 임존성 하나가 아직 항복하지 않았지만 곧바로 함께 맹세를 하는 것이 옳다"라고 말하였습니다.

이 기사를 보면 당은 칙명을 언급하면서 신라에게 강한 어조로 회맹을 요구하고 있다. 이는 백제의 부흥운동이 끝나가는 시점에서 백제 고지에 대해 신라가 간여하는 것을 최소화하기 위한 당의 전략이었다(노중국, 2003). 이러한 당의 의도를 모를리 없었던 신라 역시 당의 강경한 요구를 회피하기 위해 최대한 노력했다. '임존성이 항복하지 않았으니 이미 평정됐다고 할 수 없으며', '백제는 간사하고 속임수가 한이 없기 때문에 훗날 반드시 걱정이 생길 것'이라는 점을 내세웠다.

하지만 얼마 지나지 않아 임존성은 결국 함락되었고, 당은 더욱 강하게 회맹 촉구에 나섰다. "다시 엄한 칙명을 내려 맹약하지 않은 것을 꾸짖었다"라는 표현은 이러한 당의 입장을 잘 보여준다. 당은 신라와의 군사충돌을 피하면서 자연스럽게 신라군이 백제 고지에서 철군할 수 있도록 유도하는 전략을 세웠던 것이다(김영관, 2009). 신라 역시 이 점을 간취하고 있었지만 기존의 명분이 사라진 상황에서 더 이상의 강한 저항을 할 수는 없었다. 신라는 '모여서 맹세하는 것이 비록 원하는 바는 아니지만, 감히 칙명을 어길 수 없었'고 결국 백제와 신라 사이의 '화해를 중재한다'는 명분의 회맹이 진행되었다.

1차 웅령회맹(664)은 신라의 입장에서 불만스러울 수밖에 없었다. 회맹이 진행된 웅령이 현재의 어느 지역에 해당하는지 명확하게 비정하기는 어려운 상황이지만, 아마도 웅진 지역이 아니라 신라의 영역 쪽에 보다 가까운 곳이었을 것으로 생각된다. 그렇기에 더더욱 신라로서는 이 회맹에 불만이 쌓였을 것이다. 당의 입장에서도 1차 회맹은 만족스럽지 못하였다. 신라 측에서 문무왕이 참가하지 않고 왕의 동생인 김인문을 보내 그 역할을 대신하도록 하였기 때문이다.

양쪽 모두 불만스러운 상황에서, 이듬해인 665년 8월에 다시 2차 취리산회맹이 추진되었다. 취리산회맹이 진행된 위치는 현재 공주시 서북쪽에 위치한 연미산이 유력하다. 취리산회맹은 전통적인 중국의 격식을 갖춰 엄중하게 거행되었다. 백마로 희생을 삼아 서로 피를 나눠 마셨고, 회맹문을 작성한 후 금서철권을 만들어 종묘에 보관토록 했다. 또한 하늘과 땅의 신에게 제사를 지내면서 이를 재차 맹세하였다. 취리산회맹에는 왜와 탐라의 사신도 참여하였는데, 당의 입장에서 보면 이는 신라가 맹세를 어기고 군사행동을 하지 못하도록 하는 외교적 압박의 차원이었다.

웅령회맹 당시 그랬던 것과 마찬가지로 취리산회맹에서도 "경계를 긋고 푯말을 세워 영원히 국경으로"을 삼았다는 표현이 나온다. 취리산회맹이 이뤄진 곳이 연미산이라 한다면, 이를 기준으로 다시 경계가 획정된 것이다. 신라의 입장에서는 앞선 웅령회맹과 비교해볼 때 백제 고지에 대한 지배권을 보다 많이 인정받은 것이었지만, 평양 이남의 백제 토지를 받기로 한 648년의 밀약과 비교해보면 오히려 당에게 백제 고지의 절반을 빼앗긴 셈이었다. 신라는 여전히 불만스러울 수밖에 없었겠지만 고구려가 북쪽에 버티고 있는 상황이었기에 더 이상 적극적으로 반발하지 못했다. 당의 입장에서도 백제 고지 전체를 범위로 세웠던 계획과 비교해보면 절반의 땅만 차지하게 된 아쉬운 결과였다(김영관, 2010; 이준성, 2021).

나당연합군에 의해 백제 부흥운동이 종식되고 당의 한반도 지배정책이 구체화되면서 신라와 당 사이의 갈등은 본격적으로 노출될 수밖에 없었다(정운용, 2010). 하지만 두 차례 회맹을 통해 경계 문제가 임시적으로 봉합되면서 신라와 당은 당면과제였던 고구려 공략에 집중하였다. 신라가 다시 웅진도독부를 공략하여 백제 고지를 점유하기 시작한 것은 나당연합군에 의해 668년 고구려가 멸망한 이후였다. 고구려 멸망 후 백제 고지에 대한 신라의 공략 과정에 대해서는 사료상에 직접적으로 언급되어 있지 않아 그 실상을 자세하게 확인할 수 없다. 하지만 669년 5월 문무왕이 각간(角干) 흠순(欽純)과 파진찬(波珍湌) 양도(良圖)를 보내 "신라가 마음대로 백제 토지와 유민을 빼앗아 차지한 것에 대해 당에 사죄"한다는 기사를 참고해보면 669년경 신라가 백제 고지 편입을 시도했음을 유추할 수 있다.

한편, 신라는 백제 고지 편입을 시도하였을 뿐 아니라 당에 대해서도 공세를 취하였다. 670년 3월 설오유(薛烏儒) 부대를 요동으로 파견하여 당에 선제공격을 한 것이다(이상훈, 2010). 후술하는 바와 같이 설오유 부대는 고구려 포로를 근간으로 하는 부대였다. 신라가 고구려부흥군을 지원하여 태대형 고연무 부대와 연합하여 당에 대한 공격작전을 수행한 것이다. 요동 선제공격을 단행한 후인 670년 7월 신라는 다시 백제 고지 쪽으로 눈을 돌려 품일, 천존, 군관 등으로 하여금 82성을 점령케 하면서 웅진도독부를 본격적으로 공략하였다. 당은 신라의 군사 행동을 견제하기 위해 671년 설인귀를 계림도행군총관(雞林道行軍摠管)으로 삼아 해로를 통해 웅진도독부를 지원하였다. 그러나 신라는 같은 해 6월에 장군 죽지 등으로 하여금 가림성 일대에 설치된 당군의 둔전을 공격하고 부여석성에서 백제인을 포함한 당군 5,200명을 참수하였다. 이어서 10월에는 신라 해군이 당의 군량 운반선 70여 척을 격파하였다. 이러한 일련의 공세로 인해 당군은 웅진도독부가 설치되어 있었던 백제 고지에서 전면 철수할 수밖에 없었다. 신라는 이듬해 봄까지 이 지역에 대한 공격을 지속하여 백제 고지 대부분을 점령할 수 있었다. 신라는 이 지역에 소부리주(所夫里州)를 설치하고 아찬(阿湌) 진왕(眞王)을 도독으로 임명하면서 지배권을 공고히 하였다.

이어서 신라는 현재 전라북도와 전라남도에 해당하는 범주의 지역을 완산주(完山州)와 무진주(武珍州)로 편제하였다. 먼저 현재의 전라북도에 해당하는 지역은 대체로 가야 지역을 회복하는 연장선상에서 점령이 이루어졌다. 673년 3월 고구려 유민 안승(安勝) 집단을 금마저에 정착시켜 이 지역의 안정을 도모하였고(조법종, 2015), 684년 이후 안승을 다시 왕경으로 이주시키면서 거열주를 분할하여 이 지역을 완산주로 편제하였다. 다음으로 현재의 전라남도 지역은 대체로 무진주(武珍州)로 편제되었는데, 그 과정을 알 수 있는 사료가 거의 없다. 다만 678년에는 무진주도독의 존재가 확인되는데, 이것이 최초의 임명인지는 분명하지 않다. 명확한 시점을 제시할 수는 없지만, 문무왕 15년 "백제 땅을 많이 빼앗아 드디어 고구려 남쪽 경계 지역에 이르기까지를 주와 군으로 삼았다"는 기사를 보면 늦어도 675년에는 백제 전역에 대한 점령과 편제를 완료한 것으로 볼 수 있다(변동명, 2012).

이상과 같이 신라가 웅진도독부를 한반도에서 축출해가는 과정을 통해 옛 백제 지역에 대한 통치를 본격화하였음을 살폈다. 궁극적으로 신라는 백제 고지를 3주로 편성하였고, 백제인들은 이제 신라 국왕의 신민(臣民)으로 편입되었다(최희준, 2020).

2) 신라-당 전쟁의 경과

신라의 백제 지역 장악 과정은 다른 한편으로 신라와 당 사이의 전쟁 과정이기도 했다. 7세기 후반 신라와 당의 연합군에 의해 고구려가 멸망한 이후 양자의 동맹관계는 와해되었고, 이제 영토와 백성을 둘러싼 갈등만이 남았다.

신라와 당의 전쟁에 대해서는 그동안 많은 연구성과가 축적되어 왔지만, 이를 바라보는 시각에는 매우 큰 편차가 있다. 『구당서(舊唐書)』, 『신당서(新唐書)』 등 중국 측 사료에서는 신라의 복속을 얻어냈다는 측면에서 당의 승리를 말하지만, 『삼국사기(三國史記)』 등 국내 사료에서는 강대국 당의 세력을 무력으로 몰아낸 신라의 승리라는 점을 강조한다. 전쟁이 시작된 시기에 대해서도 668년(양병룡, 1997)을 시작으로 669년(노태돈, 1997; 이상훈, 20012), 670년 3월(허중권, 1995; 서영교, 2006; 주보돈, 2911; 권창혁, 2019), 670년 7~8월(임기환, 2004), 671년(민덕식, 1989; 김병희, 2021) 등 여러 가지 견해가 제기되었다. 이 중 신라·고구려 연합군이 요동의 옥골(屋骨: 오골성)·개돈양(皆敦壤)을 공격한 670년 3월 혹은 신라가 웅진도독부를 직접 공격한 670년 7월을 전쟁의 발발 시점으로 설정하는 경우가 가장 많다.

신라와 당의 동맹이 깨지고 양자가 전쟁을 선택할 수밖에 없었던 원인 역시 다양하게 제시되어 왔다. 하지만 이는 결국 백제와 고구려 멸망 이후 영토 처리를 둘러싼 문제로 귀결된다. 특히 신라 입장에서는 전략요충지인 비열홀(比列忽)을 둘러싼 갈등으로 인해 불만이 큰 상황이었다(이상훈, 2012). 약자의 입장이었던 신라는 당과의 전쟁을 결심하는 669년경부터 외교사절을 통해 기만작전을 펼치면서 정보수집을 진행하였고, 사면령을 내려 민심을 수습하며 내부 안정을 꾀하는 등 본격적으로 전쟁 준비를 하였다.

670년 3월 신라는 요동의 옥골을 선제공격했다. 이즈음 안승 등은 한성(漢城)을 중심으로 고구려를 재건하고 평양 인근까지 진출하였는데(김수진, 2020), 신라는 수군의 활동을 바탕으로 제해권(制海權)을 장악하고 당군의 남하를 견제하면서 고구려부흥군을 지원하였다. 신라의 전략은 검모잠·안승 등 고구려 유민들과의 연계를 매개로 하여 당의 기미주(羈縻州)체제에 균열을 가하고, 패강(浿江) 이남~비열홀 일대에 대한 직·간접적 영향력을 확보하는 것이었다. 이 같은 신라의 전략은 전쟁 발발 초반인 672년 무렵까지 일정한 성과를 거두었다. 이 시기 신라는 백제 고지로 전력을 집중하고 신속하게 평정을 완료하면서 두 곳에 전선이 만들어지는 위험성을 최소화할 수 있었다(권창혁, 2021).

한편 신라와 고구려 부흥운동세력의 연합공격에 대응하여 당은 말갈 및 거란 기병과 함께 안시성에서 고구려 부흥운동세력을 진압하고 평양으로 남하해 왔다. 하지만 당 설인귀의 구원군이 671년 6월 석성전투에서 신라군에 패배하였고, 같은 해 10월 신라 수군의 공격을 받으면서 산동반도 일대에 있던 지원부대를 통해 군수물자를 보내려던 계획도 무산되었다. 이 사건은 신라 명랑법사가 채색 비단으로 절을 짓고, 풀로 오방신상(五方神像)을 만들면서 '문두루 비법'을 시행하였다는 설화적 내용으로 각색되어 지금에 전한다. 아마도 외침을 막아내고자 했던 신라군과 신라민들의 바램이 확대되고 과장되면서 만들어진 것이겠다. 이때부터 673년에 이르기까지 당의 수군이 별다른 활동을 하고 있지 못하였음을 상기해보면, 671년경 신라 수군의 활동은 나당전쟁 초기 신라의 해상교통로 장악에 큰 역할을 하게 되었던 것으로 여겨진다(이상훈, 2012).

신라와 당 사이에 본격적으로 대규모 충돌이 발생한 것은 당군이 교두보를 마련하고 본격적인 공세에 나선 672년 후반부터였다. 672년 8월 석문전투에서 신라는 7명의 장수가 사망하는 참패를 당하고 사죄사를 파견할 수밖에 없었다. 또한 신라는 전국적인 규모의 축성작업을 단행하면서 공세에서 방어로 전략을 전환한다. 신라군과 연합하여 싸우던 고구려 부흥운동세력이 힘을 잃고 그 지도부가 신라로 망명하면서 고구려 고지 방면 방어선이 크게 후퇴하였던 것 역시 이때였다(권창혁, 2021).

673년 무렵 신라의 방어선은 임진강선까지 밀렸다. 그러나 신라군의 결전 회피로 인해 당군 역시 보급 문제가 야기되었고, 장기간 신라 전선에 투입되었던 당군의 병력 수급 문제 등이 겹치면서 전선은 소강 상태로 접어들었다. 당은 고간·이근행이 이끄는 4만 명만으로는 신라를 더 강하게 압박하기 어려울 것으로 판단하고, 674년 유인궤의 인솔 하에 대규모 신라 원정군을 편성하였다. 유인궤는 이듬해 신라 전선에 도착하여 2월 칠중성전투에서 승리를 거두었다. 이후 유인궤는 당으로 돌아갔지만, 이근행이 병력을 충원받으면서 한반도 경략을 이어갔다.

674년 9월 설인귀의 수군은 천성을 공격하였다. 설인귀 함대의 천성 공격은 한강 하류 일대를 장악함으로써 임진강을 경계로 형성되었던 기존의 전선을 한강 유역으로 재조정하기 위한 것이었다. 하지만 첫 번째 시도는 실패하였고, 이를 만회하기 위한 과정에서 매소성전투가 진행되었다. 매소성에서 집결한 당은 임진강과 한강 사이 내륙 거점의 역할을 하던 칠중성 및 석현성을 공격하였으며, 아달성·적목성을 함락하면서 강원 북부 지역을 장악하고자 하였다. 하지만 당의 두 번째 시도 역시 실패하고 말았다. 매소성 전역에서 신라가 성공적으로 방어를 수행함에 따라, 당군은 임진강선을 돌파하지 못하였고, 신라는 한강 이북 지역을 지킬 수 있었다(이상훈, 2012).

676년 윤3월 토번의 공격으로 인해 당 내지가 직접적인 위협에 노출되자, 당은 고착상태에 빠져 있던 신라 전선을 포기하고 토번에서 형성된 새로운 전선에 주력할 수밖에 없었다(서영교, 2006). 이러한 배경 속에서 매소성전투 이후 별다른 움직임이 없던 당은 676년 11월 급작스럽게 백제 고지 기벌포 공격을 단행하였다. 당시 주 전선이 형성되어 있던 임진강 일대가 아니라 백제 고지인 기벌포에서 전투를 벌이게 된 것은 당군이 전략을 바꿔 철수작전에 돌입하였기 때문으로 보는 것이 자연스럽다. 기벌포전투는 철수를 시도하던 당의 군사들과 백제고지에 잔류하던 군사들, 그리고 이에 더해 일부 백제 유민이 기벌포로 집결하는 과정에서, 이를 신라 수군이 공격한 사건이었던 것이다. 다시 말해 676년 11월 무렵에 당은 전면 철수를 결정하였고, 그에 따라 한반도에 있던 당군 전체가 철수를 시작하였으며, 그 주요 철수 장소가 바로 금강 하구의 기벌포였다(이상훈, 2012).

신라-당 전쟁은 당시 동아시아 최고의 강국이었던 당과 동북의 변방국이라 할 수 있는 신라 사이에 벌어진 것이었다. 이 전쟁은 신라의 선제공격으로 시작되었고, 당은 대규모 원정군을 투입하였음에도 불구하고 신라를 '정벌'하지 못했다. 당시 상황을 종합해보면 당은 공세를 지속하였지만 신라가 이를 효과적으로 방어하면서 당 군대의 보급 문제를 야기시켰다. 당은 보급 문제와 더불어 국내의 여론 악화, 그리고 토번의 서북 변경 위협 등이 겹치면서 한반도에서 물러날 수밖에 없었다(서영교, 2006). 아울러 신라와 당의 전쟁 결과 요동과 한반도 지역에 대한 당의 정치적, 군사적 간섭이 크게 줄어들게 되었다. 또한 그로 인해 신라 및 발해, 일본 등은 각각의 독자적인 생존 권역을 확보할 수 있었다. 신라-당 전쟁이 일국사적인 의의를 넘어, 7세기 이래 새롭게 형성된 동아시아 전반의 향방을 결정 짓는 과정에서 의의를 가진 세계사적 사건으로 규정하는 이유이기도 하다(권창혁, 2023).

2. 고구려 부흥운동과 신라로의 내투

1) 고구려 부흥운동의 전개

앞서 신라와 당 사이의 전쟁 전개 과정을 개략적으로 확인하면서 신라의 요동 선제공격 당시 고구려 유민들이 작전을 함께 수행하고 있었다는 점을 언급하였다. 이를 비롯하여 신라는 급박하게 변화하는 국제정세에 민감하게 반응하면서 고구려 유민들에 대해 때로는 이들의 활동을 지원하고 때로는 압박하면서 이득을 취하고자 하였다.

고구려가 멸망한 후, 자국의 영토에 더 이상 머물지 못하고 떠난 유민들의 삶은 이전과는 다른 방향으로 전개될 수밖에 없었다. 고구려가 멸망한 후 발생한 유민들은 당의 내지로 강제 이주된 경우를 비롯해 신라와 돌궐, 일본 등으로 건너가게 되었다(김현숙, 2004; 노태돈, 2009). 이 중 당으로 이주한 유민들의 경우 그들의 묘지명이 지속적으로 발견되면서 학계의 관심이 집중되고 관련 연구가 꾸준하게 진행되어 왔다. 그에 비해 신라로 유입된 고구려 유민은 그 수가 적지 않음에도 불구하고 당으로 이주한 유민들에 비해 상대적으로 관심이 적었다. 그런데 신라로 유입된 고구려 유민은 전쟁 과정에서 신라로 투항하거나, 혹은 그 전후한 시점에 소규모로 망명해 온 인물들이었다. 이들의 경우 당으로 이주한 유민들에 비해 자신의 의지로 이주한 경우가 많았고, 또한 고구려 부흥운동과 연결되어 있었다(김수태, 1994). 또한 짧지만 고구려를 계승한 국가를 건설하며 상당히 독자적인 활동을 전개했다는 특징을 지닌다.

먼저 고구려가 멸망하기 이전인 666년, 연개소문의 동생이자 최고위층 귀족이었던 연정토(淵淨土)가 신라로 망명해 왔다. 665년에 연개소문이 사망하고 그의 아들들 사이에서 권력투쟁이 발생하자 이를 빌미로 당은 고구려에 대규모 인원을 파병하였는데, 당시 긴박한 국제정세 속에서 연정토는 자신을 따르던 부하 및 자신에게 속했던 12개 성과 3,500명의 백성을 들어 신라에 귀부한 것이다. 이에 신라는 연정토와 그를 따르던 자들을 수도 및 주·부에 안치하고, 함께 온 대부분의 주민들은 그들이 거주하던 성에 그대로 머무르게 하였다(정선여, 2010).

이후 고구려 주요 지역 거점 세력의 투항이 이어졌다. 668년 6월에는 웅진부성의 유인원이 귀간(貴干) 미힐(未肹)을 보내 고구려의 대곡성 등 2군 12성이 항복하였음을 알렸다. 이 성들은 한성 소속이었는데(임기환, 2004), 한성은 고구려 후기 3경(京)의 하나로 5세기 이래로 정치적 중심지였을 뿐 아니라 지방통치의 핵심거점으로서의 역할을 하던 지역이었다. 즉, 고구려 남부 지역의 중요 거점이었던 한성이 나당연합군의 본격적인 공격이 시작되기 전인 668년경 투항하였던 것이다.

고구려 멸망 후인 669년 보장왕의 외손이자 연정토의 아들인 안승(安勝)도 신라로 넘어왔다. 그는 고구려부흥군의 지도자였던 검모잠에 의해 왕으로 옹립된 인물이다. 앞서 언급한 사례가 주로 영역을 바탕으로 한 귀부였던 것에 반해 안승은 직접 4,000호를 이끌고 투항했다는 점에서 주목된다. 대규모 주민집단의 이동이 수반된 것이기 때문이다. 또한 안승의 신라 귀부는 이미 신라로 귀부하였던 연정토와 밀접하게 관련이 있는 것으로, 고구려 부흥운동과 연동된 움직임이라 할 수 있다(김수태, 1994). 고구려 부흥운동을 주도하고 있던 검모잠은 한성에서 안승을 맞아 왕으로 추대하며 고구려국을 건설하였다(김수진, 2020). 이 외에 고구려 부흥운동에 참여하고 있던 고연무도 신라로 이주한 유민세력이었다. 고연무는 한성 지역에 기반을 가지고 있었던 인물로서, 정병(精兵) 1만의 군사도 소유하고 있었다(이정빈, 2009).

신라군에 사로잡힌 포로집단도 있었다. 『삼국사기』 신라본기 문무왕8년(668) 11월조에는 "왕이 사로잡은 고구려인 7,000명을 데리고 왕경으로 들어왔다"는 기사가 보이는데, 이들 이외에도 전쟁 중에 사로잡혀 신라로 유입된 경우가 적지 않았을 것으로 보인다. 이들에 대한 신라의 처분은 기록으로 확인하기 어렵지만, 대규모 인원이었던 만큼 신라는 이들의 원활한 통제방안을 마련해야 했을 것이다. 그럴 경우 후술하는 안승과 함께 금마저로 이주시키지 않았을까 생각해 볼 수 있다(정선여, 2010; 조법종, 2015). 아울러, 신라가 백제 포로를 처분하였던 사례를 참고해보면, 고구려 포로 중에서도 주요 인사의 경우에는 그 지위와 능력 등을 헤아려 관리로 등용하는 경우가 있었을 것이다(노중국, 1988).

고구려 유민의 부흥운동 및 신라 유입은 당의 안동도호부 설치 및 기미주체제 확립과 연계되는 움직임이기도 했다. 실제 668년부터 670년 사이 기록에는 기미주체제 유지를 위해 필수적이라 할 수 있는 '추거(酋渠)·추수(酋帥)' 등이 안동도호부의 통제하에서 대거 이탈하기 시작했음이 확인된다. 또한 669년 8월 당 조정 내부에서는 고구려의 '여구(餘寇)'가 주요 문제로 논의되기도 했다. 특히 670년 초반 검모잠의 봉기는 요동뿐 아니라 평양 일대에 이르기까지 고구려 고지 전역에서 부흥운동이 확산되는 기폭제가 되었다.

검모잠은 670년 6월경 패강 유역으로 남하한 후 한성 일대에서 안승을 옹립하고 신라와의 연계를 꾀하였다. 신라 역시 호응하여 670년 8월 사절을 보내 안승을 고구려왕으로 책봉하는 한편, 이들에게 상당한 물자를 지원하였다. 검모잠 최초 봉기, 당의 토벌군 파견(670년

4월) → 검모잠 남하, 신라와의 연계(670년 6월) → 신라의 고구려왕 책봉(670년 8월) 순으로 일련의 사건이 진행된 것이다(조법종, 2015; 권창혁, 2021).

이상에서 언급한 일련의 움직임은 고구려 유민들의 활동과 이를 지원하면서 당과의 전쟁을 준비하던 신라의 움직임이 서로 연동되고 있음을 말해준다(김수태, 1994). 즉, 검모잠이 남하한 것 자체가 애초에 신라의 지원을 염두에 둔 행동이었을 가능성을 상정해 볼 수 있다. 고구려 부흥운동의 전개는 신라-당 전쟁의 배경이 된 측면이 있고, 역으로 신라와 당의 전쟁 상황은 고구려 부흥운동 주도세력에게 새로운 기회를 모색하는 계기가 되었다. 그렇기 때문에 상호간의 복합적인 전략적 안배 속에서 일련의 움직임을 파악하는 것이 중요하다고 할 수 있다(권창혁, 2021).

2) 고구려 부흥운동의 소멸과 신라 내투

신라와의 연계하에 국가의 재건을 이룬 안승 등 고구려 유민세력은 초기에 가시적인 성과를 거두고 있었다. 관련한 정황을 고려해보면 672년 무렵을 전후한 시점에 이들은 평양 인근 지역까지 진출하였던 것으로 보인다(최재도, 2015; 권창혁, 2021). 특히 672년 후반 평양 지역으로 침공해 온 고간(高侃) 등 당군은 '마읍성(馬邑城)'을 첫 번째 공격 목표로 삼았는데, 이를 통해 적어도 그 인근 지역까지는 적대세력, 즉 고구려부흥군이 진출한 상태였다는 사실을 짐작할 수 있다.

그러나 672년 후반 석문전투에서 신라·고구려 연합군은 크게 패배하였다. 석문전투 이후에도 한동안 고구려 세력은 당군의 공세에 저항하였으나, 673년 무렵을 전후하여 결국 이근행 등의 공세를 버티지 못했다. 차츰 밀리던 고구려부흥군은 호로하(瓠瀘河)를 지키지 못하고, 마지막 거점이었던 우잠성(牛岑城), 대양성(大楊城), 동자성(童子城)을 빼앗기면서 고구려 고지를 떠나 신라 땅으로 이동할 수밖에 없었다. 아울러 672~673년 사이 고구려 고지에서의 부흥운동을 둘러싼 당과 신라 사이의 갈등은 점차 고조되어 양국의 직접적인 대규모 군사 대결로 격화되고 있었다.

이러한 상황에 대해 『신당서』에서는 "평양성의 패잔병들은 다시 군열(軍列)을 정비할 수 없자, 신라로 함께 망명하였다. 그리하여 무려 4년 만에 평정되었다"고 표현하였다. 670년 안승과 검모잠의 고구려국 재건 이후 4년 동안 지속된 고구려 유민의 대당항쟁이 이로써 종식된 것이다. 신라-당 전쟁 과정에서 나름의 또 다른 목적을 위해 항쟁을 벌였던 고구려 유민의 활동은 이후 신라 정부로 하여금 보덕국과 고구려 유민에 대해 우호적인 조치를 취하게 하는 배경이 되었다(임기환, 2003).

고구려부흥군의 저항력이 약화되고 신라가 단독으로 전쟁을 수행하게 되자, 고구려부흥군의 입지와 신라의 대우도 달라졌다. 674년 9월 신라는 안승을 보덕국왕으로 책봉하였다. 기존과 달리 고구려의 계승성을 인정하지 않고, 신라왕의 덕에 보답하라는 의미의 '보덕'이라는 의미를 통해 신라에 대한 복속을 강조한 것이다. 이는 전략적인 측면에서 고구려 유민들의 군사적인 지원을 더 이상 기대할 수 없게 된 신라가 취할 수밖에 없는 조치이기도 했다(이미경, 2015).

보덕국은 신라가 허용한 범위 내에서만 자존을 지킬 수 있는 부용국의 처지였다. 그런데 보덕국에서 671년부터 683년에 이르기까지 총 8차례에 걸쳐 일본에 사신을 파견한 사실이 확인된다. 이를 보덕국의 독자성을 반영하는 증거로 파악할 수도 있겠으나, 실상을 보면 671년과 673년의 경우에만 보덕국 단독으로 사신을 파견하고 있고 나머지는 신라 관리와 동행하고 있다. 671년의 경우 한성 고구려국의 재건과 연관하여 그 사실을 일본 측에 알리고 청병(請兵)하는 것이 사신 파견의 목적이지 않았을까 추측한다(노태돈, 1985; 김수진, 2020). 673년 5월 사신 파견의 경우에도 청병이 목적이었을 것으로 짐작하는데, 당시는 아직 고구려국이 한성에서 당군의 공세를 견디던 때이기에, 그와 관련한 절박한 상황이 반영되었을 것이다(임기환, 2003).

그 외 보덕국의 사신 파견은 신라의 외교정책과 연관하여 살필 필요가 있다. 특히 673년 이후에는 신라가 보덕국을 통해 일본과의 외교적 관계를 강화했다고 해석되며, 보덕국에서는 신라를 지원하는 외교활동을 전개했다고 파악하는 것이 자연스럽다(이재석, 2010). 다만, 대일본 외교활동 관련 사료를 분석해보면 보덕국의 관인 기록에서 기존 고구려식의 부명과 관등명을 칭하고 있음도 확인된다. 형식적일지라도 보덕국이 고구려의 관료체제를 계승하여 운영하고 있음을 시사하는 것이며, 그중에는 대장군(大將軍), 장군(將軍) 등의 무관직도 확인되는 바 독자적인 무력기반을 일부 유지하였을 가능성도 있다. 특히 후술하는 바와 같이 684년 보덕국민의 반란 당시 이들의 저항에 신라군이 상당한 피해를 입고 있음을 보면 자체적인 무력기반이 있었을 것이며, 이들이 이후 9서당으로 편제되었을 가능성도 있다(임기환, 2003).

674년 문무왕이 고구려왕 안승을 보덕왕으로 다시 책봉할 당시 보덕국의 종말은 예견되어 있는 것이었지만, 신문왕 즉위 후 그러한 움직임은 더욱 가속화되었다. 신문왕이 즉위한 직후 벌어진 김흠돌의 반란이 진압되자 안승은 소형 수덕개(首德皆)를 파견하여 '역적을 평정한

일'을 축하하였다. 하지만, 이러한 노력은 결과적으로 아무런 소용이 없었다. 683년 10월 신문왕은 안승을 경주로 불러 소판(蘇判)으로 삼고, 김씨 성을 내렸다. 또한 경주에 머물게 하면서 저택과 토지를 내려주었다. 이러한 일련의 조치에 대해 금마저의 보덕국인들은 저항하며 봉기했다(정선여, 2013).

684년 11월 보덕국은 최후를 맞이하였다. 안승의 조카뻘 되는 장군 대문(大文)이 금마저에서 '반란'을 꾀하다가 처형당한 사건이 결정적인 계기가 되었다. 대문의 죽음을 보면서 남은 사람들은 관리들을 죽이고 읍성을 장악하면서 '반란'을 이어갔다. 신문왕은 장사(將士)들에게 명하여 '반란군'을 토벌하게 하였는데, 그 과정에서 당주(幢主) 핍실(逼實)이 전사하였다. 보덕군민들의 마지막 저항이 만만치 않았음을 보여주는 것이다.

그렇지만 신라는 얼마 지나지 않아 보덕국의 마지막 저항을 진압할 수 있었고, 보덕국민들을 남쪽 주·군에 사거시켰다. 보덕국이 자리잡고 있던 땅은 금마군으로 편제되었다. 보덕국의 소멸 후 그 핵심세력들은 새롭게 신라의 관인층이나 무력기반으로 편제되었다. 686년 고구려 관인층에게 신라의 관등을 수여하는 기준을 마련하였고, 같은 해에 보덕성민들을 9서당 중 벽금서당(碧衿誓幢)과 적금서당(赤衿誓幢)으로 구성한 것이다(김철준, 1978). 이렇게 보면 고구려 유민들 중 상당수는 보덕국이라는 중간 단계를 거친 후 최종적으로 신라에 편제된 셈이다. 그리고 보덕국과 신라가 맺었던 특수한 관계로 인해 이들은 같은 유민임에도 불구하고 백제 유민들에 비해 상대적으로 나은 대우를 받을 수 있었다고 평가된다(노중국, 1988).

3. 신라의 고구려 유민정책과 고구려 고지 지배

1) 신라의 고구려 유민정책 변화

670년대 고구려 유민의 항쟁 의지와 신라의 대당전쟁 전략이 만나는 지점에서 양자는 연합하였다. 신라는 백제와 고구려의 유민들을 전략적으로 받아들이면서, 이를 통해 당과의 갈등상황에서 자신에게 유리한 움직임을 만들고자 노력했다. 아울러 변화하는 국내외정세 변화에 맞춰 이들을 안정적으로 통제하면서, 동시에 적절하게 활용하기 위한 유민정책을 펼쳤다(김수태, 1994; 최희준, 2020). 하지만 시간이 흐름에 따라 고구려 유민이 꿈꿨던 목표는 점차 흐릿해졌고, 신라의 이해관계 내에 종속될 수밖에 없었다. 신라의 대고구려 유민정책 변화를 시기별로 살피도록 한다.

신라가 처음부터 고구려 유민과 부흥운동을 적극적으로 지원했던 것은 아니다. 신라는 고구려를 멸망시킨 세력이었으므로, 처음부터 부흥운동을 지원할 수는 없었다. 668년 고구려 멸망 이후 신라는 한동안 당과의 동맹을 유지하기 위해 노력하였다. 다만 신라에 유입된 고구려의 유민이 늘어가면서 신라는 유입되는 유민을 어떻게 활용하는 것이 향후 전황에서 유리할지를 가장 우선적으로 고려하였다(최희준, 2020).

신라는 전쟁 과정에서 투항하였거나 포로가 된 고구려 유민 중에서 영향력 있고 상징성을 지닌 주요 인사들에 대해 적극적인 포섭을 하였다. 연정토가 집단적으로 내부하자 이들에게 의복과 식량, 가옥을 제공하고 왕경과 주·부에 나누어 안치시킨 것이 대표적이다. 이후 신라는 668년에 연정토를 당에 사신으로 보내 외교전에 활용하였다. 전투 과정에서 잡힌 고구려 유민 중 일부는 그 지위와 능력을 헤아려 신라의 관리로 등용하였을 것으로 보인다. 신라의 관직을 받은 후에는 다시 전쟁에 투입되었을 것이며, 여러 통로로 충성심을 증명한다면 파격적으로 승진할 기회를 부여받았을 것으로 보인다. 이는 백제의 경우에서 유추할 수 있는데, 660년 황산벌전투에서 잡혀 포로가 된 후 총관직을 제수받았던 충상(忠常)이 이듬해 661년 출정군으로 참가할 때는 아찬(阿湌)으로 승진한 사례가 확인된다(김수태, 1999; 최희준, 2020). 하지만 이는 일부 사례에 불과하고, 그 외 대다수의 포로들은 고구려 정벌 과정에 전공이 있는 장수들에게 상으로 분배되었으리라 추정할 수 있다.

   고위층의 고구려 유민을 중심으로 포섭하여 활용하던 신라의 정책은 당과 전쟁을 시작하는 과정에서 고구려부흥군을 보다 적극적으로 지원하는 방향으로 변화하였다. 당과의 군사동맹을 파기한 신라는 고구려부흥군과 연계하여 670년 3월 군사작전을 전개하였다. 앞서 언급한 바와 같이 이는 같은 해 7월 웅진도독부를 전면적으로 공격하고 백제 고지를 차지하기 위한 전략의 일환이었다. 이어진 전쟁 기간 동안에도 신라는 고구려부흥군을 지속적으로 지원하였다. 만일 당과의 일전에서 패한다면 백제 고지를 다시 내줘야 함은 물론, 신라 자신의 생존도 장담할 수 없는 상항이었다. 그렇기 때문에 신라는 당과의 전쟁 과정에 국가의 역량을 총집결시켜야 했고, 이를 위해 고구려 유민을 적극적으로 지원하며 크고 작은 도움을 받길 기대했다.

   안승으로 대표되는 고구려 유민들이 670년 집단적으로 내부한 것은 신라 유민정책이 앞선 시기와 달라지고 있음을 잘 보여주는 사례다. 고구려 멸망 후 안승이 신라에 의탁하게 되었을 당시 거느리고 온 유민은 무려 4,000여 호에 달했다. 이에 대해 신라는 몇 년 전 연정토 세력이 투항했을 때와는 대조적으로 그들을 백제 고지 중에서도 요충지라 할 수 있는 금마저에 안치하면서 국통(國統)을 이어갈 수 있도록 하였다. 신라가 전쟁 과정에서 발생한 투항세력을 이전과 다른 방식으로 처리하면서 활용했던 것이다(조법종, 2015). 신라 문무왕이 안승을 금마저에 안치시키면서 고구려왕으로 책봉한 것은 형식적으로나마 신라 국왕과 당 황제가 대등한 존재임을 대내외에 천명하는 상징적인 행위였다. 또한 현실적인 측면에서 보면 안승 무리를 금마저에 안치한 데에는 당과 웅진도독부, 그리고 백제 유민의 연결을 사전에 차단하려는 신라의 목적이 기저에 깔려 있었다(최재도, 2015; 이미경, 2015).

당과의 전쟁이 종결된 이후, 신라의 유민정책은 다시 한 번 변화했다. 이제는 전쟁에서 승리하기 위해 유민을 활용하는 것이 아니라, 오랫동안 진행된 전쟁으로 말미암아 분열하고 무너져 가던 신라 사회를 재건하고 확대된 영토와 백성을 안정적으로 관리하며 통합할 수 있는 방향으로 정책목표가 전환되어야 했다. 신라는 '일통삼한(一統三韓)'을 내세우며 이전과 다른 차원에서 백제와 고구려 유민에 대한 통합책을 추진하기 시작하였다. 삼국이 하나의 국가로 통합되었다는 의식을 새롭게 강조해 나갔으며, 685년에 전국을 크게 9주로 구획함으로써 신라에 의해 삼국이 하나로 통합되었다는 사실을 상징적으로 천명하였다. 즉, 고구려 고지에 3주, 백제 고지에 3주, 가야를 포함하여 옛 신라의 영토에 3주를 배치한 것이다(변태섭, 1985; 노중국, 1988).

그 외 분야에 대해서도 통합을 내세우는 정책의 재편이 이어졌다. 먼저 신라의 제사체계 내에 기존 백제와 고구려 지역에 위치하고 있던 산천을 포함시키는 방식으로 사전(祀典)체계를 편제하였다. 신라는 전국의 주요 명산대천을 대사(大祀)·중사(中祀)·소사(小祀)로 체계화하였는데, 대사는 본래 신라 지역을 대상으로 하였지만 중사인 5악(岳)·4독(瀆)·4진(鎭)·4해(海)는 전국에 걸쳐 분포시키면서 지역의 제사 대상을 국가의 제사체계 내로 흡수하고 신앙적 통합을 꾀한 것이다.

신문왕이 즉위한 이후에는 왕권을 전제화하는 과정에서 지방제도, 군사제도 등에 대대적인 정비가 이뤄졌다. 그 과정에서 고구려 유민의 마지막 정체성이 남았던 보덕국도 해체될 수밖에 없었다. 백제 고지를 모두 확보하고 당과의 전쟁에서도 승리한 신라의 입장에서 더 이상 보덕국을 존치시키고 대우해 줄 이유가 없었던 것이다. 따라서 신라로서는 적당한 시점에 보덕국을 해체하고 그 땅과 백성을 흡수하고 통합해야 했다.

결국 683년에 이르면 보덕왕 안승을 왕경으로 불러들여 소판의 관등과 김씨 성을 하사함으로써 보덕국을 통합하였다. 이듬해인 684년 안승의 조카 대문이 금마저에서 모반을 꾀한 혐의로 주살당하였고, 그를 따르던 무리가 반란을 일으켰으나 곧바로 진압되었다(임기환, 2003; 정선여, 2013). 이후 686년에 고구려 유민에 대한 신라 관등의 사여가 단행되었는데, 이는 보덕국의 통합과 반란의 진압 이후 제시된 일종의 회유책이라 할 수 있다. 이때 신라의 관등을 수여받은 고구려 유민은 안승을 따라 신라 왕경으로 이주한 사람에 더하여, 666년 연정토와 함께 신라에 귀부한 사람이 대부분이었을 것이다(정선여, 2010).

2) 신라의 고구려 고지 지배범위

『구당서』에는 668년 고구려 멸망 당시 당이 그 영토에 대해 취한 정책이 정리되어 있다. 고구려는 멸망 전에 5부로 나뉘어져 176성, 69만 7,000호가 있었는데, 멸망 후 "그 땅을 나누어 9도독부, 42주, 100현으로 하고, 또 안동도호부를 두어 통관(統管)케 하였다"는 것이다. 또한 "추장(酋長) 가운데 공이 있는 자를 뽑아 도독(都督)·자사(刺史) 및 현령(縣令)을 제수하여 화인(華人)과 함께 백성을 참리(參理)하게 하였"으며, "좌무위장군(左武衛將軍) 유인궤를 보내어 군사를 통괄하고 진무케 하였다"는 조치가 나열되어 있다.

같은 책 설인귀전에는 "고구려가 항복하자 설인귀에게 조서를 내려 병사 2만을 거느리고 유인궤와 함께 평양을 유수(留守)하게 하였다"고 하였다. 당은 새로 차지한 고구려 영토를 통치하기 위해 고구려 옛 수도 평양에 안동도호부를 설치하면서 설인귀를 도호에 임명하였고, 고구려 정벌의 부사령관이었던 유인궤에게 그를 보좌하게 하였다. 또한 지방에는 도독·자사·현령 등 토착인 관리를 두고 도호부로 하여금 그들을 통괄하게 하였다(김종복, 2010; 장병진, 2016).

이후 신라와 당 사이에 전쟁이 진행되고, 676년 당이 후퇴한 이후 신라는 백제 고지뿐 아니라 고구려의 영토까지도 관할하게 되었다. 그런데 신라가 관할하게 된 고구려 고지의 범위는 어디까지였을지에 대해서 의견이 나뉜다. 고구려 멸망 이전 신라의 서북쪽 경계에 대해서는 568년에 북한산주를 폐지하면서 설치한 남천주(南川州)가 한강의 이북을 관할하고 있었고, 동북쪽 경계와 관련하여서는 668년 설치한 비열홀주(比列忽州)가 원산만 일대까지 관할하고 있었다고 보아야 한다. 결국 676년 신라와 당 사이의 전쟁이 종결된 이후 신라의 북쪽 경계가 얼마나 확장되었는지를 확인하는 것이 필요하다. 그런데 이 문제는 최근 재차 논의되고 있는 삼국통일전쟁론 및 백제통합전쟁론과 연관되어 있는 문제이기도 하다. 이와 관련하여 『삼국사기』 신라본기8 신문왕12년 기사에 대한 해석이 중요하다.

> [신문왕 12년(692)] 왕이 여러 신하들과 의논하여 "…그러나 생각하건대, 선왕 춘추는 자못 어질고 덕망이 있었으며, 더구나 생전에 어진 신하인 김유신을 얻어 한마음으로 정사(政社)를 돌보아 일통삼한(一統三韓)하였으니 이룩한 공적이 많지 않다고 할 수 없다.…"라고 대답하였다.

이 내용은 무열왕에게 태종 존호를 추존한 경위를 밝힌 답신의 일부이다. 그 과정에서 나오는 '일통삼한'이라는 표현은 신라가 '삼국을 통일하였다'는 근거로 자주 이용된다. 삼한이 곧 삼국을 뜻하며, 신라가 삼한을 일통했다는 것은 삼국을 통일했다는 의미라고 보는 것이다.

일통삼한에 대해서는 관련된 문자자료가 제시되고, 그에 대한 해석 문제도 논의되었다. 먼저 임해전지(臨海殿址)에서 출토된 '의봉4년개토(儀鳳四年皆土)' 명문기와에서 나온 '개토' 표현이 주목을 받았다. '의봉4년'은 문무왕 19년(679)에 해당하며 '개토'는 불교 경전에서 확인할 수 있는 국토(國土) 혹은 전토(全土)와 같은 말로 보아, 신라가 삼국 통일을 기념하여 674년에 월지를 축조하고 679년에 임해전을 중수한 것으로 파악하였다(大坂金太郎, 1969).

한편 청주운천동사적비(淸州雲泉洞寺蹟碑)의 '합삼한이광지(合三韓而廣地)'에 대한 검토도 이뤄졌다. 비에 등장하는 '수공2년(壽拱二年)'은

686년(신문왕6)으로, 이해는 보덕국이 해체되고, 9주와 5소경이 정비된 해이다. 이와 연관하여 '합삼한이광지'라는 구절은 삼국의 통합을 지칭하는 것으로 볼 수 있기 때문이다. 이를 고구려 멸망 이후 신라가 통합정책을 취하는 과정에서 형성된 삼국 백성의 동질성에 기반한 일통의식으로 파악했다(노태돈, 1982).

한편 두 문자자료를 둘러싼 반론도 제시되었다. 먼저 '의봉4년개토' 명문에서 확인할 수 있는 '개토'의 '토'를 오행과 관련하여 시간성을 반영한 표현으로 보면서, 기와 제작의 연월일이 납음(納音)의 오행에서 '모두 토(皆土)'에 해당하는 것을 말해준다는 새로운 해석도 제시된 바 있다(이동주, 2013). 아울러 청주운천동사적비에서 확인되는 독자적인 천하관은 당에 사대적이었던 신라에 해당하는 것이 아니라 삼한일통을 달성한 고려 태조의 업적에 부합하며, 비의 건립시기 역시 686년경이 아니라 나말려초로 보아야 한다는 견해도 제출되었다(이기동, 2005).

이상의 논쟁이 여전히 진행 중인 상황이지만, 신라가 확보한 고구려 고지의 범위가 어디까지였을까 하는 문제는 이와 별도로 검토 가능하다. 이 문제는 고구려 '남쪽 경계'가 어디였을지의 문제와 관련되는 것이며, 결국 신라의 영역이 대동강 이남을 포함하였을까의 문제로 귀결된다.

신라가 확보한 고구려 고지의 범위를 명확하게 알려주는 사료는 없지만, 『삼국사기』 신라본기7 문무왕15년 2월조에는 "백제 땅을 많이 차지하고 마침내 고구려 남쪽 경역까지 주와 군으로 삼았다"고 하였고, 『신당서』에도 "[신라는] 백제의 땅을 많이 차지하여 마침내 고구려 남경(南境)에 이르게 되었다. 상주·양주·강주·웅주·전주·무주·한주·삭주·명주의 9주를 설치하고, 주에는 도독을 두어 10군 내지 20군을 통솔하게 하였다"고 하였다. 신라와 당 사이의 전쟁이 끝나갈 무렵 신라가 차지한 영토가 고구려의 남경에 이르렀고, 그 지역을 대상으로 주군으로 삼은 것처럼 기술하고 있다. 이를 토대로 한다면 신라가 삼국을 통일한 뒤, 그 영토가 대동강-원산만 선에 이르렀다는 해석이 가능하다.

다만, 추가적인 검토가 필요한데, 이 사료는 두 방향으로 해석할 여지가 있기 때문이다. 하나는 신라가 675년 고구려의 '남쪽 경계'에 이르기까지의 영역을 주군으로 삼았다고 보는 것이고, 다른 하나는 675년 신라가 백제 고지뿐 아니라 고구려의 '남쪽 경역'까지 차지하고 이를 주군으로 삼았다는 것이다(김영하, 2014). 이와 같은 해석의 차이는 당 태종과 김춘추의 협상 과정에서 신라에게 할양하기로 한 "평양 이남 백제 토지(平壤已南 百濟土地)"에 대한 이해와도 결부된다.

고구려의 남경(南境)은 김유신이 한강과 칠중하를 건넌 후 진입한 고구려의 '남쪽 경계'로서 임진강 일대에 해당한다. 그렇기 때문에 당군과 거란군, 말갈군이 쳐들어왔다는 소식을 듣고 기다리던 신라가 675년에 당군과 교전한 전선도 천성(泉城), 매소성(買肖城), 칠중성(七重城), 석현성(石峴城) 등 임진강 일대에 형성되어 있었다. 이렇게 보면 당시 신라의 서북경이 대동강 일대에 이르지 못한 것으로 보아야 한다. 또한 신라가 "마침내 고구려 남경에 이르렀으므로 주군을 삼았다"는 『삼국사기』의 표현은 "남경에 이르게 되었다"는 내용과 "9주를 설치하였다"는 내용이 구분되어 있는 『신당서』의 해당 부분을 하나로 엮어 서술하면서 오해의 여지를 남기게 된 것이 아닌가 한다.

한편 신라 동북경의 경우 원산만에 이르고 있었다고 본다. 675년에 안북하(安北河)를 따라 요새를 설치하고 철관성(鐵關城)을 축조한 뒤 아달성(阿達城), 적목성(赤木城)에서 말갈군과 교전했으며, 676년에는 당 군대가 도림성(道臨城)을 내침한 사실로 미루어 알 수 있다. 신라가 이 지역을 영역화한 것은 735년에 당으로부터 패강 이남 영유를 허락받은 뒤의 일로 보는 것이 자연스럽다. 그 이전 신문왕 대에 지방통치체제 및 이와 연동되는 군사제도를 일제히 정비하였을 당시에도 신라는 한강 이북에 많은 신경을 쓰지 못하고 있었다. 이후 당의 지배력 약화를 틈타 694년 송악성(松岳城)과 713년 개성을 축조하였지만, 이 경우도 해당 지역에 대한 영역화라기보다는 소극적인 진출로 평가할 수 있다. 735년 이후가 되어야 대동강 이남을 영유하게 된 신라는 경덕왕 대(742~764)와 헌덕왕 대(809~825)에 이르러 예성강 북쪽과 대동강 남쪽 사이에 14개 군현을 설치하였고, 782년에는 발해에 대한 방위책으로 패강진(浿江鎭)을 설치하였다. 이상의 내용을 토대로 백제와 고구려 멸망 이전의 영역과 신라-당 전쟁 이후 영역을 비교해보면, 신라의 북쪽 경계가 크게 개척된 것은 아니었음을 확인할 수 있다(김영하, 2014).

참고문헌

국방부, 1999, 『羅唐戰爭史』, 국방군사연구소.
김강훈, 2022, 『고구려부흥운동 연구』, 학연문화사.
김영관, 2005, 『백제부흥운동연구』, 서경문화사.
김영하, 2012, 『한국고대사의 인식과 논리』, 성균관대학교출판부.
노중국, 2003, 『백제부흥운동사』, 일조각.
노태돈, 2009, 『삼국통일전쟁사』, 서울대학교출판부.
서영교, 2006, 『羅唐戰爭史 硏究: 약자가 선택한 전쟁』, 아세아문화사.
_____, 2015, 『고대 동아시아 세계대전 – 살수대첩부터 나당전쟁까지, 7세기 국제전의 그날들』, 글항아리.
이상훈, 2012, 『나당전쟁 연구』, 주류성.
이호영, 1997, 『新羅三國統合과 麗·濟敗亡原因硏究』, 書景文化社.
임기환, 2004, 『고구려정치사연구』, 한나래.
주보돈, 1998, 『신라지방통치체제의 정비과정과 촌락』, 신서원.

강진원, 2014, 「癸酉銘 阿彌陀三尊四面石像 銘文 검토」, 『목간과 문자』 12.
권창혁, 2019, 「나당전쟁 시기 매소성 전투와 신라의 북방전선」, 『한국고대사연구』 95.
_____, 2021, 「670~673년 신라의 고구려 부흥운동 지원 전략에 대한 검토」, 『신라사학보』 51.
_____, 2023, 「최근 나당전쟁사 연구의 주요 쟁점」, 『북악사론』 18.
김강훈, 2016, 「요동지역의 고구려부흥운동과 검모잠」, 『군사』 99.
_____, 2018, 「고구려 멸망 직후 당의 고구려 故地 지배 시도와 유민의 동향」, 『대구사학』 133.
김수미, 2008, 「扶餘隆 도독 체제 웅진도독부의 통치구조」, 『역사학연구』 32.
김수진, 2020, 「670년 평양 일대 고구려 유민의 남하와 부흥운동의 전개」, 『역사와 실학』72.

김수태, 1994, 「統一期 新羅의 高句麗遺民支配」, 『李基白先生古稀紀念 韓國史學論叢』上.

_____, 1999, 「新羅 文武王代의 對服屬民 政策-百濟遺民에 대한 官等授與를 中心으로-」, 『新羅文化』16.

김영관, 2009, 「취리산회맹과 당의 백제 고토 지배정책」, 『선사와고대』31.

_____, 2012, 「百濟 滅亡後 扶餘隆의 行蹟과 活動에 대한 재고찰」, 『백제학보』7.

김영하, 2009, 「7세기 후반 한국사의 인식문제」, 『韓國史研究』146.

_____, 2014, 「신라의 '통일'영역 문제-교과서 내용의 시정을 위한 제언-」, 『韓國史學報』56.

김종복, 2010, 「백제와 고구려 고지에 대한 당의 지배 양상」, 『역사와현실』78.

김진한, 2016, 「高句麗 滅亡과 淵蓋蘇文의 아들들」, 『한국고대사탐구』22.

김철준, 1978, 「통일신라 지배체제의 재정비」, 『한국사』3.

김현숙, 2004, 「고구려 붕괴 후 그 유민의 거취 문제」, 『한국고대사연구』33.

노중국, 1988, 「統一期 新羅의 百濟故地支配-『三國史記』職官志·祭祀志·地理志의 百濟關係記事 分析을 中心으로-」, 『韓國古代史研究』1.

노태돈, 1982, 「三韓에 대한 認識의 變遷」, 『韓國史研究』38.

_____, 1985, 「對渤海日本國書에서 云謂한 '高麗舊記'에 대하여」, 『(邊太燮博士華甲紀念)史學論叢』, 三英社.

_____, 1997, 「나당전쟁기(669~676) 신라의 대외관계와 군사활동」, 『군사』34.

_____, 2011, 「7세기 전쟁의 성격을 둘러싼 논의」, 『韓國史研究』154.

박찬흥, 2006, 「665년 신라·백제·당나라의 취리산 회맹문」, 『내일을 여는 역사』26.

방용철, 2018, 「고구려 부흥전쟁의 발발과 그 성격」, 『대구사학』133.

변동명, 2012, 「武珍州의 성립과 車得·安吉 설화」, 『역사학연구』48.

변태섭, 1985, 「三國統一의 民族史的 意味」, 『新羅文化』2.

서영교, 2002, 「나당전쟁기 석문전투」, 『동국사학』38.

_____, 2007, 「통일기 신라의 백제지역 지배」, 『百濟의 滅亡과 復興運動』, 충청남도역사문화연구원.

성재현, 2013, 「계유명전씨아미타불비상 글자의 내용-새로 판독한 글자 소개-」,

『불비상 염원을 새기다』, 국립청주박물관.

植田喜兵成智, 2019, 「'內臣之番'으로서의 百濟·高句麗遺民 - 武周시기부터 玄宗 開元期에 이르기까지 유민 양상과 그 변화-」, 『고구려발해연구』 64.

신은이, 2018, 「보덕국의 탄생과 그 의미」, 『大丘史學』 113.

신형식, 1988, 「통일신라에 있어서의 고구려유민의 동향」, 『한국사론』 18, 국사편찬위원회.

심정보, 2007, 「부흥군 최후의 항전」, 『百濟의 滅亡과 復興運動』, 충청남도역사문화연구원.

양병룡, 1997, 「나당전쟁 진행과정에 보이는 고구려유민의 대당전쟁」, 『사총』 47.

여호규·拜根興, 2017, 「遺民墓誌銘을 통해본 唐의 東方政策과 高句麗 遺民의 동향」, 『동양학』 69.

윤경진, 2012, 「『三國史記』 地理志 수록 군현의 三國分屬」, 『韓國史學報』 47.

＿＿＿, 2013, 「〈청주운천동사적비〉의 건립 시기에 대한 재검토」, 『史林』 45.

＿＿＿, 2014, 「신라 통일기 금석문에 나타난 天下觀과 歷史意識」, 『史林』 49.

이기동, 2005, 「新羅 '中代' 序說」, 『新羅文化』 25.

이동주, 2013, 「新羅〈儀鳳四年皆土〉명 기와와 納音五行」, 『歷史學報』 220.

이미경, 2015, 「신라(新羅)의 보덕국(報德國) 지배정책」, 『대구사학』 120.

이상훈, 2010, 「나당전쟁의 개전과 설오유 부대」, 『역사교육논집』 45.

＿＿＿, 2011, 「나당전쟁의 군사적 원인과 신라의 전쟁준비」, 『역사와 경계』 79.

＿＿＿, 2014, 「검모잠의 최초 거병지 검토」, 『한국 고대사 연구의 자료와 해석』, 사계절.

＿＿＿, 2019, 「나당전쟁의 개전 시점과 주체에 대한 재검토」, 『한국고대사탐구』 32.

이재석, 2010, 「7세기 후반 보덕국의 존재 의의와 왜국」, 『일본역사연구』 31.

이정빈, 2009, 「고연무의 고구려 부흥군과 부흥운동의 전개」, 『역사와현실』 72.

이준성, 2021, 「7세기 초·중반 당-삼국 사이의 '會盟' 추진과 그 함의」, 『역사학보』 249.

이케우치 히로시 저, 정병준 역, 2014, 「고구려 멸망 후 유민의 반란 및 당과 신라의 관계」, 『고구려발해연구』 48.

임기환, 2000, 「신라 삼국통합의 배경과 통합 정책」, 『한신인문학연구』 1.

_____, 2003, 「보덕국고」, 『강좌 한국고대사』 10, 가락국사적개발연구원.
장병진, 2016, 「당의 고구려 고지(故地) 지배 방식과 유민(遺民)의 대응」, 『역사와 현실』 101.
전덕재, 2014, 「신라의 동북지방 국경과 그 변천에 대한 고찰」, 『군사』 91.
정선여, 2010, 「신라로 유입된 고구려 유민의 동향」, 『역사와 담론』 56.
_____, 2013, 「新羅 神文王代 報德國民의 반란」, 『역사와 담론』 66.
정운용, 2010, 「취리산회맹 전후 백제에 대한 신라의 인식」, 『취리산회맹과 백제』, 혜안.
정원주, 2018, 「唐의 고구려 지배정책과 安勝의 行步」, 『한국고대사탐구』 29.
_____, 2019, 「안승(安勝)의 향방(向方)과 고구려 부흥운동」, 『군사』 110.
조법종, 2015, 「고구려유민의 백제 金馬渚 배치와 報德國」, 『한국고대사연구』 78.
조인성, 2007, 「고구려멸망과 부흥운동의 전개」, 『고구려의 정치와 사상』, 동북아역사재단.
채지혜, 2013, 「唐 前期 北方 羈縻府州의 設置와 變化」, 『동양사학연구』 125.
최민희, 2002, 「〈儀鳳四年皆土〉글씨기와를 통해 본 新羅의 統一意識과 統一紀年」, 『慶州史學』 21.
최재도, 2015, 「漢城의 고구려국 재검토」, 『동북아역사논총』 47.
최호원, 2020, 「고구려 검모잠·안승 세력과 대신라관계 인식」, 『신라사학보』 49.
최희준, 2020, 「7세기 후반 신라의 백제·고구려 유이민 정책」, 『신라사학보』 50.

大坂金太郎, 1969, 「〈儀鳳四年皆土〉在銘新羅古瓦」, 『朝鮮學報』 53.
植田喜兵成智, 2014, 「唐人郭行節墓誌からみえる羅唐戰爭 -671年の新羅…征討軍派遣問題を中心に-」, 『東洋學報』 96-2.
井上直樹, 2016, 「高句麗遺民と新羅 -7世紀後半の東アジア情勢」, 『東洋史研究』 75-1.
池内宏, 1930, 「高句麗滅亡後の流民の叛亂及ひ唐と新羅との關係」, 『滿鮮地理歷史研究』 12.
村上四男, 1966, 「新羅国と報德王安勝の小高句麗国」, 『朝鮮學報』 37·38(1978, 『朝鮮古代史研究』, 開明書院 재수록).

5장

고구려 멸망의 역사적 의미

박경철 | 전 강남대학교 교양대학 교수

　오늘을 살아가는 이 땅의 사람들이라면 그 누구든 '고구려'라는 나라의 이야기를 들으면서 큰 숨을 가다듬어 보았던 경험을 누구나 한 번쯤은 가지고 있을 것이다. 이는 우리에게 고구려가 역사의 기억 저편에서 마치 신기루처럼 아른거리는 나라이면서, 소 심줄처럼 강하면서도 질기게 버티어 온 우리 역사에서 가장 강력했던 전사들의 나라라고 여기기 때문일 것이다(박경철, 2004).

　『삼국사기(三國史記)』는 이러한 고구려의 최후를 "보장왕(寶藏王) 27년(668) 가을 9월 이적(李勣)이 평양(平壤)을 함락시켰다. …그 5일 뒤 신성(信誠)이 성문을 열자, 이적이 군사를 풀어 성 위에 올라 북을 두드리고 성에 불을 지르게 하였다. 남건(男建)은 제 손으로 목을 찔렀으나 죽지 않았다. 왕과 남건 등을 사로 잡았다"라고 기록하고 있다.

그런데 이러한 고구려의 멸망에 관하여 유교주의적 교양에 젖어 들어가던 김부식(金富軾)을 비롯한 고려 지식인들의 시대적 한계가 노출된 '사론(史論)'이 『삼국사기』에 남아 있기는 하지만(이강래, 1998), 오늘날에 이르기까지 이 문제와 관련된 의미 있는 논의(震檀學會, 1968; 鄭媛珠, 2012)는 매우 아쉬운 편이다. 이러한 우리 학계의 동향은 신라의 '통일전쟁론'과 '삼국통일론'의 유의미성을 천착함에 그 관심의 초점이 모여짐에서(국사편찬위원회, 1981; 李萬烈, 1985) 비롯된 결과일 것으로 짐작된다.

한편 우리 학계에서의 고구려사의 전개에 관련된 여러 논의가 주로 정치사적 측면에서 이루어져 오고 있음(여호규, 1997; 임기환, 2007; 김현숙, 2007)은 두루 알려진 사실이다. 이 글은 이러한 성과들에 유념하면서도 새로이 '전쟁'이라는 준거 시점에 입각하여 고구려가 걸어온 700여 년 궤적을 되새김질함으로써 7세기 동아시아 국제전쟁의 소용돌이를 마무리지었던 고구려 멸망의 역사적 의미에 대한 고민을 풀어 나가 보고자 한다.

1. 고구려의 국세 팽창과 전쟁

국가형성기(기원전 1세기~1세기) 고구려의 주된 경제 행위는 농업·교역·전쟁으로 집약된다. 당시의 농업생산성은 열악한 생태환경적 제약 조건으로 인하여 그 사회의 기본적 소요마저 충족시킬 수 없을 정도로 저급하였다. 따라서 당시 고구려는 경제적 취약성을 군사력으로 상쇄하려는 정책을 의도적으로 선택할 수 밖에 없었다. 그러므로 고구려에 있어서 전쟁은 농경과 교역에 갈음하여 정치·경제·사회·문화 등 제 부문의 수요·공급을 창출함으로써 모든 사회에 있어서의 역동성을 끌어올리는 기능을 수행하였던 것이다.

이러한 국가형성기 고구려의 국가 성격은 국가형성론적 측면에서 전제적 군사국가(專制的 軍事國家, despotic military state)적 성격이 매우 짙었다. 여기서 전제적 군사국가란 지속적인 군사력 조성정책, 노골적인 군사적 팽창정책, 피정복주민의 집단예속민화정책, 강제적 사민(徙民)정책 등을 자국의 생존·발전을 위한 전략으로 선택하고, 이를 관철하는 국가를 말한다(Elman R.Service, 1968).

다음으로 고구려는 국가 지배구조의 인적 기반이라는 측면에서 군사귀족제(militocracy) 사회에 바탕을 둔 국가였다. 당시 고구려는 주요 지배계층이 군사귀족으로 충원되는, 언제나 무관이 문관보다 우월적 지위를 차지하는 사회였던 것이다.

마지막으로 지배질서의 측면에서 신분제를 기축으로 하여 운영되는 신분국가였다. 고구려는 애당초부터 신분제를 근간으로 물리적 폭력에 바탕한 전일적인 통제력이 지배·생산·일상의례에 관철되는 국가로 출발하였던 것이다.

그러므로 국가형성기 고구려는 전제적 군사국가에서 출발한 군사귀족제에 바탕한 신분국가로서 우리 민족사 인식의 지평에 그 첫 모습을 드러내게 되었다. 이러한 형성기 고구려의 전사국가(李基白·李基東, 1982) 혹은 병영국가(garrison state)로서의 국가적 성격은 이후 고구려사의 전개에 있어 그 내재적 속성으로 작용하였다(朴京哲, 1996).

국가형성기 이래 고구려는 당시 우리 민족사에 대하여 언제나 강요항으로서 주어지고 있던 내륙아시아 유목 여러 세력 및 동북아시아 지역의 말갈(靺鞨)·선비(鮮卑)·거란(契丹) 등과 연관된 '대륙관계사' 전개의 향방을 능동적으로 주도하면서 적극적으로 대처해 갔다.

이 사실은 중원의 한족(漢族)이 위진남북조시대(3~6세기 말) 동안 북아시아 초원지대에서 흥기한 여러 유목민족에게 위축·압도·정복되고 있었다는 점에 비추어 매우 주목을 요하는 문제다. 고구려는 다양한 종족과 그들의 다기한 문화권과의 만남 속에서 그 발전을 기약할 수 있게 되었던 것이다. "유목사회와 영농정착제국의 중간지대인 변경지역에서 발흥하여, 양측의 사회·정치 구조를 숙지하고 있는 세력만이 유목제국(遊牧帝國, imperial nomads)을 건설할 수 있다"라는 주장은(Owen Lattimore, 1962), 비단 유목제국의 흥기뿐만 아니라 고구려가 전제적 군사국가에서 제국으로 웅비하는 과정을 해명함에 있어서도 재음미해 볼 만한 가설일 수 있다(박경철, 1988).

고구려는 국가형성기 이래 환인(桓仁)·집안(集安) 지방을 중심 전략·군사 거점화하여 두만강·대동강·요하·송화강선(豆滿江·大同江·遼河·松花江線)을 지향하는 전방위적 군사 팽창정책을 수행해 나갔다. 이렇게 고구려의 변방은 국초부터 적대적 국가·집단과 접속·교전하는 전선(前線, limes)을 형성하면서 지속적으로 확장되어 갔다. 또 이는 요하선을 지향한 고구려 변방 공간의 확대 과정이기도 했다. 따라서 고구려는 4세기 말 요동(遼東) 지방을 그들의 전략거점화하는 데 성공하였다. 이를 계기로 고구려는 전제적 군사국가에서 제국화한 동북아시아 패권국가로서 우뚝 설 수 있게 되었다.

5세기 동아시아 국제질서는 고구려, 북조의 북위(北魏), 남조의 제 왕조들, 유연(柔然), 토욕혼(土谷渾)이라는 5대 강국(major power)에 의한 세력균형체제(Balance of Power International System)가 성립되어 상대적 안정을 누리게 되었다.

이런 정세하에서 남조·유연·토욕혼은 동아시아 세계에 대한 북위의 독점적 지배권 실현을 저지하기 위하여 서로를 잠재적 동맹 대상국으로 인식하고, 대북위 공동행동을 취하는 경향이 현저하였다. 반면 북위는 고구려가 이들과 더불어 대북위 봉쇄연환(封鎖連環)을 형성할 가능성을 저어하여 고구려의 적극적인 군사적 팽창정책을 용인할 수밖에 없었다. 따라서 고구려는 동아시아 세력균형체제의 5대 열강 간 역학관계의 구도를 결정하는 중요한 캐스팅 보트(casting vote)를 거머쥔 존재로서 자리매김하게 되었다.

결국 북위는 동북아시아에서 고구려 패권을 인정함으로써 동아시아 세계에서 궁극적으로 자국의 지배권을 공고화시키려는 세계경영정책, 곧 세계정책을 채택하고 있었다. 당시 동아시아 세계에서 이러한 고구려의 위상은 전방위적 국세 팽창정책을 관철함에 있어 많은 선택지를 가질 수 있게 만들었던 셈이다.

이처럼 5세기 이래 고구려는 동북아 최강의 무장세력(armed force)으로 부상하고 있었다. 고구려의 강성은 당시 고구려인들로 하여금 스스로를 천하의 중심으로 설정하고, 이를 바탕으로 나름대로의 세계정책을 관철해 나가게 할 수 있었다. 즉 고구려는 이러한 천하관에 따라 중원과 유목 문화권을 자국의 천하와 분별하면서, 동북아에서 패권 장악을 도모하고 이를 누리고자 하였던 것이다(盧泰敦, 1988; 朴京哲, 1989; 朴京哲, 2007).

국가형성기 이래 고구려의 전방위적 군사팽창의 동선은 당시 가장 중요한 전략물자인 말과 철의 안정적 확보 노력과 무관하지 않았다. 따라서 고구려가 6세기 이상의 기간에 걸쳐 축차적으로 확보한 압록강·

두만강·대동강·요하 및 송화강 유역은 제국화된 고구려의 전선을 뒷받침하는 동원기지가 되었다.

또한 고구려는 세력팽창 과정에서 한인(漢人) 및 말갈·선비·거란·실위(室韋)·지두우(地豆于) 등 변방 이종족집단을 군사력으로 제압하면서 이들에 대한 실효적인 지배권을 확립하여 나갔다. 따라서 고구려는 광개토왕 대 이래 급팽창한 자국 세력권 안팎에서 영위되는 여러 기저사회의 다양한 존재양식에 대응하여 여러 지배형태의 병존을 허용하는 다종족국가의 경영, 곧 제국적 지배구조의 실효적 운용을 꾀하였던 것이다.

고구려는 말갈·선비·거란·지두우 등과 같은 이종족에 대해서는 그들 본래의 공동체적 질서와 생산양식, 즉 그들 고유의 생존영역을 비호·보장해주는 대가로 그들로부터 조부(租賦), 특히 노력(勞力)과 군력을 수탈하였다. 이렇게 고구려는 힘을 통한 제압과 이익을 미끼로 한 '초무(招撫)'를 매개 기제로 하여 이종족집단을 부용(附庸)세력화함으로써 국가 군사잠재력의 기반을 확대·강화시켜 나갔다(武田幸男, 1979; 朴京哲, 1988; 朴京哲, 1989; 김현숙, 2005; 朴京哲, 2005a).

한편, 고구려 국세 팽창의 진전에 따라 고구려 지배구조 내 중심의 폭이 확장되어 간 것은 물론이었다. 그러나 동시에 그 과정은 지배구조 내의 중심과 변방 간 차별성이 심화되어 가고 있음을 뜻하는 것이기도 하였다. 고구려 지배구조의 인적 기반은 예맥계(濊貊系) 주민들로 구성된 고구려인이었다. 물론 소수의 상층 신분인 한인(漢人) 등 이종족 역시 각자의 역량에 힘입어 일정한 역할을 수행할 수 있었으나, 그들은 언제나 이방인으로서 자리매김됨이 상례였다. 고구려 세력권 내에서도 지배구조로 진입할 수 없는 인간 군상은 가상적 변방공간의 주민으로서의 삶을 힘겹게 꾸려 나갈 수밖에 없었다.

고구려사의 전개는 통시적인 변방 공간 확대 과정이며, 공시적으로는 지배구조 내에서의 '중심-변방'이라는 차별성의 심화 과정이기도 하였다. 특히 제국화된 고구려가 누렸던 패권이 전방위적 군사팽창정책의 소산이었기 때문에 그 변방 공간은 항시적으로 전선화되어서 구조적인 불안정성을 가진 채 경영되고 있었다.

아마도 이러한 고구려 변방 구조의 중층성은 힘을 바탕으로 구축된 제국적 지배구조가 갖는 허실의 한 단면이 될 수도 있을 것이다. 그러나 이런 사실은 고구려가 애당초부터 군사귀족제와 신분국가에 바탕한 전제적 군사국가로서 출발했다는 점을 상기할 때 수긍 가는 측면이 없지 않다고 할 수 있다. 그리고 어쩌면 이 점이 고구려의 제국적 미숙성을 드러내는 한 측면이라고 볼 수도 있다(朴京哲, 2005a).

고구려의 제국화는 보다 많은 자원과 권력의 집적을 가능케 하였지만, 그 과실의 배분을 둘러싼 내부 여러 집단 사이의 경합상을 유발하게 되고, 거기에 상술한 제국적 미숙성까지 더하여 내부에서 제반 갈등이 증폭·만연하게 되었다. 따라서 고구려는 장수왕(長壽王) 대를 전기(轉機)로 보다 집중적 권력행사가 가능한 지배구조로의 이행을 지향하게 되었던 것이다.

고구려 국가 지배구조의 근간은 권력 엘리트가 주로 군사 엘리트로써 충원되는 군사귀족제였다. 따라서 장수왕은 선왕의 무훈으로 고양된 왕권을 배경으로 국내 지배집단의 심한 반발과 정치적 갈등을 감내하면서 국왕에게 국가권력이 집중되도록 도모함으로써 집권적 지배체제의 확립을 꾀하였다. 무엇보다도 그가 단행하였던 427년 평양으로의 천도는 이후 고구려 국가 지배구조 성격의 변화와 그 정치사 전개에 있어 하나의 획선을 그었던 것이다.

이러한 집권적 지배구조의 정립은 고구려가 보다 강력한 국가권력을 매개로 여러 갈등을 수렴·조정함으로써 국가·사회적 통합을 유지하고, 나아가 국가의 생존과 이익을 담보코자 한 노력의 일환이었다. 그런데 이러한 지배구조의 변화는 곧 국가의 기존 지배집단을 길들이는 과정을 동반하게 마련이다. 이 와중에서 국가권력의 표상인 국왕과 기득권집단 및 새로운 지배구조 형성 과정에서 대두한 신흥 지배집단 사이의 갈등이 심화되고 내연화되어 가고 있었다(林起煥, 1992; 盧泰敦, 1993; 鄭媛珠, 2012; 박경철, 2018).

2. 7세기 동아시아 국제전쟁과 고구려의 멸망

6세기 말 이래 중국은 진·한 제국에 이은 한족 세력의 제2 팽창기를 맞게 된다. 곧 수·당 제국은 중원을 재통일하고 자국을 중심으로 한 동아시아 세계체제 및 그 질서를 주변 여러 국가와 세력들에게 강요하게 된다. 이제 수·당 양국은 조공·책봉을 매개 기제로 동아시아 세계체제 질서, 곧 중국을 중심으로 한 억압적 평화체제(pax-sinica system)를 정립함으로써 자국의 궁극적 안전보장을 담보코자 하였다.

7세기 초 수에 갈음하여 중원을 재통일한 당의 세계정책 또한 자국의 우월한 군사역량을 바탕으로 하는 동북아 세력구도의 재편을 위해 추진되고 있었다. 당이 국초의 소극적 대외정책에서 보다 적극적인 그것으로 점진적으로 이행해 나갔음은 수와 마찬가지 수순을 밟았다고 볼 수 있다. 곧 수·당은 국초 북아시아 방면의 돌궐과 동북아 쪽의 고구려에 대해 매우 조심스러운 태도로 접근하고 있었다. 그러나 양국의 대외정책 모두 어느 정도 국내정세가 안정됨에 따라 공세적으로 바뀌어 갔던 것이다. 양국은 먼저 돌궐을 군사적으로 제압한 후, 그 힘을 동북아 방면으로 투사하기 시작했으며, 그 주 타격 대상은 고구려였던 것이다.

아울러 6세기 중반 이래 한강 유역 영유권 문제를 빌미로 신라와 백제의 매상공벌(每相攻伐) 상황이 연출되고, 고구려와 신라 간에 주적관계가 성립된 상황하에서 신라는 대당 경도(傾倒) 정책을 국가 생존전략으로 선택하게 된다. 이렇게 격화된 한반도 남부 지역에서의 상쟁은 당으로 하여금 동북아 지역의 세력균형자를 자임케 함으로써 자국의 전략적 위상을 더욱 고양시키는 계기가 되었다(박경철, 2006).

5세기 집권적 지배체제의 정립 이후 잠재·내연되어 오던 지배집단 간의 갈등은 그 제국적 지배질서 및 체제가 이완·약화되는 시점에 이르러 내부 무장충돌로 현실화되어 나타나면서 제국적 지배구조의 동요·와해를 재촉하는 실마리가 되었다(林起煥, 1992; 鄭媛珠, 2012; 박경철, 2018). 6세기 중반경 양원왕(陽原王) 즉위 시 발생한 지배집단 내부의 유혈충돌은 그러한 현상의 첫 번째 표출이었고, 642년 연개소문(淵蓋蘇文)의 집권은 그것을 마무리하는 정변이었다.

곧 6세기 중반 고구려는 귀족연립정권의 운영을 통해 그 갈등의 해소책을 구했던 것이다(林起煥, 1992; 盧泰敦, 1993; 鄭媛珠, 2012). 그러나 7세기 중반 연개소문의 정변은 그러한 과도기적 체제의 파탄을 보여주고 있는 셈이다. 물론 논자에 따라서는 연개소문의 집권이 영류왕(榮留王)의 왕권강화 기도에 대한 반동이었다고 보기도(鄭媛珠, 2012) 한다.

연개소문 정권은 642년 유혈쿠데타(coup d'Etat)로 집권한 이래 군사적 팽창정책의 지속적 추진만이 국가 및 그 지배집단의 생존기반을 안정적으로 담보할 수 있다는 관점을 갖고 있었다. 따라서 고구려는 종래 대륙정책 관철을 추구하는 연장선상에서 대당 강경정책을 강력히 추진하였다. 당 태종이 고구려 정벌 의지를 노골화하기 시작한 시점이 연개소문 정변 이듬해인 643년인 점도 이런 연개소문의 성향과 무관하지 않은 것이다.

그러나 이 연개소문이 주도하는 당과의 전쟁은 몇 가지 내재적 취약점을 갖고 있었다. 먼저 이런 정치체제는 당시 국가권력 정통성의 표상인 국왕권을 허구화하게 만들었다. 그만큼 연개소문 정권은 국가권력 기제의 실질적 운영 주체이지만, 그 권력행사상의 정당성(legitimacy)에 있어 상당한 하자를 가지게 된다. 따라서 이런 체제는 국가권력 집중현상의 심화에도 불구하고 국가권력의 자율성(state autonomy)이 훼손되는 심각한 파행상을 드러낼 수밖에 없다(孫浩哲, 1989). 따라서 위기관리체제를 자임한 연개소문 정권 아래서 여당전쟁의 실효적 수행을 담보하는 국가적 통합도가 눈에 띄게 약화되는 것은 자명한 일이다. 여당전쟁을 수행하던 고구려 군민이 간헐적으로 보여주는 무력함과 적전 분열상은 이전 여수전쟁 당시 그들이 보여준 전의(戰意)와 확연히 분별되고 있음도 이와 무관하지 않다. 정치체제의 정당성의 하자(the crisis of legitimacy)는 그 체제의 효율성을 저하시키고(the crisis of efficiency), 나아가 국가의 생존 문제 즉 정체성의 위기(the crisis of identity)마저 불러오게 되는 것이다(孫浩哲, 1989).

한편 국내정세의 불안은 대외적 갈등행위를 조장하는 경향이 있다(李相禹, 1987). 어쩌면 연개소문 정권은 국내에서 여러 집단의 반발을 무마하는 수단으로 대외적인 갈등을 부각시켜 관심을 밖으로 쏠리게 함으로써 자기체제의 안정과 결속을 다지는 계기를 마련하고자 했을 가능성도 없지 않았을 것이다. 그러나 이러한 대당 강경정책은 당측의 집요한 고구려 공멸(攻滅) 기도가 충분한 빌미를 제공해주고 있었던 것임은 물론이다(朴京哲, 2005a; 朴京哲, 2007a; 鄭媛珠, 2012; 박경철, 2018).

동몽골(東蒙古) 지역은 현 중국 내몽골자치구 대흥안령산맥(大興安嶺山脈) 남쪽 기슭이다. 동몽골은 북위·수·당 대의 요해(遼海), 현 내몽골 적봉시(赤峯市) 영성현(寧城縣)이 중심인 송막(松漠) 지방, 그리고 보다 후대에 '열하(熱河)'로 불린 북경(北京) 동북부 지방인 승덕(承德) 일대까지 포함하는 광범위한 지역이다. 이 지역은 훗날 청대에까지 몽골 지방 제압과 만주와 서번제융(西蕃諸戎)에 대한 패권의 안정적 관철을 담보함에 있어 '천하지뇌(天下之腦)'가 되는 지역이라고 인식된 바 있다(閔斗基, 1963). 고구려의 요해 지역 진출 노력은 군사전략적 측면도 무시할 수 없지만, 이 지역을 매개로 한 요해·송막 지방 → 내몽골 → 외몽골 → 서역(西域, silk road)으로 이어지는 교역의 중요성도 간과할 수 없다는 지적(鄭媛珠, 2012)도 있다. 따라서 고구려는 일찍이 이 동몽골 지방의 지정학적 중요성을 간파하고, 이 방면에서의 세력 확산에 부심했던 것이다(朴京哲, 2005b; 朴京哲, 2007a; 鄭媛珠, 2012).

6세기 말 수·당 세계제국 성립을 주도한 세력은 무천진(武川鎭) 군벌, 즉 관롱집단(關隴集團)이었다(柳元迪, 1989). 무천진은 종래 북위가 내몽골 방면을 방어하기 위하여 설치한 하북6진(河北六鎭) 중 하나였다. 이 무천진의 운영 주체인 호화(胡化)된 한인(漢人) 무장(武將) 집단은 동몽골의 전략적 가치를 숙지하고 있는 수·당 건국의 주체세력이었다. 따라서 이들은 동몽골 지방에서 고구려의 세력 부식 노력과 북아시아 초원 여러 세력과의 연계 가능성에 심각한 우려를 표명함과 동시에 군사적 대응조치를 모색하고 있었다.

훨씬 뒷날 후금(後金)-청의 중원 지배가 만주 여진족의 내몽골 몽골족과의 연합전선 구축에서 창출된 파괴력에서 비롯되었다는 사실(盧基植, 1999)을 생각해 볼 때, 관롱집단의 우려가 결코 기우는 아니었던 것이다. 그리고 이들 관롱집단의 관중(關中) 우선시 정책은 고구려와의 전쟁을 수행하면서도 항시 유목세력의 동향을 주시할 수밖에 없도록 만들었다. 또 실제 이 점이 여당전쟁의 진행 과정에 영향을 끼쳤던 것이다(徐榮敎, 2003; 朴京哲, 2007a).

고구려는 국초 이래 지속적으로 추진해 온 군사적 국세 팽창정책의 연장선상에서 동몽골 문제에 접근하면서 동북아에서의 독자적 생존권, 패권의 보존 및 그 확산을 담보하는 나름대로의 대륙정책을 관철해 나가고자 했다. 그러나 수·당 제국은 동아시아를 중국 중심의 일원적 지배질서로 재편하여, 자국의 안보를 궁극적으로 보장하려는 세계정책을 관철하고자 했던 것이다.

이 점에 비추어, 특히 동몽골 지방에서 거란족 지배권의 향방을 둘러싼 고구려↔수·당↔돌궐 사이의 각축전은 고구려의 대수·당 70년 전쟁 발발 원인 가운데 유력한 하나로 꼽을 수 있을 것이다(박경철, 2007a; 鄭媛珠, 2012).

관련 사료를 보면, 643~644년 당 태종은 고구려와의 개전(開戰) 명분을 다양하게 제시하고 있다. '시군(弑君)', '살주(殺主)', '요동고중국지(遼東故中國地)'가 그것이다. 이 외에도 '침신라(侵新羅)'를 들 수 있다(『삼국사기』). 또 당 측은 645년 전쟁의 명분으로서 요동 회복과 수의 패전에 대한 설욕도 거론하고 있다.

당 태종은 '현무문(玄武門)의 변(變)'이라는 일종의 쿠데타를 통해서 왕위를 쟁취한 바 있다. 이러한 그가 연개소문의 '시군'을 전쟁 구실로 거듭 언급함은, 역설적으로 왕위 획득 과정에서 자신의 취약한 정당성을 연개소문을 징벌하기 위한 전쟁 수행을 통하여 치유하고자 한 정치적 보상행위라고도 볼 수 있다(朴漢濟, 1993).

그뿐만 아니라 당이 연개소문의 '시군'을 전쟁 명분으로 자주 들먹인 것은 고구려 측 항전의지를 약화시키기 위한 일종의 홍보·심리전 전략의 일환으로, 실제로 이러한 당 측의 의도는 효과가 전혀 없었던 것은 아니다(이강래, 1994). 아울러 고구려에 중국적 군신 간의 의리를 강제함은 동북아시아 일대에 중국 중심적 예교질서를 관철코자 한 숨은 의도가 있었던 것이다(朴京哲, 2007a).

한편 당이 신라에 대한 고구려의 잦은 침공을 질책한 행위 역시, 당 중심의 세계질서 내에서 각국 위상의 자의적인 자리매김과 안정을 강요함으로써 중국 중심의 억압적 평화체제를 정립코자 한 욕구가 표출된 것이다. 결국 당의 전쟁 목적은 드러낸 명분과는 달리 '천하에서 아직까지 평정되지 않은 본중국지지(本中國之地)'였던 요동의 고구려를 공멸시키는 것이었다(朴京哲, 2007a).

6세기 이래 고구려가 확보한 변방 공간들은 항시적으로 구조적인 불안정성을 가진 채 경영되고 있었다. 고구려의 종심방어전략(縱深防禦戰略)은 이러한 불안정한 변방 공간을 방어종심으로 운용하는 전수방어(專守防禦)전략이었다. 고구려가 시종일관 이러한 전략 개념에 입각하여 대당전에 임한 것은 전력의 선택·집중 원칙을 애당초 포기한 상태로 전쟁을 수행하였음을 뜻한다. 그 결과 고구려는 처음부터 전쟁 주도권을 상실하고 당의 군사행동에 대해 분산적·즉흥적 대응으로 일관하고 있었다.

즉 고구려는 자기가 선택한 전장에서 이미 자리 잡고 싸우고자 하는 당군을 상대로 한 비효율적 전력 운용에 매달릴 수밖에 없었다. 따라서 고구려는 23년간의 지루한 소모전과 지구전을 치르면서 방어종심의 축차적 퇴축과 인적·물적 자원을 포함한 국력의 고갈을 감수할 수밖에 없었던 것이다.

645~648년 제1차 여당전쟁의 주 전장은 혼하(渾河) 및 태자하(太子河) 유역 일대였다. 또 654~659년 소강기의 군사충돌에서도 고구려는 이 방면에서 지속적인 종심 타격을 받고 있었다. 661~662년 제2차 여당전쟁의 경우, 전장은 압록강 유역으로 확대되는 한편 평양성 공위전까지 벌이게 되었던 것이다. 마지막으로 667~668년 제3차 여당전쟁 시기에는 두만강 유역을 제외한 전 영역이 전장화되어 갔던 것이다. 이러한 방어종심의 축차적 퇴축은 결국 종심방어전략 자체를 무의미하게 만들었던 셈이다.

고구려가 채택한 종심방어전략의 핵심은 제 성 네트워크의 실효적 가동이었다. 그러나 이러한 성 중심의 방어체계는 중앙통제력이 약화될 경우, 개개 성들의 독자적 운동성을 강화시키는 한계를 드러내게 된다. 특히 대당전쟁 말기 지방 군사력의 분산적 운용과 이탈로 말미암아 왕도인 평양성이 쉽사리 포위·함락되는 약점을 노출하기도 하였던 것이다.

아울러 여당전쟁 당시 당이 황해 제해권을 확고히 장악함을 바탕으로 작전범위를 임의로 확대시킬 수 있었고, 병참 역량의 안정적 운용을 기할 수 있었던 점도 이 전쟁의 승부를 가르는 주요 요인 중 하나가

된다.

고구려는 본질상 내선적(內線的)인 위치에서 종심방어전략으로 당과 맞섰는데, 상대적으로 우세한 적의 군사역량에 맞서 의연히 대처해 나갔다. 그러나 612년 이래 요서(遼西) 지역에서 공제(控制) 능력을 상실했고, 645년 이래 요동 지역이 항시 전장화됨에 따라 고구려 최전선으로서 이 지역의 전반적인 방어역량의 소모는 극대화될 수밖에 없었다. 게다가 요해 방면에서의 고구려세의 퇴조는 요동 지역의 전략적 부담을 더욱 가중시키게 되었던 것이다. 여기에 백제 멸망(660) 이후 나당군의 북상 압력에 의한 제2전선의 형성 위협은 군사적으로 취약한 대동강 유역 이남 지역 방위에 있어 새로운 어려움을 더하고 있었다.

그러나 무엇보다도 고구려의 대당 전선상의 치명적인 균열은 666년 정쟁으로 실각한 남생(男生)이 당으로 투항한 전쟁 지도부의 분열이었다. 연개소문 사후 일어난 자식들 간의 권력다툼은 절대적 권력자의 죽음이 몰고 올 사후 불안정성(post-death instability)의 단적인 예가 된다. 이러한 불안정성은 생전 절대자 권력의 안정성에 비례하여 증폭되는 것이다(Richard K. Betts & Samuel Huntington, 1985; 1986). 절대권력체제 아래에서 정보와 권력의 흐름은 제도보다 인맥에 얽히게 되며, 그것이 파벌 형성을 부채질하게 된다. 따라서 절대적 권력의 공백기에는 파벌 간의 투쟁이 결정적 파국을 초래하는 요인이 된다.

이 문제와 관련, 논자에 따라서는 당의 고구려 정벌전략이 요동 공략 → 평양 직공 → 내분 유도공작이라는 3단계로 진전되었던 것으로 파악하고 있다. 또 이 견해는 평양 직공전략의 실패 후 당에 의한 고구려 분열유도공작의 소산이 연개소문 사후 벌어진 고구려 내분이라고 본다(金瑛河, 2000).

결국 667~668년 요동 지역 및 압록강 유역에 대한 당의 마지막 축차적 군사행동과 고구려 최대의 후방거점인 송화강 유역 실함은 고구려 '제국' 자체의 전면적 붕괴를 예고하는 사태였던 것이다. 그리고 보장왕27년(668) 9월 평양성이 함락됨으로써 고구려는 시조 동명왕(東明王)부터 보장왕까지 28대 705년의 역사에 종언을 고하게 되었던 것이다(박경철, 2007a; 鄭媛珠, 2012; 박경철, 2018).

3. 고구려 멸망의 역사적 의미

고구려는 국가형성기 이래 생태환경적·지정학적 여건의 취약성을 전방위적 군사 팽창정책으로 상쇄하면서 전형적인 전제적 군사국가로의 발전을 지향하게 되었다. 그리하여 고구려는 5세기 이후 광개토왕·장수왕·문자왕 대 이래 하나의 '왕국' 단계를 넘어선 동북아시아 일대의 패권을 장악하고 독자적인 생존권을 경영하는 제국적 지배구조에 입각한 다종족국가로 우뚝 서게 되었다(朴京哲, 1988; 朴京哲, 2005a).

전제적 군사국가, 군사귀족제, 신분국가는 고구려에 내재한 기본적 국가의 성격으로 거론할 수 있다. 물론 백제·신라 역시 이 점에 관한 한 마찬가지인 이형동질적(異形同質的) 사회였지만, 고구려는 그 선도적 국가로서 자리매김할 수 있다는 점에서 남다른 바가 있었다. 아울러 고구려는 한반도 남부의 백제·신라와 지속적으로 접속하면서 화전(和戰) 양면 관계에 있어 높은 상관성을 보여주고 있었다. 그러나 발해와 신라와의 그것은 상대적으로 낮은 수준에 머물고 있었을 뿐이다. 이 점은 고구려가 당시 우리 민족사 전반의 흐름을 꿰뚫고 흐르는 정치·경제·군사·문화적 동질성을 나제 양국과 상당 수준 공유하고 있었음을 보여주고 있다.

동북아시아에서 고구려가 성장·발전하고 있던 시기에 중원의 역사는 한 제국의 쇠퇴 이래 위진남북조시대로 일컬어지는 분열의 시대를 맞고 있었다. 한족과 여러 유목민족이 뒤엉켜 연출했던 이 혼돈 속에서 분출된 파괴적 에너지는 주변 여러 민족에게 재앙적 수준의 충격을 강요할 가능성이 매우 컸을 것이다. 따라서 고구려가 만주와 한반도 북부에서 우월한 군사역량을 과시하면서 민족사의 자주적 진전을 담보하는 방파제 역할을 다했던 점은 매우 주목할 만한 사실이다.

기원전 2세기 고조선(古朝鮮), 정확히는 위만(衛滿)조선과 한 제국과의 전쟁은 한(漢) 민족 제1 팽창기인 진·한 제국 시기에 우리 민족이 감당해야 했던 동북아시아 국제정치에서의 기회비용이었다. 또 그 제2 팽창기인 수·당 제국 시기 고구려와 수·당의 전쟁 역시 같은 의미를 지니고 있다(朴京哲, 2007a).

6세기 말 이래 중원의 수·당은 오호십육국~남북조시대라는 분열된 중원을 통일한 동아시아 패권제국으로 새로이 등장하고 있었다. 수·당 제국은 동아시아를 중국을 중심으로 한 일원적 지배질서로 재편하고, 이러한 억압적 평화체제를 매개로 자국의 궁극적 안전보장을 담보코자 하였다. 이러한 수·당의 세계정책은 주변 여러 국가·민족·집단들의 무장 해제와 세력 재편, 심지어는 공간적 생존 영역의 재조정을 강제하는 등 매우 폭력적인 강제기제로 작용하였던 것이다. 한편 고구려는 국초 이래 지속적으로 추진해 온 군사적 국세 팽창정책의 연장선에서 동북아시아에서의 독자적 생존권과 패권의 보존 및 그 확산을 담보하는 나름대로의 대륙정책을 관철해 나가고자 했다.

『수서(隋書)』 및 『삼국사기』 등 당시 정황을 기록한 자료들은 고구려의 집요한 말갈, 거란에 대한 패권추구정책에 대한 수의 불편한 심기를 잘 드러내 주고 있다. 이 점은 당 역시 마찬가지였다. 당시의 자료들은 당의 고구려 공격 원인이 요동에 대한 영유권 회복과 수의 패전에 대한 설욕에 있음을 명시하고 있다. 따라서 당시 당 측은 645년의 전쟁이 수의 고구려 정벌 명분이었던 거란·말갈 문제를 완전히 해결하고, 천하평정을 향한 마지막 미답지(未踏地)를 짓밟기 위함임을 명시하고 있다(『당서(唐書)』·『수서(隋書)』 및 『삼국사기(三國史記)』). 이 사실은 당의 세계정책이 오직 고구려의 공멸만이 거란·말갈에 대한 지배권 문제로 상징되는 동북아 세력 재편 문제를 최종적으로 해결할 수 있다고 인식했음을 엿보게 해주는 대목이다(朴京哲, 2007a).

따라서 여당전쟁은 각자의 핵심적 국익을 추구하려는 고구려의 대륙정책과 당의 세계정책이 정면충돌하면서 빚어낸 동아시아 국제전쟁(598~677)의 가장 중요한 결절점으로서 애당초 타협이 불가능한 제로섬(zero-sum) 전쟁이었던 것이다. 이 점에 비추어 논자들 사이에서 거론되어 온 연개소문 정권의 외교정책의 경직성 문제 등은 신중히 검토해 볼 여지가 있다.

종래 우리 학계는 나당전쟁(羅唐戰爭)을 계기로 신라가 백제인의 대부분과 고구려인의 상당 부분을 흡수하여, 여러 갈래로 나뉘어 각자의 길을 걸었던 삼국인이 언어·문화·정치체제·사회구조를 같이하는 하나의 민족으로서 통합·발전하는 계기를 마련했다고 보고 있다(李萬烈, 1985). 즉 이러한 입장은 신라가 한반도의 대부분을 통일함으로써 우리 민족을 한 울타리 안에서 단일민족으로 발전하게 만드는 기반을 마련하였다고 이해하고 있다(국사편찬위원회, 1981).

그런데 오늘날 학계 일각에서 이러한 신라의 삼국통일론에 대해 비판적 인식이 제시된 바 있다. 이러한 논의는 발해의 존재에 유의하면서 신라의 삼국 통일이 내포한 근본적 한계에 주목하는 입장에 서서 677년 이후 우리 역사를 지칭해왔던 통일신라시대론의 대안으로서 남북국시대론의 적실성을 논하고 있다(金瑛河, 1994).

같은 관점에서 신라가 당과 함께 백제·고구려를 멸망시키고 우리 역사 최초의 단일 정통왕조를 세웠지만, 신라가 고구려를 완벽하게 통합하지 못한 한계를 안고 있었기 때문에 그로부터 30년 후 발해가 건국되기에 이르렀다고 본다. 따라서 이런 입장 또한 발해 건국 이후 우리 역사를 '남북국시대'라 지칭할 것을 제안하고 있는 것이다(한규철, 1994).

그럼에도 불구하고 여기서 다시 한번 숙고해보아야 할 점은 고구려와 백제를 멸망으로 몰고 간 나당동맹(羅唐同盟)과 관련된 신라의 '자주성' 시비 문제다. 6세기 중반 이후 한반도에서의 신라의 강세는 기존 삼국 간 힘의 구도를 깨는 새로운 무장세력의 대두를 뜻하였다. 또 이 사실은 잇닿은 7세기 동아시아 국제전쟁의 발발과 무관하지 않은 것이다. 이 점은 당시 동북아시아 국제정치의 현장이 보다 상위의 동아시아 국제구조·질서의 변화상과 연계되어 움직인 사실과 무관하지 않다. 이 시기에 벌어지고 있던 일민족-다국가체제 구도가 빚어낸 살벌한 경합 상황 아래에서 신라가 대당 경도 정책을 국가 생존전략으로 선택함(박경철, 2007b)을 오늘날의 자주성 인식 차원에서 논의하는 것은 바람직하다고만은 보이지 않는다.

고구려는 만주와 한반도 북부 지방을 아우르는 방대한 영역에 걸쳐 5부, 176개 성을 기본틀로 하여 69만여 호의 주민을 통치하여 온 바 있었다. 당은 고구려를 멸한 후 이곳을 평양의 안동도호부(安東都護府)를 중심으로 9개 도독부(都督部)와 42개 주 및 100개 현으로 재편하고 자의적인 사민정책 등을 구사하며 무단적으로 지배하고자 하였다. 그러나 당의 이러한 고구려 고지(故地) 지배의지는 잇달아 일어나는 고구려 유민들의 저항과 말갈·거란 등의 동요로 애당초부터 관철하기 힘들어지게 되었다. 따라서 당의 자국 중심 세계정책은 결국 좌절되고 말았던 것이다.

당 제국의 공세적 팽창정책은 고종 시기의 고구려 멸망 이후 소극적으로 바뀌어 갔다. 이 사실은 티베트에서 토번(吐蕃)의 강세와 동북아시아에서 나당전쟁의 패배(677) 및 발해의 건국(698)과 북아시아에서 7세기 말 돌궐의 재발흥, 8세기 중엽 위구르(回紇)의 흥기라는 역사적 전개와 무관하지 않다(동북아역사재단 북방사연구소 편, 2021).

고구려는 7부체제라는 얼개를 운용하면서 말갈의 거의 전부를 통어·경영하고 있었다. 고구려의 이러한 지배장치가 해체되면서 흑수부(黑水部)를 제외한 나머지 말갈 주민들은 자신들의 생존기반 확보를 위한 세력 재편의 새로운 구심점의 출현을 모색할 수밖에 없었다. 이런 상황하에서 고구려 유민세력이 주도하고 말갈이 이에 가세하여 오늘날 중국 연변(延邊) 지방을 중심지로 698년 건국한 새로운 나라가 발해인 것이다.

고구려는 여당전쟁을 치르면서 혼하 및 태자하 유역의 요동 지방과 국내성을 중심으로 하는 압록강 유역 그리고 부여성(扶餘城)이 있는 송화강 유역 및 평양성이 중심이 되는 대동강 유역 모두가 항시 전장화되어 간 바 있다. 다만 책성(柵城) 중심의 두만강 유역만이 상대적으로 나마 참혹한 전화를 모면하게 된 점은 이곳이 훗날 발해 건국의 입지로 거듭날 수 있었던 배경으로 판단된다(盧泰敦, 1981). 따라서 발해의 건국은 그 주도세력과 지정학적 배경 등을 고려할 때 30년 전 사라졌던 고구려 역사와의 연속선상에서만 이해될 수 있다.

한편 거란·말갈은 중원 여러 왕조, 유목제국, 고구려-발해의 명에 아래서의 생존을 위해 주변 부용세력으로서의 존재양식을 강요받을 수밖에 없었다. 그러나 이들은 7세기 고구려, 그리고 10세기 발해의 멸망을 계기로 우여곡절을 거치면서 자기 발전의 길을 걷게 되어 10세기 초엽의 요(遼)와 12세기 초엽의 금(金)이라는 정복왕조를 건립하게 된다(동북아역사재단 북방사연구소 편, 2021).

종래 고구려는 선비·유연·돌궐·말갈·거란 등과의 지속적인 상관관계를 견지하면서 중원 여러 국가를 압박하는 대외정책적 구도하에서 국가를 경영한 바 있었다. 한 선학은 고구려의 멸망이 우리 국사상의 '불행'을 초래했음을 지적하면서, 발해의 흥기에도 불구하고 만주의 핵심인 요동 서남부가 당의 지배를 받게 되었고, 발해의 멸망 이후 우리 역사의 공간적 전개 무대가 '반도국가'의 테두리를 벗어나지 못하게 되었음을 안타까워한 바가 있다(震檀學會, 1968).

실제로 고구려와 발해의 멸망 이후 우리 민족은 만주에서의 역사 전개에서 방관자가 되어 유의미한 역할을 할 기회를 상실하게 되었다. 그리고 이 사실은 이곳을 매개로 한 북아시아 혹은 내륙아시아 초원지대의 유목세력과 접속·조우를 할 빌미마저 원천적으로 봉쇄당하게 되었음을 뜻한다. 우리 민족은 이후 '만주'로 표상되는 내륙아시아의 관문에 접근할 기회마저 잃어버린 셈이 되었다. 따라서 고려시대 이후 우리의 역사는 거란·몽골·여진을 주역으로 하는 대륙관계사 진전의 객체가 되는 입장을 감수할 수밖에 없게 되었는바, 이는 고구려의 멸망이 바로 그 단초가 되었던 것이다.

한편 고구려와 발해, 특히 전자의 멸망 이후 우리 민족사 전개의 경제적 기반이 만주와 내륙아시아 유목사회와 공간적으로 격절됨에 따라 농경사회적 재생산구조가 확고히 자리 잡게 되었다. 이에 따라 고구려의 패망을 전환점으로 이후 우리 역사상 정치적 기본 얼개 또한 남북조시대(혹은 통일신라시대)의 과도기를 거쳐 군사귀족제에서 유학적 이념에 기초한 문민지배체제로 이행하게 됨은 널리 알려진 사실이다. 그 결과 우리의 정치체제와 이데올로기 및 경제적 기반이 중원 왕조의 그것과 어느 정도 상사성을 가지게 되었다. 따라서 고구려 국망을 계기로 이후 우리 민족의 대외관계사는 주로 중원 농경제국과 손을 잡고 거란·여진·몽골 등 유목세력과 대결하는 관계망 속에서 진전되게 되었다. 이 점은 고구려의 멸망이 우리 민족 대외관계사 전개의 측면에서 패러다임(paradigm)이 일대 전환하는 계기가 되었음을 보여 주고 있다.

고구려의 멸망을 시발점으로 우리 민족사 전개의 공간적 장(場)이 한반도에 국한되게 되었다. 이에 따라 우리는 지정학적 세계관의 왜소화와 역사인식의 지평선상에서의 공간적·심정적 자아 위축현상마저 경험하게 되었다. 그리고 오늘날도 우리가 이 점에 대해서 자유로울 수 없음은 안타까운 현실이 아닐 수 없다.

참고문헌

『唐書』, 『三國史記』, 『隋書』.

국사편찬위원회, 1981, 『한국사2: 고대-민족의 성장』.
김현숙, 2005, 『고구려의 영역지배방식 연구』, 모시는사람들.
동북아역사재단 북방사연구소 편, 2021, 『동북아시아 고고학 개설 II: 역사시대 편』, 동북아역사재단.
박경철, 2018, 『한국 고대사의 재인식』, 서경문화사.
李基白·李基東, 1982, 『韓國史講座(I): 古代篇』, 일조각.
李萬烈, 1985, 『講座 三國時代史(재판)』, 지식산업사.
李相禹, 1987, 『國際關係理論: 國家間의 葛藤原因과 秩序維持』, 博英社.
이성제, 2005, 『高句麗의 西方政策 研究』, 국학자료원.
임기환, 2004, 『고구려정치사연구』, 한나래.
震檀學會(李丙燾), 1968, 『韓國史: 古代篇(6版)』.

金瑛河, 1995, 「삼국과 남북국의 사회성격」, 『한국사3: 고대사회에서 중세사회로(1)』, 한길사.
_____, 2000, 「高句麗 內紛의 國際的 背景」, 『韓國史研究』110.
김현숙, 2007, 「고구려 나부체제의 형성과 해체」, 『한국고대사연구의 새동향』, 한국고대사학회.
盧基植, 1999, 「後金時期 만주와 몽고 관계 연구」, 고려대학교 박사학위논문.
盧泰敦, 1981, 「渤海建國의 背景」, 『大邱史學』19.
_____, 1988, 「5C 金石文에 보이는 高句麗人의 天下觀」, 『韓國史論』19.

_____, 1993, 「朱蒙의 出自傳承과 桂婁部의 起源」, 『韓國古代史論叢』 5.

柳元迪, 1989, 「唐 前期의 支配層: 舊貴族과 官僚基盤의 擴大」, 서울대학교 東洋史學硏究室 編, 『講座 中國史 II: 門閥社會와 胡·漢의 世界』, 지식산업사.

閔斗基, 1963, 「"熱河日記"의 一硏究」, 『歷史學報』 20.

朴京哲, 1988, 「高句麗 軍事力量의 再檢討」, 『白山學報』 35.

_____, 1989, 「高句麗 軍事戰略 考察을 위한 一試論: 平壤遷都以後 高句麗 軍事戰略의 志向点을 中心으로」, 『史學硏究』 40.

_____, 1996, 「高句麗의 國家形性 硏究」, 高麗大學校 博士學位論文.

_____, 2004, 「다시 고구려를 바라 본다」, 『내일을 여는 역사』 15.

_____, 2005a, 「高句麗 邊方의 擴大와 構造的 中層性」, 『韓國史學報』 1.

_____, 2005b, 「高句麗의 東蒙古經略」, 『白山學報』 71.

_____, 2007a, 「麗唐戰爭의 再認識」, 『東北亞歷史論叢』 15.

_____, 2007b, 「麗羅戰爭史의 再檢討」, 『韓國史學報高』 26.

朴漢濟, 1993, 「7世紀 隋唐 兩朝의 韓半島進出經緯에 대한 一考: 隋唐初 皇帝의 正統性確保問題와 關聯하여」, 『東洋史學硏究』 43.

徐榮敎, 2003, 「고구려의 대당전쟁과 내륙아시아 제민족: 안시성전투와 설연타」, 『軍史』 49.

孫浩哲, 1989, 「국가자율성개념을 둘러싼 제 문제들: 개념 및 이론적 문제를 중심으로」, 『韓國政治學會報』 23-2.

여호규, 1997, 「1~4세기 고구려 정치체제 연구」, 서울대학교 박사학위논문.

이강래, 1994, 「7세기 국제전의 전제조건」, 『한국사3: 고대사회에서 중세사회로(1)』, 한길사.

_____, 1998, 「'삼국사기'의 정당한 이해를 위하여」, 김부식·이강래 옮김, 『삼국사기 I』, 한길사.

林起煥, 1992, 「6·7세기 고구려 정치세력의 동향」, 『한국고대사연구』 5.

_____, 2007, 「고구려」, 『한국고대사연구의 새동향』, 한국고대사학회.

鄭媛珠, 2012, 「高句麗 滅亡 硏究」, 韓國學中央硏究院 박사학위논문.

한규철, 1994, 「남북국의 성립과 전개과정」, 『한국사3: 고대사회에서 중세사회로(1)』, 한길사.

武田幸男, 1979, 「廣開土王碑からみた高句麗の領域支配」, 『東洋文化研究所紀要』 78.

K. Betts, Richard & Samuel Huntington, 1985 / 1986, "Dead Dictators and Rioting Mobs," *International Security*, vol.10 no.3, Winter, The MIT Press.
Lattimore, Owen, 1962, *Inner Asian Frontiers of China*, Beacon Press.
R. Service, Elman, 1968, "War and Our Contemporary Ancestors," Morton H. Fried, Marvin Harris & Robert Murphy, eds., *War: The Anthropology of Armed Conflict and Aggression*, The Natural History Press.

3 유민사 및 고구려 인식

6장 부흥운동 및 고구려 유민 연구의 신자료
7장 고구려 유민의 향배와 존재양식
8장 고구려의 영향과 동북아시아

6장

부흥운동 및 고구려 유민 연구의 신자료

장병진 | 경상국립대학교 역사교육과 조교수

고구려 멸망 이후 그 고지(故地)의 동향과 유민(遺民)의 활동은 일찍이 연구자들의 관심을 끄는 주제였다(이병도, 1964; 노태돈, 1981a; 김현숙, 2004). 특히 고구려 부흥운동(池內宏, 1930; 양병룡, 1997; 임기환, 2003; 강경구, 2005; 조인성, 2007; 이정빈, 2009; 김강훈, 2022), 발해 건국의 배경(노태돈, 1981b; 김종복, 2004) 등과 관련해 다수의 연구가 제출되었다. 그러나 연구자들의 관심에 비해 자료 여건은 그리 좋지 못했다. 국내외 사서에서 적지 않은 정보가 확인되지만, 기록마다 차이가 있어 합리적인 해석을 도출하기가 쉽지 않았다. 이러한 사료 현실은 크고 작은 논란을 일으키기도 했으며, 일부 잘못된 해석이 비판되지 않고 답습되어 온 측면도 있었다.

최근 당대 묘지명(墓誌銘) 자료가 다수 축적되면서 자료의 한계를 조금이나마 보완할 수 있는 여지가 마련되었다. 새롭게 알려진 묘지명 자료들은 당에서 살아간 유민 일족의 삶을 조금이나마 엿볼 수 있게 하고, 나아가 멸망 이전 고구려의 역사상을 복원하는 귀중한 정보를 제공하고 있다. 물론 묘지명에 담긴 내용은 대체로 단편적인 사실을 적은 경우가 많아 그 자체만으로 당대의 실상을 복원하기에는 어려움이 있고, 묘지명이라는 자료의 성격도 고려해야 한다. 그러나 당대의 기록이자 유민 당사자들의 인식이 직·간접적으로 반영되었을 가능성이 크다는 점에서 묘지명의 사료 가치는 결코 낮게 평가할 수 없다. 따라서 문헌자료나 기존에 축적된 연구성과와 더불어 살펴본다면, 종래의 해석을 바로잡거나 이해를 더하는 자료로 활용하기에는 충분하다.

1920년을 전후해 세상에 알려진 고자(高慈), 천남생(泉男生)의 묘지명을 시작으로 고구려 유민묘지명에 대한 소개와 본격적인 연구가 이루어지기 시작한 지 이제 100여 년의 시간이 지났다. 1937년 나진옥(羅振玉)의 『당대해동번벌지존(唐代海東藩閥誌存)』에 천남생, 천헌성(泉獻誠), 천비(泉毖), 천남산(泉男産), 고자, 고진(高震) 등 고구려 유민 6명의 묘지명을 집록한 이후 한동안 새로운 자료가 보고되지 않았다가, 1990년대 들어서 사선의일(似先義逸), 이타인(李他仁), 고현(高玄)의 묘지명이 추가로 소개되었다. 그리고 2000년대 이후 자료가 비약적으로 증가하면서 현재까지 알려진 고구려 유민의 묘지명 자료는 30건에 이른다.

고구려 유민묘지명에 관한 논의는 최근 고구려사 연구의 한 흐름으로 지적할 수 있을 만큼 관련 연구자들의 주요 관심사가 되었다. 2000년대 이후 새로운 자료의 소개가 비약적으로 이루어진 결과다. 중국 내에서 수·당대 묘지명 자료의 발굴과 정리가 정책적으로 진행된 영향으로 자료가 급증하고 있으며, 같은 이유에서 앞으로도 새로운 자료가 추가될 가능성이 큰 만큼 지속적인 관심이 필요하다.

이 글에서는 학계에 소개된 고구려 유민묘지명 자료의 전모를 간단히 소개하고, 고구려사 연구의 기초 자료로서 유민묘지명의 특징을 정리하고자 한다. 아울러 고구려 유민묘지명을 통해 알 수 있는 유민의 행적, 고구려 부흥운동의 전개 양상 등을 차례로 정리해 보고자 한다.

1. 고구려 유민묘지명 자료 현황

먼저 현재까지 알려진 고구려 유민묘지명 자료를 개략적으로 살펴보자. 학계에 고구려 유민묘지명으로 소개된 자료는 모두 30건이다. 물론 그 주인공을 모두 고구려의 유민, 혹은 그 후손으로 부르는 것에 대해서 회의적인 견해가 적지 않지만, 일단 여기서는 학계에 고구려 유민묘지명으로 소개되었던 자료를 일괄해 소개하고자 한다. 묘주의 생몰년과 묘지명 제작연도를 괄호에 병기하고, 제작 시기가 빠른 순서로 정리했다.

(1) 고요묘(高鐃苗, ?~673, 673)

제명(題名)은 "대당 고 좌령군 원외장군 고요묘 묘지(大唐故左領軍員外將軍高鐃苗墓誌)"이다. 2007년 김영관 교수가 서안(西安) 비림박물관에서 발견해 학계에 보고했다(김영관, 2009). 개석과 지석의 세트를 모두 갖춘 상태이며, 서안에서 발견되었다고 전해질 뿐 구체적인 출토 정황은 알 수 없다. 묘주 고요묘는 『삼국사기』 보장왕27년조에 등장하는 소장(小將) 요묘와 동일인으로 파악된다. 『삼국사기』에는 당이 평양성을 포위했을 때 남건(男建)에게 군사를 위임받은 승려 신성(信誠)이 소장 오사(烏沙), 요묘와 함께 이적(李勣)에게 내응해 성문을 열었다고 전해진다.

묘지명에서는 묘주 고요묘를 요동인(遼東人)이라고 했으며, 고구려를 진한과 변한을 의미하는 '진변(辰卞)'으로 표현했다. 지문을 통해 묘주가 고구려를 등지고 당에 귀부한 사실을 확인할 수 있으며, 고구려 멸망 후 채 5년이 되지 않아 사망한 사실을 확인할 수 있다. 그는 당에서의 활동기간이 짧았음에도 종3품의 좌령군 장군까지 올랐는데, 평양성 함락에 결정적인 공훈을 인정받았기 때문일 것이다. 다만 그의 최종 관직에 비하면, 묘지명의 내용은 173자에 불과해 매우 단촐한 편이다.

(2) 고제석(高提昔, 649~674, 674)

제명은 "대당 우효위 영녕부 과의도위 천부군 고 부인 고씨 묘지(大唐右驍衛永寧府果毅都尉泉府郡故夫人高氏墓誌)"이다. 2012년 서안에서 출토되었다고 전하며, 2013년 왕기의(王其禕)와 주효미(周曉薇)가 함께 소개했다. 묘지명에서는 묘주 고씨 부인의 이름이 제석이고, 본래 국내성인(國內城人)이라고 해 고구려 출신임을 분명히 했다.

증조부 복인(伏仁)이 고구려의 대상(大相)으로 수경성(水境城) 도사(道使)와 요동성(遼東城) 대수령(大首領)을 역임했고, 조부 지우(支于)가 당 태종이 직접 고구려에 침공했을 당시 투항했다고 한다. 고제석의 남편은 당의 우효위(右驍衛) 영녕부(永寧府)의 과의도위(果毅都尉) 천씨였다. 고구려 멸망 후 당에서 고구려 유민 가문 간에 혼인이 이루어진 사실을 보여준다는 점에서 주목된다. 또한 증조부 복인의 관력은 고구려 말의 관제, 지방통치조직에 관한 이해에 약간의 시사점을 제공한다.

(3) 이타인(李他仁, 609~675, 677)

제명은 "대당 우령위군 증 우효위대장군 이타인 묘지명(大唐右領軍贈右驍衛大將軍李他仁墓誌銘)"이다. 1989년 서안에서 출토되었으며, 지석만 수습되었다. 묘지명에는 이타인이 요동 책주인(柵州人)이며, 당에 귀부한 후 옹주(雍州) 만년현(萬年縣)에 적을 두었다고 전한다. 그의 조부인 복추(福鄒)는 고구려에서 대형(大兄)이었고, 부친인 맹진(孟眞)은 대상(大相)의 지위에 있었다고 한다. 정확한 시기는 알 수 없지만, 666~668년 중에 이적(李勣)에게 항복했다.

이타인은 이적에게 항복할 당시, 책주의 최고 책임자인 도독 겸 총병마의 지위에 있으면서 예하에 12개 성과 37개의 말갈 부락을 거느리고 있었다고 한다. 이러한 정보는 고구려 말의 주민 구성과 통치조직을 파악하는 데 있어서 매우 유용하다. 다만 이타인이 본래 말갈계인지, 고구려계 인물인지를 두고는 다소 이견이 있다(안정준, 2013).

이타인은 이적에게 투항한 후 당군의 일원으로 고구려 침공에 참여해 평양성전투에서 공을 세웠고, 고구려 멸망 후 각지에서 부흥운동이 일어났을 때는 부여 지역의 부흥군을 진압했다고 한다. 이타인묘지명은 입당 후 군공을 세운 유민의 행적이나, 고구려 멸망 후 부흥운동의 동향을 파악하는 데 있어 시사점을 제공한다.

(4) 천남생(泉男生, 634~679, 679)

제명은 "대당 고 특진 행 우위대장군 겸 검교우익림군장내공봉 상주국 변국공 증 병주대도독 천군 묘지명(大唐故特進行右衛大將軍兼檢校右羽林軍仗內供奉上柱國卞國公贈幷州大都督泉君墓誌銘)"이다. 묘주는 바로 연개소문의 맏아들 남생이다. 묘지명은 1922년 낙양(洛陽)에서 출토되었다. 2,093자에 달하는 방대한 분량의 묘지명으로 가문의 계통에 대한 전승, 고구려 말 귀족 가문의 지위 세습, 정치 운영에 관한 정보를 비롯해, 고구려 멸망 전후의 동향과 안동도호부 재편 과정에서 남생의 역할을 확인할 수 있는 귀중한 자료이다. 특히 남생에 대해서는 『신당서』에 열전이 입전되어 있고, 『삼국사기』나 『자치통감』에도 관련 기록이 많이 남아있어 상호 비교, 보완이 가능하다.

(5) 고현(高玄, 642~690, 691)

제명은 "대주 고 관군대장군 좌표도위 익부 중랑장 고부군 묘지명(大周故冠軍大將軍左豹韜衛翊府中郎將高府君墓誌銘)"이다. 낙양에서 출토되어 천당지재(千唐誌齋)에 소장되어 있다. 국내에는 1998년 송기호에 의해 소개되었다. 고현의 자는 귀주(貴主)이고, 요동 삼한인(三韓人)이라고 했다. 증조부와 조부가 각각 도독과 평양성 자사를 역임했고, 고현이 천남생을 따라 당에 귀부했다. 이후 당이 고구려 평양성을 공격할 때 선봉을 맡았으며, 고구려 멸망 후 당 변장으로서 많은 공을 세웠던 사실이 전한다.

입당 과정을 통해 천씨 가문과 밀접한 관계가 있었던 것으로 보이는데, 689년 고구려 유민 병사를 선발해 돌궐 정벌에 참여할 때, 천헌성의 지휘를 받으며 함께 활약했던 것으로 보인다. 그리고 이듬해에는 고족유의 지휘를 받으며 돌궐, 토번 전선에서 활약했다. 천헌성묘지명, 고족유묘지명과 아울러 당 변경에서 고구려 유민 출신 장수들의 활약과 유민 병력의 동원 문제를 파악하는 데 유용한 정보를 제공한다.

(6) 고족유(高足酉, 626~695, 697)

제명은 "대주 고 진군대장군 고군 묘지명(大周故鎭軍大將軍高君墓誌銘)"이다. 1990년 하남성(河南省) 이천(伊川)에서 출토되었다. 요동 평양인(平壤人)이라고 했는데, 고구려 귀족 가문 출신으로 평양성 함락 이전에 낭에 귀부한 것으로 보인다. 입당 후 돌궐과 토번 전선에 투입되어 공을 세웠고, 특히 695년 천추(天樞) 조성 당시 고구려 유민의 대표 자격으로 참여했다(이문기, 2001). 천헌성 사후에 그 역할을 대신하게 된 것인데, 이 때문에 고족유의 지위와 역할에 대해 여러 의견이 제기된다(최상기, 2023).

(7) 고모(高牟, 640~694, 699)

제명은 "대주 고 우표도위장군 고군 묘지명(大周故右豹韜衛將軍高君墓誌銘)"이다. 2012년 누정호(樓正豪)와 권덕영이 낙양의 비지탁편박물관(碑誌拓片博物館)에서 탁본을 발견했다. 탁본은 그보다 10년 전에 구입한 것으로 실물 자료의 출토 시기나 장소는 알 수 없다고 한다.

묘지명에는 고모가 '안동인(安東人)'이라고 기록되어 있으며, 고구려와 관련해 진한(辰韓), 예맥(穢陌), 마읍(馬邑), 삼한(三韓), 동해지동(東海之東), 한향(韓鄕) 등의 표현이 사용되었다. 고모에 대해서는 『문원영화(文苑英華)』에도 관련 전승이 남아있어 비교 자료가 된다.

고모의 입당 시기나 고구려에서의 지위는 불분명하지만, 그가 기밀문서를 가지고 당에 투항했다는 내용이 보인다. 입당 후에는 변경이 아닌 금군(禁軍)으로 주로 활약했던 것으로 보인다. 그런데 제명에서 그의 관직을 종3품의 우표도위장군으로 기록했는데, 본문에는 그보다 높은 정3품의 관군장군 행 좌표도위대장군까지 역임한 것으로 기록된 사실은 의문이다.

(8) 고질(高質, 626~697, 700)

제명은 "대주 고 진군대장군 행 좌금오위대장군 증 유주도독 상주국 유성군 개국공 고공 묘지명(大周故鎭軍大將軍行左金吾衛大將軍贈幽州都督上柱國柳城郡開國公高公墓誌銘)"이다. 고질의 자는 성문(性文)이고, 요동 조선인이라고 했다. 아들 고자의 묘지명이 함께 전한다. 1990년 낙양에서 출토되었으며, 일찍이 발견된 고자묘지명에 등장하는 아버지 '고문(高文)'과 동일인이다.

묘지명에는 그의 가문이 고구려 건국 과정에 참여했고, 19대조 고밀(高密)은 모용연(慕容燕)을 물리치는 데 큰 공을 세워 누대에 걸쳐 고위 관작을 계승했다고 전한다. 증조부 전(前)은 고구려에서 3품 위두대형(位頭大兄)을, 조부 식(式)은 2품 막리지(莫離支), 아버지 량(量)은 3품 위두대형 겸 대상으로 책성도독을 역임했다. 고질은 입당 후에도 무장으로 큰 공을 세우고 고위 관직을 역임했다. 697년 요동 지역에서 고구려 유민 병력을 모아 거란을 토벌하는 역할을 부여받고, 아들 고자와 함께 전투에 나섰으나, 포로가 되어 아들과 함께 마미성(磨米城)에서 전사했다. 이러한 사실은 발해 건국을 전후한 시기 요동 지역 정세를 파악하는 데 있어 중요한 정보를 제공한다.

(9) 고자(高慈, 665~697, 700)

제명은 "대주 고 장무장군 행 좌표도위낭장 증 좌옥검위장군 고공 묘지명(大周故壯武將軍行左豹韜衛郎將贈左玉鈐衛將軍高公墓誌銘)"이다. 묘주 고자는 바로 고질의 아들이다. 7세기 말 거란의 반란으로 요서, 요동 일대가 혼란해졌을 때, 아버지와 전투에 나섰다가 마미성에서 함께 전사했다. 묘지명의 내용은 고질묘지명과 대동소이한데, 고질묘지명을 찬술한 위승경이 고자묘지명도 찬술했을 것으로 추정된다.

(10) 천헌성(泉獻誠, 649~692, 701)

제명은 "대주 고 좌위대장군 우우림위상하 상주국 변국공 증 우우림위대장군 천군 묘지명(大周故左衛大將軍右羽林衛上下上柱國卞國公贈右羽林衛大將軍泉君墓誌銘)"이다. 묘주 천헌성은 천남생의 아들이다. 남생이 동생 남건, 남산과의 권력 다툼에 밀려 국내성으로 달아난 뒤, 헌성은 아버지의 명을 받고 당에 투항 의사를 전했다. 입당 후 꾸준히 군공을 세우며 고관대작의 지위를 이었으나, 692년 내준신(來俊臣)의 무고로 목숨을 잃었다. 700년에 측천무후에 의해 신원되어 새로 장례를 치르고 묘지명을 제작했다. 천남생묘지명과 더불어 연개소문 가문의 행적, 남생 형제의 권력 다툼과 고구려 멸망 과정, 아울러 입당 후 남생과 그 후손의 대우를 파악하는 데 중요한 자료다.

(11) 고을덕(高乙德, 618~699, 701)

제명은 "대주 관군대장군 행 좌청도솔부 빈양절충도위 고을덕 묘지(大周冠軍大將軍行左淸道率府頻陽折衝都尉高乙德墓誌)"이다. 2015년 중국 길림대학의 왕연룡(王連龍)에 의해 소개되었는데, 출토 정황이나 소장처 등의 구체적 정보는 알려지지 않았다. 개석에는 전액이 아닌 명(銘)을 새겼다. 묘주 고을덕은 변국(卞國) 동부인으로 661년 당이 고구려를 침공했을 당시 생포되어 당에 들어갔다고 한다. 묘지명에는 고구려를 동토(東土), 당을 서조(西朝)로 표현하는 등 당인 관리가 찬술했다고 생각하기 어려운 내용이 많아 고구려인이 찬술했을 가능성이 높은 것으로 보고 있다.

고을덕묘지명에는 고구려 말기의 정치제도와 관련한 새로운 정보가 다수 담겨 있어 연구자들의 이목을 끌었다. 중리계 관등에 대해 기존의 이해(이문기, 2000; 2003)와 같이 국왕 측근, 근시직으로 파악하기도 하지만(이성제, 2016), 기본적으로 특정 관직이나 직책과 구분되는 관등체계로서 파악해야 한다는 견해(여호규, 2016)가 제기되었다. 또한 고위 관등자의 직능 및 합좌기구 운영 양상이나, 관등과 지방 관직의 연계를 확인하고, 국가의 공적 영역과 왕실의 사적 영역이 구분되었을 가능성이 제기(여호규, 2016)되는 등 고구려 말의 정치운영과 관련해 실체적 접근을 가능하게 한 귀중한 자료이다.

(12) 천남산(泉男産, 639~701, 702)

제명은 "대주 고 금자광록대부 행 영선대장 상호군 요양군 개국공 천군 묘지명(大周故金紫光祿大夫行營善大匠上護軍遼陽郡開國公泉君墓誌銘)"이다. 묘주 천남산은 연개소문의 아들이자 남생의 동생이다. 문헌에는 당이 평양성을 포위했을 때, 보장왕이 남산을 보내 항복의 뜻을 밝혔다고 전한다. 묘지명을 통해 입당 후 행적을 알 수 있게 되었다. 천남생, 천헌성 등의 묘지명과 아울러 연개소문 가문의 가계와 관력을 복원하는 자료로서 가치가 크다.

(13) 고연복(高延福, 661~723, 724)

제명은 "대당 고 중대부 수내시 상주국 발해 고부군 묘지명(大唐故中大夫守內侍上柱國渤海高府君墓誌銘)"이다. 묘지명은 일찍이 청 건륭 연간에 발견되었으나 주목받지 못하고 잊혔다가, 2019년 왕연룽과 총사비(叢思飛)에 의해 학계에 다시 소개되었다. 묘지명에 따르면, 연복은 그의 자이고, 본래 휘는 복(福)이라고 한다. 신도비의 내용이 전해지고 있어 비교 검토가 가능하다.

입당 경위는 분명히 알 수 없고, 고구려 귀족 가문 출신으로 보인다. 그가 고구려 왕실의 일원(영류왕의 증손)이었다는 견해도 있지만, 이는 논란의 여지가 있다. 그는 당에서 환관으로 출세했고, 고력사(高力士)를 양자로 들였다. 고구려 유민이 당 황실에서 최고위 환관으로 활동한 사례는 입당 후 고구려 유민의 행적을 복원하는 데 귀중한 자료가 된다.

(14) 고목로(高木盧, 650~730, 730)

제명은 "당 고 배융부위 직복시 고부군 묘지명(唐故陪戎副衛直僕寺高府君墓誌銘)"이다. 묘지명은 서안에서 출토되어 현재 비림박물관에 소장되어 있다. 묘지명에서는 고목로가 발해수인(渤海脩人)이라고 했는데, 당으로 귀부한 고구려 유민이 자신의 출자를 중국에서 기원한 성씨로 내세운 사례 중 하나로 주목된다. 그는 당 중종이 내란을 평정하는 과정에서 공을 세웠다고 한다. 고목로와 같이 고구려, 백제 유민이 당 조정의 정변에 참여한 사례가 더러 보이는데, 입당 후 유민의 행적을 복원하는 데 있어 중요한 시사점을 제공한다.

(15) 이인회(李仁晦, 683~730, 730)

제명은 "대당 고 유주 청화부 절충 겸 대동군 부사 이부군 묘지(大唐故幽州清化府折衝兼大同軍副使李府君墓誌)"이다. 묘지명은 2007년 낙양에서 출토되었으며, 2022년 왕연룽과 황지명(黃志明)에 의해 학계에 처음 소개되었다. 연구에서는 이인회를 고구려 유민이자 낙랑(樂浪) 이씨라고 파악했지만, 논란의 여지가 크다. 이인회묘지명은 요서, 요동 일대의 세족이었던 이인회 가문에 대한 새로운 정보를 제공해 준다. 무관으로서 묘주의 자질을 강조하고 있는 점이나 선대의 관력을 통해 보면, 묘주의 선대가 당의 고구려 침공에 참여했을 가능성이 높아 보인다. 특히 가문이 당의 고구려 고지 지배에 직접적으로 참여했던 만큼 고구려와의 관련성을 배제할 수 없다. 다만 이인회 가문을 고구려 유민 일족으로 파악하는 것에는 좀 더 신중한 접근이 필요해 보인다.

(16) 천비(泉毖, 707~729, 733)

제명은 "당 고 선덕랑 효기위 치천현 개국자 천군 지명(唐故宣德郞驍騎衛淄川縣開國子泉君誌銘)"이다. 묘지명은 1926년 낙양에서 출토되었다. 묘지명에는 그가 망산의 선조 묘역에 묻혔다고 하는데, 실제로 연개소문 일가의 묘지명이 맹진현(孟津縣)의 무덤군에서 발견되었다. 천비의 자는 맹견(孟堅)이며, 증조가 남생, 조부가 헌성이다. 천비는 22세의 나이로 요절해, 아버지인 천은(泉隱)이 묘지명을 직접 지었다.

묘지명에 따르면, 천비가 보장왕의 외손이자 왕위(王暐)의 사위였다고 한다. 묘지명의 "개부의동삼사조선왕고장지외손태자첨사태원공왕위지자서(開府儀同三司朝鮮王高藏之外孫太子詹事太原公王暐之子壻)" 구절에 관한 해석에 이견이 있었다. 천비의 장인인 태자첨사 왕위가 보장왕의 외손이라고 해석하기도 했고, 천비가 보장왕의 외손이자 왕위의 사위라고 해석하기도 했다. 그러나 최근 왕위가 당 고종의 외손이라는 사실을 확인함으로써 보장왕의 외손은 왕위가 아닌 천비였음이 밝혀졌다(김수진, 2022). 이로써 연개소문 일가가 고구려 왕실 가문과 혼인을 맺은 사실을 확인할 수 있으며, 가문의 계보와 입당 후 행적을 복원하는 데 중요한 정보를 제공한다.

(17) 이인덕(李仁德, 673~733, 733)

제명은 "대당 고 관군대장군 행 우위위장군 상주국 금성군 개국공 이공 묘지명(大唐故冠軍大將軍行右威衛將軍上柱國金城郡開國公李公墓誌銘)"이다. 묘지명은 1995년 윤용구에 의해 국내에 처음 소개되었다. 묘지명에서는 이인덕을 낙랑망족(樂浪望族)이라고 표현했는데, 이를 근거로 그를 고구려 유민으로 보기도 했다. 그러나 이외에 고구려와 직접적인 관련성을 이야기할 만한 정보는 확인되지 않는다. 따라서 고구려 유민으로 파악하는 것은 신중할 필요가 있다. 낙랑 멸망 후 일찍이 중원에 유입된 사례로 보거나 혹은 서역계 인물일 가능성도 제기된 바 있다(권순홍, 2020). 다만 그가 '낙랑망족'을 표방한 이유에 대해서는 검토의 여지가 있다.

(18) 왕경요(王景曜, 680~734, 735)

제명은 "당 고 우위위장군 상주국 왕공 묘지명(唐故右威衛將軍上柱國王公墓誌銘)"이다. 묘지명에 의하면 왕경요의 선조는 원래 태원인(太原人)인데, 서진 말에 혼란을 피해 고구려로 피신했다가 고구려와 당의 전쟁 시에 왕경요의 부친이 당에 투항한 것으로 보인다. 그의 출신에 대해 논란의 여지가 있지만, 그 가문이 고구려에서 300년 이상 세거한 후 당에 귀부했다는 점에서 고구려 유민으로 보아도 무리가 없을 것이다.

왕경요는 사서에도 등장하는 인물로서 묘지명을 통해 기존 문헌을 보완할 수 있게 되었다. 왕경요는 왕모중(王毛仲)의 난에 연루되어 좌천되었다가, 이후 현종에 의해 관직을 회복했다고 한다. 이 무렵 당 조정의 혼란 속에 고구려 유민이 연루된 사례가 적지 않게 확인되고 있다. 관련 자료들과 아울러 유민의 지위, 행적을 복원하는 자료로서 가치가 크다.

(19) 이은지(李隱之, 655~705, 739)

제명은 "당 고 증 천주사마 이공 묘지명(唐故贈泉州司馬李公墓誌銘)"이다. 묘지명은 739년 부인과 합장하는 과정에서 제작되었다. 2015년 누정호에 의해 처음 소개되었다. 묘지명에 따르면, 가문이 요동에 있으면서 수·당의 고구려 침공에 협조했다고 한다. 선조가 요동인이라고 했는데, 고구려 유민으로 볼 수 있을지를 두고 다소의 이견이 있다. 한편 아들 이회(李懷)의 묘지명이 함께 전해지고 있어 비교 자료가 되는데, 가문의 입당 시기와 경위에 대해서 두 묘지명이 다른 내용을 전하고 있어 그 배경을 두고 논의가 분분하다.

(20) 두선부(豆善富, 684~741, 741)

제명은 "대당 고 충무장군 섭 우금오위낭장 상주국 두부군 묘지(大唐故忠武將軍攝右金吾衛郎將上柱國豆府君墓誌)"이다. 낙양에서 출토되어 현재는 개봉박물관에 소장되어 있다. 두선부의 가문은 부풍(扶風) 평릉인(平陵人)이라고 했으며, 북위 말 혼란기에 고구려로 들어온 것으로 파악된다. 그 계통에 논란의 여지가 있으나, 일족이 100년 이상을 고구려에 머물다가 당에 항복했음을 알 수 있다. 입당 후에는 무관으로 활동했고, 725년에는 황제를 호종해 봉선제에 참여하기도 했다.

(21) 고덕(高德, 676~742, 742)

제명은 "당 고 우용무군익부중랑 고부군 묘지명(唐故右龍武軍翊府中郎高府君墓誌銘)"이다. 묘지명에 의하면 고덕의 선조는 발해인(渤海人)이며 고점리(高漸離)의 후예라고 한다. 그러나 고점리를 가문의 선대로 표현한 것은 발해 고씨임을 강조하려는 수사로 파악하는 것이 일반적이다. 실제 유민 2세대 이후의 묘지명에는 가문의 출자를 가탁해 중원에서 구하려는 양상이 두드러지게 나타난다. 고덕의 선조는 4세기 초 영가(永嘉)의 난 때 요양(遼陽)으로 피난해 요양의 세족(世族)이 되었으며, 당이 중원을 통일한 후 다시 중국으로 돌아왔다고 한다. 한편 고덕은 710년 이융기(李隆基)가 일으킨 정변에 참여해 출세한 것으로 확인된다. 이렇게 당 현종의 밑에서 활동하면서 정변에 참여한 다른 고구려 유민 출신들과의 관계는 추가 검토의 필요성이 있다.

(22) 유원정(劉元貞, ?~744, 744)

제명은 "대당 고 운휘장군 수 좌룡무군대장군 상주국 곡양군 개국공 식읍이천호 증 사지절 도독 천수군제군사 천수군태수 유공 묘지명(大唐故雲麾將軍守左龍武軍大將軍上柱國穀陽郡開國公食邑二千戶贈使持節都督天水郡諸軍事天水郡太守劉公墓誌銘)"이다. 묘지명에 따르면 풍홍(馮弘)이 다수의 북연민(北燕民)을 이끌고 고구려로 망명했을 때, 그 휘하에 유원정의 선조가 있었다고 한다. 그의 8대조가 유헌(劉軒)이라고 했는데, 『진서』에 장락군(長樂郡) 출신으로서 풍발(馮跋) 재위기(409~430)에 박사낭중(博士郎中)을 지냈다는 기록이 있다. 다만, 실제 유헌이 유원정의 8대조인지는 확언하기 어렵다. 한편 유원정의 조부 유루(劉婁)가 고구려 욕살로 있다가 건봉 연간에 당군이 침략했을 때 항복해 당에 협조했다 한다. 묘지명을 따른다면, 가문이 6대 230여 년 동안 고구려에 거주하다가 당에 귀부한 것이 된다.

(23) 고원망(高遠望, 697~740, 745)

제명은 "당 고 안동부도호 고부군 묘지명(唐故安東府都護高府君墓誌銘)"이다. 1997년 낙양에서 출토되었으며, 고원망의 부친 고흠덕의 묘지명이 함께 전한다. 고원망 집안은 고조인 고원(高瑗) 이래 대대로 건안성(建安城) 욕살을 승습(承襲)하던 고구려 귀족 가문이었다. 고원망 가문은 조부인 고천(高千)이 입당한 것으로 추정된다. 고원망 가문을 고구려로 망명한 중국계 유이민으로 보는 견해도 있다. 가문이 입당한 후에도 부친인 흠덕이 건안성 도독을 세습했다는 점에서 당이 고구려 지방관의 지위를 인정하면서 고구려 고지 지배에 참여시킨 사례로 주목된다. 고원망은 고구려 유민으로 구성된 번병(蕃兵)을 통솔하며 거란과 해의 공격을 방어하는 데 공을 세웠다. 그의 활동 지역과 지위를 고려할 때, 당시 요동 지역에서 벌어진 당과 발해의 공방전과 관련해 활동했을 가능성이 제기되기도 한다.

(24) 이회(李懷, 678~745, 745)

제명은 "대당 고 운휘장군 행 좌룡무군익부중랑장 조군 이공 묘지명(大唐故雲麾將軍行左龍武軍翊府中郎將趙郡李公墓誌銘)"이다. 묘주 이회는 이은지의 아들로 전한다. 앞서 이은지묘지명에서 언급한 것처럼 이은지, 이회 부자의 묘지명에서 각각 가문의 입당 시기와 경위를 다르게 기록하고 있다. 이은지묘지명에는 묘주가 655년 고구려에서 태어났고, 이후에 당에 이주한 것으로 나타난다. 그런데 그 아들인 이회묘지명에서는 645년 당 태종이 고구려를 침공했을 때 진(晉) 상서령 이윤(李胤)의 후손을 찾았고, 이에 수의 양평군 종사를 지낸 이회의 증조부 이경(李敬)이 가족과 함께 입당했다고 기록했다.

이은지묘지명의 기록과 비교할 때, 당 태종 때 일가가 입당했다는 이회묘지명의 기록은 조작일 가능성이 높다(樓正豪, 2015). 또 이경이 수에서 양평군 종사를 지낸 사실이 이은지묘지명에는 보이지 않다가 이회묘지명에 등장하고, 고구려에서의 선대 행적이나 고구려 관련 기록이 전혀 없는 사실도 주목할 필요가 있다. 이는 이회묘지명에 가문이 고구려와 연관된 사실을 최대한 가리고, 본래 중국 출신임을 강조하려는 의도가 반영된 결과로 해석된다(안정준, 2016).

(25) 고흠덕(高欽德, 677~733, 746·750 추정)

제명은 "당 우무위장군 고부군 묘지명(唐右武威將軍高府君墓誌銘)"이다. 묘주 고흠덕은 고원망의 아버지이다. 부자의 묘지명이 함께 전해지고 있다. 가문의 관력이 고구려 말 귀족 가문의 지위 세습과 당의 고구려 고지 지배와 관련 매우 중요한 정보를 제공한다. 고원망묘지명과는 가문의 입당 시기를 제외하면 큰 차이를 보이지 않는다. 묘지명은 고흠덕의 손자사위인 서찰이라는 인물이 작성했다고 하는데, 그는 고원망의 묘지명을 작성하기도 했다.

(26) 고씨 부인(高氏夫人, 731~772, 772)

제명은 "선의랑 당 수 당주 자구현령 소공 고 부인 고씨 묘지명(宣義郎唐守唐州慈丘縣領邵公故夫人高氏墓誌銘)"이다. 묘지명에 따르면, 부인의 증조가 황국(皇國)의 조선왕(朝鮮王)이었고, 조부는 연(連)으로 조선군왕(朝鮮郡王), 아버지는 진(震)이라고 했다. 부인의 증조부가 바로 보장왕이다. 아버지 고진의 묘지명과 더불어 고구려 멸망 후 왕실 후예의 행적을 복원하는 귀중한 자료가 된다.

(27) 남단덕(南單德, 699~776, 776)

제명은 "대당 고 요양군왕 남공 묘지명(大唐故饒陽郡王南公墓誌銘)"이다. 남단덕은 고구려 유민 3세대이다. 가문은 고구려 멸망 이후 줄곧 안동도호부 지역에 거주했고, 조부는 마미주의 도독을 역임한 것으로 나타난다. 대대로 변경의 무장으로 활동하던 집안이었는데, 안녹산 휘하의 장수로 있었던 남단덕이 안녹산 사후 사사명의 반란 당시에 당 조정에 귀항한 공으로 군왕의 지위에 오르고 장안에 적을 두고 살게 된 것으로 확인된다. 가문의 입당 경위는 구체적으로 드러나지는 않지만 고구려 내에서도 상당한 지위를 갖춘 유력세력이었던 것으로 보인다. 조부가 안동도호부 내에서 도독의 직위를 역임한 사실로 볼 때, 당에 비교적 협조적인 태도를 보였을 것이다. 한편으로는 본래 중국계 출신이었기 때문에 당에서 다시 중용되었을 가능성도 있다.

한편 남단덕은 699년 평양에서 출생했다고 하는데, 이 시기 한반도 서북부의 고구려 고지는 나당전쟁 이후 사실상 안동도호부의 관할에서 벗어난 것으로 이해되었기 때문에 논란의 여지가 크다. 또 조부가 도독을 역임한 마미주에 대해서도 주목할 필요가 있다. 고질, 고자 부자가 697년 마미성전투에서 전사한 사실과 관련해 조부가 도독을 역임한 시기에 대해서도 논의가 필요할 것이다.

(28) 고진(高震, 701~773, 778)

제명은 "당 개부의동삼사 공부상서 특진 우금오위대장군 안동도호 담국공 상주국 □□공 묘지(唐開府儀同三司工部尙書特進右金吾衛大將軍安東都護郯國公上柱國□□公墓誌)"이다. 묘지명에는 고진의 조부 장(藏)이 개부의동삼사 공부상서 조선군왕(朝鮮郡王)이었다고 하는데, 보장왕을 가리킨다. 고진이 발해인(渤海人)이라고 했는데, 고구려 유민 일족이 가문의 기원을 발해로 기재한 사례의 하나로 이해할 수 있다. 고진의 딸의 묘지명도 출토된 바 있는데, 이들 묘지명은 보장왕 후손의 당에서의 행적을 파악하는 중요한 자료가 된다. 보장왕의 후손들이 대대로 조선군왕, 안동도호 등의 지위를 계승해 고진에게까지 이어졌으나, 고진의 아들은 그 직을 승습하지 않은 것으로 보인다. 당의 고구려 고지 지배의 추이와 관련해 주목할 수 있는 부분이다.

(29) 천씨 부인(泉氏夫人, 726~807, 808)

제명은 "당 고 태자세마 겸 낭주장사 마부군 처 여항군 태부인 천씨 묘지명(唐故太子洗馬兼朗州長史馬府君妻餘杭郡太夫人泉氏墓誌銘)"이다. 묘지명에 따르면, 묘주 여항군 태부인 천씨는 천헌성의 증손녀이다. 그런데 묘지명에 나타난 세계가 기존의 자료와 차이를 보여 의문을 던진다. 묘지명에서는 천씨 부인의 부친이 현은(玄隱)이고, 조부는 동제(同濟), 증조부가 헌성(獻誠)이라고 했다. 기존에 알려진 천헌성묘지명과 천비묘지명에서는 헌성과 현은이 부자 관계였던 것과 달리, 천씨 부인의 묘지명에서는 헌성과 현은이 조손 관계로 설정된 것이다. 특히 동제라는 인물은 그동안 알려진 천씨(연씨) 가문 관련 자료에서 확인되지 않는 인물이다. 묘지명을 제작하는 과정에서 혼란이 발생했던 것인지,

표1 고구려 유민묘지명의 출신 표기

묘주(생몰년)	묘지명 제작 연대	출신 표기	찬자
고요묘(?~673)	673(함형 4년)	요동인(遼東人)	
고제석(649~674)	674(상원 원년)	국내성인(國內城人)	
이타인(609~675)	677(의봉 2년)	요동 책주인(遼東柵州人)	
천남생(634~679)	679(조로 원년)	요동군 평양성인(遼東郡平壤城人)	왕덕진
고현(642~690)	691(천수 2년)	요동 삼한인(遼東三韓人)	
고족유(626~695)	697(만세통천 2년)	요동 평양인(遼東平壤人)	
고모(640~694)	699(성력 2년)	안동인(安東人)	
고질(626~697)	700(성력 3년)	요동 조선인(遼東朝鮮人)	위승경
고자(665~697)	700(성력 3년)	조선인(朝鮮人)	
천헌성(649~691)[1]	701(대족 원년)	고구려국인(高句麗國人)	양유충
고을덕(618~699)	701(대족 원년)	변국 동부인(卞國東部人)	
천남산(639~701)	702(장안 2년)	요동 조선인(遼東朝鮮人)	
고연복(661~723)	724(개원 12년)	발해인(渤海人)	손익
고목로(650~730)	730(개원 18년)	발해수인(渤海㥄人)	
이인회(683~730)	730(개원 18년)	요양인(遼陽人)	
천비(707~729)	733(개원 21년)	경조 만년인(京兆萬年人)	천은
이인덕(673~733)	733(개원 21년)	낙랑망족(樂浪望族)	
왕경요(680~734)	735(개원 23년)	태원인(太原人)	
이은지(655~705)	739(개원 27년)[2]	요동인(遼東人)	
두선부(684~741)	741(개원 29년)	부풍 평릉인(扶風平陵人)	
고덕(676~742)	742(천보 원년)	발해인(渤海人)	
유원정(?~744)	744(천보 3년)	동평헌왕(東平憲王)의 후예	이숙제
고원망(697~740)	745(천보 4년)	은인(殷人)	서찰
이회(678~745)	745(천보 4년)	조군 찬황인(趙郡贊皇人)	양탄
고흠덕(677~733)	746, 750 추정[3]	발해인(渤海人)	서찰
고씨 부인(731~772)	772(대력 7년)	발해인(渤海人)	
남단덕(699~776)	776(대력 11년)	노(魯) 대부 남괴(蒯), 남용(容)의 후예	설기
고진(701~773)	778(대력 13년)	발해인(渤海人)	양경
천씨 부인(726~807)	808(원화 3년)	전당인(錢唐人)	마유홍
사선의일(786~850)	850(대중 4년)	미상	왕식

의도된 왜곡인지 현재로서는 그 의미를 알기 어렵다.

(30) 사선의일(似先義逸, 786~850, 850)

제명은 "당 고 은청광록대부 행 내시성내상시 원외치동정원 겸 액정국령 치사 상주국 여남군 개국공 식읍이천호 사자금어대 사선부군 묘지명(唐故銀青光祿大夫行內侍省內常侍員外置同正員兼掖庭局令致仕上柱國汝南郡開國公食邑二千戶賜紫金魚袋似先府君墓誌銘)"이다. 1993년 서안에서 출토되었다. 사선의일은 사서를 통해서도 그 존재가 확인되는 인물로서 당 문종(文宗) 대 이름난 환관이다. 9세기 중반의 묘지명이지만, 사선씨가 고구려계 성씨로 알려져 있고, 묘지명에서 묘주 가문이 요동에서 중원으로 이주했다는 사실을 분명히 기록하고 있다. 9세기 이후 고구려 유민 후예의 행적을 보여주는 중요한 자료이다.

2. 고구려 유민묘지명의 자료적 성격

고구려 유민묘지명은 고구려 말기의 사회상과 당시 지배층의 인식을 보여주는 사료로 활용되고 있다. 모든 자료가 일관된 항목을 갖춘 것은 아니지만, 묘지명은 일종의 정형화된 문서로서 묘주의 성씨(姓

---

1 『자치통감』에는 그의 죽음을 장수(長壽) 원년(692)의 일로 전해 차이가 있다.
2 사망 시점과 묘지명 제작 시점의 차이가 큰 이유는 부인 유씨가 사망한 이후에 합장하는 과정에서 묘지명을 제작했기 때문이다.
3 지문에는 "天寶歲惟庚戌月在申朔日辰乙巳"라고 해, 천보 연간 경술년에 합장했다고 기술했으나, 천보 연간에는 경술년이 없어 병술년(746) 또는 경인년(750)의 오기로 보고 있다(권은주, 2014).

氏), 향읍(鄕邑), 족출(族出), 휘(諱), 자(字), 행치(行治), 이력(履歷), 졸년(卒年), 수년(壽年), 처(妻), 자(子), 장일(葬日), 장지(葬地) 등 13개의 항목으로 구성된다고 한다(朴漢濟, 2008; 李成制, 2014). 특히 고구려 유민묘지명에 관한 연구에서는 묘주의 출신에 대한 표현에 많은 관심을 보였는데, 고구려인으로서 정체성을 드러내거나 당인(唐人)으로 전화해 가는 과정을 반영하는 것으로 이해되었다(이문기, 2010). 대체로 국내 연구자가 유민들에게 남아있는 고구려인으로서의 정체성을 드러낸 측면에 주목했다면, 중국에서의 연구는 동북공정 이후 유민의 당으로의 귀속과 한화(漢化)를 강조하려는 경향을 보였다(윤용구, 2014).

묘지명은 묘주 및 선대(先代)의 관력(官歷)이나 족조(族祖) 전승 등 가문에서 제출한 가전 기록을 바탕으로 찬술되었지만, 찬자의 주관적 판단이 개입될 여지가 컸다(최진열, 2009; 김수진, 2018). 또 묘지명의 주인공이 대체로 당 관인(官人)으로 생애를 마친 인물이라는 점에서 묘지명은 순수한 사적(私的) 기록물이라기보다는 당 조정의 시선에서 자유롭기 어려운 공적(公的) 기록물이기도 했다(石見淸裕, 2008; 이성제, 2014). 따라서 묘지명에서 고구려를 표현하는 방식은 당의 고구려 인식을 엿볼 수 있는 소재가 되기도 한다(최진열, 2009; 2012; 권덕영, 2014; 김수진, 2018).

지금까지 알려진 고구려 유민묘지명 가운데 묘주가 고구려 출신임을 직접적으로 드러낸 사례는 12건이 있다.[4] 당대 고구려 유민의 묘지명 가운데 703년 이전에 제작된 묘지명에서는 묘주가 고구려 출신임

---

[4] 고요묘(高鐃苗), 고제석(高提昔), 이타인(李他仁), 천남생(泉男生), 고현(高玄), 고족유(高足酉), 고모(高牟), 고질(高質), 고자(高慈), 천헌성(泉獻誠), 고을덕(高乙德), 천남산(泉男産).

을 명시했지만, 730년 이후의 자료에서는 묘주의 출자가 중국으로 전환되었다는 견해가 있었다(이문기, 2010). 다만 그동안 703~729년 사이에 제작된 묘지명이 확인되지 않아 그 분기를 구체화하기에 다소 어려움이 있었다(김수진, 2017). 그런데 최근 고연복묘지명이 소개되면서 새로운 정보를 더할 수 있게 되었다. 고연복은 개원 11년(723)에 사망해 이듬해 장례를 치렀다. 고연복묘지명에서는 고연복을 '발해인(渤海人)'이라고 했다. 이로써 고구려 유민 출신인 묘주의 출자를 중국으로 표현하려는 경향이 730년 이전부터 나타난 사실을 확인하게 되었다. 이와 관련해 백제 유민묘지명의 사례도 참고가 된다.

같은 가문 내에서 3대의 묘지명이 확인된 예씨 일족의 사례를 보면, 예군묘지명(678)과 예식진묘지명(672)에서는 각각 묘주의 출자를 '웅진우이인(熊津嵎夷人)', '백제웅천인(百濟熊川人)'이라고 해 백제 출신임이 강조되었지만, 예소사묘지명(708)에서는 '초국낭야인(楚國瑯琊人)'이라고 해 본래 중국 출신이었음을 강조하는 모습이 확인된다(최상기, 2016). 또 699년 제작된 흑치상지묘지명에서는 묘주가 '백제인(百濟人)'임을 명기했으나, 706년에 제작된 흑치준묘지명에서는 '당(唐) 좌령군위대장군(左領軍衛大將軍) 연국공(燕國公)', 즉 흑치상지의 아들이라고만 표현했다.

자의든, 타의든 이민족 출신을 본래 중원 계통의 인물이었던 것처럼 변모시키려는 경향은 현종 개원 연간(712~741) 당 내외의 정치환경 변화와 연계되었다는 견해가 있다(이기범, 2016). 당시 이민족 출신으로 당에 귀부한 인물들의 사례를 종합적으로 검토할 필요가 있겠지만, 이 시기 당 내부 정치 상황의 격변이 고구려, 백제 유민(혹은 유민 후손)의 출자 표방도 일정한 영향을 주었을 가능성이 있다.

물론 묘주가 고구려 출신임을 직접 드러내지 않더라도 묘주의 가계, 선대의 관력 등을 바탕으로 고구려 유민이라는 사실을 확인할 수 있다. 묘지명에서는 오히려 고구려 국명이 드러난 사례는 많지 않고, 고구려에 관한 전승을 서술하는 것으로써 묘주가 고구려 출신임을 드러내는 경우가 많다(이문기, 2010). 고구려 유민묘지명 가운데 비교적 구체적인 고구려 관련 전승을 포함한 자료는 이타인, 천남생, 고질, 고자, 천헌성, 고을덕, 천남산 묘지명 등 7건을 꼽을 수 있다. 묘지명이라는 자료의 성격상 함축적으로 표현되어 있지만, 그 내용이 상징하는 바를 파악하기에는 무리가 없다.

이타인묘지명에서는 먼저 시조 주몽에 대한 언급이 확인된다. 지문에서는 고구려인을 '주몽의 후예(朱蒙遺孼)', '계루의 병사(桂婁之兵)'로 표현했다. 그런데 '얼(孼)'이 부정적 의미를 담고 있다는 점에서 고구려에 대한 폄하의 의도가 있었음을 지적하기도 한다(孫鐵山, 1998). 이타인이 비록 고구려에서 활동했지만, 본래 출신은 말갈족 계통이었을 가능성이 크다는 이해로 이어진다. 그러나 묘지명에서는 고구려의 건국에 대해 신성성을 부여하고 있으며,[5] 군자의 나라에 인재가 태어났다는 표현으로 묘주의 출생을 표현했다.[6] 묘지명에 나타난 고구려에 대한 묘사가 부정적이라고 단정하기는 어렵다.

다음으로 697년 마미성전투에서 함께 전사해 700년 장례를 치른 고질과 고자 부자의 묘지명이다. 고질묘지명에는 '하손의 후예(河孫之派)

---

[5] 이타인묘지명, "君諱他仁, 本遼東柵州人也, 後移貫雍州之萬年縣焉. 渤海浮天, 丸都槃日. 發生受氣, 地居仁愛之鄕, 寅賓敬時, 星開角氏之舍. 狼河兔堞, 建國盛於山川, 五族九官, 承家茂於鐘鼎."

[6] 이타인묘지명, "惟公二穴龍媒, 誕靈君子之國."

流)', '하손 5족(河孫五族)'이라는 표현이 확인된다. 하손은 고구려 건국 설화에서 하백의 외손으로 나타나는 시조 주몽을 가리킨다. '하손의 후예', '하손 5족'은 곧 고구려를 상징한다. 특히 "현별수상(玄鼈殊祥) 하손지파류미원(河孫之派流彌遠)"이라는 구절은 물고기와 자라의 도움으로 강을 건너와 고구려를 건국했다는 건국설화의 표현으로서 주목된다(민경삼, 2009; 김수진, 2017). 고자묘지명에서는 주몽왕이 해동의 제이(諸夷)를 평정하고 고려국(고구려)을 건국했음을 직접적으로 표현했다.[7]

한편 고질과 고자 부자의 묘지명에는 후한 말 고구려와 모용씨의 전쟁 당시 고질의 19대조 고밀의 전공과 포상에 대해 기록하고 있다. 다른 사서에는 이러한 전승이 보이지 않는데, 대신 『삼국사기』 봉상왕 2년의 기사에 고구려와 모용씨의 전쟁 기록이 확인된다. 고노자의 활약으로 모용외의 군대를 물리쳤다고 하는데, 이를 바탕으로 고노자와 고밀을 동일인으로 파악하기도 한다(羅振玉, 1937).

천헌성묘지명에서는 '하지손(河之孫)', '일지자(日之子)'라는 표현이 확인되는데, 이는 고구려 건국설화에서 주몽의 모계와 부계를 나타내는 표현이다. 묘주가 고구려 출신임을 강조하려는 의도로 이해할 수 있다. 특히 사(詞)에서 "바닷가 동쪽, 옛날 주몽이 있었도다. 강을 건너 건국하니, 대대로 대업이 드높도다"라는 구절[8]은 고구려 건국설화의 서사를 구체적으로 표현하고 있다.

다음은 고을덕묘지명이다. '화정(火政)', '염령(炎靈)'은 한(漢)을 상징하는 표현으로 이타인묘지명에서는 한사군을 '염령사군(炎靈四郡)'

---

7   고자묘지명, "先祖隨朱蒙王, 平海東諸夷, 建高麗國, 已後代爲公侯宰相."
8   천헌성묘지명, "濱海之東兮, 昔有朱蒙, 濟河建國兮, 世業崇崇."

이라고도 했다. 지문에서는 주몽의 건국이 한대에 이루어진 것임을 분명히 한 것이다. 고자묘지명에서도 고구려가 건국되고 멸망할 때까지 708년 30여 대에 걸쳐 존속했다는 내용이 보이는데,9 주몽의 건국이 한대에 이루어졌다는 사실은 당대의 일반적인 인식이었음을 알 수 있다. 한편 주몽이 태어나는 과정에서 "백일강정(白日降精)", 즉 태양의 정기를 내려받았다는 구절이 보이는데, 이는 부여 동명설화와 구분되는 고구려 주몽설화의 고유 요소라는 점에서 주목된다(이승호, 2011; 장병진, 2016).

천남산묘지명에서도 고구려 건국설화의 요소가 확인되는데, 동명과 주몽이 구분된 존재로 나타나는 점이 특징적이다. 중국 사서에서는 동명을 일관되게 부여의 시조로 기록했으나, 『삼국사기』, 동명왕편, 『삼국유사』 등 국내 문헌에서는 고구려 시조 주몽을 '동명성왕'이라고 했다. 동명이라는 왕호가 고구려 당대에 부여된 것인지에 대한 논란이 있지만, 적어도 묘지명의 찬자는 동명을 주몽의 왕호로 인식하지 않았던 것으로 보인다. 동명의 탄생은 '감기(感氣)'에 의한 것으로, 주몽은 '잉일(孕日)'로써 구분한 것도 고자묘지명의 사례와 같은 맥락에서 이해할 수 있다.

이렇듯 고구려 유민묘지명에 몇몇 고구려 관련 전승 기록이 남겨져 있음을 보았다. 물론 묘주의 출신과 지위, 지문의 작성자가 각기 달라 고구려에 관한 정보에 편차가 있지만, 유민묘지명에 기록된 정보는 당대의 기록이라는 점에서 고구려 역사를 이해하는 중요한 자료가 된다

---

9 고자묘지명, "自高麗初立, 至國破已來, 七百八年卅餘代."

는 사실은 분명하다.

묘지명에 기록된 고구려 관련 정보의 성격을 파악하기 위해서는 먼저 해당 정보가 작성된 경위를 살펴볼 필요가 있다. 묘지명은 한 인물의 역사 기록이라는 점에서 사관이 작성하는 것이 원칙이었다고 한다(이동훈, 2014). 기본적으로 당 관인(官人)의 묘지명은 저작국(著作局)에서 찬술을 담당했고, 실제로 현종 천보 연간(742~756) 이전에 제작된 관찬 묘지명은 사관이 찬술하는 경우가 많았다(江波, 2010; 이동훈, 2014). 고질묘지명의 찬자인 위승경은 '겸수국사(兼修國史)'를 역임했고, 천남생묘지명을 찬술한 왕덕진과 천헌성묘지명을 찬술한 양유충도 사관을 겸임하고 있었을 가능성이 크다(이동훈, 2014).

앞에서 살펴본 7건의 자료에서 이타인, 고자, 고을덕, 천남산의 묘지명은 찬자가 기록되어 있지 않지만, 찬자가 어떤 부류의 인물인지는 추정해 볼 수 있다. 이타인묘지명에 보이는 '팔조지국(八條之國)', '염령사군(炎靈四郡)'의 표현은 찬자가 고구려를 '고조선-한사군'과 연계해 파악하고 있음을 보여준다. 이는 고구려의 영역을 기자가 봉해진 곳이자 한사군이 설치되었던 곳으로 이해하면서, 고구려 멸망을 '실지(失地)'의 회복으로 받아들이려는 당 관인의 인식을 반영하는 것이다(안정준, 2013).

이와 같은 인식은 천남생과 천남산,[10] 고질과 고자 부자의 묘지명[11]에서도 확인할 수 있으며, 고족유묘지명[12]에도 비슷한 인식이 반영

---

10 천남생묘지명, "玄菟之城"; "類箕子之疇庸"; 천남산묘지명, "玄菟之域"; "昔王滿懷燕, 載得外臣之要"; "東明之裔, 寔爲朝鮮."
11 고질묘지명, "箕子之苗裔"; 고자묘지명, "人承八敎."
12 고족유묘지명, "族本殷家, 因生代承. 昔居玄兎, 獨擅雄蕃."

되어 있다(김수진, 2018). 이에 천남산묘지명의 찬자를 사관(장병진, 2016), 혹은 당 관인(김수진, 2018)으로 추정하고 있다. 고자묘지명도 그 내용의 연관성을 들어 고질묘지명과 마찬가지로 위승경이 작성했다고 보는 것이 일반적이다(민경삼, 2009).

한편 고을덕묘지명의 찬자를 두고는 다소 논란이 있다. 고을덕의 장례에 당 조정이 관여한 사실이 언급되어 있지 않고, 특히 당을 '서조(西朝)'로 표현해 '동토(東土)'인 고구려와 병렬시키고 있기 때문이다. 이를 근거로 찬자가 고구려와 친근한 사람이거나 고구려인이었을 것이라고 보기도 하지만(葛繼勇, 2015), 고을덕의 출신을 고구려가 아닌 '변국(卞國)'으로 표기한 것에 주목해 당 관인이 찬술했다는 견해도 있다(김수진, 2018). 수·당 조정 내부에 고구려를 '실지(失地)'가 아닌 '이역(異域)'으로 구분하는 상반된 인식이 혼재했던 사실도 함께 지적했다.

묘지명의 찬술은 기본적으로 가문에서 제출한 행장이 주요 전거(典據) 자료였음은 분명하다. 그러나 행장은 어디까지나 참고 자료이고, 묘지명의 내용을 구성하는 것은 찬자 개인의 몫이었다(김수진, 2018). 묘지명의 고구려 관련 내용 역시 묘주 가문에서 제공한 자료 위에 찬자 스스로 파악한 정보를 더해 작성되었다. 묘지명의 전거를 파악하는 데 있어서 천남산묘지명의 사례는 중요한 시사점을 제공한다.

천남산묘지명의 찬자는 당시 당과 고구려의 관계를 위만이 한의 외신이 된 사실과 차대왕 수성이 한과 통교한 사실, 그리고 잠지락 대가 대승이 한에 투항했다는 전승에 비유하고자 했다(장병진, 2016). 주목되는 것은 잠지락 대가 대승이 낙랑군에 투항하고, 수성이 한의 포로를 보내며 현도군에 항복했다는 내용이 『후한서』에만 보인다는 사실이다. 찬자가 묘지명을 작성하면서 『후한서』를 적극적으로 활용했음을 보여주는 대목이다. 또한, "조두(俎豆)와 시서(詩書)는 성교(聲敎)에 통함이 있다"라는 표현도 『삼국지』와 『후한서』 동이(열)전의 서문에 조두(俎豆)를 쓰는 예법이 있다는 내용이나, 고구려에 오경(五經)과 삼사(三史) 등이 전한다는 『주서』 고구려전의 내용을 떠올리게 한다. "패수에 임해 도읍을 열었다"라는 표현과 '13등의 반차(班次)'라는 표현도 『주서』와 『수서』, 『북사』의 고구려 관련 기록을 바탕으로 한 것이다(임기환, 2004; 장병진, 2016).

천남산묘지명 외에 다른 묘지명을 통해서도 고구려 관련 내용을 찬술하는 과정에서 중국 사서를 적극적으로 활용한 사실을 확인할 수 있다. 이타인묘지명에는 "주몽의 후예가 청구(靑丘)에서 천명을 받았음에도 호시(楛矢)의 조공이 어그러져 다시 계루의 병사에 가로막혔다. 득래가 여러 차례 간언했으나 빈번히 감옥에 갇혔으며, 경기가 편사(偏師)로 토벌해 누차 비석에 공적을 새겼다"라는 구절이 있다. 고구려가 당에 저항한 것이 천명을 거스른 잘못이라는 점을 고사에 빗대어 지적한 표현이다. 고구려의 잘못을 지적하면서 숙신의 조공품으로 잘 알려진 호시를 언급한 것은 의문인데, 『송서』나 『남사』에는 숙신의 조공이 고구려의 중계를 통해 이루어졌다는 내용이 보인다. 묘지명의 찬자가 호시의 조공이 어그러져 다시 계루의 병사에 가로막혔다고 표현한 것은 『송서』와의 연관 속에서 자연스럽게 이해할 수 있다.

득래의 고사는 관구검이 고구려를 침공할 당시의 이야기로 『삼국지』 관구검전에 수록되어 있다. 천남생묘지명의 찬자도 이 기사를 활용했는데, "환산(丸山)에 아직 새기지 않았으나 득래는 먼저 깨달음을 드러냈고, 양수(梁水)에 재앙이 없지만, 중모(仲謀)는 반드시 망할 것임을 걱정했다"라고 했다. 관구검전의 내용을 상당히 구체적으로 인용하고 있음을 알 수 있다. 중모, 즉 손권에 대한 언급도 눈에 띄는데, 『삼국지』 오주전에 기록된 고구려와 손오의 관계를 염두에 둔 표현이다.

요동태수 경기가 고구려를 공격한 사건은 『후한서』 경엄전과 고구려전에 자세한데, 이타인묘지명의 찬자는 당시 비석을 세워 공적을 새겼다는 내용까지 언급한 사실이 주목된다. 이는 『후한서』에서는 찾을 수 없고, 『한원』 번이부 고려전에 보이는 「고려기」의 내용이기 때문이다. 『한원』의 주문에는 『후한서』를 인용해 경기가 고구려를 공격한 사실을 적으면서 「고려기」를 인용해 요동의 옛 성 남문에 경기의 비석이 있다는 사실을 함께 전한다. 묘지명의 찬자는 『한원』이나 「고려기」를 직접 활용했을 가능성이 크다. 이타인묘지명에서 고구려를 상징하는 표현이 『한원』 번이부 고려전에서도 공통으로 확인되어 눈길을 끈다(장병진, 2020).

『한원』은 660년경 장초금(張楚金)이 찬술한 유서(類書)로 전체 30권의 내용 가운데 현재는 번이부 1권만 초본(鈔本)의 형태로 전한다(윤용구, 2011). 당대 『한원』이 일종의 동몽서(童蒙書)로 기능했을 가능성이 제기되기도 하는데(湯淺幸孫, 1983), 당시 비슷한 형태의 유서류가 변려문(騈儷文)의 문체를 익히고 작문을 위한 사류(事類)의 검색에 활용되었다고 한다. 이러한 당대의 분위기를 고려한다면, 단기간 내에 고구려에 관한 정보를 얻어 변려체의 지문을 작성해야 하는 묘지명 찬자에게 『한원』과 같은 유서는 적합한 참고 자료가 되었을 것이다(장병진, 2020).

『한원』 번이부는 당 중심의 일원적 세계질서를 지향하는 가운데 이민족에 관한 정보, 그중에서도 동이 지역에 관한 실제적 정보를 제공하기 위한 목적에서 작성되었다고 한다(湯淺幸孫, 1983; 윤용구, 2011).

『한원』의 요소는 천남생묘지명과 고질묘지명에서도 보이는데(장병진, 2020), 당대 이민족 출신 인물의 묘지명이 찬술되는 과정을 이해하는 데 있어 시사하는 바가 크다. 묘지명의 찬자는 가문이 제출한 자료 외에도 사서를 직접 인용하거나 관련 내용이 집록된 유서를 재인용해 묘지명을 작성했던 것이다.

물론 고구려 유민의 묘지명에는 고구려 고유의 전승도 포함되어 있었다. 묘주 가문의 관력이나 족조 전승이 대표적이다. 대체로 가문에서 제공한 행장 등 가전 기록이 바탕이 되었을 것이다. 천남생묘지명에서는 "무릇 먼 선조는 본디 '천(泉)'에서 나왔으니, 이미 신에 의탁해 복을 내려받았고, 마침내 이에 따라 태어나서 일가를 이루었다"라고 가문의 기원을 밝혔는데, 『신당서』 고려전에 개소문이 "스스로 물에서 태어났다고 말하며 대중을 현혹했다"라는 내용을 떠올리게 한다.

다른 사서에서는 확인할 수 없는 가문 고유의 전승 자료를 활용했을 것으로 추정되는 사례로는 고질과 고자 부자의 묘지명에 보이는 선조 고밀에 관한 기록이 있다. 묘지명에서 고밀은 모용씨 세력을 물리쳐 고구려를 국망의 위기에서 구원한 인물로 묘사된다. 국내외 사서에서 고구려와 모용씨 세력의 전쟁 기사가 적지 않게 확인되는데, 그중에서도 국망을 논할 정도의 위기라면 봉상왕대 모용외의 침공과 고국원왕 대 모용황의 침공을 들 수 있다. 『삼국사기』에 따르면, 봉상왕은 모용외의 추격을 받아 붙잡힐 위기를 겪었으며, 고국원왕 대에는 수도가 함락되어 미천왕의 시신을 빼앗기고 왕모와 왕비가 인질로 사로잡혔다. 다만 두 사건 모두 묘지명에서 이야기하는 후한 말의 시점과는 다소 차이가 있다.

고밀의 전승은 고국원왕 대 모용황 침공을 가리킨다는 견해도 있지만(서영대, 1995), 대체로는 고밀과 고노자가 동일인일 가능성을 높게 보고 있다(羅振玉, 1937). 고노자가 적을 격파해 국왕을 구원하고 대형의 관등과 식읍을 사여받은 사실이 고밀의 전승과 유사하기 때문이다. 또 고국원왕 대의 전황을 돌이켜보면, 공신에 대한 대대적인 포상이 이루어졌다고 이해하기는 어려운 측면도 있다. 현재로서는 고노자와의 연관성을 이야기하는 것이 합리적이라고 보이지만, 사서에 전하지 않는 다른 인물일 가능성도 배제할 수는 없다. 가문의 족조 전승이기 때문에 약간의 과장과 윤색이 더해졌을 가능성도 고려해야 있다.

묘지명에는 고질과 고자의 선대가 일찍이 고구려 시조 주몽을 도와 건국에 기여했음을 언급했다. 천헌성과 천남산, 고을덕의 묘지명에서도 가문의 기원에 관한 부분에서 고구려 건국 전승을 언급하고 있다. 유민묘지명에 고구려 건국 전승을 기록한 것은 묘주가 고구려 출신임을 강조하기 위한 찬자의 선택일 가능성도 있지만, 그보다는 고구려 귀족 가문의 족조 전승이 갖는 공통적인 특징을 반영하는 것일 수도 있다.

선조가 주몽을 도와 건국에 공을 세웠다는 전승은 일찍이 모두루 가문의 사례에서도 비슷하게 확인되는데, 이러한 전승은 다른 귀족 가문에서도 공통으로 내세우고 있었을 가능성이 크다. 실제로 『삼국사기』 고구려본기의 초기 기록, 동명왕 대부터 대무신왕 대에 성씨 사여 기사가 집중적으로 확인되는데, 이는 고구려 귀족 가문의 족조 전승이 반영된 결과로 파악된다(서영대, 1995). 고구려 유민묘지명에서 건국 전승 요소가 빈번하게 보이는 것도 가문이 제출한 행장에 고구려 건국 과정에서의 선대 공적이 기재되었기 때문일 것이다.

한편 고을덕묘지명에서는 고구려의 왕성(王姓) '고(高)'씨의 유래가 주몽이 태양, 하늘로부터 정기를 이어받은 사실에서 비롯되었다고 했다. 『위서』 고구려전이나 『삼국사기』에서 고구려라는 국호와의 연관성을 이야기한 것과는 구분된다. 후대의 기록이지만, 『삼국사절요』에서 비슷한 전승이 확인되는데,[13] 이것이 고구려 고유의 전승에 가까운 것일 가능성이 크다. 고을덕묘지명은 고구려인의 인식이 그대로 반영된 내용이 비교적 많이 보인다는 공통된 지적이 있었다. 다수의 중국 사서에서 고구려의 '천손(天孫)' 의식이 의도적으로 윤색된 것(김기흥, 2001; 윤성용, 2005)과 달리, 묘지명의 찬자가 가문이 제출한 전승을 그대로 반영한 결과로 볼 수 있다.

이렇듯 고구려 멸망 이후 당 관인이 되어 생애를 마친 고구려 유민의 묘지명은 당대의 다른 묘지명들과 마찬가지로 당 관인에 의해 작성된 사례가 많았다. 묘지명의 찬술이 기본적으로 가문에서 제출한 자료에 크게 의존할 수밖에 없는 것은 당연하겠지만, 문장을 작성하는 것은 온전히 찬자 개인의 몫이었다는 점에서 찬자가 별도로 수집한 자료를 바탕으로 찬술된 부분도 적지 않았다. 실제 묘지명의 고구려 관련 전승들은 대체로 중국 사서를 바탕으로 당인 찬자가 재구성한 사례가 많다. 특히 사서를 직접 참고했을 가능성뿐만 아니라, 당시 동이 관련 기록을 집록한 유서류를 활용한 양상도 보인다.

물론 묘주 선대의 관력이나 족조 전승 등은 가문에서 제출한 가전 기록에 의존할 수밖에 없었다. 이 때문에 묘지명에는 중국 사서를 통해서는 알 수 없는 고구려 고유의 전승이 담겨 있기도 하다. 묘지명에 반영된

---

[13] 『삼국사절요』 권1, "一說 本姓解, 今自言是天帝子, 承日光而生, 故以高爲氏. 或云, 王初誕, 擧國高之, 因以爲姓."

고구려 고유의 전승은 고구려사의 이해를 넓혀 줄 수 있는 새로운 정보를 제공할 가능성이 열려 있는 만큼 앞으로도 기존 자료의 재해석과 더불어 새로운 자료의 발굴과 연구에 더욱 관심을 기울일 필요가 있다.

3. 묘지명에 나타난 유민의 동향과 부흥운동

새롭게 확인되고 있는 고구려 유민묘지명은 당의 고구려 고지 지배와 이에 대한 유민들의 대응을 살필 수 있는 자료로서의 가치도 크다. 668년(보장왕 27, 총장 원년) 9월 평양성이 당군에 의해 점령되고 보장왕과 남건이 사로잡힘으로써 고구려는 끝내 멸망했다. 이적은 보장왕과 포로들을 데리고 장안으로 돌아갔다. 고종은 이적에게 포로들을 먼저 태종의 소릉에 바치게 했으며, 12월 함원전에서 보장왕을 비롯한 포로들을 맞았다. 이 자리에서 보장왕은 당 고종에게 고구려의 강역과 인민을 바치며 항복을 청하고, 고종은 고구려의 강역과 인민이 당으로 편입되었음을 선언하는 의식을 치렀을 것이다.

고구려 고지의 재편은 668년 12월 정식으로 항복을 받는 의식을 치르고 나서 진행된 것으로 보인다. 고구려 멸망을 전후해 안동도호를 역임한 위철(魏哲)과 설인귀(薛仁貴)가 임시적 성격의 '검교직'을 갖고 있었던 사실은 현지에서 전황이 지속되고 행정적 재편이 진행 중이었던 상황과 무관하지 않다(김종복, 2009).

당 용삭 원년(661)에 이르러, 고종 황제가 칙을 내려 의로운 군대를 발해 요좌(고구려)의 죄를 문책하시니, 공은 군대를 이끌고 [황제의 군대에]

맞서 싸우다가 사로잡혔다. 황제는 저항한 허물을 묻지 않고 귀항(歸降)의 예를 허락했다. [용삭] 2년(662)에 우위·남전부절충장상에 제수되는 은혜를 입었다. 총장 원년(668)에 이르러, 고구려에서 정사가 어지러워지니 동토(東土)가 서조(西朝)로 천명을 돌렸다. 칙을 내려 공이 나라에 충성을 다했다고 여겨, 검교 본토 동주 장사를 맡게 했다. 함형 5년(674)에 이르러, 좌청도솔부·빈양부절충도위에 제수되는 은혜를 입었다. 대주(大周) 천수 2년(691)에 이르러 관군대장군이 더해졌고 나머지는 종전과 같았다. _고을덕묘지명

고을덕묘지명에는 661년 당에 귀부했던 고을덕이 고구려 멸망 직후인 668년 '검교' 동주 장사에 임명된 사실이 나타난다. 동주 장사에 대해 신라와 접경한 고구려 고지 동쪽 지역에 설치된 기미부주의 장사로 보거나(葛繼勇, 2015), 고간의 동주도 행군총관부의 장사로 종군한 것으로 파악하기도 한다(이성제, 2015). 한편 지문에 명시된 연도가 당에서 묘주의 활동, 특히 관직을 역임한 시점과 무관하지 않다고 보고, 고을덕이 고간의 동주도 행군총관부에 임명된 것이라면, '함형 원년(670)'의 연도를 명시했을 것이라는 지적이 있었다(장병진, 2016).

묘주 고을덕은 661년 당에 귀부하고, 이듬해인 662년 절충부 장상으로 임명되었으며, 668년 검교 동주 장사에 임명된 것이다. '본토'의 동주라고 표현한 것도 고구려 고지의 부주인 동주, 곧 요동주를 가리키는 것이라고 이해된다. 양현기묘지명에는 묘주가 668년에 '검교' 동책주(책성주) 장사에 임명되었고, 현지에서 부흥운동을 이끌었던 고정문을 주살한 사실이 확인된다. 고을덕이나 양현기가 공통으로 668년 '검교직'에 임명된 것은 아직 본격적으로 고구려 고지의 재편이 진행되지

않은 사실을 반영한다.

『삼국사기』지리지에는 669년 2월 이적과 남생이 부주현의 설치 계획을 상주하니, 유인궤에게 실행을 담당하게 해 부주현을 설치하고 모두 안동도호부에 예속시켰다고 전한다. 그러나 유민 중 떠나고 배반하는 자가 많아 인호를 대거 내지의 공광지(空曠地)로 이주시키고 안동도호부에는 빈약자만 남겨두었다는 『자치통감』의 기사처럼 유민의 반발이 상당했다. 『삼국사기』지리지의 669년 안동도호부 관하 부주현 설치에 관한 기사에 이어진 압록수 이북의 '미항성(未降城)', '이항성(已降城)', '도성(逃城)'의 존재는 압록강 이북의 주요 성에서 당에 대한 저항이 일어나고 있었던 사실을 반영하는 것으로 보기도 한다(양병룡, 1997; 김현숙, 2004).[14]

마침내 견고한 병진(兵陣)의 어진 신하들로 하여금 끝내 적의 무서운 기세를 풀게 했다. 요새와 수차례의 저항이 갑자기 열리고, 적의 문을 겁박함에 앞에 적군이 없으니, 곧 평양을 함락시켰다. 옛 한사군 지역을 곧 [당의] 강역으로 들였으며 구이(九夷)를 포로로 삼았다. 정월 초하루에 다시 돌아와 이적을 따라 입조하니 특별히 수고롭고 힘씀에 우융위장군을 제수받았다. 곧 강유가 화란을 일으켜 다시 성도를 쳤듯이, 수혈(䃜穴)에 요사스러운 기운이 길게 늘어뜨려 예(穢)의 경계에서 문득 나부

---

[14] 소위 '지리지 목록'으로 불리는 이 기사에 대해서는 다른 견해도 있다. 고구려 멸망 이후의 사실이 아니라, 이적이 신성을 함락시키기 전에 작성된 압록강 이북의 전황이라는 것이다(池內宏, 1942). 목록의 작성은 남생이 주도적인 역할을 하였고, 당이 신라에게 고구려전 참전을 요청하면서 해당 기록이 신라 측에 넘겨졌을 것으로 보았다(노태돈, 1999).

껐다. 공이 또 조를 받들고 부여로 나아가 토벌해 적의 우두머리를 거듭 베었다. 다시 관대를 올리고 개선해 돌아와 종묘에 고하고 경축하니 황제가 가상히 여겨 동정원 우령군장군으로 승진시켰다. _이타인묘지명

현경 3년(658)에 설인귀를 따라 거란을 평정하고, 용삭 원년(661)에 글필하력을 따라 고구려를 격파하니, 유격장군 좌효위 선신부의 과의에 제수했다. 총장 원년(668) 녹릉부의 장상 절충에 제수하고, 이내 검교 동책주도독부 장사로 거듭 제수했다. 반역한 수령 고정문 등을 주살하니, 정양군공 식읍 2,000호에 봉했다. 군은 '호지담(瓠之膽)'과 같아서 호랑이 굴을 찾아도 놀람이 없고, 강철과 같은 마음을 지녀서 고구려부흥군의 진영에 들어가도 두려워함이 없었다. 갑자기 좌위익부 우낭장에 제수하고 선성진수에서 토번의 적(賊)을 자주 격파했다. _양현기묘지명

이타인묘지명에서는 평양성이 함락된 이듬해(669) 정월 이후, 고구려 고지인 부여 지역에서 유민들이 거병한 사실이 확인된다. 이타인은 황제의 명으로 출병해 유민의 군대를 진압했다. 또한 661년 고구려 원정에 참여했던 양현기는 총장 원년(668)에 검교 동책주도독부 장사에 제수되었는데, 고구려 책성 지역에 설치된 도독부의 속관직에 임명된 것이다(辛時代, 2013). 이때 반역한 수령 고정문 등을 주살했다고 하니, 책성 부근에서도 고구려 유민의 반발이 일어났음을 알 수 있다. 이렇듯 유민의 묘지명을 통해서도 멸망 이후 압록강 이북, 요동 지역의 주요 성들이 이반하는 사태가 발생하고 있었음을 확인할 수 있다.

고구려 고지에 부주현을 설치하는 일은 압록강을 경계로 남북으로 나누어 각각 현지 사정에 밝았던 유인궤와 설인귀가 주도했던 것으로

이해된다(김종복, 2009). 평양 주변, 그리고 웅진도독부와 그 예하 주현을 재편해 안동도호부에 배속시키는 일을 담당하던 유인궤는 669년 군대를 이끌고 장안으로 복귀한 후 670년 정월 면직되었다. 유인궤의 복귀에 즈음해 설인귀는 요동 지역(신성)으로 이동해 부주현의 설치를 계속 진행했고, 유인궤가 면직된 후 얼마 지나지 않아 요동 지역의 부주현 설치도 마무리되었던 것으로 보인다. 요동 지역에서 부주현의 설치를 진행했던 설인귀가 토번전선에 투입된 것은 전황의 위급함이 배경이었겠지만, 고구려 고지의 재편이 일단락되었기에 가능했을 것이다. 당에서는 기미지배가 작동하는 속에서 멸망 이후 지속되었던 유민의 저항을 제어할 수 있다고 판단했던 것이다(장병진, 2016).

중국의 역대 왕조가 주변 이민족 사회와 군신 질서를 구체화하는 방법으로는 '영역화(내지화)', '기미', '책봉', 그리고 '조공'이 있었는데, 각각의 사회가 처한 내외의 상황을 고려해 종속화의 정도를 달리 적용한 것이었다(栗原益男, 1979). 당의 기미지배는 이민족을 대상으로 내지와 같은 부주현을 설치하면서도 중앙에서 임명된 화인(華人) 관리가 그 행정장관으로 파견되는 것이 아니라, 종래의 지배구조를 용인하면서 토착 수령들에게 도독, 자사, 현령 등의 지방 관직을 수여해 활용하는 간접적인 지배방식이었다(김호동, 1993).

당은 고구려 고지에 부주현을 설치하고 현지 유력자를 지방관으로 임명하는 기미지배를 실시했다. 표면적으로는 당의 지방통치체제를 적용하면서도 고구려의 지배층 가운데 유공자를 발탁해 도독, 자사, 현령에 임명했다. 이들은 전쟁 과정에서 당에 협력하거나 투항한 지배층을 가리킬 것이다(김종복, 2009). 이때 돌궐의 부락을 서로 신속하지 못하도록 하려던 것처럼 개별 부주 사이의 통속관계는 인정하지 않고, 도호부를 두어 각각의 부주를 관리해 토착세력의 정치적 결집 가능성을 차단하고자 했던 것으로 이해된다(장병진, 2016).

한편으로는 유민들을 대거 내지로 이주시켰다. 이주된 유민은 강회 이남의 농경지대와 서북 변경으로 나누어 안치되었는데, 호구 증대와 수취 증가를 도모하고 서북 변경의 번병으로 삼으려는 목적이었다. 아울러 이반하는 고구려 유민을 원주지에서 멀리 이격시키고, 고구려 고지의 호구를 열세화 시키는 효과도 기대할 수 있었다(노태돈, 1981a). 내지로 이주된 유민들은 해당 주현의 주민으로 편입되었지만(김문경, 1984), 일반 편호와 구분되어 집단적으로 거주했던 것으로 보인다(노태돈, 1981a). 별도의 부세 규정이 마련되었던 점이나 고현묘지명에 보이듯 주현에 흩어진 고구려의 병사를 따로 징발했던 사례를 통해 알 수 있다. 물론 내지로 이주된 유민과 고구려 고지의 기미부주에 편제된 유민들도 당의 민으로서 일정한 부세의 의무가 부과되었던 것은 분명하다. 고구려 멸망 이후 이루어진 당의 조치는 유민의 묘지명을 통해서도 확인된다.

> 요동의 자제를 나누어 예속시키고, 군현에 흩어져 살게 했다. 공의 가문은 자제가 으뜸이니 안동에 자리해 살게 했다. 조부 적은 황조의 마미주도독이었다. 부 우는 황조의 귀주자사였다. 형제는 넷이고, 단덕이 큰 아들이다. 대대로 변경에 복무했는데, 충성과 근면함이 날마다 들려왔다. _남단덕묘지명

남단덕묘지명에서는 고구려 멸망 이후 유민을 내지로 이주시킨 사실과 지배층이었던 묘주의 가문이 고구려 고지에 남게 된 사실이 전해

진다. 당은 기미지배에 반발한 이반자(離叛者)를 내지로 강제 이주시키고, 협조한 유력자를 기미주의 장관으로 기용한 것이다(여호규·拜根興, 2017). 묘주의 조부가 당에서 마미주도독을 역임한 사실로 보아 조부는 고구려의 유력자로서 당에서 유공자로 인정받아 도독에 임명되었던 것으로 보인다(장병진, 2015). 남단덕 가문 외에도 고구려 유민이면서 기미부주의 장관을 역임한 사례로는 건안주도독을 역임한 고흠덕 가문의 사례가 있다. 특히 고원부터 고흠덕까지 4대에 걸쳐 도독의 지위를 승습한 사실이 주목되는데, 도독, 자사의 지위를 세습시켰다는 『신당서』 지리지의 기사를 확인시켜 준다.

> 공의 휘는 흠덕이고, 자는 응휴이며, 발해인이다. 증조부는 원으로 건안주도독이었다. 조부는 회로 건안주도독을 습작했다. 부는 천으로 당의 좌옥검위중랑이었다. 공은 선친의 둘째 아들이다. _고흠덕묘지명

> 군의 휘는 원망이고, 자는 유민이며, 선조는 은나라 사람이다. … 발해 고씨는 바로 그 종맹인데, 혹은 일부가 막남에 머물렀다. 증조할아버지 회는 당의 운휘장군 건안주도독이었고, 할아버지 천은 당의 좌옥검위중랑으로 건안주도독을 세습했다. 아버지 흠덕은 건[안]주도독을 세습하고 우무위장군 유주부절도지평로군사로서 높은 관직을 대대로 계승했다. _고원망묘지명

한편 잘 알려진 것처럼 안동도호부 예하 부주현을 설치해 고구려 고지를 기미지배하려던 당의 의도는 사실상 실패했다. 고구려 고지뿐만 아니라 북방 변경의 기미지배체제 역시 7세기 후반에 이르러 전면적으

로 붕괴되고 있었다(김호동, 1993). 고구려 고지에서는 멸망 직후부터 유민들의 저항이 끊이질 않았고, 기미부주의 설치가 일단락된 670년 이후에도 검모잠의 거병을 비롯한 조직적인 부흥운동이 이어지면서 안동도호부 예하 기미부주의 운영은 원활하게 이루어지지 못했다.

고구려 멸망을 전후해 당에 귀부했거나 평양 함락 이후 당의 지배에 순응한 지방세력들은 도독, 자사, 현령으로 임명되어 당의 기미지배에 참여했다. 당의 고구려 고지 지배 방식이 종래의 지배구조를 대체로 용인하는 것이었기 때문에 자신의 세력기반을 유지하기 위해 당으로의 편입을 받아들였다고 볼 수 있다. 그러나 한편으로 고구려에서의 당의 기미지배는 쉽게 균열이 발생할 여지를 남기고 있었다. 군정과 민정을 총괄하는 종래 지방관의 권한에 비교하면 당의 기미지배에서 부주의 장관에게 주어진 권한은 상당히 제한적일 수밖에 없었고(장병진, 2016), 그마저도 안동도호부와 당에서 파견한 휘하 속료의 감시를 받아야 했기 때문이다(여호규·拜根興, 2017).

결국 추거이자 유공자로서 기미부주의 장관에 임명되었던 유민들도 안동도호부의 통치에서 이탈해 저항했다(이정빈, 2009). 태대형 고연무나 수림성 사람 대형 검모잠의 경우도 그 지위나 거병 시점을 고려할 때, 당의 기미지배에 참여했을 가능성이 높다. 주목할 것은 이 시기 당에 대한 저항이 특정세력을 구심으로 조직적으로 나타나기 시작된 사실이다. 산발적 유민의 저항이 대규모의 고구려 부흥운동으로 나아간 것이다. 특히 이타인묘지명과 양현기묘지명을 통해 알 수 있듯이, 당시 부흥운동은 요동 지역이나 한반도 서북 지역뿐 아니라 부여 지역과 책성 지역에 이르기까지 거의 고구려 고지 전역에서 전개되었다(여호규·拜根興, 2017).

당이 유목민 부락에 대한 기미지배에서 가장 주의를 기울인 것은 부족 간의 통합으로 대세력이 출현하는 일이었다. 안동도호부를 설치한 고구려 고지에서도 유민세력의 결합을 차단하는 것이 중요한 목표였다. 그런데 멸망 이후 지속되었던 유민의 저항은 기미지배가 본격화된 이후 새로운 국면으로 전환되었다. 당이 우려했던 세력 간의 결집이 진행되었고, 당은 다시 고간과 이근행이 이끄는 대규모 군대를 파견할 수밖에 없는 상황이 전개된 것이다.

참고문헌

고구려연구재단, 2005, 『중국 소재 고구려 관련 금석문 자료집』, 고구려연구재단.
곽승훈 외, 2015, 『중국 소재 한국 고대 금석문』, 한국학중앙연구원출판부.
권덕영, 2021a, 『재당 한인 묘지명 연구(역주 편)』, 한국학중앙연구원출판부.
_____, 2021b, 『재당 한인 묘지명 연구(자료 편)』, 한국학중앙연구원출판부.
김강훈, 2022, 『고구려부흥운동 연구』, 학연문화사.
김문경, 1984, 『唐代의 社會와 宗敎』, 崇田大學校出版部.
김종복, 2009, 『발해정치외교사』, 일지사.
노태돈, 1999, 『고구려사 연구』, 사계절.
임기환, 2004, 『고구려 정치사 연구』, 한나래.
임세권·이우태 편저, 2014, 『韓國金石文集成(3)』, 한국국학진흥원.
지배선, 2006, 『고구려·백제 유민 이야기』, 혜안.
韓國古代社會硏究所 編, 1992, 『譯註 韓國古代金石文 I』(고구려·백제·낙랑 편), 駕洛國史蹟開發硏究院.
허흥식 편저, 1984, 『韓國金石全文(古代)』, 亞細亞文化社.

葛繼勇, 2015, 「신출토 入唐 고구려인 '高乙德墓誌'와 고구려 말기의 내정 및 외교」, 『한국고대사연구』79.
강경구, 2005, 「高句麗 復興運動의 新考察」, 『한국상고사학보』47.
권덕영, 2010, 「한국고대사 관련 중국 금석문 조사 연구」, 『사학연구』97.
_____, 2014, 「唐 墓誌의 고대 한반도 삼국 명칭에 대한 검토」, 『한국고대사연구』75.
_____, 2018, 「羅振玉의 금석학과 『唐代海東藩閥誌存』」, 『한국고대사연구』91.
권순홍, 2020, 「李仁德 墓誌銘과 그 출자」, 『목간과 문자』24.
권은주, 2014, 「고구려유민 高欽德, 高遠望 부자 묘지명 검토」, 『대구사학』116.
김강훈, 2013, 「679~681년 寶藏王의 高句麗 復興運動」, 『역사교육논집』50.

_____, 2016, 「요동지역의 고구려 부흥운동과 검모잠」, 『군사』 99.
_____, 2017, 「고구려 멸망 이후 부여성 권역의 부흥운동」, 『대구사학』 127.
김기흥, 2001, 「高句麗 建國神話의 검토」, 『한국사연구』 113.
김수진, 2014, 「당으로 이주한 고구려 포로와 지배층에 대한 문헌과 묘지명의 기록」, 『한국고대사 연구의 자료와 해석』(노태돈교수정년기념논총), 사계절.
_____, 2017, 「唐京 高句麗 遺民 硏究」, 서울대학교 박사학위논문.
_____, 2018, 「고구려 유민 묘지명에 나타난 당인 관인의 '高句麗' 인식」, 『동서인문학』 54.
_____, 2022, 「泉毖의 장인, 太原公 王暐의 출자에 대한 새로운 이해」, 『고구려발해연구』 74.
김영관, 2009, 「高句麗 遺民 高鐃苗 墓誌 檢討」, 『한국고대사연구』 56.
_____, 2013, 「高句麗 遺民 高提昔 墓誌銘에 대한 연구」, 『백산학보』 97.
_____, 2016, 「고구려 泉男生 墓誌銘에 대한 소개와 연구 현황」, 『한국고대사탐구』 22.
_____, 2017, 「고구려(高句麗) 유민(遺民) 남단덕(南單德) 묘지명(墓誌銘)에 대한 연구」, 『백제문화』 57.
김영관·조범환, 2016, 「고구려 泉男生 墓誌銘에 대한 소개와 연구 현황」, 『한국고대사탐구』 22.
김용선, 1987, 「高麗 墓誌銘 二例: 高瑩中과 그의 孫女 高氏夫人 墓誌銘」, 『斗溪 李丙燾博士九旬紀念 韓國史學論叢』, 지식산업사.
김종복, 2004, 「渤海의 건국과정에 대한 재고찰」, 『한국고대사연구』 34.
_____, 2005, 「고구려 멸망 전후의 말갈 동향」, 『북방사논총』 5.
_____, 2010, 「백제와 고구려 고지에 대한 당의 지배 양상」, 『역사와 현실』 78.
김현숙, 2001, 「中國 所在 高句麗 遺民의 동향」, 『한국고대사연구』 23.
_____, 2004, 「고구려 붕괴 이후 그 유민의 거취 문제」, 『한국고대사연구』 33.
김호동, 1993, 「당의 기미지배와 북방 유목민족의 대응」, 『역사학보』 137.
노태돈, 1981a, 「高句麗 遺民史 硏究 −遼東·唐內地 및 突厥方面의 集團을 중심으로−」, 『韓㳓劢博士停年紀念史學論叢』, 知識産業社.
_____, 1981b, 「渤海 建國의 背景」, 『대구사학』 19.
樓正豪, 2013, 「高句麗遺民 高牟에 대한 考察」, 『한국사학보』 53.

_____, 2015a, 「高句麗遺民 李隱之 家族의 出自 의식에 대한 考察 -새로 발견된 李隱之 墓誌銘을 중심으로-」, 『한국고대사탐구』 21.

민경삼, 2007, 「신출토 高句麗 遺民 高質 墓誌」, 『신라사학보』 9.

_____, 2009, 「中國 洛陽 신출토 古代 韓人 墓誌銘 연구-高質 墓誌銘을 중심으로-」, 『신라사학보』 15.

拜根興, 2008, 「고구려·발해 유민 관련 유적·유물」, 『중국학계의 북방민족·국가 연구』, 동북아역사재단.

_____, 2009, 「高句麗 遺民 高性文·高慈 父子 墓誌의 考證」, 『충북사학』 22.

_____, 2010, 「唐 李他仁 墓志에 대한 몇 가지 고찰」, 『충북사학』 24.

송기호, 1998, 「고구려 유민 高玄 墓誌銘」, 『서울대학교박물관연보』 10.

_____, 2007, 「고구려 유민 高氏夫人 墓誌銘」, 『한국사론』 53.

안정준, 2013, 「李他仁墓誌銘에 나타난 李他仁의 生涯와 族源」, 『목간과 문자』 11.

_____, 2015a, 「'李他仁墓誌銘' 탁본 사진의 발견과 새 판독문」, 『고구려발해연구』 52.

_____, 2015b, 「「두선부(豆善富) 묘지명(墓誌銘)」과 그 일가(一家)에 대한 몇 가지 검토」, 『인문학연구』 27.

_____, 2016, 「당대(唐代) 묘지명에 나타난 중국 기원(起源) 고구려 유민(遺民) 일족(一族)의 현황과 그 가계(家系) 기술」, 『역사와 현실』 101.

양병룡, 1997, 「羅唐戰爭 進行過程에 보이는 高句麗遺民의 對唐戰爭」, 『사총』 46.

여호규, 2016, 「新發見 〈高乙德墓誌銘〉을 통해 본 高句麗 末期의 中裏制와 中央官制」, 『백제문화』 54.

_____, 2017, 「두만강 유역 고구려 성곽의 분포현황과 지방통치의 양상」, 『역사문화연구』 61.

여호규·李明, 2017, 「고구려 유민 '이타인묘지명'의 재판독 및 주요 쟁점 검토」, 『한국고대사연구』 85.

여호규·拜根興, 2017, 「유민묘지명을 통해본 당의 동방정책과 고구려 유민의 동향」, 『동양학』 69.

윤성용, 2005, 「고구려 建國神話와 祭儀」, 『한국고대사연구』 39.

윤용구, 1995, 「樂浪遺民의 墓誌 二例」, 『인하사학』 3.

_____, 2003, 「중국 출토의 韓國古代 遺民資料 몇 가지」, 『한국고대사연구』 32.

_____, 2005, 「隋唐의 대외정책과 고구려 원정」, 『북방사논총』 5.

_____, 2014, 「중국 출토 고구려·백제 유민 묘지명 연구동향」, 『한국고대사연구』 75.

이규호, 2016, 「당의 고구려 유민정책과 유민들의 동향」, 『역사와 현실』 101.

이동훈, 2008, 「高句麗遺民 「高德墓誌銘」」, 『한국사학보』 31.

_____, 2014, 「高句麗·百濟遺民 誌文構成과 撰書者」, 『한국고대사연구』 76.

이문기, 2000, 「고구려 막리지의 관제적 성격과 기능」, 『백산학보』 55.

_____, 2001, 「高句麗 遺民 高足酉 墓誌의 檢討」, 『역사교육논집』 26.

_____, 2002, 「高句麗 寶藏王의 曾孫女 「高氏夫人墓誌」의 檢討」, 『역사교육논집』 29.

_____, 2003, 「고구려 중리제의 구조와 그 변화」, 『대구사학』 71.

_____, 2010, 「墓誌로 본 在唐 高句麗 遺民의 祖先意識의 變化」, 『대구사학』 100.

이병도, 1964, 「高句麗의 一部 流民에 대한 唐의 抽戶政策」, 『진단학보』 25·26·27.

이상훈, 2014, 「검모잠의 최초 거병지 검토」, 『한국 고대사 연구의 자료와 해석』(노태돈교수정년기념논총2), 사계절.

이성제, 2015, 「어느 고구려 무장의 가계와 일대기 – 새로 발견된 '高乙德墓誌'에 대한 譯註와 分析」, 『중국고중세사연구』 38.

_____, 2016, 「유민 묘지를 통해 본 고구려의 중리소형」, 『중국고중세사연구』 42.

_____, 2021, 「榮留王의 王權 강화와 淵蓋蘇文 政變 – 高乙德 일가의 官歷을 통해 본 영류왕대 政局 – 」, 『한국고대사연구』 104.

이승호, 2011, 「「광개토왕비문」에 보이는 천제지자(天帝之子) 관념 형성의 사적(史的)배경」, 『역사와 현실』 81.

이정빈, 2009, 「고연무의 고구려 부흥세력과 부흥운동의 전개」, 『역사와 현실』 72.

이천우, 2018, 「고흠덕 묘지명을 통해 본 고구려 유민의 唐 내 관직 제수와 특진 배경」, 『이화사학연구』 57.

이홍직, 1956, 「淵蓋蘇文에 대한 若干의 存疑」, 『李丙燾博士 華甲紀念論叢』 (1971, 『韓國古代史의 硏究』, 新丘文化社 재수록).

임기환, 2003, 「報德國考」, 『강좌 한국고대사 10』, 가락국사적개발연구원.

장병진, 2015, 「새로 소개된 고구려 유민 '南單德' 묘지에 대한 검토」, 『고구려발해연구』 52.

_____, 2016a, 「「泉男産墓誌」의 역주와 찬술 전거에 대한 고찰」, 『고구려발해연구』 55.

_____, 2016b, 「당의 고구려 고지 지방방식과 유민의 대응」, 『역사와 현실』 101.

_____, 2020, 「고구려 유민 묘지명의 고구려 관련 전승과 그 계통」, 『역사와 현실』 117.

_____, 2023, 「최근 소개된 두 건의 고구려 유민 묘지명 자료-「李仁晦 墓誌銘」, 「太夫人 泉氏 墓誌銘」-」, 『백산학보』 127.

정병준, 2005, 「營州城傍高麗人 '王思禮」, 『고구려연구』 19.

_____, 2007, 「營州의 大祚榮 集團과 渤海國의 성격」, 『동북아역사논총』 16.

_____, 2009, 「唐朝의 高句麗人 軍事集團」, 『동북아역사논총』 24.

조범환, 2023, 「재당 고구려 유민 환관 高延福 묘지명의 새로운 검토」, 『한국고대사탐구』 43.

_____, 2024, 「재당 고구려 유이민 출신 환관 연구-似先義逸 墓誌銘을 중심으로-」, 『한국고대사탐구』 46.

조인성, 2007, 「고구려의 멸망과 부흥운동의 전개」, 『고구려의 정치와 사상』, 동북아역사재단.

최상기, 2016, 「백제 멸망 이후 예씨 일족의 위상-묘지명(墓誌銘)과 관련 문헌의 종합적 검토를 통해-」, 『역사와 현실』 101.

_____, 2023, 「「高足酉墓誌銘」의 검토와 전망-판독과 논의사항을 중심으로-」, 『중앙사론』 59.

최진열, 2009, 「唐人들이 인정한 高句麗人의 正體性-唐代墓誌銘에 보이는 高句麗의 別稱(朝鮮·三韓·扶餘) 分析을 중심으로-」, 『동북아역사논총』 24.

_____, 2012, 「唐代 高句麗 표기 기피현상-隋唐 墓誌銘의 國名 표기 분석을 중심으로-」, 『동북아역사논총』 38.

郭培育·郭培智, 2005, 『洛陽出土石刻時地記』, 大象出版社.

羅振玉, 1937, 『唐代海東藩閥誌存』(1979, 『石刻史料新編』 2-15, 新文豐出版公司 재수록).

洛陽市第二文物工作隊(李獻奇·郭引强 編著), 1996, 『洛陽新獲墓誌』, 文物出版社.

毛漢光, 1991, 『唐代墓誌彙編附考』, 中央研究院歷史語言研究所.

拜根興, 2012, 『唐代高麗百濟移民研究』, 中國社會科學出版社(구난희·김진광 옮김, 2019, 『당으로 간 고구려·백제인』, 한국학중앙연구원출판부).
北京圖書館金石組 編, 1989, 『北京圖書館藏 中國歷代石刻拓本匯編 23』, 中州古籍出版社.
陝西省古籍整理辦公室 編, 1997, 『全唐文補遺(4)』, 三秦出版社.
陝西省古籍整理辦公室 編(吳鋼 主編), 1995~2005, 『全唐文補遺(1~8輯)』, 三秦出版社.
─────────────────────────, 2006, 『全唐文補遺(千唐誌齋新藏專輯)』, 三秦出版社.
孫進己·馮永謙, 1989, 『東北歷史地理(二)』, 黑龍江人民出版社.
王仁波·吳鋼 主編, 1991, 『隋唐五代墓誌彙編: 陝西卷』, 天津古籍出版社.
李永强·余扶危 主編, 2011, 『洛陽出土少數民族墓誌匯編』, 河南美術出版社.
趙力光 主編, 2014, 『西安碑林博物館新藏墓誌續編(下)』, 陝西師範大學出版總社有限公司.
趙振華, 2009, 『洛陽古代銘刻文獻研究』, 三秦出版社.
周紹良 主編, 1992, 『唐代墓誌彙編(下)』, 上海古籍出版社.
─────────, 2000, 『全唐文新編(22)』, 吉林文史出版社.
周紹良·趙超 主編, 2001, 『唐代墓誌彙編續集』, 上海古籍出版社.
中國文物研究所·千唐誌齋博物館 編, 2008, 『新中國出土墓志 河南[參] 千唐志斋[壹]』, 文物出版社.
陳長安 主編, 1991, 『隋唐五代墓誌汇編·洛陽卷(6冊, 7冊, 10冊)』, 天津古籍出版社.
湯淺幸孫, 1983, 『翰苑校釋』, 國書刊行會.
河南省文物研究所·河南省洛陽地區文管處 編, 1984, 『千唐誌齋藏誌(上册)』, 文物出版社.

樓正豪, 2015b, 「新見高句麗遺民 南單德墓誌銘 考釋」, 『西部考古』8, 科學出版社.
拜根興, 2001, 「高句麗 遺民 高足酉 墓誌銘」, 『中國史研究』12.
─────, 2003, 「高句麗遺民高足酉墓誌銘考釋」, 『碑林集刊』9.
孫鐵山, 1998, 「唐李他仁墓志銘考釋」, 『遠望集』下, 陝西人民美術出版社.

辛時代, 2013, 『唐代安東都護府研究』, 東北師範大學 博士學位論文.

_____, 2015, 「唐高句麗移民劉元貞墓誌考釋」, 『高句麗與東北民族研究』7, 吉林大學出版社.

呂九卿, 2008, 「試探武周陽玄基墓誌中的若干問題」, 『武則天與神都洛陽』, 中國文史出版社.

王其褘·周曉薇, 2013, 「國內城高氏: 最早入唐的高句麗移民-新發現唐上元元年"泉府君夫人高提昔墓誌"釋讀」, 『陝西師範大學學報』2013-5.

王連龍, 2015, 「唐代高麗移民高乙德墓志及相關問題研究」, 『吉林師範大學學報』2015-4.

王綿厚, 2006, 「唐泉男生獻誠父子墓誌補釋」, 『遼寧省博物館館刊』1.

王菁·王其褘, 2015, 「平壤城 南氏: 入唐高句麗移民新資料-西安碑林新藏唐大曆十一年《南單德墓志》-」, 『北方文物』2015-1.

王化昆, 2007, 「"武周高質墓誌"考略」, 『河洛春秋』2007-3.

張福有·趙振華, 2005, 「洛陽, 西安出土北魏與唐高句麗人墓志及泉氏墓地」, 『東北史地』2005-4.

張彦, 2010, 「唐高麗遺民"高鐃苗墓誌"考略」, 『文博』2010-5.

趙力光, 2011, 「西安碑林所藏與海東關聯墓誌槪述」, 『碑林集刊』17.

趙振华·閔庚三, 2009, 「唐高質高慈父子墓誌研究」, 『東北史地』2009-2.

內藤虎次郎, 1920, 「近獲の二三史料」, 『藝文』11-3, 京都大學京都文學會 (1979, 『內藤湖南全集』7, 筑摩書房 재수록).

武田幸男, 1980, 「六世紀における朝鮮三國の國家體制」, 『日本古代史講座(4)』, 學生社.

_____, 1989, 『高句麗史と東アジア-「廣開土王碑」硏究序說-』, 岩波書店.

栗原益男, 1979, 「七, 八世紀の東アジア世界」, 唐代史研究會 編, 『隋唐帝国と東アジア世界』, 汲古書院.

池內宏, 1930, 「高句麗滅亡後の遺民の叛亂及び唐と新羅との關係」, 『滿鮮地理歷史研究』12.

_____, 1942, 「高句麗討滅の役に於ける唐軍の行動」, 『滿鮮地理歷史研究報告』16.

7장

고구려 유민의 향배와 존재방식

김수진 | 국민대학교 한국역사학과 강사

    고구려가 멸망하고 고구려의 민은 '유민(遺民)'이 되었다. 멸망이라는 소용돌이 속에서 고구려 유민의 대다수는 고구려의 고지에 그대로 존재하였지만 일부는 당으로 강제 사민되었고, 또 일부는 자발적 이주를 통해 다양한 지역으로 이동하여 새로운 공간에서 삶을 개척해나갔다. 고구려 유민의 자발적 이주와 관련하여 먼저 주목되는 것은 부흥운동과 연동되어 나타난다는 점이다.

    검모잠(劍牟岑)과 안승(安勝)을 위시한 평양 일대의 고구려 유민이 한성으로 남하하여 부흥운동을 전개하고 이후 안승이 신라로 들어가면서 신라 영역 안에 보덕국(報德國)이 성립하였다. 보덕국은 '나라 안의 나라'라고 할 수 있는데, 어쨌든 왕과 고구려의 부명(部名)과 관등명(官等名)을 띤 관인들이 존재하였고 왜에 사신을 파견하는 등 형식적으로는 독립된 국가로 운영되는 것처럼 보였다. 보덕국이 존재한 10년 동안 신라 정부의 입장과 신라 안의 보덕국의 성격, 보덕국 민이 된 유민의 동향을 살펴보고자 한다.

왜로 이주한 고구려 유민은 다양한 경로를 통해 난민의 상태로 산발적으로 입국한 것으로 보이는데, 이러한 상황이 중앙까지 보고되는 데 시일이 걸렸을 것이고 또는 보고되지 않은 경우도 많았을 것이다. 따라서 유민들의 정확한 입국 시점을 기록할 수 없었고 8세기 초반까지 고구려 유민을 안치하는 내용만 간헐적으로 나타난다. 왜는 유민의 규모가 어느 정도 되면 집단적으로 안치하고 필요에 따라 재배치하며 세금을 면제하였다. 지배층 출신 유민들에게는 관위와 작위, 녹을 주어 체제 안으로 포섭하였는데, 유민들은 8세기 후반까지 자신들의 출자를 분명히 인식하고 있었다. 고구려 유민의 안치 지역을 살펴보고, 관인이 된 유민들이 조정에서 어떠한 역할을 했는지 정리하고자 한다.

고구려 멸망 직후 이적(李勣)은 보장왕(寶藏王)과 왕족, 대신 등 20여만 명을 이끌고 당으로 돌아갔다. 강제 사민된 고구려 유민은 육로와 해로를 통해 강(江)·회(淮) 이남 및 산남(山南), 병주(幷州)·양주(涼州) 이서의 여러 지역으로 이주되었는데, 하남도(河南道)와 농우도(隴右道)에 분산되어 안치된 것으로 보인다. 유민들이 강제 사민된 지역의 특징을 살펴보고자 한다. 또한 당경(唐京)에도 고구려 유민은 존재했는데, 보장왕을 비롯한 왕족들, 천남생(泉男生) 일가와 같은 최상위 지배층 출신, 당에 협력했던 자들이 편제되었다. 이들은 대체로 당조에 출사하였고 묘지명을 남겼다. 묘지명 자료를 통해 유민들의 출사와 세대별 변화 양상을 주목할 필요가 있다.

안사의 난을 전후로 고구려 유민들의 활동에도 큰 변화가 나타난다.

왕모중(王毛仲)은 현종의 최측근으로 활약하면서 당대 군사력의 핵심인 마정(馬政)을 장악하였는데, 관노(官奴)에서 개부의동삼사(開府儀同三司)에 오르면서 문자 그대로 입지전(立志傳)의 출세를 한 인물이었다. 왕사례(王思禮)는 토번과의 전쟁을 성공적으로 수행하고 안사의 난을 수습하면서 공신(功臣)으로 이름을 남겼다. 고선지(高仙芝)도 당이 서역에서 주도권을 장악하기 위해 선봉장으로 끊임없이 원정에 나섰다. 또한 이정기(李正己)와 같이 번진(藩鎭)을 중심으로 당 중앙을 견제하며 이전과는 다른 차원의 방식과 규모로 세력을 확장해 나가는 유민 후속 세대의 활약상도 확인할 수 있다.

돌궐로 들어간 고구려 유민의 동향은 고정부(高定傅), 고문간(高文簡), 고공의(高拱毅) 등을 통해 포착된다. 이들이 고구려 유민집단을 통솔하여 돌궐로 들어간 시점이나 경로를 분명히 알 수 없지만 돌궐 내부의 모순과 분열을 경험하면서 이탈하고 당으로 들어가게 되는데, 고구려 멸망 이후 50년이 가까워지는 시점에도 일부 유민들은 이주를 거듭하고 있었다.

여러 지역에서 확인되는 고구려 유민들의 존재 양상을 통해 유민사를 조망하고자 한다.

1. 보덕국과 신라의 고구려 유민정책

674년 9월 신라는 안승을 보덕왕(報德王)이라는 왕호로 책봉하였다. 670년 8월에 이은 두 번째 책봉이었다. 670년에는 '고구려왕'으로 봉하여 인국(隣國)으로서 형제처럼 선린관계를 맺자고 했었다면 674년에는 '보덕국왕'으로 봉하였고, 이는 신라왕의 덕에 보답하는 왕이라는 뜻인데, 번신(蕃臣)으로서의 위치를 명백히 규정한 것으로 이전보다 훨씬 격하된 것이었다(盧泰敦, 1997a). 또한 신라는 보덕국의 설치를 통해 당과 대등한 관계로 신라의 국제적 위치를 부각하고자 한 것으로(金壽泰, 1994), 당이 웅진도독부를 설치하여 백제를 지배하고 신라마저 계림대도독부로 지위를 격하시킨 것에 대한 대응조치로 볼 수 있다(임기환, 2003).

신라는 안승과 고구려 유민을 안치하기 위해 한성에 상응하는 위상을 갖고 웅진성과 함께 백제 말기의 중심지 중의 하나로, 기반시설이 갖추어져 있었던 금마저를 선택한 것으로 보인다. 금마저에는 도성을 모방한 각종 관청이나 사찰이 조영되어 있어 도성에 버금가는 도시적 경관을 유지하고 있었을 것이다(여호규, 2003). 왕궁리 유적은 장기간의 발굴 조사를 통해 사비시기에 조영한 이궁(離宮)이나 별궁(別宮) 등 궁궐 유적임이 밝혀졌다. 익산 지역에서 시가 구역은 확인되지 않았지만 궁궐과 사찰이 다수 확인되었다는 점에서 부도(副都)로 운영되었을 것으로 짐작된다(여호규, 2023). 왕궁리 유적에서 가장 눈에 띄는 것은 내부가 4개의 동서석축으로 구획되고 외곽이 장방형의 궁장(宮牆)으로 둘러싸여 있는 계획성이다. 그 내부에 각종 건물과 시설이 정연하게 자리하고 있는데, 석축의 기초부 위에 판축(版築)한 장체(墻體)를 올리고 기와를 얹은(瓦葺) 왕궁의 담장과 같은 것으로 이해된다. 궁장 내부는 축대에 의해 네 공간으로 분할되어 대형 전각건물을 비롯한 많은 건물지가 분포하는데, 왕궁과 관련된 각종 건물, 정원, 공방 등을 계획적으로 배치하였다(이병호, 2020).

금마저는 백제 말기 왕도급 위상을 갖는 정치 중심지의 하나였다. 따라서 이 지역에는 유력한 백제 세력이 잔존해 있었을 가능성이 높고, 신라가 안승과 고구려 유민들을 금마저에 편제한 것은 기존의 백제 세력을 견제하기 위한 조처로도 볼 수 있다. 보덕국은 그것이 형식적이라도 독립된 국가로 존재했기 때문에 백제에서 왕도급으로 조영된 금마저의 도성시설은 보덕국의 형식적 외양에 부합했을 것이다(임기환, 2003).

보덕국이 왜에 보낸 사신들은 상부(上部), 전부(前部), 후부(後部), 하부(下部), 남부(南部), 서부(西部) 등의 부명과 대상(大相), 위두대형(位頭大兄), 대형(大兄), 주부(主簿) 등의 관등명을 사용하였는데, 모두 종전의 고구려에서 사용한 것이었다. 고구려의 수도와 별도에는 각각 5부가 설치되어 있었는데, 이는 행정구획단위였다. 동시에 이들 5부에 귀족들이 소속되어 일종의 귀족들의 원적과 같은 성격을 가졌다(노태돈, 1999). 고구려의 부명을 그대로 사용하기는 했지만 금마저로 이주한 뒤에는 새로운 통치질서와 행정편제에 따라 소속부가 개편되었을 가능성이 있다. 보덕국은 고구려의 부명과 관등명을 그대로 사용하면서 고구려의 계승을 표방하고 외견상으로 독립국으로서의 모습을 갖추고 있었다(임기환, 2003).

683년 신라가 안승을 왕경으로 불러 소판(蘇判)으로 삼고 김씨 성을 내리기 전까지 안승은 금마저에서 보덕국왕으로 존재하였고 그 이하는 보덕왕의 신하로서 고구려의 관등체계 속에 서열화하였다. 신라 역시 보덕국의 외교권을 인정하고 혼인정책 등을 구사하면서 독립국으로서 대우하고 있었던 것은 분명하다. 보덕국은 태생적으로 신라의 감시와 통제를 받을 수밖에 없었지만 독립된 국가의 형식을 갖고 있었고 적어도 그 형식을 10년 동안은 유지하였다.

684년 보덕국의 반란을 진압하면서 읍성은 함락되고 주민들을 나라 남쪽의 주·군으로 옮기는 것으로 반란은 마무리되었고 보덕국은 소멸되었다. 신라는 즉시 보덕국의 민들을 재편하는 작업을 한 것으로 보인다. 685년 봄 완산주(完山州)를 다시 설치하고 3월에는 남원소경(南原小京)을 설치하여 여러 주·군의 민호를 옮겨 나누어 살게 하였다. 남원소경에서 확인되는 고구려악(高句麗樂)은 보덕국의 주민들이 이 지역에 편제되었을 가능성을 시사한다(林炳泰, 1967).

　신라는 보덕국이 해체되자 행정구역을 재편하고 보덕국 민들을 금마저로부터 이주시키고 보덕국의 군사를 해체하여 왕경을 수호하는 신라의 군인으로 편입시켰다. 또한 고구려의 지배층 출신에게 신라의 관등도 부여하였다. 마치 고구려의 잔재를 일소하려는 듯 보덕국 민에서 신라의 신민(臣民)으로 탈바꿈하는 일련의 정책이 이어졌다. 모든 국가는 건국과 멸망을 경험할 수밖에 없다. 그러나 보덕국은 그 태생 자체가 소멸을 전제한 시한부와 같았다. 안승을 금마저에 안치하고 고구려왕으로 봉한 것은 고구려 유민들의 독자적 국가 재건을 저해하려는 정책이었다(梁炳龍, 1997). 신라는 안승을 고구려왕으로 책봉할 당시에는 인국으로 형제처럼 지내자는 수평적 관계에서, 나당전쟁이 종결되면서는 구생(舅甥)의 관계로 격을 조정하는 모습이 확인된다(최희준, 2021). 보덕국에 대한 신라의 정책이 상황에 따라 긴밀하게 조정되었음을 보여준다.

2. 왜로 이주한 고구려 유민과 고려군(高麗郡)

왜로 이주한 고구려 유민에 대해서는 대략의 규모도 추산하기 어렵다. 『일본서기(日本書紀)』에는 고구려 유민의 입국을 보여주는 구체적인 기사가 확인되지 않는다. 다만 백강전투 이후 백제 유민과 고구려 유민, 그리고 신라인에 대한 안치 기사가 간헐적으로 나타난다. 대부분의 고구려 유민들은 멸망을 전후로 장거리 항해에 적합하지 않은 수준의 배를 타고 고구려를 나섰을 가능성이 높고 항해 도중 목숨을 잃거나 표류하다 가까스로 왜의 해안에 안착하는 경우가 많았을 것이다. 고구려 유민의 주요 도착지였던 월(越)이나 축자(筑紫) 이외에도 왜 연안의 불특정 장소에 고구려 유민들이 출몰하는 경우가 있었을 것이다. 참고로 8세기에 파견된 발해 사신의 도착 지점은 하이(蝦夷), 출우(出羽)의 북부 일본, 월전(越前), 가하(加賀), 능등(能登)의 중부 일본, 대마(對馬), 은기(隱岐)의 서부 일본까지 다양하게 분포하는데, 이러한 도착 지점의 차이가 출발 시점에 따라 발해-일본 간의 항로를 의도적으로 선택한 결과인지 여부는 알 수 없지만 일본으로의 입국 경로가 다양했음을 알 수 있다(小倉芳彦, 2008). 이는 고구려에서 출발했을 경우도 비슷했을 것이므로 고구려 유민도 다양한 경로를 통해 파편적으로 왜의 연안 곳곳에 상륙했을 것이다. 따라서 왜 조정은 고구려 유민에 대한 정확한 입국 시점을 파악할 수 없었고, 어느 정도 규모가 되면 집단적으로 안치하는 방식을 취한 것으로 보인다.

왜 조정의 고구려 유민에 대한 구체적인 정책이 기록에 나타나는 것은 680년대에 들어서면서부터다. 681년 8월 천무(天武)는 삼한에서 온 사람들에 대하여 10년간 조세를 면제한 조치가 이미 끝났지만 함께 온 자손들에 대한 과역도 모두 면제한다고 하였다. 10년의 급복(給復)이 끝나고 추가로 과역을 면제한다는 것으로 보아 이미 672년에 고구려, 백제, 신라에서 온 사람들에 대한 과역의 면제 조치가 시행되었음을 추정할 수 있다(김은숙, 2007). 이처럼 왜 조정은 백제 멸망과 백강전투 이후, 고구려 멸망 이후 왜에 입국한 백제 유민과 고구려 유민, 일부 신라인에 대한 대책을 마련했던 것으로 보인다.

천지기(天智期)에서 원정기(元正期)까지『일본서기』와『속일본기(續日本紀)』의 삼국 민과 관련된 기록을 정리하면 660년대까지는 근강국(近江國)과 동국(東國)에 백제 유민을 안치한 기사만 확인되는데, 680년대 들어서면서부터는 삼한제인(三韓諸人), 삼국(三國) 등으로 표현한 고구려인, 백제인, 신라인에 대한 안치 기사가 나타난다는 특징이 있다. 684년 백제 승니와 속인, 남녀 23명을 무장국(武藏國)에 안치했다는 기사를 시작으로 왜에 들어온 고구려인, 백제인, 신라인에 대한 기사가 685, 686, 687, 688, 690년까지 집중적으로 나타난다. 천무, 지통기(持統期)에는 고구려와 백제 유민이 왜에 나타나면 중앙에 보고하고 중앙에서는 난파(難波), 근강국, 동국, 무장국, 상륙국(常陸國), 갑비국(甲斐國) 등 안치 지역을 정하여 토지를 지급하여 긴박하고 개간하여 정착하도록 한 것으로 보인다.

백제 유민과 고구려 유민의 안치 지역의 변화에는 율령체제로의 전환이 영향을 미친 것으로 보이는데, 율령제 이전인 천지기에는 근강국에 안치하다가 동국 안치가 시작되었고 지통기 이후의 8세기에는 모두 동국에 안치하고 전답과 식량을 주어 생업을 안정시켰다. 천지기에는 근강을 개발하고 영제(令制) 이후에는 동국 개발로 목표를 변경한 것으로 보인다(大津透, 1993).

고구려 유민과 관련된 기사를 중심으로 정리해보면, 685년 9월에는 왜에서 고구려에 보낸 사신이 돌아왔는데, 이때의 사신은 684년 5월 보덕국에 파견되었던 대사(大使) 삼륜인전군난파마려(三輪引田君難波麻呂)와 소사(小使) 상원련인족(桑原連人足)으로 추정된다. 보덕국에서 사신들이 돌아왔다는 내용에 이어 왜에 들어온 고구려인들에게 차등을 두어 녹을 주었다는 기록이 보이는데, 이때의 고구려인들은 보덕국에 사신으로 갔던 왜의 사절들이 돌아오면서 보덕국에서 함께 온 것으로 보기도 한다. 686년 윤12월에는 축자대재(筑紫大宰)가 고구려, 백제, 신라의 백성 남녀와 아울러 승니 62명을 바쳤고, 687년 3월에는 투화한 고구려인 56명을 상륙국에 살게 하고 전답과 곡물을 주었다. 이들도 앞선 사례와 마찬가지로 과역 면제 조치를 받았을 것이다(김은숙, 2007).

687년 이후 30년 가까이 고구려 유민의 동향은 확인되지 않다가 716년 준하(駿河), 갑비(甲斐), 상모(相摸), 상총(上總), 하총(下總), 상륙, 하야(下野) 7국의 고구려인 1,799명을 무장국으로 옮기고 고려군(高麗郡)을 설치한 내용이 『속일본기』에 나타난다. 666년 백제 유민 2,000여 명을 동국에 거주하게 한 것 이후로 가장 대규모의 인원이 이주한 것이다. 백제 유민을 동국에 안치한 것은 이 지역을 개간하는 데 이용하기 위한 조치였던 것으로 생각된다(大津透, 1993). 이와 마찬가지로 무장국은 평성경(平城京)에서 보면 동쪽 변경 지방의 척박한 산지로 이 지역의 개발을 위하여 고구려 유민을 동원한 측면도 있고, 더하여 동북 지방의 하이 정복에 필요한 병사와 군수물자를 준비하는 후방 기지로서 역할도 담당했을 것이다. 8세기 초 일본 조정에게 하이 문제는 중요 현안이었고 고구려 유민들을 대거 이주시켜 하이 정복에 필요한 병력을 확보하고자 하였던 것으로 보인다(김은숙, 2007). 하이에 대한 대책이 강화되는 가운데 고려군이 설치되었고, 고구려 유민들이 갖고 있던 무기 생산과 관련된 기술력과 농업생산력 등을 통해 하이와 전쟁을 수행하기 위한 후방의 최전선 기지로 기능했을 가능성이 있다(연민수, 2020).

또한 고려군을 설치한 시기는 전국적으로 지방관청이 급증하고 율령체제가 정비되는 때와 맞물린다. 고려군은 지방 행정을 정비하기 위한 시범지역으로서 역할을 한 것으로 추정되기도 한다. 고려군의 설치는 북무장(北武藏) 지역의 수장을 율령국가체제 안에 편성시키기 위한 조치였다는 견해도 있다(이노우에 나오키, 2010).

최근 발굴된 고려군 설치 이후의 유적을 통해서 고려군에서 고구려 유민의 생활을 추정할 수 있는 단서를 확인할 수 있어 주목된다. 도광림(道光林) 유적에서는 8세기 2/4분기로 편년되는 주거지가 나타나고 있어 고려군이 설치된 직후 마을이 조성되었음을 알 수 있다. 습석(拾石) 유적에서도 8세기 2/4분기에서 10세기 1/4분기에 걸친 집락(集落) 유적이 확인되는데, 집락과 집락 사이를 연결하는 도로 유구와 수로 유구도 확인되었다. 고구려 유민들이 고려군으로 이주한 이후 생활의 기반이 되는 충적지를 개발한 단서가 되는 유적이다. 군의 행정적 중심지인 군아(郡衙)는 군청(郡廳), 정창(正倉), 관(館), 주(廚)와 같은 건물, 목책(柵), 굴(堀) 등의 구획시설이 필요하나 현재까지 이에 해당하는 유구는 발견되지 않았다(中平薰, 2018).

고려군 설치 이듬해인 717년, 본국의 난을 피해 투화한 고구려와 백제 사졸(士卒)에 대하여 평생 과역을 면제(終身給復)한다고 하였는데, 이미 672년과 681년에도 과역을 면제하는 조치를 내렸었다. 701년에 만들어진 대보령(大寶令)에는 귀화인에 대하여 10년간 조세를 면제하는 규정이 마련되어 있었지만 평생 세금을 면제하는 특별 조치를 내린 것이다. 이 대상은 실질적으로 680년대에 왜로 이주한 고구려 유민, 그들과 함께 온 후손 중에 과역 부담자인 65세 이하의 사람이었을 것인데, 717년의 면세 조치는 무장국에 고려군을 설치하고 고구려 유민들이 이 지역을 개발하도록 하면서 이들을 격려하는 가운데 종신 과역을 면제하는 우대 조치를 내린 것으로 생각된다(김은숙, 2007; 荒井秀規, 2015).

고려왕약광(高麗王若光)은 고려군을 대표하는 인물이었을 것으로 추정되는데, '약광(若光)'이 언급된 사료는 두 차례 확인된다. 666년 10월 고구려에서 대사(大使) 을상(乙相) 엄추(奄鄒), 부사(副使) 달상(達相) 둔(遁), 이위(二位) 현무약광(玄武若光)을 사절로 보냈다. 703년 4월 종5위하 고려약광(高麗若光)에게 왕(王)의 성(姓)을 내렸다고 하였는데, 현무약광을 고려왕약광과 동일인물로 보고 있다. 고려왕약광에 관한 더 이상의 사료는 확인되지 않지만 고려군과 중앙 조정과의 정치적 관계를 고려하면 고려왕 일족이 고구려 유민들과 함께 이주했을 가능성이 있다(이노우에 나오키, 2010).

고창조신복신(高倉朝臣福信)은 고려군 출신 인물 중 8세기에 가장 두드러진 활약을 했던 인물이다. 789년 10월 산위(散位) 종3위(從三位)로 81세로 죽었는데, 『속일본기』의 그의 훙전(薨傳)에는 출자부터 그의 이력이 상세히 기록되어 있다. 그는 처음 소나(肖奈)에서 소나왕(肖奈王), 고려조신(高麗朝臣)을 거쳐 최종적으로 고창조신(高倉朝臣)까지 세 차례에 걸쳐 개사성(改賜姓)된 인물이기도 하다. 복신은 무장국 고려군 출신으로 709년에 태어났다. 당의 장군 이세적이 평양성을 함락시키자 조부 복덕이 왜로 이주하였다고 밝히고 있어 선대가 고구려 출신으로서 멸망이 이주 동기가 되었음을 밝히고 있다. 소나복신(肖奈福信)은 백부인 소나행문(肖奈行文)을 따라서 평성경으로 갔는데, 내수소(內竪所)를 거쳐 729년 우위사대지(右衛士大志)에 임명되었다.

　소나복신은 738년 3월 외종5위하(外從五位下), 739년 7월 종5위하(從五位下)로 승진하였는데, 그가 종5위하로 입내(入內)하게 된 데에는 발해 사신의 접대와 밀접한 관련이 있다. 739년 7월 발해부사(渤海副使) 기진몽(己珍蒙)이 도착하였는데 이들의 접대를 위해 고구려계 인물이 필요했다. 외국에서 온 사신들에게는 천황의 연회가 베풀어졌는데, 이 연회는 5위 이상의 관인들만 참가할 수 있었다. 이를 위해 소나복신을 종5위하로 임명한 것으로 보이는데, 백부인 소나행문 역시 발해 사신의 접대와 관련하여 종5위하로 승진했던 전례가 있어 주목된다. 727년 발해가 처음 일본에 파견한 사신이 하이 지역에 표착하여 대사 고인의(高仁義) 등 16명은 피살되고 고제덕(高齊德) 등 8명만이 727년 12월 입경했는데, 바로 그날 정6위상이었던 소나행문이 외종5위하를 거치지 않고 종5위하로 승진하였다. 이는 소나행문의 승진이 발해 사신과 관련이 있음을 말해준다. 성무(聖武) 조정은 첫 발해 사신에게 고구려 멸망 이후 교류가 끊어졌던 것을 언급하면서 고구려의 계승 국가인 발해와 외교 수립을 위해 고구려 유민 출신인 소나행문에게 그 역할을 맡기고 이어서 행문의 조카였던 복신에게도 739년에 온 발해 사신을 접대하도록 한 것이다(김은숙, 2007).

　747년 6월, 정5위하 소나복신, 외정7위하 소나대산(肖奈大山), 종8위상 소나광산(肖奈廣山) 등 8명에게 소나왕의 성을 내린다는 기록이 보인다. 약광에게 고려왕을 사성(賜姓)한 이후 왕성(王姓)을 내린 것은 소나가 유일하다. 성무 조정이 소나복신에게 소나왕의 성을 내린 것은 고구려의 후예가 천황의 신하로서 고구려의 계승국인 발해보다 상위에 있다는 것을 보여주기 위한 것이라는 해석이 있다(菅澤庸子, 1990; 田中史生, 1997). 발해는 이미 소나행문, 소나복신의 접대를 받은 적이 있는데, 소나에 왕이 붙은 소나왕의 성을 가진 인물이 등장한다고 해서 그들을 고구려왕의 후예로 인정했을 가능성은 낮다고 생각한다. 천황 중심의 중화질서와 같은 관념적인 부분을 고려하기보다는 고구려 유민의 후예가 발해와의 외교 담당자로 역할을 한다는 점이 발해에게 더 호감을 주었을 것이다. 소나는 뒤에 고려조신으로 다시 사성이 이루어지는데, 고려조신대산(高麗朝臣大山)은 761년 발해에 사신으로 파견되었고, 777년 발해 사신 사도몽(史都蒙)의 송사(送使)로 고려조신전사(高麗朝臣殿嗣)가 파견되었다. 일본 조정이 계속해서 이들을 발해와의 외교에 투입한 조치는 일본이 발해가 고구려의 후계 국가임을 의식했기 때문으로 볼 수 있다(宋基豪, 1995). 소나복신 일족은 8세기 일본의 대(對)발해 외교를 전담한 것으로 보인다.

소나복신 일족에게 소나왕의 성을 내린 이유에 대하여 성무의 노사나불(盧舍那佛) 조영사업과 연결하여 해석하는 견해가 있다. 747년 조동대사사(造東大寺司)를 중심으로 대불 조영이 진행되었고 백제왕(百濟王)이 주도적인 역할을 하였지만 더 많은 사람들의 협력이 필요했다. 복신과 함께 소나왕을 받은 인물 중 대산이 750년 8월 조동대사사 판관(判官)으로 서명하고 있는 것을 확인할 수 있는데, 조동대사사가 설치된 747년부터 이를 맡았을 가능성이 있고, 광산도 749년 윤5월경 종8위상 춘궁방사인(春宮坊舍人)으로 사경소(寫經所)에 파견되었는데 역시 동대사의 대불 주조사업에 관여하고 있음을 알 수 있다. 대산과 광산은 소나왕에 이어 750년 복신이 고려조신에 사성되었을 때 함께 받았던 인물들로 소나행문의 아들로 추정되는데, 고구려계 인물 중 가장 고위에 있었던 복신에게 소나왕을 주고 대산, 광산에게 대불 조영과 관계된 업무를 맡게 하여 고구려계의 참여를 독려한 것으로 보기도 한다(김은숙, 2007). 또한 『고려씨계도(高麗氏系圖)』에 전하는 약광이 748년에 죽었다는 기록과 그 1년 전인 747년에 소나왕을 사성한 것에 주목하면서 두 씨족 사이에 모종의 정치적 변화가 있었던 것으로 추정하는 견해도 있다(서광석, 2020).

750년 정월, 소나왕복신(肖奈王福信) 등 6명에게 고려조신을 사성했다는 기록이 나타나는데, 9월에는 고려조신대산이 견당사(遣唐使) 판관으로 임명되었다. 소나왕에서 고려조신으로의 변경은 소나왕이라는 왕명이 대외적으로 교섭하는 데 적절하지 않기 때문에 고려조신으로 변경했다는 견해가 있다(田中史生, 1997). 조신(朝臣)은 일본에서 황족 이외의 사람들이 받을 수 있는 가장 높은 성이었다. 복신은 도래계 씨족 중에서 가장 먼저 조신을 받았고 일본적 성(姓) 질서의 상층부에 포함되었다. 고려왕의 현실적 지위가 고려군의 군사(郡司) 정도였기 때문에 복신 등은 천무팔성(天武八姓)에 해당하는 성을 가지길 원했을 것이다. 복신 일족은 고려조신을 사성받고 고구려계를 대표하는 위치를 인정받은 것으로 보인다. 이후 고려조신복신(高麗朝臣福信)은 모두 세 차례 무장수(武藏守)에 임명되었고, 그의 아들 석마려(石磨呂)는 무장개(武藏介)였는데, 무장국 고려군의 군령(郡領)을 세습하면서 고려왕의 상관의 위치에 서게 되었다(김은숙, 2007).

이전까지의 복신에 대한 개사성이 조정의 일방적인 결정에 의해 이루어졌다면 779년 복신은 고려를 고창(高倉)으로 바꿔달라는 요청을 한다. 조신을 받아 과분한 영광이지만 '구속(舊俗)의 호칭인 고려'를 지우지 못했다면서 고려를 고창으로 바꿔달라고 요청하니 허락하였다(이문기, 2010). 종3위의 반열에 오른 복신은 고구려의 흔적을 지우고 있는 것으로 보인다.

이러한 복신의 개사성 요청은 고구려 유민과 백제 유민이 7세기 후반 이주한 이후 100년 정도의 시간이 흘러 일본에 정착하고 생활기반을 형성하면서 동화를 추구하며 일본풍의 씨성 사여를 희망한 것으로 본 견해가 있다(森公章, 1998). 반면 고창(高倉)은 일반적으로 'たかくら(다카쿠라)'로 읽히지만 'こくら(고쿠라)'로도 읽을 수 있다는 점에서 고구려를 상기시키기 때문에, 이보다는 복신이 무장국 고려군 출신이지만 716년에 고려군이 세워지기 전에는 상모국 고창군(高倉郡)에 연고가 있었고, 고려조신을 자신의 백부 직계에게 물려주고자 개사성을 요청한 것으로 보는 견해도 있다(김은숙, 2007). 한편 발해와의 외교관계가 정치적 목적에서 경제적 목적으로 변질되면서 활약할 영역이 줄어들었기 때문으로 보기도 한다(서광석, 2020).

소나행문에서 시작된 복신과 그 일족은 8세기 일본 조정에서 가장 활발하게 활동한 고구려 유민의 후손이었다. 고구려의 후계 국가인 발해와 외교가 처음 성립되고, 신라와의 갈등으로 발해와의 관계가 중요한 상황에서 선대가 고구려 출신이고 고구려 멸망 직후 왜에 들어온 유민의 후손인 이들을 대발해 외교의 전면에 세워 활용한 측면이 컸을 것이다. 복신 일족에게 고구려 유민의 후손이라는 출자는 그들의 출세에 걸림돌보다는 디딤돌의 역할을 한 것으로 보인다.

3. 당으로 이주한 고구려 유민의 존재 양상

1) 당 내지로 이주한 유민

고구려 멸망 직후 이적이 보장왕과 왕족, 대신 등 20여만 명을 이끌고 당으로 돌아갔다는 것이 유민이 된 고구려인의 첫 강제 이주 기록이다. 요동도행군대총관 이적이 중심이 되어 667년 9월 신성(新城) 함락부터 668년 9월 평양성 함락까지 1년간, 신성과 주변의 16성, 남소성(南蘇城), 목저성(木底城), 창암성(倉巖城) 그리고 부여성(扶餘城)과 주변의 40여 성, 대행성(大行城), 욕이성(辱夷城) 등을 빼앗고 마지막으로 평양성을 함락시켰다. 20여만 명은 이 1년간 발생한 포로의 규모를 적은 것으로 추정된다. 645년 7만 명 포로의 강제 사민 역시 순차적으로 진행되었던 것을 보면, 실제로 한번에 20여만 명의 사민을 단행하지는 않았을 것이다.

설인귀는 669년까지 안동도호로 재직하면서 고구려 유민의 강제 사민을 담당한 것으로 보인다(盧泰敦, 1997b). 669년의 강제 이주 정황은 남단덕묘지명(南單德墓誌銘)을 통해서도 확인할 수 있는데, "요동의 자제(子弟)를 나누어서 예속시켰다"는 내용은 669년의 강제 사민 조치와 부합한다(장병진, 2015). 이때 이주 대상이 된 자제는 귀족자제(貴族子弟)의 줄임말 또는 부노(父老)에 대비되는 청장년을 지칭하는 용어로, 당의 지배정책에 항거하거나 협조하지 않는 유력자층의 청장년, 즉 자제를 대거 당의 내지로 강제 이주시켰던 것이다(여호규·拜根興, 2017).

669년 강제 사민된 고구려 유민은 평양 일대와 요동 지역의 호강한 민호가 그 대상이 되었던 것으로 보이는데, 육로와 해로를 통해 강·

회 이남 및 산남, 병주·양주 이서의 여러 주로 이주되었다. 해로는 내주(萊州)를 거쳐서, 육로는 영주(營州)를 거쳐서 당 내지로 옮겨졌는데, 영주는 강제 사민을 할 때 1차 집결지로 일부 유민은 이곳에 그대로 잔류하거나 소규모 사민의 경우 이곳에 정주시킨 경우도 있었을 것이다(盧泰敦, 1981). 강·회 지역은 당대 수운교통의 중심지이자, 수대에 이어 당대에도 수군의 운영을 지원한 지역으로 인구가 많고 물산이 풍부하여 수군을 징발하고 전쟁물자의 공급을 담당하였다. 산남, 병주와 양주 이서의 공광지(空曠地)는 변경 내지는 준변경 지역에 속한다(정병준, 2009).

677년 2월 안동도호부를 신성으로 옮기고 보장왕을 요동도독에 임명하면서 이전에 여러 주에 (옮겼던) 고구려 사람들을 모두 보장왕과 함께 돌려보냈다는 기록이 있다. 그러나 얼마 후 보장왕이 모반(謀叛)을 일으키면서 신성의 고구려 유민들은 또다시 하남(河南)과 농우(隴右)의 여러 주로 분산되었다. 이처럼 고구려 유민 중 일부는 당으로 강제 천사된 이후에도 한곳에 정착하지 못하고 당조의 정책에 따라 언제든지 거처를 옮겨야 했다.

이후 당 내지의 고구려 유민 집단의 동향이나 이들에 대한 당의 정책에 관해서는 별다른 기록이 없다가, 716년 왕준(王晙)의 상소에서 고구려 유민에 관한 단편적인 언급이 보인다. 왕준은 715년 오르도스 지역으로 내항해 온 일부 돌궐족이 다시 동요하여 이탈해 나가려는 움직임이 있자 이에 대한 대책으로 그들을 남부로 옮길 것을 주장하면서 고구려의 부로(俘虜)를 사막의 서쪽에 옮겨 살게 한 것은 오직 이롭기만 했다고 하였다. 여기서 고구려 유민을 옮긴 사막의 서쪽은 대체로 고비사막 서쪽에 해당하는 당대 농우도 지역으로, 고구려 유민을 이 지역에 옮긴 것을 성공적이었다고 평가한 것이다. 고구려 유민은 농우도 지역에서 주요 병력원이 된 것으로 보이는데, 단결병의 주둔지역을 설명하면서 진주(秦州)·성주(成州)·민주(岷州)·위주(渭州)·하주(河州)·난주(蘭州)의 6주에 고려병(高麗兵)과 강병(羌兵)이 있다는 기록이 확인된다. 진주 등 6주는 당대 농우도에 속했는데, 단결병은 무측천 대부터 조직되기 시작한 지방의 자위를 위한 부대로 그 지역의 주민을 농한기에 징집해 군에 복무시키고 농번기에 귀농시키는 지방병이었다. 따라서 고려병은 이 지역에 옮겨진 고구려 유민집단으로 구성되었다고 볼 수 있다(정병준, 2009). 고선지의 아버지 고사계(高舍鷄)는 하서군(河西軍) 소속이었는데, 하서군은 양주(涼州)에 설치되었으므로 역시 토번과의 경계 지역에 안치되었음을 알 수 있다(盧泰敦, 1981). 고구려의 병사들은 부병으로 존재한 것으로 추정되는데, 농우도에만 37곳의 군부(軍府)가 설치되었고 부병은 정예병으로 구성되어 있었다(趙超, 2015).

왕준의 상소에서 또 하나 주목되는 내용은 고구려 포로는 사막의 서쪽에 옮겨 살게 하였고 바로 이어 편맹(編氓), 즉 백성은 청주(靑州)와 서주(徐州)의 우측에 안치하였다는 것이다. 당은 고구려 유민을 포로와 백성으로 구분하고 사민 대상의 직역을 고려하여 필요에 따라 적절한 지역을 선정해 안치한 것으로 보인다. 즉 군사적 능력이나 저항성 여부, 경제적 기반 등에 따라 사민지역을 나눈 것이다(이규호, 2016).

고현묘지명(高玄墓誌銘)에는 689년 돌궐이 당을 공격했을 때 고현이 칙명을 받들어 사신으로 가서 여러 주로 하여금 고구려의 병사를 가리게 하였다는 내용이 기록되어 있는데, 고구려 병사들을 여러 주에 분산 안치하였고 이들이 집단으로 존재하였음을 확인할 수 있다(宋基豪, 1998). 고현은 각 주에 배치된 고구려 유민 출신 병사를 선발해 돌궐 방어전을 수행한 것이다(여호규·拜根興, 2017).

이상의 내용을 통해 고구려 유민이 당의 정책에 따라 집단적으로 안치된 정황을 확인할 수 있었는데, 고구려 유민은 변경에만 안치된 것은 아니었다. 당의 경사(京師) 장안(長安)에도 고구려 유민은 존재하였다. 보장왕을 비롯한 왕족들, 천남생 일가와 같은 최상위 지배층 출신, 고구려 멸망 과정에서 당에 협력한 자들도 당조의 유공자로서 장안에 편적되었다. 또한 고구려와의 전쟁에서 군공을 세운 당장(唐將)과 관료들에게 분급된 고구려 백성들은 가노(家奴)로 전락하여 이들과 함께 장안에 거주하였다. 다음으로는 당경에 거주하면서 당조에 출사한 고구려 유민들의 삶의 궤적을 묘지명을 통해 살펴보겠다.

2) 유민의 당조 출사 유형과 변화[1]

고구려 유민이 당조에 출사한 것은 멸망을 전후한 시기로, 고구려에서 당으로의 이탈현상이 나타나기 시작하면서부터였다. 고구려 멸망 과정에서 천남생은 두 아우인 남건, 남산과 불화를 겪고, 당에 협력하는 것으로 방향을 틀었다. 천헌성은 아버지 남생을 대신해 당과 제휴하고 여러 가지 문제들을 조율하면서 당에 협력하였는데, 666년 우무위장군(右武衛將軍)에 제수되었다. 고종은 668년 12월 함원전의 헌부례(獻俘禮)에서 포로를 받고 논공을 하였는데, 보장왕 이하 고구려 포로들에 대한 사면과 처벌, 협력자들에 대한 관직 제수가 있었다.

---

1 이 내용은 김수진, 2018, 「고구려 유민의 당조 출사 유형과 변화」, 『한국학논총』 49를 수정·보완하여 작성하였다.

고종은 보장왕을 사면하고 사평태상백(司平太常伯)을 제수하였고 천남생에게는 우위대장군(右衛大將軍)을 제수하였다. 포로가 되기 전 먼저 항복한 천남산은 사재소경(司宰少卿) 금자광록대부(金紫光祿大夫)에 제수되었고, 끝까지 저항은 천남건은 검중(黔中)에 유배되었다. 고구려 멸망 전부터 당에 적극적으로 협력했던 천헌성은 사위경(司衛卿)에 제수되었다. 이적과 내응하여 성문을 연 신성에게는 은청광록대부(銀靑光祿大夫)를 제수하였다. 함원전의 헌부례 현장에서 보장왕 이하 고위급 포로들과 협력자들은 직사관 3품 또는 산관 3품에 제수되었다. 헌부례 현장의 기록에는 나타나지 않지만 이타인 역시 평양성을 함락하고 이적과 함께 입조하여 우융위장군(右戎衛將軍)에 제수하였다고 묘지명에 기록되어 있고(余昊奎·李明, 2017), 고요묘도 신성과 함께 평양성 성문을 열었던 인물로 좌령군원외장군(左領軍員外將軍)에 제수되었음이 묘지명을 통해 확인된다(김영관, 2009).

당의 관료 신분은 정1품에서 종9품하까지 30계(階)이고, 율령관제의 서계(叙階) 규정에서 5품과 3품에 들어가는 것은 상당히 엄격한 자격 제약이 있었다. 특히 5품과 6품의 간극은 품계 하나의 차이지만 자손에 대한 대우에 있어서 극명한 차이를 보였는데, 5품 이상의 자손은 자음(資蔭)에 의한 유리한 출신계(出身階)를 가졌다(池田溫, 1967). 당대의 용음(用蔭) 규정을 보면, 5품 이상의 관직을 가진 자는 아들과 손자까지 문음(門蔭)의 대상이 되었고 3품 이상의 관직자는 아들, 손자, 증손까지 문음으로 관직에 진출할 수 있는 특권이 주어졌다. 이러한 당대 율령관제의 구조 속에서 당조가 상층의 고구려 유민들에게 3품의 관직을 수여한 것은 원칙적으로는 증손까지 관직 신분을 보장하겠다는 위무의 차원이었던 것으로 보인다.

유목민족 수령에게도 3품의 관직을 수여하는 경우가 나타나는데, 태종 대 돌궐제일제국(突厥第一帝國)의 멸망과 현종 대 돌궐제이제국(突厥第二帝國)의 몰락을 계기로 부락을 이끌고 당에 입사한 유목계 번장(蕃將)들이 3품의 제위장군(諸衛將軍)으로 기가(起家)하는 사례가 다수 확인된다. 유목민족 수령들이 상당한 규모의 부락민을 이끌고 당에 귀부했고 이들에 대한 적절한 포상과 함께 군사적으로 활용하고자 한 것이다(李基天, 2014). 이처럼 당은 이민족 중 유력자에게 3품의 고위 관직을 제수하여 당에 안정적으로 정착하도록 하고 후대까지 출사를 보장함으로써 당에 영속적으로 긴박시키고자 한 것으로 보인다.

고구려 유민도 반란의 진압이나 대외 원정에 참여하면서 군공을 통해 점차 제위장군호(諸衛將軍號)를 취득해 나갔다. 유민 1세대의 지위 상승에 가장 확실하고 빠른 길은 군공을 세우는 것이었다(金賢淑, 2001). 이타인은 동정원(同正員) 우령군장군(右領軍將軍)에 제수되었는데, 이는 원래는 원외(員外)에서 부흥운동을 평정한 후 동정원으로 승격된 것으로 보인다(余昊奎·李明, 2017). 고질은 좌옥검위대장군(左玉鈐衛大將軍), 고흠덕은 우무위장군(右武衛將軍), 고족유와 고모는 좌표도위대장군(左豹韜衛大將軍), 왕경요는 우위위장군(右威衛將軍), 남단덕은 좌금오위대장군(左金吾衛大將軍)으로 관직을 마쳤다. 이들은 3품 이상이었으므로 원칙적으로 아들, 손자, 증손까지 문음의 대상이었다.

고자묘지명(高慈墓誌銘)을 통해 고질, 고자, 고숭덕으로 이어지는 3대의 출사 경로를 확인할 수 있는데, 문음 출사의 구체적인 정황이 나타난다. 훈관(勳官)은 전쟁에서 공을 세운 자에게 주는 것으로 고자는 어려서 아버지 고질의 훈공으로 상주국(훈 정2품)에 회수(迴授)되었고 우무위장상(右武衛長上), 즉 우무위사계(右武衛司階)에 제수된 것으로 보인다. 훈관으로 출사할 경우 상주국에게는 정6품상의 관직이 제수되어야 하는데 규정대로 제수된 것이다. 697년 5월 고자는 아버지와 함께 포로가 되어 마미성에서 죽임을 당하고 그의 아들 고숭덕이 고자의 생전 마지막 관직이었던 좌표도위익부낭장(左豹韜衛翊府郎將)을 계수하였다. 고자의 출사는 고질의 훈공에서 비롯된 것이었고 고숭덕의 출사는 조부와 부의 훈공에서 비롯된 것으로 고질 3대는 군공으로 출사하여 전공을 쌓고 문음을 통해 관직에 진출하여 신분을 이어간 것이다. 문음의 규정대로라면 고숭덕의 아들까지 관직에 진출할 수 있는 기반을 마련하고 고질·고자 부자는 죽음을 맞이한 것이다.

이타인의 묘지명에는 677년 두 아들 이을손과 이준무가 각각 우위위평고부과의(右威衛平皐府果毅), 우효위안신부과의(右驍衛安信府果毅)로 기록되어 있다. 이들은 유민 1.5세대로 추정되는데, 이타인은 종3품이었으므로 자식이 문음 출사를 한다면 종7품하의 관직에 해당한다. 두 아들은 입당 직후에는 규정대로 절충부 중 하부(下府)에 해당하는 종7품하의 별장(別將)으로 출사했다가 10년 정도 흐른 시점인 677년에는 절충과의(종5품하~종6품하)로 복무 중이었던 것으로 보인다. 고흠덕은 도성부과의(陶城府果毅)로 출사하였는데, 아버지 고천이 왕사(王事)로 죽으면서 아들 한 명에게 증관(贈官)을 할 수 있었고 고흠덕이 수혜를 받은 것으로 보인다. 고흠덕의 아들 고원망은 출사하기 전 도이(島夷)를 평정한 공으로 황제가 별제(別制)를 내려 정번부과의(淨蕃府果毅) 겸 보색군부사(保塞軍副使)로 제수하였는데, 규정된 등급을 넘겨 임명했음을 밝히고 있다. 적어도 최소 6품관으로 임명하면서 무장으로서의 관직 생활이 시작된 것이다(김수진, 2023). 남단덕은 좌금오위대장군(左金吾衛大將軍)이었으므로 아들인 남진공(南珎貢)은 종7품상으로 추정되는 순주녹사참군(順州錄事參軍)에 제수된 것으로 보인다. 묘지명 자료를 통해 후속 세대의 문음 출사의 정황을 확인할 수 있다.

고구려 유민과 후속 세대가 무관(武官)으로서 절충부에서 근무하거나 번장으로 출사한 사례를 살펴보았는데, 고구려 유민은 물론 대체로 비한인(非漢人), 즉 이민족 출신들이 당조에 무관으로 출사하는 경우가 많았던 것은 사실이다. 그러나 모든 고구려 유민 1세대가 번장으로 출사한 것은 아니었다. 고구려 지배층 중에서 유학적 소양을 갖춘 사람들은 멸망 이후 당에서 번장이 아닌 문관(文官) 출사를 모색했을 가능성이 있는데, 천남산의 사례가 주목된다.

천남산은 천남생과 달리 당에 들어온 이후 출정한 기록이 없다(바이건싱, 2008). 고구려에서도 천남산의 출정 기록은 찾아볼 수 없는데, 남생이 당에 귀순한 후 군사의 일은 천남건이 맡았고 당군과의 교전 기록에도 천남건만 등장한다. 또한 천남생은 장군직을 역임한 반면 천남산은 장군직을 역임한 기록이 전혀 보이지 않고, 중리대활(中裏大活)과 중군주활(中軍主活)만을 역임하였다. 중리대활과 중군주활은 천남산묘지명(泉男産墓誌銘) 이외에는 확인되지 않아 직임에 대해서는 분명하지 않지만 중리(中裏)는 국왕 측근에서 국왕과 왕실의 사적 업무를 수행하는 근시직일 가능성이 높다(李文基, 2003; 여호규, 2014).

앞서 살펴본 것처럼 668년 12월 헌부례에서 천남산은 종4품상의 사재소경에 제수되었고, 문산 정3품인 금자광록대부도 받았다. 당제에 의하면 관원의 장복(章服)은 산관의 품계에 따르므로 천남산은 3품과 같은 자색의 관복을 입었을 것이고 3품 이상의 산관은 정관의 봉록과 같았으므로 천남산에게 종4품의 직사관을 주었지만 3품으로 대우한 것이다. 당조가 천남산을 특별히 우대하였음을 알 수 있다(杜文玉, 2002).

천남생의 묘지명에는 군사를 움직여 몇 달 만에 개선의 노래로 돌아왔다든지 활이나 칼과 갑옷, 투구가 등장하여 번장으로서의 활약상과 고단함이 드러나는 반면 천남산의 묘지명에는 "군은 홀로 고가(藁街)에서 옥소리를 울리고, 극서(棘署)에서 금을 차고, 새벽에는 북궐(北闕)로 향하여 황제의 가까이에서 붓을 들고 저녁에는 남린(南鄰)에서 머물며 가까이에서 생황을 불고 노래를 불렀다"라고 하였다(장병진, 2016). 여기서 고가는 뒤 구절의 "상서(象胥)의 적을 가진 자 중 이보다 앞선 이는 없었다"와 연결되는데, 상서의 상은 이적의 말과 통하는 것을 이르고, 서는 그러한 재주를 가진 자를 말하는 것으로 상서는 고대에 사방의 사자를 접대하는 관원이나 번역을 하는 관원을 의미한다. 남산이 고가, 즉 한 공간에 있었던 홍려객관과 홍려시에서 사신영접과 통역(지배선, 2006)의 임무를 맡은 적이 있었고 출중한 능력을 발휘했음을 의미하는 것이다. 극서는 태상시(太常寺)로 태상시에서도 업무를 맡았고, 잠필(簪筆)을 통해 북궐(北闕)에서 황제의 근신(近臣)으로서 기록을 담당한 적도 있었음을 알 수 있다. 이것은 모두 남산이 맡았던 업무와 관련된 내용으로 그의 관력을 압축적으로 표현한 것이다. 또한 묘지명의 사(詞)에는 "승명에서 아침에 알현하다(承明旦謁)"라는 내용이 있는데, 승명은 한대(漢代) 시종신(侍從臣)의 입직소인 승명려(承明廬)를 가리키므로 역시 황제의 시신(侍臣)이었던 남산을 묘사한 것이다. 통역을 단순히 이직(吏職)으로 생각할 수 있지만 관인 중 통역 능력이 있는 경우 황제의 시신으로 활약하는 경우들이 있었다. 소그드인 안원수(安元壽)는 태종의 돌궐 친정 과정에서 힐리가한이 항복했을 때 태종이 장중(帳中)에 유일하게 데리고 있었던 인물이었다(崔宰榮, 2005).

천남산이 당조에서 근시의 임무를 담당할 수 있었던 것은 고구려에서 맡았던 직임 역시 근시였기 때문으로 보인다. 평양성이 포위되자 보장왕이 남산을 보내 항복을 요청한 것도 남산이 측근에서 시위 업무를 담당하고 있었기 때문일 것이다. 천남산은 당조에서 통역과 기록의 임무를 맡은 것으로 보인다. 소그드계인 사가탐(史訶耽)도 중서성(中書省)에서 근무하며 조회에서 통역을 담당하였다. 또한 문서를 취급하는 중서성에 근무했기 때문에 문서를 번역하는 역할을 담당했을 가능성도 있다(石見淸裕, 2016). 천남산은 한어 능력을 바탕으로 당조와 고구려 유민 1세대 관료들의 매개 역할을 하였고, 황제의 근시로서 기록을 담당할 정도로 뛰어난 제술 능력을 갖고 있었기 때문에 번장이 아닌 문관으로 출사한 것으로 추정된다.

당경에 편제된 고위의 고구려 유민 후속 세대 중에는 세대가 거듭될수록 번장이 아닌 문관 출사를 지망하는 경우도 나타나는데, 천비를 통해 구체적인 정황을 확인할 수 있다(金賢淑, 2001). 문음으로 관직에 진출하더라도 번장 이외의 방향으로 출사를 모색하는 것이다. 천비는 천남생의 증손으로 2세에 문음으로 치천현개국남(淄川縣開國男)을 받은 것을 시작으로 치천자(淄川子), 효기위(驍騎尉)의 작과 훈을 받았다. 천비의 이력 중 주목되는 것은 태묘재랑(太廟齋郎)이다. 재랑은 교제(郊祭)나 묘제(廟祭)와 같은 국가적인 제례의식이나 상시의 제장(祭場)에 필요한 여러 가지 일을 담당하였다(愛宕元, 1976). 천비의 묘지명에는 음보(蔭補)로 태묘재랑이 되었다고 하였다. 태묘재랑은 5품 이상의 자와 손 및 직사관 6품의 자, 청관(淸官)의 자를 대상으로 한 문음이었다.

교사와 태묘 제사의 실무를 주관하는 재랑은 문음 중에서도 가문의 배경이 상당히 중시되었다.

태묘재랑에 대응되는 천우비신(千牛備身)과 비신좌우(備身左右), 태자천우비신(太子千牛備身)은 문음을 통해 무관으로 진출하는 방법으로, 3품 이상의 직사관의 자와 손, 4품 청관의 자를 대상으로 하였다. 천헌성이 690년 좌위대장군(左衛大將軍) 원외치동정원(員外置同正員)에 제수되었기 때문에 천비는 이 조건도 충족하였다. 그러나 천비는 태묘재랑을 통해 무관이 아닌 문관 진출을 시도하였고, 번장 출사라는 전형적인 선택을 하지 않았다. 유력한 이민족 출신의 후손들 중에는 유학의 학습과 문음을 통한 문관 출사의 지향, 한인과의 통혼 현상이 공통적으로 나타나는데, 이것은 이들의 한화(漢化)를 가속화하는 수단이었다.

3) 안사의 난 전후 유민의 활동

8세기를 중심으로 활동한 고구려 유민 후속 세대도 주목해야 한다. 안사의 난을 전후로 두각을 나타낸 인물들 중 왕모중, 왕사례, 고선지, 이정기 등을 들 수 있는데, 이들은 고구려 유민의 후예로 8세기 당조에서 황제의 최측근으로서, 또는 장군으로서, 또는 절도사로서 당의 중앙과 지방, 변경에서 활약하였다. 1세대 유민들이 대체로 변장으로, 주로 변경지역의 전쟁에 참여하면서 군공을 쌓아갔던 것과 비교하면 안사의 난을 전후로 활동한 고구려 유민 출신 인물들은 좀 더 당조의 권력 중심에 직접적으로 영향을 미치면서 존재감을 드러내고 있다는 특징이 있다.

왕모중열전은 왕모중이 본래 고구려인(本高麗人)이라는 내용으로 시작한다. 왕모중의 아버지는 유격장군(游擊將軍)이었으나 모종의 일에 연좌되어 몰관된 왕구루(王求婁)였고 관노 신분일 때 왕모중이 태어난 것으로 보인다. 어릴 때부터 왕모중은 뒤에 현종이 되는 이융기(李隆基)에 예속되었는데, 이융기의 잠저(潛邸) 시절에는 뜻을 살피고 매우 삼가면서 옆에서 보필하였고 이융기도 영민한 왕모중을 곁에 두면서 총애하였다. 이융기는 정변을 통해 현종으로 등극하였는데, 위후를 제거한 첫 번째 정변에서는 왕모중이 자취를 감추었다가 수일 만에 돌아왔으나 이융기는 질책하지 않았고, 오히려 규정을 초월하여 장군에 제수하였다. 얼마 되지 않아 3품의 대장군에 이르렀다. 이융기는 현종으로 등극하고 713년 7월 태평공주까지 주살함으로써 방해 요소를 제거하였고 이때 왕모중도 소지충(蕭至忠)과 잠희(岑羲) 등을 죽인 공으로 보국대장군(輔國大將軍) 좌무위대장군(左武衛大將軍) 검교내외한구겸지감목사(檢校內外閑廄兼知監牧使)에 제수되고 곽국공(霍國公)의 작위와 실봉(實封) 500호를 받았다.

태평공주의 모반을 진압한 공으로 왕모중보다 많은 실봉을 받은 경우는 1,000호를 받은 송왕(宋王) 이성기(李成器)와 신왕(申王) 이성의(李成義), 700호를 받은 기왕(岐王) 이범(李範)과 설왕(薛王) 이업(李業)으로, 이들은 모두 현종의 형제이다. 이를 제외하면 왕모중보다 실봉을 많이 받은 인물은 없는데, 이를 통해 현종이 태평공주의 반란을 진압하는 데 왕모중의 공이 가장 컸다고 평가하였음을 알 수 있다. 또한 내외한구의 관직은 이융기가 위후를 평정한 공으로 평왕에 봉해졌을 때 역임했던 관직이었다(지배선, 2006). 왕모중은 이융기의 직을 이어받은 것이다. 그뿐만 아니라 현종은 이씨(李氏) 여성을 왕모중의 처로 삼게 하고 국부인(國夫人)에 봉하였는데, 아들을 낳자 5품을 제수하였고 황

태자와 함께 놀게 하는 등 파격적인 대우를 하였다.

719년에는 특진(特進)과 태복경(太僕卿)에 제수되었고 721년에는 삭방도방어토격대사(朔方道防禦討擊大使)가 되어 활약하였다. 725년 현종이 태산봉선을 할 당시 수만 필의 말을 동원해 같은 색으로 하나의 대열을 이루게 하여 마치 구름 비단과 같이 보였다고 하니 이를 본 현종이 더욱 기뻐하였다고 기록하고 있다. 태산봉선 이후 왕모중은 종1품의 문산관인 개부의동삼사가 더해졌는데, 현종이 즉위한 이후 15년간 개부에 이른 인물은 황후의 아버지와 요숭(姚崇), 송경(宋璟), 왕모중까지 네 명밖에 없었다. 현종은 장열(張說)에게 감목송(監牧頌)을 짓도록 하여 왕모중의 업적을 칭찬하였다.

군마의 확보는 군사력의 증강과 직결되는 것으로 이른바 현종의 '개원의 치(開元之治)'도 현종이 목마(牧馬)를 중시했고, 그에 따라 왕모중이 군마를 위시한 군수물자를 원활하게 공급하면서 이루어진 측면도 있을 것이다. 태종의 정관의 치(貞觀之治) 당시 말의 수가 70만 필에 이르렀으나 현종이 즉위한 초기에는 24만 필에 불과하였고, 725년 왕모중이 내외한구사로 있으면서 말은 43만 필이 되었다(지배선, 2006). 왕모중이 마정에 탁월했음을 보여주는데, 그는 현종의 잠저 시절부터 동궁의 낙타·말·송골매·개 등을 관리하였고 내외한구와 태복경을 역임하면서 현종 대 초반의 마정을 장악하였다.

왕모중이 현종에게 병부상서를 요구하면서 둘 사이에 균열이 발생하였다. 현종은 그 자신이 두 차례의 정변을 일으켰기 때문에 병권에 대하여 더욱 민감하였고, 이로 인하여 왕모중에 대한 의심이 생기게 되었다. 현종은 왕모중을 경계하기 시작했고, 이러한 상황에서 왕모중이 태원(太原) 군기감(軍器監)의 무기를 요구한다는 보고를 받고 왕모중과 그 무리가 반란을 일으킬까 두려워 이들에 대하여 폄적하고 멀리 유배를 보냈는데, 왕모중의 네 아들도 포함되었다. 여기에 연루된 사람이 수십 명으로, 그중 우위위장군 왕경요(王景耀)는 당주원외별가(黨州員外別駕)로 폄적되었는데, 그가 바로 왕경요묘지명(王景曜墓誌銘)의 주인공으로 추정된다. 왕경요의 묘지명에는 "갑자기 친족에 연루되어 당주별가로 내쫓겼다(頃緣親累 出爲黨州別駕)"고 기록하였는데, 이는 왕모중 사건에 연루된 것을 의미한다(姜淸波, 2010).

왕모중은 연좌되어 몰관된 고구려 출신 아버지의 아들로 태어나 관노의 신분에서 종1품의 개부의동삼사까지 올랐다. 현종은 자신이 등극하는 데 가장 큰 공을 세운 인물 중 한 명으로 왕모중을 꼽았고 극진히 대우했다. 왕모중의 마정 운영은 당의 군사력 증강에 큰 역할을 했지만 정변을 경계했던 현종의 의심을 사면서 제거 대상이 된 것이다. 결국 왕모중은 731년 폄적되어 유배를 가던 중 영주(永州)에서 죽었다.

왕사례의 출자는 영주성방(營州城傍) 고구려인(高麗人)으로 기록되어 있다. 성방은 이민족 군사집단으로, 영주성방은 영주성 부근에 거주하면서 당의 일반 편호와는 달리 원래의 조직 원리를 보존하면서 영주도독부의 지휘를 받던 고구려인들로 구성된 군사집단을 의미한다. 왕사례의 아버지 왕건위(王虔威)는 삭방군(朔方軍)의 장수로 전투에 능했고 왕사례도 어려서부터 병사(兵事)를 익히는 등 무장 집안에서 태어나 자랐다. 왕사례는 절도사 왕충사(王忠嗣)를 따라 하서로 가서, 가서한(哥舒翰)과 함께 압아(押衙)가 되었다. 압아는 절도사 아내(牙內)의 일을 모두 관장하였다고 하는데, 절도사부(節度使府)의 사무를 총괄하는 직책뿐만 아니라 무관으로서의 군장을 의미했으므로 왕사례와 가서한은 절도사 직속의 유력 군장으로서 번병(蕃兵)을 지휘한 것으로 보인다(鄭

炳俊, 2005a).

749년 가서한은 토번의 석보성(石堡城)을 공격하였는데, 당군의 피해도 컸지만 왕사례는 앞아로 참전하여 석보성을 빼앗는 데 전공을 세워 우금오위장군(右金吾衛將軍) 충관서병마사겸하원군사(充關西兵馬使兼河源軍使)가 되었고 752년에는 문산 정2품의 특진과 무산 종3품의 운휘장군(雲麾將軍)이 더해졌다. 이듬해 가서한이 하서구곡(河西九曲)을 정벌할 때 왕사례가 기일을 지키지 못하자 참하려다 풀어주니, 평온하게 참할 것은 참해야 한다며 무슨 이유인지를 되묻는 모습을 보고 여러 장수들이 모두 그를 훌륭히 여겼다는 일화가 있다. 754년에는 금성태수(金城太守)가 더해졌다. 안녹산(安祿山)의 난 이전까지 왕사례는 주로 토번 지역에 대한 정벌에 참여하면서 관력을 쌓았다.

755년 11월 9일 유주에서 거병한 안녹산은 범양(范陽)·평로(平盧)·하동절도사(河東節度使) 휘하의 군대, 동라(同羅)·해(奚)·거란(契丹)·실위(室韋)·예락하(曳落河)라 불린 기마유목민을 중심으로 15만 명을 이끌고, 이들을 부자군(父子軍)이라 칭하며 무서운 속도로 진격하였다. 그 명목은 재상 양국충(楊國忠)을 주살한다는 것이었다(森部豊, 2013). 현종은 가서한을 원수로 삼았는데, 가서한이 왕사례에게 개부의동삼사를 더해주고 태상경동정원(太常卿同正員)을 겸하고 원수부마군도장(元帥府馬軍都將)으로 임명해주기를 주청하였다. 가서한은 모든 일을 오직 왕사례와 더불어 결정하였다고 할 정도로 왕사례를 신임하고 의지하였다.

가서한이 하서·농우의 제번(諸蕃) 부락의 번병과 한병(漢兵)을 거느리고 동관(潼關)에 진주하였는데, 왕사례는 원수부 휘하의 기병들을 총괄하는 원수부마군도장으로 동관의 번병은 거의 왕사례의 지휘를 받앉을 것으로 추정된다. 그가 영주성방 출신으로 번병을 지휘하는 능력이 뛰어났기 때문일 것이다. 동관전투에서 가서한이 사로잡히자 현종은 왕사례를 하서·농우절도사로 임명하여 남은 군사를 모으게 하였고 이어 다시 행재도지병마사(行在都知兵馬使)에 임명하였다. 동관의 패전에 대한 문책으로 이승광(李承光)은 참수되었으나 왕사례는 방관(房琯)의 도움으로 목숨을 구하였고 병부상서에 제수되었다. 숙종은 양경(兩京)의 수복을 위하여 방관을 원수에 임명하고 왕사례를 부사로 삼았다. 왕사례는 직접 군사를 지휘하지는 않았지만 방관과 함께 종군하였으나 패하였다. 756년 12월 관내행영절도사에 임명되었고 이듬해 2월에도 반란군과 싸웠으나 이기지 못하였다. 4월과 5월에도 당군의 패배는 이어졌는데, 9월에 이르러서 당군은 장안 서쪽의 향적사(香積寺) 북쪽의 농수(濃水) 북방에 진을 쳤고, 반란군 10만 명도 그 북쪽에 진을 치고 본격적인 전투가 벌어졌는데 당군이 반란군을 궤멸시키고 경사에 입성하였다. 이때 왕사례는 선봉에서 적과 싸웠을 뿐 아니라 먼저 장안성의 경청궁(景淸宮)으로 들어가는 공을 세웠고, 10월 낙양을 수복하는 과정에서도 큰 공을 세웠다(鄭炳俊, 2005a).

757년 12월 현종과 숙종이 대명궁으로 돌아왔다. 사면령을 내리고 논공행상(論功行賞)과 단죄가 행해졌다. 상황이 전국보(傳國寶)를 숙종에게 전하면서 정식으로 제위가 승계되었다. 『구당서』에는 이때의 논공으로 왕사례가 관내절도에서 호부상서로 옮기고 곽국공(霍國公)의 작위와 실봉 300호가 더해졌다고 기록되어 있고, 『신당서』에는 병부상서로 옮기고, 곽국공과 실봉 500호에 봉해졌다고 기록되어 있다. 「수복양경대사문(收復兩京大赦文)」에는 개부의동삼사 행공부상서 겸 어사대부를 더하고 곽국공과 실봉 600호에 봉한다(可開府儀同三司行工部尚書

兼御史大夫 封霍國公 實封六百戶)고 되어 있어 기록마다 차이를 보인다.[2]

　이러한 가운데 안녹산이 안경서(安慶緒)에게 살해되자 12월, 사사명(史思明)은 하북의 13주와 병사 8만을 거느리고 당조에 투항하였다. 당조는 사사명을 귀의왕(歸義王) 범양절도사에 임명하고 낙양 수복 당시 하북으로 도망쳤던 안경서를 토벌하게 하였다. 그러나 758년 6월, 사사명은 다시 반란을 일으켰다. 8월 숙종은 곽자의(郭子儀)를 중서령(中書令), 이광필(李光弼)을 시중, 왕사례를 병부상서에 임명하였고, 9월에는 대대적인 군사동원령을 내려 삭방절도사(朔方節度使) 곽자의 등 7명의 절도사와 평로병마사(平盧兵馬使) 동진(董秦)에게 보기(步騎) 20만으로 안경서를 토벌하게 하고, 하동절도사 이광필과 관내·택로절도사(關內·澤潞節度使) 왕사례에게 명하여 돕도록 하였다. 왕사례는 10월 상주(相州)에서 적 2만을 깨뜨렸다. 안경서는 사사명에게 구원을 요청하였고 사사명은 13만 명을 발동하였는데, 12월에 위주(魏州)를 함락시키고 3만 명을 죽였다.

　759년 정월 초하루 사사명은 위주의 성 북쪽에 제단을 쌓고 스스로 대성연왕(大聖燕王)이라 칭하였다. 3월에는 관군의 보병과 기병 60만 명이 안양하(安陽河)의 북쪽에 포진하자 사사명도 정예병 5만 명을 이끌고 공격하였는데, 이광필, 왕사례, 허숙기(許叔冀), 노경(魯炅)이 앞장서 싸웠다. 쌍방 모두 죽거나 부상을 당한 자가 반이나 되었다. 곽자

---

[2] 『당대조령집』 권123 「지덕이재수복양경대사(至德二載收復兩京大赦)」에도 757년의 논공에 대한 내용이 기록되어 있는데, 왕사례를 "개부의동삼사를 더하고 공부상서 겸 어사대부, 곽국공, 실봉 500호에 봉하였다(可開府儀同三司 行工部尚書 兼御史大夫 封霍國公 實封五百戶)"고 하였다. 『구당서』, 『신당서』, 『자치통감』, 『당대조령집』과 『전당문』의 내용에 다소 차이가 나타나는 것은 당시의 혼란한 상황이 반영된 결과로 추정된다.

의가 삭방군으로 하양교(河陽橋)를 끊고 동경(東京)을 지켰으나 1만 필의 전마는 3,000필만 남았고 갑옷과 병장기는 10만이었는데, 거의 모두 없어지는 등 피해가 상당히 컸다. 유수(留守) 최원(崔圓)과 하남윤(河南尹) 소진(蘇震) 등은 남쪽으로 도망갔고 여러 절도사들도 각각 궤멸되어 본진으로 돌아갔다. 사졸들은 지나는 길에 약탈을 자행하였는데, 통제할 수 없었고 열흘이 지나서야 안정되었다. 곽자의와 9절도사가 크게 궤멸되었지만 오직 이광필과 왕사례만 부대의 대오를 정돈하여 돌아왔다.

안경서는 곽자의의 군영에 있던 식량 6, 7만 석을 얻자 다시 사사명을 배반하였고, 사사명은 안경서가 아버지 안녹산을 죽인 것을 꾸짖으면서 안경서와 네 명의 아우들, 그리고 그를 보좌했던 인물들을 죽이고 안경서가 관할하고 있던 주현과 군대를 모두 거두었다. 4월에 왕사례는 사사명의 장수 양민(楊旻)을 노성(潞城)의 동쪽에서 격파하였다. 사사명은 스스로 대연황제(大燕皇帝)라 칭하고 순천(順天)으로 개원하고, 범양을 연경(燕京)이라 하였다.

숙종은 7월 곽자의를 경사로 돌아오라 하고, 이광필을 대신 삭방절도사·병마원수로 삼았다. 왕사례는 이광필을 대신하여 태원윤(太原尹)을 겸하고 북경유수(北京留守)·하동절도부대사(河東節度副大使)에 충임되었다. 당시 하동은 당군과 반란군이 각축을 벌이는 과정에서 매우 중요한 역할을 수행하던 대번(大藩)으로 하동절도부대사는 실질적인 번수(藩帥)였다(鄭炳俊, 2005b). 왕사례는 하동절도사로서 역할을 충실히 수행했던 것으로 보인다. 부임하자마자 군량 100만을 확보하고 무기를 정비하면서 철저히 대비하였다. 『자치통감』에는 왕사례가 하동절도사로 부임한 후의 일화를 정사의 열전보다도 상세히 기술하면서 그의 인품과 능력을 특기하였다.³ 760년 윤4월 숙종은 왕사례에게 사공(司空)을 더하여 제수하였는데, 무덕(武德) 연간 이래 재상을 역임하지 않고 삼공(三公)에 임명된 것은 왕사례가 처음이었다고 한다.

당대 최고위직인 태사(太師)·태부(太傅)·태보(太保)와 태위(太尉)·사도(司徒)·사공, 즉 삼사(三師)와 삼공에 오른 사람은 종실 친왕을 합해 모두 71명으로, 『신당서』 재상세계표(宰相世系表)에 왕사례는 이정기와 함께 군공으로써 그 지위에 올랐다고 기록되어 있다. 당대의 삼사는 대부분 사후에 수여하는 증관인 반면 삼공은 대부분 생전에 그 지위에 올랐는데, 재상을 거치지 않고 삼공에 오른 것은 왕사례가 처음이었고 숙종은 왕사례의 공을 높이 평가하여 파격적으로 사공에 임명하였던 것이다(鄭炳俊, 2005b). 왕사례는 하동절도사로 부임한 후 물자를 저축한 것이 풍부하고 넘쳐서 군대를 넉넉하게 하고, 이를 제외하고도 여유가 있어 쌓아놓은 쌀이 100곡(斛)이 되자 경사로 절반을 보내겠다고 주청하였다는 기록이 있을 정도로 재정을 탄탄히 하였고, 또한 법을 집행하는 데 있어 엄정하였다고 하여 원칙을 중시했던 인물이었던 것으로 보인다. 그러면서도 자신을 도와준 이의 어려움에 대해서는 모른 척하지 않는 인간적인 면모도 갖고 있었다. 왕사례 사후 관숭사(管崇嗣)가 하동절도사가 되었는데, 몇 달 사이에 재정이 바닥나 버렸고 다시 이어 하동절도사가 된 등경산(鄧景山) 역시 원칙 없는 법 집행으로 하동이 혼란에 빠지면서 왕사례의 빈자리는 더욱 크게 부각되었다.

---

3 『자치통감』 권221 당기37 숙종 건원 2년(759) 장광성(張光晟)과의 일화, 보응 원년(762) 왕사례 사후 하동절도사로 부임한 인물들의 연이은 실정(失政)으로 하동이 혼란스러워진 상황 등에 대하여 구체적으로 기록한 내용을 확인할 수 있다.

다만 왕사례의 용병에 대하여 "지키는 계략에는 능했지만 전투에는 약했다(四禮善守計 短攻戰)"고 평가하였다.[4] 병부상서까지 역임한 왕사례의 군사적 능력이 상당히 낮게 평가되었다고 볼 수 있다. 동관전투는 안사의 난 초기 향방을 결정했던 중대한 전투로, 왕사례의 동관에서의 패배에 대한 인상이 양 당서(唐書)의 찬자에게 강하게 남았던 것으로 보인다. 그러나 앞서 살펴보았던 것과 같이 왕사례뿐만 아니라 곽자의와 9절도사가 함께 패배한 전투가 있었고 다른 전투에서도 왕사례 개인적 차원보다는 대세적인 차원에서 논해야 할 것이다(鄭炳俊, 2005a). 동관 패전 후에도 현종과 숙종은 왕사례를 절도사, 병마사, 병부상서로 계속해서 중용했기 때문에 이와 같은 평가는 적절치 않다.

761년 왕사례가 죽자,[5] 숙종은 철조(輟朝) 1일, 그리고 태위로 추증하고 무열(武烈)의 시호를 내렸으며 홍려경(鴻臚卿)에게 명하여 상사(喪事)를 감호하도록 하고, 조장(詔葬)으로 장례를 치르도록 하여 충신의 죽음을 애도하였다. 황제가 신하의 죽음에 표할 수 있는 최고의 예우를 보인 것이다. 이후 왕사례는 지덕공신(至德功臣) 265명에 이름을 올려 하동절도부대사, 사공 겸 병부상서, 곽국공으로서, 공신으로 역사에 기록되었다.

다음으로 고선지에 대하여 살펴보면, 고선지도 양 당서에 모두 입전

---

[4] 이 내용은 『신당서』 권147 열전 제91 왕사례전이고, 『구당서』 권110 열전 제65 왕사례전에도 "思禮長於支計, 短於用兵"이라 평가하였다.
[5] 왕사례가 죽은 시점은 『구당서』 본기에는 상원 2년(761) 5월 을미, 『구당서』 왕사례전에는 상원 2년(761) 4월로 기록되어 있고, 『신당서』 본기에는 기록이 없고, 『신당서』 왕사례전에는 상원 2년(761)으로만 기록되어 있다. 『자치통감』에는 해당 내용은 없고, 앞서 언급한 왕사례 사후, 후임 하동절도사들로 인한 혼란상이 보응 원년(762)에 기록되어 있다.

된 인물로 그 출자를 본래 고구려인이라 밝히고 있다. 아버지 고사계는 하서군에 예속된 장군이었다. 20대가 된 고선지는 아버지의 공으로 유격장군에 제수되었는데, 음보로 무직에 진출한 것이다. 이후 고선지의 평생은 전쟁으로 점철되었는데, 특히 당의 서역 진출과 토번의 세력 확장을 저지하는 데 일생을 바쳤다고 할 수 있다.

고선지가 두각을 나타내기 시작한 것은 안서절도사(安西節度使) 부몽영찰(夫蒙靈詧)에 의해 여러 번 발탁되면서부터였다.『구당서』고선지전에 부몽영찰의 전임이었던 개가운(蓋嘉運)과 전인완(田仁琬)의 휘하에서는 중용되지 못하다 부몽영찰에 의해 발탁되어 개원(開元) 말 안서부도호(安西副都護)·사진도지병마사(四鎭都知兵馬使)가 되었다고 기록하였다. 부몽영찰은 고선지를 발탁한 인물이기도 했지만 뒤에 고선지의 승첩을 시기하여 고선지 관련 일화에서 자주 언급되는 "고려노(高麗奴)"[6]를 내뱉은 장본인이기도 했다.

고선지가 세운 수많은 전공 중에서 처음 나타나는 것은 개원 말 달해부(達奚部)에 대한 토벌이다. 현종이 부몽영찰에게 달해부를 칠 것을 명하자, 부몽영찰은 고선지에게 2,000명의 기병을 주고 달해부를 토벌하도록 하였는데, 능령(綾嶺) 아래에 이르러 달해부의 병사를 만나 거의 다 죽이는 전공을 세웠다. 이것이 고선지가 주도하여 승리한 첫 번째 전공으로, 이를 계기로 현종이 고선지의 존재를 인식하게 된 것으로 보인다.

747년 현종은 고선지를 행영절도사로 삼고, 기병과 보병 1만으로 토

---

6 『구당서』권104 열전 제54 고선지, "啖狗腸高麗奴, 啖狗屎高麗奴."

번을 치라는 칙서를 내렸다. 이미 전인완, 개가운, 부몽영찰이 함께 토번 토벌을 시도했으나 이기지 못한 상태였고, 이에 현종은 고선지에게 특칙(特勅)을 내렸던 것이다. 당의 서북 20여 국은 모두 토번의 통제를 받게 되면서 당에 조공하지 않았고, 토번은 파미르고원과 힌두쿠시산맥을 넘어 동진하려는 사라센제국과 연합하여 당의 서역 진출을 봉쇄하고자 하였다. 서역에 대한 지배권과 경제권을 두고 당과 토번이 대립하게 되면서 당은 동서 교역의 독점권을 상실하게 되었고, 군사적인 조치를 통해 서역에 대한 주도권을 다시 확보하고자 한 것이다(池培善, 2000). 고선지가 지휘한 1만 명의 원정군은 연운보(連雲堡)전투에서 토번을 격파하였는데, 『구당서』 고선지전에는 전과에 대하여 5,000명을 죽이고, 1,000명을 생포하였으며 말 1,000여 필을 노획하였고 군량과 병기는 헤아릴 수 없을 정도로 많이 빼앗았다고 기록하고 있다. 현종이 보낸 술사(術士)와 중사(中使) 변영성(邊令誠)이 더 진격하는 것을 두려워하자 고선지는 그들은 남겨두고 탄구령(坦駒嶺)을 넘어 소발율국(小勃律國)으로 향했다. 연운보전투와 탄구령을 넘어 소발율국을 정벌한 대원정은 세계전쟁사에서 주목되었는데, 해발 4,600여 미터나 되는 파미르고원을 횡단하여 전쟁을 성공적으로 수행했기 때문이다(지배선, 2008).

연운보는 토번 서북의 군사전략 요새로 소발율국과 대발율국(大勃律國)으로 통하는 길목이고, 천축국으로 통하는 교통의 요충지이기도 했다(李東輝, 2008). 토번이 동서 교역의 상권을 배타적으로 관장하기 위해 이곳에 요새를 만들어 군사를 배치하여 당이 차지하였던 독점적인 서역의 이권을 배제하고 토번만이 서방과 통하는 관문을 장악하기 위해 설치한 것이었다. 따라서 고선지의 토번 정벌의 가장 중요한 임무 중의 하나가 연운보 점령이었다. 그 결과 당은 서역에서 잃어버린 주도권을 찾았고, 토번이 서역 제국과 제휴하는 길을 끊었다. 또한 동서 교섭로를 장악하게 되면서 당은 서방세계와 연결할 수 있었다. 고선지는 소발율국까지 평정하였고 그에 따라 불름(拂菻)·대식(大食) 등 72국이 모두 당에 조공하면서 서역에 대한 주도권은 당에 귀속되었다(池培善, 2000).

토번 원정과 소발율국 평정에 대한 공으로 747년 12월 현종은 고선지를 홍려경(鴻臚卿)·섭어사중승(攝御史中丞)에 제수하고 부몽영찰을 대신해 사진절도사(四鎭節度使)로 삼았다. 749년에는 입조한 고선지에게 특진을 더하고, 좌금오위대장군동정원(左金吾衞大將軍同正員)을 겸하게 하였으며 아들 한 명에게는 5품관을 주었다. 현종이 고선지의 토번 원정 성과를 높이 평가하였음을 확인할 수 있다.

타슈켄트 지방에 있던 석국(石國)은 천보(天寶) 초까지 여러 번 조공을 바쳤다. 당은 746년 석국의 왕자 나구차비시(那俱車鼻施)를 회화왕(懷化王)으로 봉하면서 철권(鐵券)을 내렸고, 이에 석국은 당에 마필과 방물을 바쳤다. 석국은 대식의 압박을 받고 있었는데, 대식을 토벌해 줄 것을 당에 요청했지만 방책을 세워주지 않았고, 그러면서 석국도 신하의 예를 갖추지 못한 시기도 있었다. 750년 12월 안서도호 고선지는 석국에 대하여 군사적인 제재를 단행하였다. 당의 석국 정벌은 토번을 중심으로 다시 세력이 재편되어 가려는 움직임이 감지되면서 이를 차단하기 위한 목적이었다. 파미르고원 서쪽 걸사(朅師)가 토번과 연합하여 토화라(吐火羅)를 공격하자 토화라는 당에 구원을 요청했고, 고선지는 걸사를 공격하여 그 왕을 생포하였다. 석국을 정벌한 이유도 장차 토번과 이슬람 세력이 연합하여 당에 대항할 전선이 구축되는 것을 사전에 차단하기 위한 목적이었을 가능성이 있다. 즉 중앙아시아에서 당 중심의 헤게모니가 이슬람 세력으로 변동될 조짐을 보이자 이를 제동하기 위한 조치가 석국 정벌이었던 것이다(지배선, 2008). 고선지는 석국을 평정한 공으로 개부의동삼사에 제수되었고, 곧 무위태수(武威太守)·하서절도사(河西節度使)에 제수되었다.

생포한 석국 왕을 장안에서 참수하였는데, 석국 왕자가 대식, 즉 사라센제국으로 가 군사를 요청하여 달라사(怛羅斯)성에서 대식과 고선지의 군대가 교전하였다. 이것이 유명한 탈라스(Talas)전투이다. 달라사는 여러 책에서 다양하게 표기되었다(呾邏斯, 怛邏私, 塔拉斯, 呾邏私, 答剌速). 751년 7월 고선지가 군사를 지휘하여 달라사성에서 대식과 싸웠으나, 사졸이 거의 죽고 남은 자는 겨우 수천 명에 불과하였다고 할 정도로 5일에 걸친 전투를 통하여 고선지의 군사는 크게 패하였다(李東輝, 2008). 탈라스강에서 벌어진 당군과 대식의 일전에서 고선지 부대가 패배하면서 당은 서역에서의 패권을 대식에게 넘겨주게 되었다. 당군이 탈라스강에서 패배하기 이전 서역은 중국의 지배를 받았기 때문에 그 영향으로 이 지역에서는 불교가 신봉되었다. 사라센은 서역이 당의 영향력에서 벗어나자 이슬람교를 강제로 믿도록 하여 서역에서 신봉하는 종교를 바꾸어 놓았다는 점도 탈라스전의 파장이었다. 또한 탈라스의 패전으로 당의 제지 기술자들이 대식의 포로가 되어 제지법이 서방으로 전래되었을 가능성이 매우 높다(지배선, 2008). 전쟁에서 포로가 된 당군 가운데에는 화가 번숙(樊淑)과 직조공 여례(呂禮)를 비롯한 많은 공장(工匠)들이 있었는데, 그중에 제지 기술자들도 포함되어 있었다.[7] 이들 기술자에 의해 서역에서는 처음으로 강국(康國)

---

7   아랍 측 문헌에는 당군 포로 중에 있었던 제지 기술자들에 의해 사마르칸트에서 종이가 만들어졌다고 하나 중국 측 문헌에는 그러한 기록이 없다. 당군 포로에 의한 사마르칸트의 제지설은 주로 아랍 문헌에 근거한 것이다(정수일, 2008).

의 수도 사마르칸트에 제지소가 생겨났고 '사마르칸트지'라는 종이가 만들어졌다(정수일, 2008). 서역 지역에서 불교에서 이슬람교로의 변화, 종이의 서방 전파 등은 탈라스전을 통한 종교와 문명교류사적 의미를 생각해 볼 수 있는 부분이라 할 수 있다.

고선지 군대가 탈라스전에 패배하면서 중앙아시아에서 당의 영향력이 축소된 것은 물론 종교, 문화 등 모든 분야를 아랍 세력이 대체하였다. 탈라스전 이후 당은 내부 질서마저 동요되어 이민족 출신 절도사들이 당 제국에 반기를 들었고 안녹산의 난이 일어났다(지배선, 2008). 탈라스전 패배 이후 고선지가 다시 등장하는 것도 안녹산의 난을 평정하기 위해서였다. 현종은 경조목(京兆牧)·영왕(榮王) 이완(李琬)을 토적원수(討賊元帥)로 삼고, 고선지를 부원수로 삼았다. 755년 12월 11일 범양절도사 봉상청(封常淸)이 범수(氾水)에서 패하고, 13일 안녹산은 동경을 함락시켰다. 고선지는 현종의 명으로 섬주(陝州)에 주둔해 있었는데, 봉상청은 나머지 무리와 섬주로 달아나 고선지에게 동관에 적이 들어오면 장안이 위험해지므로 섬주를 포기하고 동관을 지켜야 한다고 하였다.

고선지는 동관으로 가기 전 군수기지인 태원창(太原倉)으로 가서 돈과 비단을 군사들에게 나눠주고 나머지 물자는 모두 태워버리고 동관으로 향했다. 반란군의 수중에 태원창의 물품이 들어가는 것을 막기 위한 조처였다. 반란군들이 태원창에서 재물을 얻게 되면 장안에서 더 많은 물자를 얻을 수 있다고 생각하고 사기가 높아져 도성을 공격하여 함락시킬 수 있기 때문이었다. 고선지는 동관에 도착하자마자 방어용 무기를 정비하고 태세를 갖추고 있었기 때문에 반란군이 공격할 수 없어 퇴각하였다(지배선, 2011).

감군(監軍)은 황제가 파견한 환관으로 황제의 밀사(密使)와 같은 성격을 갖고 있었다. 감문장군 변영성과 고선지는 반군과의 전투에 있어 의견 차이가 있었고 고선지는 대부분 그의 말을 따르지 않았다. 변영성은 고선지가 섬주의 땅 수백 리를 버렸고, 태원창의 관물을 훔쳤다고 고발하였다(李東輝, 2008). 현종은 크게 노하여 변영성이 고발한 고선지와 봉상청의 목을 베라고 하였고, 고선지는 안사의 난의 혼란 속에서 토적부원수가 된 지 한 달이 채 되지 않은 12월 18일에 목숨을 잃었다. 토번 원정에서 고선지가 쌓았던 군공을 생각하면 허무한 죽음이었다.

758년 사사명이 다시 반란을 일으키는 혼란한 상황에서 또 한 명의 고구려 유민 출신 인물 이회옥(李懷玉), 바로 이정기[8]가 역사의 전면에 등장하였다. 12월, 평로절도사 왕현지(王玄志)가 죽자, 숙종은 중사를 파견하여 장사들을 안무하고 군중(軍中)에서 세우려고 하는 사람을 살펴 정기(旌旗)와 부절(符節)을 주고자 하였다. 그런데 그때 이회옥이 왕현지의 아들을 죽이고 군인들과 함께 후희일을 세우자 군수(軍帥), 즉 평로군사(平盧軍使)로 삼고, 이어 조정에서 정식으로 절도부사(節度副使)로 삼았다. 후희일의 어머니가 이회옥의 고모이므로 이회옥이 그를 세웠다고 기록하고 있다(이하, 이회옥은 이정기로 통일하여 지칭).

그런데 이정기가 후희일을 옹립한 것은 당조가 평로를 인위적으로 개편하려고 했기 때문으로 보기도 하는데, 평로 지역 자체에 거란, 해, 고구려 유민, 소그드인 등 이민족이 많이 살고 있었고 안녹산도 영주

---

[8] 대종은 765년 7월 후희일(侯希逸)을 축출한 이회옥을 지유후(知留後)로 삼고 '정기(正己)'라는 이름을 내렸다. 『자치통감』 권223 당기39 대종 영태 원년(765) 가을 7월 임진, "以懷玉知留後, 賜名正己."

에서 등장하였다. 안녹산은 736년 평로장군, 741년 영주도독·평로군사·압양번발해흑수사부경략사(押兩蕃渤海黑水四府經略使)가 되었다가 742년 초대 평로절도사가 되었다. 744년에는 범양절도사를 겸하면서 범양으로 치소를 옮기고, 751년에는 하동절도사까지 겸하였다. 755년 11월 범양에서 반란을 일으켰고, 756년 정월 낙양에서 연국황제(燕國皇帝)를 칭했다. 그러나 하동을 장악하지 못했고 하북에서도 강력한 저항에 직면하였으며 본거지인 평로에서도 이반의 움직임이 나타났다. 756년 4월, 안녹산이 평로절도사 여지회(呂知誨)를 시켜 안동부대도호(安東府大都護) 마영찰(馬靈詧, 앞의 부몽영찰)을 죽였다. 그러자 평로유혁사(平盧遊弈使) 유객노(劉客奴), 선봉사(先鋒使) 동진과 안동장(安東將) 왕현지가 공모하여 여지회를 쳐서 죽이고, 하북의 안진경에게 소식을 전해 범양을 취하여 정성을 다하겠다고 청하였다. 이에 안진경이 양식과 의복, 또 10여 세의 아들을 유객노에게 인질로 보내면서 협력하였다. 당조는 유객노에게 정신(正臣)이라는 이름을 내리고 평로절도·평로군사 등에 임명하였고 왕현지는 안동부대도호, 동진은 평로병마사에 임명하였다. 이로써 평로는 안녹산을 이반하고 당군의 일원이 되어 싸우게 되었다. 평로는 안녹산을 이반한 이래로 외부 원리보다는 자율적 원리에 의해 유지되어 왔고, 평로군에는 이민족의 기풍이 강하게 존재했는데 당조가 왕현지 사후 일거에 평로를 통제하려 하자 이정기가 후희일을 옹립하고 당조의 통제를 거부한 것이다(鄭炳俊, 2002).

『자치통감』에는 이정기와 군인들에 의한 후희일의 평로군사 추대와 조정의 후희일 절도부사 승인에 대하여 "절도사가 군사(軍士)로 말미암아 폐립된 것은 이로부터 시작되었다"고 하고, 바로 이어진 사마광(司

馬光)의 긴 논찬에서도 숙종이 후희일을 추대한 이회옥과 군사들에 대한 처벌 없이 그들의 뜻대로 평로절도사를 임명한 것에서 재앙과 혼란이 200여 년 이어져 결국 송(宋)이 천명을 받은 것이라 평가하였다.[9] 사마광은 당 후기와 오대(五代) 약 200년 동안 전쟁이 끊이지 않고 백성들이 도탄에 빠진 원인은 번진의 군인들이 일으킨 하극상에 있고, 그 하극상의 시원을 이정기가 후희일을 옹립했을 때 징벌하지 않은 것으로 본 것이다(鄭炳俊, 2002).

후희일은 758년 12월 평로절도사가 된 이후 당조의 지원 없이 사조의(史朝義)가 접수한 범양의 공격을 막아냈으나 761년 12월 북쪽에서 해가 침략해오자 이정기와 휘하 군사 2만여 명을 이끌고 남하하여 산동으로 이동하였다. 762년 5월 후희일이 청주를 함락시키자 대종은 후희일을 평로치청절도사(平盧淄靑節度使)로 임명하였다. 후희일은 산동에서 새로운 근거지를 확보하였는데, 당시 평로치청절도사가 관할한 지역은 청주·치주(淄州)·제주(齊州)·기주(沂州)·밀주(密州)·해주(海州)의 6주였고 치소는 치주에 두었다(鄭炳俊, 2002). 평로치청절도사라는 명칭은 이때 새로 등장하여 이정기 일가가 세습하였고, 이사도(李師道)가 제거되어 이정기 일가의 치청(淄靑) 번진이 당조에 의해 제압된 이후에도 계속해서 사용되었는데, 치청 지역의 관할권을 인정함과 동

---

[9] 『자치통감』 권220 당기36 숙종 건원 원년(758), "高麗人李懷玉爲裨將, 殺玄志之子, 推希逸爲平盧軍使. 希逸之母, 懷玉姑也, 故懷玉立之. 朝廷因以希逸爲節度副使. 節度使由軍士廢立自此始. 臣光曰…肅宗遭唐中衰, 幸而復國, 是宜正上下之禮以綱紀四方. 而偸取一時之安, 不思永久之患.…乃至偏裨士卒, 殺逐主帥, 亦不治其罪, 因以其位任授之. 然則爵祿廢置殺生予奪, 皆不出於上而出於下, 亂之生也, 庸有極乎.…彼爲人下而殺逐其上, 惡孰大焉. 乃使之擁旄秉鉞, 師長一方, 是賞之也. 賞以勸惡, 惡其何所不至乎.…由是禍亂繼起, 兵革不息, 民墜塗炭, 無所控訴, 凡二百餘年, 然後大宋受命.…"

시에 평로군에 대한 권리를 인정한 것으로 볼 수 있다(박유정, 2023).

762년 5월은 안사의 난이 이미 고비를 지나 마무리를 향하던 때였다. 762년 9월 대종은 낙양의 사조의에 대해 대규모의 공격을 준비하였는데, 사조의는 낙양을 빼앗긴 후 도망하다 11월 막주(莫州)에서 포위되었다. 763년 정월 사조의가 정병 5,000명을 뽑아 유주(幽州)에 가서 군사를 징발하러 가자 전승사(田承嗣)가 항복하고 사조의의 모친, 처, 자식을 관군에 압송하였다. 복고창(僕固瑒), 후희일, 설겸훈(薛兼訓) 등은 무리 3만 명을 이끌고 사조의를 추격하였고 범양을 지키던 이회선(李懷仙)도 투항하였다. 사조의는 해와 거란으로 들어가려다 이회선이 보낸 추격병에 쫓겨 목을 매 자살하고 이회선은 사조의의 머리를 가져다 바쳤다. 사조의의 수급이 경사에 도착했고 안사의 난이 종결되었다(鄭炳俊, 2002).

이정기도 군후(軍候)로서 사조의를 토벌하는 데 내내 참가한 것으로 보인다. 762년 당군을 원조하기 위해 참전한 회흘 대추(大酋)의 방자한 행동에 대하여 혼을 낸 것도 다름 아닌 이정기였다. 763년 7월 대종은 천하를 사면하고 세금을 면제해주고 개원하면서 사조의 토벌에 공을 세운 사람들에게 관계(官階)를 올려주고 작읍을 차등하여 주었다. 후희일에게 검교공부상서(檢校工部尙書)를 더하고, 실봉과 철권을 내렸다. 또 태묘에 이름을 올리고 보응공신(寶應功臣)이 되어 능연각(凌煙閣)에 화상이 그려졌다. 이때 이정기가 어떠한 보상을 받았는지 분명하지는 않지만 차등적으로 논공이 행해졌기 때문에 후희일보다는 낮은 등급이었을 것이다.

후희일은 점점 방종하고 정무에 태만해졌고 불교 숭배가 지나쳤으며 전렵을 다니는 것을 좋아하면서 군대와 사람들을 괴롭게 하였다. 반면 이정기는 군대의 인심을 얻었는데, 후희일은 이를 시기하여 이정기를 군직, 즉 병마사(兵馬使)에서 해직시켰다. 급기야 후희일은 무당과 성 밖에서 묵었는데, 군사들이 성문을 닫고 받아들이지 않고 이정기를 우두머리로 받들었다. 후희일은 활주(滑州)로 달아나 표문을 올려 죄를 받기를 기다렸으나 조서를 내려 사면하였고 경사로 들어가 검교상서우복야(檢校尚書右僕射)·지성사(知省事)에 제수되었다.

이정기가 후희일을 쫓아내고 두 달 후인 765년 7월 대종이 조서를 내려 황자인 정왕(鄭王) 이막(李邈)을 평로치청절도대사에 임명하고, 이정기를 절도유후(節度留後)에 임명하였다. 유후는 실제 절도사에 임명되었지만 아직 정절(旌節)을 받지 않은 자를 가리키는 것으로 사실상 이정기는 평로치청절도사에 임명된 것이라고 할 수 있다. 정왕 이막은 766년 겨울에 천하병마원수가 되었다가 773년에 사망하였는데, 다른 인물이 평로치청절도대사에 임명되었다는 기사는 보이지 않으므로 이정기는 늦어도 766년에는 정식 절도사가 되었을 것이다(鄭炳俊, 2002). 그런데 765년 7월 이정기가 압신라발해양번사(押新羅渤海兩蕃使)도 받았다는 사실이 주목된다. 이정기는 평로치청절도사와 함께 압신라발해양번사도 겸직하였는데, 이는 이후 이정기의 뒤를 이은 이납, 이사고, 이사도 등에게도 세습되었다. 『신당서』에는 765년에 "치청평로절도사에 압신라발해양번사를 새로 설치하였다(淄青平盧節度使增領押新羅渤海兩蕃使)"라고 했으므로 이때부터 발해는 신라와 함께 산동의 평로 번진의 관리를 받게 되었다(鄭炳俊, 2007; 박유정, 2023).

등주(登州)가 속한 산동 지역은 신라 및 발해와 통교하기에 편리한 위치로 신라와 발해의 견당사는 산동을 경유하였고 발해로 향한 당의 사신도 등주를 거친 바 있다. 따라서 평로치청절도사가 신라와 발해 양국 사신이나 상인들이 주로 통행하는 주요 교통로인 산동, 즉 치청 지역을 장악하면서 압신라발해양번사를 겸직하게 된 것으로 보인다(박유정, 2023). 이정기 일가는 압신라발해양번사로서 평로 번진을 경유하는 사신을 잘 관리하면서 사신을 통해 당 조정은 물론 주변국에 대한 정보, 교역을 통한 경제적 이익을 얻을 수 있었다. 『구당서』와 『신당서』 이정기전에는 "발해의 명마를 거래하는 것이 해마다 끊이지 않았다(貨市渤海名馬 歲歲不節)"라고 하였다. 번진은 다른 국가 혹은 정치 세력과 교역을 할 수 없었는데, 이정기의 치청 번진이 발해와 교역을 진행한 것은 이례적이었고 당 조정의 제재를 받지 않을 만큼 강대하였음을 보여준다. 이러한 상황은 이정기의 손자 대까지도 이어졌을 가능성이 크다(鄭炳俊, 2007; 박유정, 2023).

　발해 명마의 거래에 이어지는 내용은 법령을 갖추고 부세를 균등하게 하여 가장 강대한 번진이 되었다고 하였는데, 역시 치청 번진이 중앙의 직접 통제에서 벗어나 자율성을 갖고 독자적으로 운영되었음을 보여주는 한 단면이라 생각한다. 이정기 일가의 치청 번진은 교역으로 경제적 이익을 추구하고 이를 통해 군사적 기반을 공고히 하면서 세력을 확장해 나갔을 것이다. 이것이 이정기가 후희일을 축출한 765년 이후 819년까지, 이정기 일가가 하남도의 치주와 청주를 중심으로 15주를 영유(뒤에 12주로 변동)하며 숙종, 대종, 덕종, 순종, 헌종 시기 최강의 번진으로 존재할 수 있었던 원인일 것이다(盧泰敦, 1981; 金文經, 1984).

4. 돌궐로 이주한 고구려 유민

고구려 유민 중 일부는 돌궐로 들어갔는데, 멸망 이후의 혼란 속에서 요동 등의 고구려 고지에서 돌궐로 직접 들어갔거나 당의 변경지역에 강제 천사된 후 이탈하여 돌궐로 들어갔을 경우를 상정할 수 있다. 돌궐로 들어간 고구려 유민의 동향이 포착되는 것은 현종 대인 715년으로 돌궐과 토욕혼 등 유목 부락이 당에 내부하였는데, 그중 고구려 출신의 고문간과 고공의가 확인된다. 고문간이 묵철가한(默啜可汗)의 사위가 될 수 있었던 것은 고려왕 막리지(莫離支)라는 위상에 걸맞게 상당한 규모의 고구려 유민을 통솔하여 돌궐로 들어갔기 때문으로 보인다. 고공의와 고정부도 별개의 집단을 거느리고 자체의 조직과 습속을 유지하면서 돌궐제국에 복속한 것 같다(盧泰敦, 1981).

당은 중종 대부터 돌궐을 와해시키기 위해 묵철가한의 목을 가져오면 국왕으로 봉하고 제위대장군으로 임명하며 재물 2,000단을 주겠다는 현상금을 걸어 유목 부락 추장들을 포섭하는 수항(受降)을 구상하고 있었다(丁載勳, 2013). 돌궐에 복속되어 있던 많은 유목 부락들이 묵철가한의 포악함과 원정 참여에 대한 합당한 급부를 제공하지 않는 것에 불만을 가지면서 돌궐 지배체제는 서서히 분열하기 시작하였고, 당은 돌궐로부터 이탈한 부락들을 초무하며 번장으로 우대하였다(丁載勳, 2015). 713년 당은 고려 대수령 고정부에게 특진을 배수하였는데, 이는 돌궐 내 고구려 유민집단의 이탈을 조장하려는 책략이었고 2년 후 고문간 등도 당조로 투항하였다(盧泰敦, 1981). 이는 돌궐의 예하 부락에 대한 통제가 약화되었음을 보여주는데, 계속된 유목 부락의 투항은 중종시기부터 돌궐을 와해시키기 위해 번장을 우대했던 정책, 즉 수항이 이때 효과를 내기 시작했음을 보여준다(정재훈, 2016).

715년 8월 현종은 당에 내부한 고문간 등에게 관직을 수여하고 식읍과 사택(賜宅), 마(馬), 물(物)을 사여하였다. 고문간은 종1품의 요서군왕(遼西郡王)과 정3품의 좌위대장군원외치동정원에 제수되었고 식읍 3,000호와 사택 1채, 말 4필, 물 600단을 받았다.[10] 고문간이 요서군왕에 봉해진 이유에 대해서는 그가 돌궐로 귀부하기 전의 거주 지역과 관계가 있는 것으로 본 견해가 있는데, 요서의 영주 방면이나 고구려 고지에서 흥안령(興安嶺)을 통과하여 돌궐로 이주한 것으로 추정된다(盧泰敦, 1981).

고문간과 함께 당에 내부했던 인물들에 대한 당조의 대우를 비교해보면 관직과 식읍, 증물 등 모든 면에서 고문간이 최상의 대우를 받았음을 알 수 있는데, 이는 그가 묵철가한의 사위라는 점이 반영되었을 것이다. 묵철가한의 사위가 돌궐로부터 이탈하여 당으로 들어왔다는 것은 돌궐 부락을 와해시키는 데 상당한 선전이 되었을 것이다.

같은 고구려 유민 출신인 고공의와 비교해보면 작과 직사관 모두 한 단계씩 고문간이 더 높고, 식읍은 1,000호, 말은 2필, 증물도 200단이 더 많다. 고공의는 사택도 받지 못했다. 당이 파악한 막리지와 대수령이라는 고문간과 고공의의 지위가 자칭이었는지, 실제였는지 확신할 수 없지만 이들에 대한 차등적인 대우는 그들이 각각 이끈 집단의 크기나 고구려와 돌궐에서의 지위 차이가 영향을 미쳤을 가능성이 있다. 당

---

10 『책부원구』 권964 외신부9 책봉 제2, "開元三年八月, 高麗吐渾等諸蕃降附. 制曰 … 高麗王莫離支高文簡 … 文簡可封遼西郡王, 食邑三千戶, 行左衛大將軍員外置同正員, 賜宅一區, 馬四匹, 物六百段."

에서의 대우, 즉 기가관의 수여 원칙 중에는 본번(本蕃)에서의 지위와 함께 당에 대한 공로도 참작했을 것이다(李基天, 2014).

고문간 등은 하남에 안치되었는데, 함께 당에 내부했던 협질사태(跲跌思太)를 비롯하여 항호(降胡) 중에는 배반하고 다시 돌궐로 돌아가는 경우도 나타났으나 고문간은 안정적으로 정착한 것으로 보인다. 당으로 귀부한 지 햇수로 5년이 된 719년에 당조가 고문간의 처 아사나씨를 요서군부인(遼西郡夫人)에 봉하였다. 이는 당조와 고문간 사이에 신뢰관계가 구축되었음을 의미한다.

이상의 내용을 정리하면 다음과 같다.

고구려 멸망 이후 유민들은 새로운 체제 속에서 어떻게 살아갈 것인가를 고민했을 것이다. 강제적 또는 자발적으로 여러 지역으로 이동한 유민들은 새로운 공간에서 정치적·행정적 지배를 받으며 적응해 갔고 유민들을 편제한 주체는 이들을 자신들의 공간에 빠르고 안정적으로 긴박하여 사회적 혼란이 야기되지 않도록 여러 정책을 구사하였다. 유민들에게 관적(貫籍)이나 거주지에 대한 선택권은 사실상 존재하지 않았고 이들은 필요에 따라 언제, 어디로든 이동될 수 있는 존재였다. 신라가 안승을 금마저에서 경주로 옮겨 살게 한 것이나 보덕국의 반란을 진압하고 주민들을 나라의 남쪽으로 옮긴 것, 일본이 유민들의 안치 지역을 옮겨 고려군을 설치한 것, 당이 강제 사민한 유민들을 다시 여러 지역으로 옮긴 것을 통해서 확인할 수 있다. 돌궐로 들어간 일부 유민의 경우는 돌궐이 혼란한 상황에서 당으로 내부하여 최상의 대우를 받기도 하였다.

당은 고구려의 상층 지배층 출신이나 고구려 멸망에 협력한 자들을 당의 관제 속에서도 최상위 집단에 두고 특권을 유지시켜 당조에 빠르게 동화하도록 한 것으로 보인다. 유민 1세대는 관직과 면세, 면역이라는 사회·경제적 특권을 대를 이어 유지하기 위해 필사적으로 전공을 세우고자 노력하였다. 선대의 군공으로 후대는 문음 자격을 획득하여 관직의 재생산을 통해 당조에서 관인 신분을 이어가고자 한 것이다. 안사의 난을 전후로 활동한 유민 후속 세대는 중앙과 지방에서 당조 권력의 중심에 한층 직접적 영향을 미치면서 활약했다. 일본은 고구려와 발해의 계승 관계를 의식하여 유민 후속 세대를 발해 외교의 전면에 세워 활용한 것으로 보인다.

참고문헌

노태돈, 1999, 『고구려사 연구』, 사계절.
宋基豪, 1995, 『渤海政治史硏究』, 一潮閣.
여호규, 2014, 『고구려 초기 정치사 연구』, 신서원.
_____, 2023, 『시간이 놓친 역사, 공간으로 읽는다』, 푸른역사.
임기환, 2004, 『고구려 정치사 연구』, 한나래.
정병준, 2024, 『고구려 유민 이정기 일가의 번진사』, 동국대학교출판부.
정재훈, 2016, 『돌궐 유목제국사 552~745』, 사계절.
지배선, 2006, 『고구려·백제 유민 이야기』, 혜안.

金文經, 1984, 「唐代 高句麗遺民의 藩鎭」, 『唐代의 社會와 宗敎』, 崇實大學校 出版部.
김수진, 2017, 「唐京 高句麗 遺民 硏究」, 서울대학교 박사학위논문.
_____, 2018, 「고구려 유민의 당조 출사 유형과 변화」, 『한국학논총』 49.
_____, 2023, 「고구려 유민의 折衝府 복무 특징과 변화 양상」, 『한국사학사학보』 47.
金壽泰, 1994, 「統一期 新羅의 高句麗遺民支配」, 『韓國史學論叢(上)』, 일조각.
金榮官, 2009, 「高句麗 遺民 高鐃苗 墓誌 檢討」, 『한국고대사연구』 56.
김은숙, 2007, 「일본 율령국가의 고구려계 씨족」, 『동북아역사논총』 15.
金賢淑, 2001, 「中國 所在 高句麗 遺民의 동향」, 『한국고대사연구』 23.
_____, 2004, 「고구려 붕괴 후 그 유민의 거취 문제」, 『한국고대사연구』 33.
盧泰敦, 1981, 「高句麗 遺民史 硏究-遼東·唐內地 및 突厥 方面의 集團을 중심으로-」, 『韓㳓劤博士停年紀念史學論叢』, 지식산업사.
_____, 1985, 「對渤海日本國書에서 云謂한 '高麗舊記'에 대하여」, 『邊太燮博士

華甲紀念)史學論叢』, 三英社.

_____, 1997a, 「『삼국사기』 신라본기의 고구려관계 기사 검토」, 『慶州史學』16.

_____, 1997b, 「對唐戰爭期(669~676) 신라의 對外關係와 軍事活動」, 『軍史』34.

바이건싱, 2008, 「고구려·발해 유민 관련 유적·유물」, 『중국학계의 북방민족·국가연구』, 동북아역사재단.

박유정, 2023, 「책봉호 및 압번사 명칭 변화를 통해 살펴본 8세기 渤海-唐 관계」, 『中央史論』60.

서광석, 2020, 「8세기 肖奈氏의 中央貴族化와 改賜姓」, 『고구려발해연구』66.

小宮秀陵, 2014, 「新羅·渤海의 對唐藩鎭交涉 硏究」, 서울대학교 박사학위논문.

小倉芳彦, 2008, 「考古學에서 본 渤海와 日本의 교류사-加賀(金澤市)에서 발해사 내착지의 고고학적 검토」, 『동아시아 속의 발해와 일본』, 경인문화사.

宋基豪, 1998, 「고구려 유민 高玄 墓誌銘」, 『서울대학교박물관연보』10.

송완범, 2009, 「日本律令國家의 百濟郡·高麗郡·新羅郡에 보이는 交流와 共存」, 『史叢』68.

_____, 2017, 「고대일본의 '동국'과 '한반도유민'-8세기를 중심으로-」, 『日本文化研究』64.

梁炳龍, 1997, 「羅唐戰爭 進行過程에 보이는 高句麗遺民의 對唐戰爭」, 『史叢』46.

여호규, 2003, 「한국 고대의 지방도시-신라 5小京을 중심으로」, 『강좌 한국고대사 7』, 가락국사적개발연구원.

여호규·拜根興, 2017, 「遺民墓誌銘을 통해본 唐의 東方政策과 高句麗 遺民의 동향」, 『東洋學』69.

余昊奎·李明, 2017, 「高句麗 遺民〈李他仁墓誌銘〉의 재판독 및 주요 쟁점 검토」, 『한국고대사연구』85.

연민수, 2020, 「고대일본의 고려군(高麗郡) 설치와 고구려계 씨족의 동향」, 『동북아역사논총』70.

이규호, 2016, 「당의 고구려 유민 정책과 유민들의 동향」, 『역사와 현실』101.

李基天, 2014, 「唐代 高句麗·百濟系 蕃將의 존재양태」, 『한국고대사연구』75.

이노우에 나오키, 2010, 「백제·고구려 유민과 왜·일본」, 『고대 환동해 교류사-1부 고구려와 왜』, 동북아역사재단.

李東輝, 2008, 「파미르 고원의 戰將 高仙芝」, 『역사와 세계』 34.
李文基, 2003, 「高句麗 中裏制의 構造와 그 變化」, 『大丘史學』 71.
_____, 2010, 「墓誌로 본 在唐 高句麗 遺民의 祖先意識의 變化」, 『大丘史學』 100.
이병호, 2020, 「백제와 신라, 일본 고대 도성의 비교 연구」, 『馬韓·百濟文化』 36.
임기환, 2003, 「報德國考」, 『강좌 한국고대사 10』, 가락국사적개발연구원.
林炳泰, 1967, 「新羅小京考」, 『역사학보』 35·36합집.
장병진, 2015, 「새로 소개된 고구려 유민 '南單德' 묘지에 대한 검토」, 『고구려발해연구』 52.
_____, 2016, 「『泉男産墓誌』의 역주와 찬술 전거에 대한 고찰」, 『고구려발해연구』 55.
鄭炳俊, 2002, 「安史의 亂과 李正己」, 『東國史學』 37.
_____, 2005a, 「'營州城傍高麗人' 王思禮」, 『高句麗研究』 19.
_____, 2005b, 「安史의 亂과 王思禮」, 『新羅文化』 26.
_____, 2007, 「李正己 一家의 藩鎭과 渤海國」, 『中國史研究』 50.
_____, 2009, 「唐朝의 高句麗人 軍事集團」, 『동북아역사논총』 24.
정선여, 2010, 「신라로 유입된 고구려 유민의 동향-報德國 주민을 중심으로-」, 『역사와 담론』 56.
_____, 2013, 「新羅 神文王代 報德國民의 반란」, 『역사와 담론』 66.
정수일, 2008, 「고선지의 서역원정이 갖는 문명교류사적 의미-종이의 전파를 중심으로-」, 『중앙아시아 속의 고구려인 발자취』, 동북아역사재단.
丁載勳, 2013, 「唐 中宗時期(705~710) 對外 政策과 突厥의 對應」, 『中國史研究』 87.
_____, 2015, 「唐 玄宗(712~756) 初期의 北伐과 突厥의 對應」, 『中國史研究』 98.
조법종, 2015, 「고구려 유민의 백제 金馬渚 배치와 報德國」, 『한국고대사연구』 78.
조인성, 2007, 「고구려의 멸망과 부흥 운동의 전개」, 『고구려의 정치와 사회』, 동북아역사재단.
池培善, 2000, 「고구려인 高仙芝(1)-對토번 정벌을 중심으로-」, 『東方學志』 110.
_____, 2008, 「고구려 유민 고선지의 석국 원정의 문헌학적 고증」, 『중앙아시아 속의 고구려인 발자취』, 동북아역사재단.
_____, 2011, 「고선지 장군의 안녹산 반란 진압 과정 분석」, 『고구려 유민 고선지

와 토번·서역사』, 혜안.

崔宰榮, 2005,「唐 長安城의 薩寶府 역할과 그 위치-唐朝의 突厥對策과 관련하여-」,『中央아시아硏究』10.

최희준, 2021,「7세기 후반 신라의 영접의례 구성-당·일본과의 비교를 중심으로」,『신라문화』59.

姜淸波, 2010,『入唐三韓人硏究』, 暨南大學出版社.

拜根興, 2012,『唐代高麗百濟移民硏究-以西安洛阳出土墓志爲中心』, 中國社會科學出版社.

杜文玉, 2002,「唐代泉氏家族硏究」,『渭南師范學院學報』2002-3.

趙超, 2015,「唐代墓志中所見的高句麗與百濟人士」,『鍥而不舍-中國古代石刻硏究』, 三晉出版社.

森部豊, 2013,『安祿山』, 山川出版社.

菅澤庸子, 1990,「古代日本における高麗の殘像」,『史窓』47.

大津透, 1993,「近江と古代國家-近江の開發をめぐって」,『律令國家支配構造の硏究』, 岩波書店.

森公章, 1998,「古代日本における在日外國人觀小考」,『古代日本の對外認識と通交』, 吉川弘文館.

石見淸裕, 2016,「史訶耽夫妻墓誌」,『ソグド人墓誌硏究』, 汲古書院.

愛宕元, 1976,「唐代における官蔭入仕について-衛官コースを中心として-」,『東洋史硏究』35-2.

領木靖民, 1968,「百濟救援の役後の百濟および高句麗の使について」,『日本歷史』241.

田中史生, 1997,「渡來系氏族と日本古代國家」,『日本古代國家の民族支配と渡來人』, 校倉書房.

中平薰, 2018,「遺跡から見る古代高麗郡-日高市の集落資料を中心に-」,『古

代高麗郡の建郡と東アジア』, 高志書院.

池田温, 1967, 「中國律令と官人機構」, 『前近代のアジアの法と社會』, 勁草書房.

荒井秀規, 2015, 「渡來人(歸化人)の東國移配と高麗郡・新羅郡」, 『古代東ユーラシア研究センター年報』 1.

8장

고구려의 영향과 동북아시아

금경숙 | 동북아역사재단 명예연구위원

　700여 년간 동북아시아에서 독자적인 자기 세계를 구축하였던 고구려의 멸망은 정치적·사회적으로 많은 영향을 미쳤다. 고구려 멸망으로 수도였던 평양성 일대는 폐허가 되었으며, 태반의 영역은 30여 년 뒤에 건국한 발해 영역에 속하게 되었다.

　전쟁에 패하여 국가가 멸망한 고구려 유민(遺民)들은 여러 갈래로 흩어졌다. 유민들 가운데 일부는 고구려 영토가 신라에 병합되자 자연스럽게 흡수되었다. 대표적인 인물로 연정토(淵淨土) 일파나 안승(安勝)을 들 수 있다. 또 유민들 가운데 원거주지에 살던 집단은 698년 발해가 건국되자 발해 주민이 되었다. 극히 일부 유민은 일본 열도로 이주해 가기도 하였다. 고구려 왕실을 비롯한 지배계층 유민들은 당의 장안이나 낙양 지역으로 옮겨진 집단이 있었고, 산서(山西)나 농우(隴右) 등 변경지역으로 이주하기도 하였다. 한편 몽골 방면의 돌궐이나 유목민 사회로 간 집단도 있었다.

오랜 기간 동북아시아에서 자기 정체성을 가졌던 국가의 멸망 및 그로 인한 유민의 이동, 강제 이주로 인하여 동북아시아는 새롭게 편제되었다. 우선 고구려 고토(故土)에서 고구려 유민들이 새로운 국가인 발해를 건국하였다. 발해는 자신들이 고구려를 계승하고 있음을 천명하였다. 이 글에서는 이에 관해서 살펴볼 것이며 고구려의 특징적이며 대표적인 고분벽화에 나타난 고구려인의 인식, 그리고 마지막으로 동아시아 각국에서는 고구려를 어떻게 인식하였는지 살펴본다.

1. 발해 건국의 배경과 고구려 계승의식

기원전 37년부터 668년에 멸망할 때까지 700여 년간 존속하던 고구려가 멸망하자, 고구려 영역의 귀속(歸屬)이 복잡해지면서 유민들도 다양한 지역에 잔존하게 되었다. 유민들은 그들의 왕조를 포기하지 않고 여러 곳에서 끈질기게 저항하였다. 고구려 멸망 후 당은 평양에 안동도호부(安東都護府)를 설치하고 설인귀(薛仁貴)를 안동도호에 임명하였다. 당은 투항한 고구려 지배계층을 각 지방의 도독(都督), 자사(刺史), 현령(縣令)에 임명하여 이용하였다. 평양에 설치한 안동도호부는 고구려 유민들의 저항을 받았다. 한편 부흥운동을 막기 위해 고구려의 왕과 귀족들을 당의 내지(內地)로 강제 이주시켰다.

멸망 이후 고구려의 옛 땅에서 당의 군대와 싸워가며 전개했던 부흥운동은 안시성(安市城)전투에서 패하여 성(城)이 함락되어 실패하였다.

672년에는 고구려부흥군이 신라가 지원한 군대와 합세하여 예성강 부근의 백빙산(白氷山)에서 패배하였다. 고구려군은 각 지역에서 부흥군이 패배하자 신라로 투항하기도 하였다. 고구려를 부흥시키려는 저항운동은 끝나지 않았는데, 677년까지 압록강 유역에 있던 11개의 성(城)은 당군(唐軍)에게 항복하지 않고 고구려를 자처하였다. 신라군의 지원을 받은 고구려의 부흥운동으로 인하여 당은 676년 도성인 평양에 설치하였던 안동도호부를 요동 지역의 거점이었던 신성(新城)으로 이전시키지 않을 수 없었다. 고구려 유민들의 부흥운동은 요동 지역에서도 그치지 않았다.

고구려가 멸망한 뒤 많은 유민들은 요서 및 돌궐 지역으로 이동하거나 강제로 요동 및 당의 내지로 옮겨가 살게 되었다. 보장왕이 말갈인들과 모의하여 고구려 부흥운동을 꾀하자 결국 당으로 불려갔으며, 아울러 많은 고구려 유민들도 격리 차원에서 고구려 땅에서 먼 거리에 있는 내지로 끌려갔다. 이러한 당의 계략에도 불구하고 유민들의 저항은 가라앉지 않았다. 여러 우여곡절을 겪으며 고구려 유민들은 698년 발해를 건국하는 데 참여하였다.

발해 건국은 폭동을 기화로 지금의 요동 지역 조양(朝陽)인 영주(靈州)에서 일어났다. 영주는 많은 고구려 유민을 비롯하여 거란인들이 모여 살던 곳이다. 대조영(大祚榮)은 698년 '계루(桂樓)의 옛 땅'에 있다는 '구국(舊國)'의 동모산 기슭(지금의 길림성 돈화시 성산자산)에 나라를 세우고 진국(振國)이라 하였다. 발해의 주민 구성은 흔히 지배층은 고구려 유민, 피지배층은 말갈족이었다는 이분법적인 주장도 있으나, 발해의 피지배계층 다수도 고구려 유민 출신이었다는 주장이 설득력이 있다. 고구려 유민과 말갈족이 이질적인 존재였다면 발해가 고구려를 계승했다는 인식을 가질 수 없을 것이다. 발해는 '해동성국(海東盛國)'으로 불렸는데, 발해국을 고구려의 계승자로 자인(自認)하여 역대 국왕들은 '고려국왕(高麗國王)'이라 하여 외국에 보내는 공문서에까지 그 칭호를 사용하였고, 발해국이 멸망한 뒤에 그 유민들이 부흥운동을 할 때마다 '동명구양(東明舊壤)'이니 '고려유려(高麗遺黎)'니 하는 말들을 가지고 동족을 규합하고 대외적으로 호소하기도 하였다(이우성, 1974).

발해가 고구려를 계승했다는 인식은 발해사 정체성과 밀접한 관련이 있다. 고대 국가에서도 한 국가의 정체성을 논할 때 영토와 주민을 주요 요소로 생각할 수 있다. 발해는 고구려의 옛 영토였던 곳에서 출발하였고, 주민도 고구려 유민이 대다수를 이루었다.

230여 년에 걸쳐 만주 및 한반도 북부 지역에서 존재했던 발해는 926년에 내부 갈등을 틈탄 거란족의 기습적 공격을 받아 허무하게 멸망하였다. 거란족은 일부 발해 지배층을 포섭하여 동단국(東丹國)을 세웠다. 거란의 지배력은 발해가 존재했던 지역에 세력을 미치지 못하였고, 발해 유민들은 각지에서 부흥운동을 전개하였다. 한편 일부 발해인들은 고려로 넘어갔다. 동단국에 참여했던 일부 발해인도 거란의 지배에 적대감을 드러냈다. 발해 유민의 저항과 불복은 거란에 위협이 되었다. 결국 동단국은 982년에 멸망하였다.

요동으로 이주당한 발해 유민은 그곳에 뿌리를 내려 번성하였다. 그래서 요동이 '고발해지(故渤海地)' 또는 '발해고국(渤海故國)'이라 불릴 정도로, 이 지역 주민의 대표적인 존재가 되었다. 발해의 영역이었던 만주 일대는 대체로 송화강 유역을 경계로 그 서남 지역은 거란(요)의 영역에 속하였는데, 거란은 이 지역에 주(州)를 설치하여 지배하였다. 송화강 동쪽 지역은 여진족의 여러 집단이 할거하면서 거란과 조공관계를 맺고 있었다.

발해는 존립 당시에 당의 개원(開元) 예(禮)와 역(曆) 및 율령을 수용하였으므로, 제도와 문물 면에서 당의 영향이 컸다. 이는 기본적으로 당시 발해인 사회의 성격이 한인(漢人) 사회와 비슷한 상태였기에 가능했다. 발해인과 한인을 함께 주현민(州縣民)으로 편제하였고 일정 지역에 양자가 섞여서 살았다.

발해인과 여진인의 구분은 여진족이 세운 금 때도 여전하였다. 금을 건국할 당시 아골타(阿骨打)는 요동 일대의 발해인을 회유하는 데 주력하여, "본래 한 집안이었다(本同一家)"고 천명하였다. 그러나 실제로 이들은 구분과 차별이 뚜렷하였다. 이후 요동 지역의 발해인이 밀집해 거주하며 번성하는 것을 우려하여 이들을 장성 이남 지역으로 수백 호씩 소규모 단위로 이주시켰다. 이것은 발해인들이 세력화하는 것을 방지하기 위한 조치였다. 비단 요동의 요양 지역에 집중적으로 거주하던 발해인뿐 아니라 다른 지역의 발해인에 대해서도 철저하고 광범위하게 강제적으로 이주시켰다.

발해 왕실의 고구려 계승의식을 전하는 주요 기록은, 발해가 일본에 보낸 국서(國書)와 일본과의 교섭 과정에서 일본인이 남긴 발해에 관한 서술을 통해서 알 수 있다.

발해와 일본의 공식적인 첫 교섭은 발해 건국 이후 30년이 지난 727년 발해 사절단이 일본에 파견되면서 비롯되었다. 발해 무왕(武王)이 일본에 보낸 국서는 이후 진행된 양국의 교섭 형식과 고구려와의 관계에 대한 발해인의 역사의식을 보여주는 것이다. 이 교서에 의하면 "[대(大)]무예(武藝)가 외람되이 열국(列國)을 주관하고 제번(諸樊)을 총괄하여 고려의 옛 터를 복(復)하고 부여의 유속(遺俗)을 지니게" 되었다고 표현하였다. 이 구절은 발해가 고구려의 유민들에 의해 건국된 고구려의 계승국이라는 사실을 나타내는 중요 자료이다. 즉, 발해가 고구려 유민들에 의해 건국되었으며, 고구려를 계승하였음을 나타내는 것이다. 이 문장이 발해의 역사계승의식을 드러내는 의미가 있는 것은 발해 건국 30년 되던 해에 처음으로 일본과 국교를 맺으려고 하면서 자국 현황과 내력을 집약적으로 표현했기 때문이다. 특히 '복(復)'은 '회복'하였다는 의미를 분명하게 표현한 것이다. 부여의 '유속(遺俗)'을 지니게 되었다는 표현에서도 발해의 역사성을 강조하고 있다. 이 국서를 가지고 일본에 간 발해 사신이 고인의(高仁義), 고제덕(高齊德)인데, 이들은 분명히 고구려계의 인물일 것이다. 국서의 내용이나 사신이 고구려를 강조하는 것은 발해가 고구려의 역사성을 잇고 있음을 강조하는 것이다.

일본은 국서를 받은 이듬해인 728년에 발해에 국서를 보내 "천황이 삼가 발해군왕(渤海郡王)에게 묻는다. 계(啓)를 보고 [발해가] 옛 땅을 회복하고 지난날 조선(祖先)의 훌륭한 덕업을 잇게 되었음을 알게 되었다. 짐(朕)이 이를 기쁘게 여긴다."고 하였다. 이는 일본 측이 발해가 보낸 국서에 대해 인정하는 답장으로 볼 수 있다. 아울러 발해가 고구려를 계승한 것으로 인식하고 있음을 보여준다(노태돈, 2020).

발해는 건국 이후 725년경 무왕(武王) 대에 당으로부터 외교적인 압박을 받게 되었다. 당이 흑수말갈에 흑수부(黑水府)를 설치함에 따라 자신들을 위협하는 것으로 인식하였다. 이러한 위협에 직면하여 발해 조정에서는 대응방식을 두고 의견이 엇갈렸다. 무왕은 강경책을 택하여 오히려 흑수말갈을 공략하려는 입장이었다. 그러나 무왕의 동생인 대문예(大門藝)는 고구려가 대당전쟁을 하다가 결국 패망하게 되었다는 이유를 들어 당에 유화정책을 취할 것을 주장하였다.

고려 918년 태조 왕건은 도읍을 송악(松岳)을 중심으로 정하였는데, 옛 고구려 주민들이 지향하는 바에 기초하였다. 또한 고려는 고구려 시조인 동명왕에 대한 봉제사(奉祭祀)를 행하였다. 고려 왕조가 국호를 통하여 표방하였던 고구려 계승의식은 역사적 과거에 대한 관념상의 인식에서 비롯된 것은 아니었다. 고려 건국기 송악을 중심으로 하는 주민에게 아직도 남아있는 고구려계 유민의식에서 비롯된 것이었다(김광수, 1988).

고려 후기에 이승휴(李承休)는 고려가 몽골의 외압을 받고 있던 시기에 『제왕운기(帝王韻紀)』를 편찬하였다. 단군, 신라, 고구려, 옥저, 부여, 예맥 등을 단군의 후예라고 명기하고, 발해의 건국, 멸망 후 고려에 귀부한 사실 등을 짧게 소개하였다. 또한 발해와 고려와의 연계도 강조하여 같은 정체성을 가진 공동체임을 드러냈다.

2. 고구려인으로 추정되는 도상(圖像) 등을 통한 고구려 인식

고구려인들은 건국 초기부터 무덤을 만들 때 돌을 쌓아 만들었는데, 이를 적석총(積石塚)이라고 한다. 고구려 무덤 양식에 관한 문헌자료로는 『삼국지(三國志)』 위서 동이전이 있는데, "돌을 쌓아서 봉분을 만들고 소나무와 잣나무를 봉분 주위에 심는다"고 하였다. 또 『양서(梁書)』에는 무덤을 만들 때 덧널인 곽(槨)을 사용하지만, 관(棺)은 사용하지 않는다고 했다.

고구려 무덤의 큰 특징인 적석총은 고구려의 영역이었던 곳에서 발견되어서 그 강역을 짐작할 수 있다. 강이 가까이 있던 곳의 무덤은 강돌을 모아 쌓아서 만들었으며, 산돌을 깨서 만들기도 하였다.

고구려인들은 죽은 자의 안식처인 무덤 널방의 벽에 다양한 주제로 그림을 그렸다. 지금까지 발견된 고구려 고분의 벽화는 3세기 중엽에서 7세기 전반에 걸쳐 제작된 것들이며, 고구려인의 사상, 문화, 일상생활에 대한 많은 정보를 담고 있다. 『삼국지』 고구려전에 따르면, 고구려는 돌을 쌓아 봉분을 만들고, 무덤 둘레에 소나무와 잣나무를 심었다고 한다. 적석총은 대개 강변 대지나 구릉 기슭에 수 기 또는 수백 기로 열지어 있다. 그 분포 범위는 동쪽으로 중국 길림성 장백(長白), 서쪽으로 요령성 관전(寬田), 남쪽으로 북한 황해도 신원(新院), 북쪽으로 환인(桓仁)·통화(通化) 일대에 이른다. 특히, 길림성 집안(集安)의 통구(通溝)분지에 군집을 이루고 있다.

적석총은 지상에 주검이 안치되므로, 분구 가운데에 매장부를 둔다. 그렇기 때문에 자연적, 인위적 변형에 쉽게 노출되어 석실을 매장부에 만들지 않은 상당수의 소형 적석총은 돌무지 상태로 남아있게 된다. 적석총의 형식은 분구 형태로 분류하기도 하고 매장부만을 기준으로 분류하기도 하는 등 여러 분류안이 있다. 연구자 간의 기준 차이도 있지만, 잔존 상태가 나빠 원형 파악이 쉽지 않기 때문이다.

고구려의 초기 무덤 형태는 돌무지무덤이다. 고구려인들은 강돌이나 산자갈들을 모아 무덤을 만들었는데, 시간의 흐름에 따라 무덤 아래 가장자리에 단을 만들기도 하고, 나중에는 계단처럼 여러 층의 단을 쌓은 돌무지무덤을 만들기도 하였다. 이러한 초기 돌무지무덤은 구조상 벽화와는 무관한 것이었다. 중국에서는 한대에 이미 무덤 안을 벽화로 장식하는 문화가 있었다. 그들은 시신을 넣는 널과 덧널에 그림을 그리고, 널방 안에 그림으로 장식된 비단을 걸었으며, 널방 벽에 직접 그림을 그리기도 하였다. 낙랑군에 이러한 문화의 흔적이 남아 있었다. 낙랑군을 병합한 고구려인들은 낙랑군이 있던 평양 지역에 돌방 흙무덤을 만들고 그 내부를 화려한 그림으로 장식하기 시작하였다(강현숙, 2005).

초기의 고구려 고분벽화는 돌로 쌓은 벽면에 회(灰)를 칠하고 그림을 그려 넣는 기법을 사용하였다. 이를 화장지법(化粧地法)이라고 하는데, 밑그림 도면을 벽 위에 대고 그림의 선을 옮겨 베낀 후에 채색을 하는 것이었다. 화장지법에는 회가 마르기 전에 그림을 그리는 기법과 마른 후에 그리는 기법이 있는데, 고구려인들은 일반적으로 회가 마르기 전에 그리는 기법을 사용하였다. 회가 마르기 전에 그린 벽화는 안료가 백회(白灰)에 스며들어 오랫동안 보존할 수 있었다. 회가 마른 후에 그리는 기법은 부분적으로 사용되었다. 회가 마른 후에 채색을 하여 그림을 그리면 선명도가 뛰어나다는 장점을 가지고 있었으나, 그림을 오랫동안 보존하는 데에는 취약하였다.

후기 고구려 고분벽화는 벽에 회칠을 하지 않고 다듬은 돌의 표면에 직접 그림을 그렸다. 이 기법은 채색이 벽면에 잘 스며들어 오랫동안 보존되도록 광물성 가루를 안료로 사용하였다. 해초를 달여 제작하거나 동물성 아교를 섞어 사용하기도 하였다. 이 방법은 안료가 돌 표면의 사이에 스며들어 박히게 되어 있다.

고구려 고분벽화의 초기라고 할 수 있는 4~5세기의 주제는 생활풍속에 관한 것이었다. 생활풍속은 주로 무덤의 주인이 생전에 누렸을 상황에 관해서 재현하였을 것이다. 묘주(墓主) 부부가 시중을 받거나 나들이하는 모습, 사냥이나 연회를 하는 모습을 묘사하였다. 6~7세기에는 일상도(日常圖)에서 벗어나 왕자(王字)무늬, 연꽃무늬 등 장식무늬를 그렸는데, 특히 연꽃무늬 그림은 불교와 관련이 있을 것으로 보인다.

벽화고분 3기로 구분되는 6~7세기에 축조된 고분의 벽화에는 주로 사신도(四神圖)를 그렸다. 평양 지역의 벽화는 사신(四神)에만 집중하였다면, 집안 국내성의 사신도는 배경이 매우 화려하고 복잡한 양태이다. 이러한 점으로 비추어 볼 때 지역적인 차이를 보인다. 평양 지역과 국내성 지역의 벽화는 인물 그림에서도 차이가 있다. 즉 평양 지역 고분의 인물 복장은 옷의 여밈 상태가 오른쪽으로 여미는 것으로 묘사하여 중국계 옷차림으로 보기도 한다. 반면 국내성 지역의 고분벽화에 보이는 인물도에는 왼쪽으로 여미고 있어 차이를 보이고 있다.

고구려는 압록강 유역에서 건국한 이래 국가가 성장하고 발전하는 과정에서 영역을 확장하면서 주변 국가들과 갈등관계를 갖게 되었다. 국가 발전 과정에서 사신을 통한 평화적인 교류관계도 유지했으나 전쟁을 하면서 인적·물적 교류를 해야 했다. 이러한 교환이나 교류가 문화적인 측면에서도 남아 있다. 또한 비슷한 문화권과 교류했을 뿐 아니라 모용선비나 탁발선비, 중국의 남·북조와 많은 접촉을 하였다. 이러한 접촉은 자연스럽게 문화의 전달 또는 수용 과정을 거쳤다.

고구려의 고분벽화는 고구려 문화를 대표하는 상징성을 가지고 있다. 고구려는 건국 초기부터 주변 세력과 화전(和戰) 양면의 모습으로 외교관계를 유지하였다. 고구려의 벽화는 고분을 장식하는 장치로서 중요한 역할을 하였다. 그것은 미적인 측면만 있는 것이 아니라 피장자에 대한 기록의 의미도 있었을 것이며, 사후세계에서의 극락왕생을 위한 염원도 담았을 것이다. 고구려인들은 이 염원을 구현하기 위해 정교하고 과학적인 방법으로 안료를 채취하여 세밀하게 벽화를 그리고 석실을 견고하게 구축하였다. 그렇기 때문에 고구려 벽화는 문서를 통해서 확인할 수 없는 사실을 풍부하게 보여주고 있는 것이다.

고구려 벽화의 소재는 일상사를 표현하기도 했고, 종교적인 측면에서도 세세하게 묘사하고 있다. 보통 고대 사회의 왕릉이나 귀족 분묘는 당시 생활상을 유추하기에 자료가 풍부하지 않은 편이다. 그러나 고구려 고분의 벽화는 그들의 이웃과의 교류나 문화적인 양태, 사후세계에 관한 의식, 신선사상 등을 잘 표현하고 있다. 이를 통해서 고구려 사람들이 매우 개방적인 사고를 지녔으며 외국과 문화를 주고 받았을 것으로 추정할 수 있다. 특히 벽화에 나타난 서역인 묘사는 이들이 초원지역과도 활발하게 교류하였음을 사진을 찍듯이 보여주고 있다. 매우 사실적으로 묘사한 벽화는 고구려 상류사회의 생활문화를 이해하는 첩경이 된다.

고구려 고분의 벽화에서는 서역 문화요소도 볼 수 있다. 안악3호분 벽화에서 유명한 수박희(手搏戲)에 묘사된 인물들은 모두 서역계 인물이다. 측면의 얼굴을 묘사한 부분에는 뚜렷하게 코가 유난히 높게 그려졌다. 눈도 크게 묘사하여 서역계 사람의 특징을 잘 묘사하였다. 같은 안악3호분의 고취악대(鼓吹樂隊) 행렬도에는 뿔나팔이 묘사되어 있는데, 이 뿔나팔은 보통 유라시아 초원 유목지대에서 사용된 것이라고 한다. 유목사회에서 목동이 양을 비롯한 동물들을 이끌고 다닐 때 유용하게 사용했었던 듯하다. 각저총에 그려진 씨름하는 모습의 벽화에는 웃통을 벗은 두 인물이 씨름을 하고 있는 긴장된 모습을 그렸다. 씨름하는 인물 중 한 사람의 코는 수박희 그림에 나오는 서역계 인물의 코와 비슷하다. 이들 수박희를 하는 사람들이나 씨름을 하는 사람들의 얼굴 묘사는 금방 이들이 서역계통의 인물임을 알아볼 수 있게 하였다.

고구려가 주변의 국가와 교류를 한 것 중에서 활발한 이동이 있었을 것으로 추정되는 시기는, 4세기 초반 전연의 환도성 공격과 그 결과 고구려인들이 포로로 끌려갔을 때이다. 342년 전연 모용황의 침략으로 고국원왕 12년에 겪었던 왕모(王母)의 납치, 남녀 5만여 명이 포로로 끌려갔던 것은 건국 이후 최대 사건이었다. 이들은 355년에 돌아오는데, 이 많은 사람들이 10여 년간 전연에서 겪었을 고초와 문화·문물 체험은 전쟁이라는 비극을 겪으며 인적·물적 자원의 교류가 이루어졌음을 보여준다.

고구려 벽화에 서역인들이 묘사되어 있는 것과 달리 우즈베키스탄의 사마르칸트에 묘사된 조우삽관(鳥羽揷冠)을 하고 환두대도를 걸친 인물은 고구려와 너무나 먼 곳의 벽화에 기록된 것이어서 놀랍다. 이 벽화 인물들에 관해서는 아직 이렇다 할 정설이 있는 것은 아니다. 그러나 사서에서 조우삽관과 환두대도는 고구려의 상징과도 같은 의미를 지니는 것이어서 그 의미가 남다른 측면이 있다. 이들이 고구려의 사신일 가능성이 있다는 주장은 고구려가 지금의 중앙아시아에 존재했던 국가들과도 교류했던 사실을 염두에 둔다. 인물 벽화가 고구려 사신이 아니라면 고구려 계승의식을 가지고 있던 발해 사신을 묘사한 것일 수도 있다고 상정하고 있다.

『삼국사기』 고구려본기에 의하면 고구려는 기원전 37년에 압록강 유역에서 건국하였으며 668년에 멸망한 고대 국가이다. 705년이라는 기간 동안 존재하면서 동아시아에서 뚜렷한 족적을 남긴 것이다. 고구려가 668년에 멸망한 후 당의 내지로 이주했던 보장왕은 당의 조치에 의해서 요동으로 돌아와 안동도독에 임명되었다.

고구려는 국가가 존재할 동안에는 하나의 국가 이름이었으나 멸망한 이후 유민을 통하여 계승된 의식 속에서는 하나의 상징이 되었다. 고구려의 유민들은 발해 건국 이후 고구려 계승의식을 계속 강조하였다. 고구려가 멸망한 후 230여 년이 지난 901년 궁예는 고려를 건국하였다. 궁예는 "지난날 신라가 당에 군사를 요청하여 고구려를 깨뜨렸기 때문에 평양의 옛 도읍이 풀만 무성하게 되었으니 내가 반드시 그 원수를 갚으리라"고 하였다고 한다. 궁예는 신라의 왕자 출신이면서 고구려의 계승을 표방하였다. 궁예가 나라 이름을 고려라고 한 것은 견훤을 의식하였기 때문이다. 견훤은 900년 완산주(전주)를 도읍으로 삼고 의자왕의 원한을 갚겠다고 하고 후백제를 건국하였다. 궁예 역시 견훤과 비슷한 입장에서 신라와 대립하는 형세를 취하면서 국호를 고려라고 하였다. 궁예는 예성강 이북의 패강진(浿江鎭)에 기반을 두고 호족인 송악(개성)의 해상세력 왕건의 집안과 제휴하여 건국하였다. 이 지역은 고구려의 영역이었기 때문에 고구려의 문물제도를 알고 있던 유민들이 살고 있었다. 따라서 이들의 호응을 이끌어내기 위해서 국호를 고려라고 하였다. 이후 궁예는 국호를 마진(摩震), 태봉(泰封)으로 바꾸었다. 그러나 정변으로 정권을 잡은 왕건은 다시 국호를 고려(高麗)라고 하였다. 최승로는 태조가 "금계(金鷄) 즉 김씨의 계림(鷄林: 신라)이 스스로 멸망하는 때를 만나고, 병록[丙鹿: 麗의 파자(破字)]이 다시 일어나는 운세를 타고" 건국하였다고 언급하였다. 왕건이 고구려의 계승을 표방하면서 국호를 고려라고 하였음을 알 수 있다.

고려 태조 왕건은 고구려의 수도였던 평양이 황폐화된 것을 안타깝게 여겼다. 918년 9월에 "평양은 옛 서울인데 황폐한 지 오래되어 가시

나무가 무성하고, 오랑캐가 그 사이에서 사냥하며 침략하니 마땅히 백성들을 옮겨 이를 채움으로써 울타리(藩屏)를 굳게 해야 한다"라고 하고, 황주(黃州) 등 황해도 일대의 민호(民戶)를 평양으로 이주시켰다. 또한 왕식렴(王式廉)을 대도호부로 삼아 평양을 지키게 하였다. 왕건은 이처럼 평양을 국방의 주요 요지로 인식하였다. 이후 919년 10월에 평양에 성을 쌓고 921년 10월에는 평양으로 행차하였다. 그해 태조 왕건은 평양을 서경(西京)으로 승격하였다. 도읍인 개경(開京)과 함께 중시하고 있음을 천명한 것이다.

고려는 서경을 경영하고 북방정책을 추진하면서 북방 대륙으로부터 침략을 막을 수 있는 근거지를 확보하였다. 이를 두고 충선왕(忠宣王)은 동명왕(東明王)의 옛 땅을 되찾아가고자 하는 노력이라고 평가하였다. 고려 태조부터 후기의 충선왕에 이르기까지 고려가 고구려를 계승하고 있다는 의식을 면면이 지니고 있었음을 알 수 있다. 고려는 다른 나라에도 자신들이 고구려를 계승하였음을 강조하였다. 993년 고려를 침략한 요의 소손녕(蕭遜寧)에게 서희(徐熙)는 고려가 고구려의 옛 땅에 세워진 나라이기 때문에 국호를 고려라고 이름하고 평양에 도읍하였음을 주장하였다. 이러한 주장은 1057년 3월과 1065년 4월 요에서 고려에 보낸 책문에 문종(文宗)이 고려가 주몽(朱蒙)의 나라를 계승하였다는 표현을 써서 답장을 보냈다.

고려를 다녀간 이후『고려도경(高麗圖經)』에도 고려의 개국에 대한 역사적인 배경을 잘 표현하였다. 송 사신인 서긍(徐兢)은 고려 예종(睿宗)의 조의를 위해 고려를 방문했다. 서긍은 개경에 있는 사신(使臣) 숙소에 몇 개월간 머물렀다고 한다. 머무른 동안 보고 겪었던 것을 그림과 글로 보고한 책이『고려도경』이다. 이 가운데 고려의 건국에 관한 역사적 배경을 다루었는데, 고구려, 발해, 검모잠과 안승의 부흥운동, 고려의 순으로 서술하였다. 이는 고구려를 잇는 계승성을 가지고 있는 나라가 바로 고려라는 당시 고려인들의 인식을 반영하고 있다.

서긍의『고려도경』과 같은 기록에 의거하여 송에서 편찬된 사서들에는 고구려의 역사적 건국 배경을 고구려가 당에 망한 후 고씨 왕통이 끊겼으나 점차 회복하여 당 말에 왕 노릇을 하였으며, 왕건이 이를 계승하여 고려를 건국한 것으로 정리하였다.

한편 797년에 편찬된『속일본기(續日本記)』에는 고구려인·백제인·신라인들이 일본 열도로 이주하였다는 기록이 있고, 이들이 집단적으로 살던 지역을 고려군(高麗郡), 백제군(百濟郡), 신라군(新羅郡)으로 표기하고 있다. 이들은 보통 촌(村)을 형성하여 한곳에 마을을 형성하였고, 그것을 고려촌이라고 부르기도 하였다.

『삼국사기』는 고구려 사람들의 일상에 관한 기록을 많이 남기지는 않았다. 반면 무덤의 벽화는 묘주와 관련된 것으로 짐작되는 일상생활이나 관념세계에 관하여 잘 묘사했다. 특히 고구려인들이 즐겨 입었던 옷의 형태, 종류 등을 짐작할 수 있다. 고구려인의 복장에 관해서는 중국 사서에 남아있다.『삼국사기』에 악공인(樂工人)의 복식에 관한 기사가 실려있다. 이 악공인들은 악기를 연주하는 사람으로 아마도 다양한 의복을 입고 있었을 것이다. 이 자료 역시『통전(通典)』의 내용을 인용한 것이다.

『삼국지』에도 고구려의 사회상을 전하면서 지배계층에 대가(大加)와 소가(小加)가 있으며, 각각 머리에 책(幘)을 쓰거나 절풍(折風)을 썼다고 한다. 고구려 당시 상위의 남자들이 자신의 신분을 드러내는 것을 머리에 써서 서로를 알아보게 하였다고 전한다. 고대 신분제 사회에서

모자나 의복 등은 관직이나 관위 등 신분의 높고 낮음을 나타내는 수단으로 작용했음을 잘 보여준다.

문헌에 기록된 복식 기사가 관모(冠帽) 등 주로 눈에 띄거나 신분을 드러내는 부분에 설명을 집중했다면 고분벽화의 인물도는 생활상이나 관념세계를 그려내려고 했던 것으로 보인다. 120기에 이르는 고구려 벽화고분 가운데 인물도를 확인할 수 있는 고분벽화는 46기 정도이다(전호태, 2015). 고분벽화의 인물도는 피장자 당대의 모습을 거의 그대로 묘사했을 것이란 점에서 자료적인 가치가 높다. 고구려 역사에서 425년간 수도였던 길림성 집안 지역에는 많은 벽화고분이 산재해 있다. 그 가운데 인물도가 확인된 유적은 우산하고분군이다. 우산하고분군은 집안 지역에서 가장 많은 고분이 분포해 있다. 잘 알려진 고분으로는 각저총, 무용총, 삼실총, 통구12호분, 장천1호분 등이 있는데, 인물상은 모두 411명에 이른다.

장수왕 15년(427) 도읍을 평양으로 옮긴 후, 평양이 정치·문화의 중심지가 되었다. 평양이 도읍지로서 가진 지리적인 이점은 넓은 평야와 식량 생산력, 원활한 교통망이 갖추어져 있다는 점이었다. 국내성 지역은 지형이 협소하였기 때문에 발전해가는 고구려의 입장에서는 한계가 있었다. 아울러 평양을 중심으로 지배계층이 집중하게 되었다. 도읍지로서 평양이 차지했던 시간은 집안 지역보다는 짧았지만 이 일대에서 확인된 벽화고분의 인물도는 훨씬 많다.

수적으로 차이가 있을 뿐 아니라 벽화에 묘사된 인물들의 의복에서도 집안 지역과 평양 지역의 벽화 인물은 다른 특색을 가지고 있다. 집안 지역 고분인 무용총이나 각저총에 그려진 남자 주인공의 일상복은 유(襦: 저고리)와 고(袴: 바지)를 입고 있다. 여자들도 바지를 입고 있다.

남녀 구별 없이 소매가 좁고 길이가 긴 저고리와 통이 좁은 바지를 입었다. 집안 지역에서는 상(裳: 치마)을 입은 위에 반드시 포(袍: 웃옷)를 입었는데, 평양 지역에서는 웃옷 없이 저고리와 상을 입었다. 여밈 형태도 집안 지역에서는 왼쪽 여밈이었다면, 평양 지역에서는 좌임과 우임을 함께 하였다.

고분벽화에 보이는 여자의 치마는 길이가 다양하여 신발도 보이지 않을 정도의 긴 것과 속바지가 보일 정도의 짧은 길이도 있다. 형태는 주로 허리에서 밑단까지 곱게 잔주름을 잡은 치마가 많았다. 평양 지역 고분벽화에는 벽화 인물들의 옷에 무늬가 없는 것이 특징이다. 평안남도 남포(南浦) 대안리1호분 벽화에는 여인이 직조기에 앉아 옷감을 짜는 모습이 묘사되어 있는데, 당시 고구려에서 직조기술이 발달했음을 짐작해 볼 수 있다.

3. 후대 동아시아 각국의 고구려 인식

고구려는 5세기 이래 동아시아에서 독자적인 세력을 형성하였다. 고구려의 이러한 외교적 태도는 당시 독특한 동아시아 국제질서와 맞물려 있다. 북위가 439년에 강력한 세력으로 대두하자 북위를 가운데 두고 중국의 남조 송과 북쪽의 유연 및 서쪽의 토욕혼, 그리고 동쪽의 고구려는 서로 연결을 꾀하며 북위를 포위, 견제하는 한편, 각자 북위와 우호관계 혹은 적대관계를 맺게 되었다. 5세기 이래 동북아시아에서 강자로 대두한 북위에 대해서 고구려는 대립적인 관계를 유지할 수 없었다. 이는 고구려가 427년에 대동강 유역의 평양으로 천도하게 된 배경으로서도 작용하였다. 이후 고구려는 남진정책을 더 적극적으로 추진하였다. 고구려는 북위와의 위태로운 관계에도 불구하고 북위의 적대세력인 남조 국가 및 유연과의 연결을 도모하는 견제책을 구사하였다. 고구려와 북위는 서로의 세력권을 인정하면서 빈번한 서신 교환과 문물교류를 통해 당시 동아시아의 여러 국가 가운데 가장 우호적인 관계를 유지하였다.

고구려는 북위를 견제하기 위하여 남조의 송과도 일정한 관계를 유지하였다. 송은 북벌을 준비하면서 고구려에 전마(戰馬)를 요구하였는데, 이에 고구려는 439년에 말 800필을 보내기도 하였다. 북위와의 관계가 개선된 뒤에도 고구려는 북위에 대한 외교적 견제책으로 남조와의 교섭을 계속하였다. 고구려는 유연과도 우호적인 관계를 맺었다. 479년 고구려와 유연이 연합하여 지두우 분할을 시도한 사실에서 이 무렵 양국이 우호적인 관계를 유지하고 있었음을 알 수 있다. 이러한 관계는 물론 북위에 대한 견제책이었다. 고구려는 동아시아의 여러 국가들과 다양한 외교력을 구사하여 평화로운 관계를 유지하였다. 북중국의 국가와는 5세기 초에 후연과의 전쟁을 치른 이후 598년 수와 전쟁을 치를 때까지 전쟁을 하지 않았다. 북방 유목국가와도 6세기 후반 돌궐과 충돌하기 전까지 우호적이었다.

이와 같은 동아시아의 국제정세를 배경으로 동북아시아 지역에 대한 중국 세력이나 북방 유목세력의 영향력을 배제한 가운데 고구려는 독자적인 세력권을 구축하였다. 세력권의 외곽에 거란족과 말갈족의 일부를 거느리고, 지두우 분할을 시도하며 남실위(南室韋)에 철을 공급하면서 내몽골 동북부 지역에도 세력을 확장하였다. 한반도 안에서는 남진정책을 추진하여 백제를 압박하면서 중북부 일대를 차지하였고,

신라에 대해서도 정치적·군사적으로 영향력을 행사하였다. 광개토왕비나 충주고구려비에서 엿볼 수 있듯이 고구려는 백제나 신라를 '속민(屬民)'이나 '동이(東夷)'로 인식하였다. 이러한 인식은 동아시아에서의 고구려의 천하관을 보여주는 측면이 있다.

6세기 이후 북위의 분열에 따른 대륙의 정세 변동에 대해서 고구려는 소극적으로 대응했다. 북중국에서의 분열과 대립이 고구려에 직접적인 영향을 주지 않은 이유도 있었다. 한편 고구려의 국내 사정이나 한반도에서의 역학관계 변화로 인하여 대륙의 변화에 능동적으로 대처하지 못하였다. 6세기 초부터 귀족세력 간의 갈등으로 인한 정치적 내분이 발생하였다. 고구려는 국내정치 내분으로 인하여 국제정세의 변동에 민첩하게 대처하지 못하였다. 이 때문에 백제와 신라의 연합군 공격에 의하여 551년 한강 유역을 상실하였다. 고구려는 한반도와 대륙에서의 정세 변동에 대처하기 위해서 귀족연립체제를 채택하지 않을 수 없었다. 내부 분쟁을 일단 수습한 고구려는 남북 양쪽의 대외적 위협에 적극적으로 대처했다. 이후 돌궐이 동진(東進)해 오는 것을 저지시켰다. 특히 요해(遼海) 지역의 거란족·말갈족에 대한 지배권은 돌궐과의 주된 분쟁 대상이었는데, 6세기 말까지 고구려가 거란·말갈에 대한 지배권을 강화해가면서 요해 지역으로 적극적인 진출을 시도하였다. 한강 유역에서는 553년 관산성전투에서 백제군을 대파하고 성왕(聖王)을 죽임으로써 고구려 남부 국경을 안정시켰다.

6세기 후반 중원에서 수가 등장하여 중국을 통일하고 돌궐을 복속시키는 등 5세기 이래 다원적 국제질서를 바꾸는 변화가 초래되었다. 중국의 남·북조 국가와 북방의 유목세력, 그리고 고구려를 중심축으로 하는 상호 세력균형에 의해 유지되어 오던 국제질서가 와해되기 시작하였다.

13세기 고려와 원 세조 사이에는 원 세조 때 세워진 일정한 원칙이 있었고, 그것이 세조 이후로도 계속해서 양국 관계를 규정하였다(이익주, 1996). 원종(元宗)이 태자로서 몽골에 갔을 때 마침 내전 중에 있던 쿠빌라이를 만난 것은 고려·원 관계에 결정적인 영향을 미쳤다. 쿠빌라이가 원종을 처음 만났을 때 "고려는 만 리(萬里)나 되는 큰 나라이다. 당 태종이 친정(親征)하였어도 굴복시키지 못하였는데, 지금 그대가 스스로 내게 왔으니 이는 하늘의 뜻이다"라며 기뻐했다는 이야기가 널리 알려져 있다. 이제까지 수십 년 동안 저항해왔던 고려의 태자가 자신에게 조회(朝會)한 것은 곧 천명(天命)이 자신에게 기울었다고 생각하거나, 적어도 그렇게 선전할 수 있는 근거가 되었을 것이다.

고려가 외교적 성과를 거둘 수 있었던 데에는 고려의 끈질긴 항전에 대한 몽골 나름의 평가가 저변에 깔려 있었다. 즉 당 태종이 친정했어도 굴복시키지 못한 나라, 즉 고구려를 계승한 강국으로 인식하고 있었다는 데에 잘 드러나 있다.

조선 왕조에 들어서도 고구려에 관한 지식은 문헌을 통해 이어졌으며, 이를 통해 지식인들은 고구려에 대해 잘 인식하고 있었다. 특히 고구려가 수와 당의 침공에 맞서 대첩을 거둔 역사는 후대의 역사에서 군제(軍制)의 강화를 언급할 때 자주 등장한다. 안시성전투도 자주 거론하였는데, 전쟁을 할 때 수성(守城)의 중요성을 강조하면서 자주 언급하였다. 성종 대의 양성지(梁誠之)는 군정(軍政) 제반에 관해서 건의할 때 고구려의 대수·당 전쟁을 언급하였다. "지금 요동의 호구(戶口)에서 고려 사람이 10분의 3인데, 서쪽 지방 요양(遼陽)에서 동쪽 지방 개주(開州)에 이르기까지, 그리고 남쪽 지방 해주(海州)·개주(蓋州)의 여러 고을에 이르기까지 취락이 서로 이어져 있으니, 이것을 참으로 국가에서 급급히 고려해야 할 것입니다"라고 하였다. 명과 연접한 평안도 사람들이 국경을 넘어 요동 인근 지역으로 가서 사는데, 그 수가 많았음을 지적하였다. 이렇게 평안도 사람들이 쉽게 요동 지방에 가서 정착했다는 것은 그곳이 낯설지 않은 연고가 있었음을 암시하고 있고, 그것은 고구려의 강역이었음을 암시한다(정진헌, 2004).

조선시대에는 군사와 관련된 일이나 외적과의 항쟁에는 반드시 고구려를 거론하여 교훈으로 삼았다. 특히 당 태종이 고구려를 침범해서 대패한 사실은 수시로 이야기했다. 고구려에 대해서는 수와 당을 물리친 점을 들어서 조선시대에도 강국으로 인식하고 있었음을 보여준다. 고구려가 수 양제나 당 태종의 공격을 물리쳤다는 사실은 그 시대의 무인들이 배우고 본받아야 할 자랑스런 과거로 인식되었다. 세조는 자신이 편찬했던 『역대병요(歷代兵要)』의 내용을 축약하여 무인들에게 읽히려고 시도하면서 고구려와 관련된 무용담을 숙지시키려고 하였다(한명기, 2006).

성종이 독권관(讀券官)들을 모아 놓고 진현시(進賢試)를 볼 때 국방의 요령을 구하면서 "… 고구려에서는 수와 당에 능히 대항하여 천하에서 강국으로 일컫게 되었으니, 그 적국을 방어할 수 있었던 것은 어떤 계책이며 어떤 인재였는가?"라고 물었다고 한다. 이처럼 조선에서는 국방과 관련해서 고구려를 조선이 본받아야 할 모범으로 여겼다. 살수대첩과 안시성전투 등을 언급하면서 자신들이 국방을 강화하거나 전쟁에 관해서 논의할 때 반드시 귀감으로 삼았음을 알 수 있다. 양성지를 비롯한 15세기 조선의 지식인들은 요동을 과거 고구려의 영토로, 압록강에서 요하 일대에 거주하는 사람들을 아국(我國)으로 인식하고 있었다(한명기, 2006).

양성지는 세조의 혁신정책 중심부에 있었는데, 그는 고려, 삼국, 고조선의 시조나 그에 따른 배신(陪臣), 그리고 능묘에 치제(致祭)할 것을 건의하였다. 조선이 고구려를 계승한 대국이자 요동 지역을 고구려의 옛땅으로 여기는 인식을 바탕으로 고구려의 시조인 동명왕에 대한 치제를 하였다. 세조는 누구보다도 고구려의 시조를 제사하는 데 깊은 관심과 열성을 보였다. 그는 즉위 직후 중국 사신이 왕래하는 도로에서 가까운 위치에 있던 동명왕 사우(祠宇)를 정비하는 데 각별한 관심을 보였으며, 제관이 입는 복식을 중앙에서 직접 제작하여 내려보내기도 하였다. 세조는 동명왕의 사당에 행차하여 몸소 제사를 지내기도 하였다.

고구려가 요동을 차지한 강국이었다는 인식은 16세기 이후로도 계속 이어졌다. 임진왜란 직전인 1591년 일본에 갔던 김성일(金誠一)은 일본 승려 종진(宗陳)에게 고구려가 요동을 차지했었음에도 불구하고 명은 『대명일통지(大明一統志)』를 편찬하면서 이러한 사실을 누락시켰다는 것을 지적하였다. 수와 당을 물리칠 정도로 강대한 군사력을 지녔던 고구려에 대한 선망은 임진왜란을 계기로 더욱 절실하게 나타났다. 임진왜란 당시 전쟁 수행을 지휘했던 유성룡(柳成龍)은 선조에게 올린 글에서 삼국 가운데 하나였던 고구려가 수·당과 맞서고 있는 각 성마다 수만 명의 병력을 보유하고, 고연수와 고혜진이 15만 명의 병력을 동원하여 안시성을 구원하려 했던 사실을 지적했다. 그러면서 조선시대에 들어와서는 병력을 많이 동원해 봐야 겨우 1만여 명에 지나지 않게 된 '쇠약함이 누적된' 현실을 통탄했다(한명기, 2006).

숙종도 평소에 국방 문제에 관심이 많았는데, 특히 고구려의 강성한 군사력을 선망했고, 동시에 당시 조선의 군사적인 미약함에 대한 문제를 제기했다. 숙종은 특히 고구려가 성을 뛰어나게 지키며, 수와 당의 많은 군사를 물리친 것을 높이 평가했다. 영조도 고구려의 역사를 살피면서, 그것을 교훈으로 삼았다. 즉위 초 영조는 『동국통감(東國通鑑)』 등 조선의 역사서를 경연에서 강독교재로 활용하였으며, 논의를 통해 멸망 원인을 분석하여 거울로 삼으려고 하였다. 한편 영조는 지방관들에게 고구려 시조의 능묘를 제대로 관리하라고 명하였으며, 자신은 직접 동명왕의 제문을 짓기도 하였다. 영조 대 고구려에 대한 인식 중 가장 두드러진 특징은 고구려를 '군사강국'으로 본 것이었다. 그리고 나아가 고구려를 본받아 정예군을 양성해야 한다고 주장하였다.

조선의 왕이나 지식인들은 자신들의 병제와 군제에 관해서 논의할 때 자주 고구려의 대수·당 전쟁을 돌아보며 반성하였다. 남으로는 임진왜란, 북으로는 병자호란을 심하게 겪으며 국가의 강대함, 군사력의 중요성을 실감하였기 때문이다. 그러나 조선의 군정(軍政)은 현실적으로 크게 개선되지 않았다.

참고문헌

강현숙, 2005, 『고구려와 비교해본 중국 한, 위·진의 벽화분』, 지식산업사.
_____, 2013, 『고구려 고분 연구』, 진인진.
강현숙·양시은·최종택, 2020, 『고구려 고고학』, 진인진.
공석구, 1998, 『고구려 영역확장사 연구』, 서경문화사.
박원호, 2006, 『최부 표해록 역주』, 고려대학교출판부.
전호태, 2007, 『고구려 고분벽화 읽기』, 서울대학교출판부.
_____, 2020, 『고구려 벽화고분의 과거와 현재』, 성균관대학교출판부.
정호섭, 2011a, 『고구려 고분 조영과 제의』, 서경문화사.
_____, 2016, 『고구려사와 역사인식』, 새문사.

강선, 2005, 「4~6세기 동아시아 정세와 고구려의 대외정책」, 『軍史』 54.
김일권, 2000, 「각저총·무용총의 별자리 동정(同定)과 고대 한중의 북극성 별자리 비교 검토」, 『한국과학사학회지』 22-1.
김정희, 2021, 「고려신사(高麗神社)와 고마이누(狛犬)-『일본서기』의 고려(고구려) 인식과 관련해서-」, 『아시아문화연구』 56.
김현숙, 2001, 「중국 소재 고구려 유민의 동향」, 『한국고대사연구』 23.
_____, 2004, 「고구려 붕괴 후 그 유민의 거취 문제」, 『한국고대사연구』 33.
_____, 2018, 「고구려사에서의 말갈' 연구 현황과 과제」, 『동북아역사논총』 61.
노태돈, 1981, 「고구려 유민사 연구-遼東·唐 內地 및 突厥 방면의 집단을 중심으로」, 『韓㳓劤博士停年 紀念史學論叢』.
도유호, 1959, 「고구려 석실봉토분의 유래와 서역문화의 영향」, 『문화유산』 4.
박아림, 2008, 「고구려 벽화의 북방문화적 요소」, 『동북아역사논총』 22.

_____, 2014, 「고구려 고분 벽화와 북방문화」, 『고구려발해연구』 50.

_____, 2018, 「4~5세기 고구려와 중국 고분벽화의 묘주 표현에 보이는 문화적 포용성에 대하여」, 『고구려발해연구』 60.

박진욱, 1988, 「쏘련 사마르칸트 아흐라샤브 궁전지 벽화의 고구려 사절도에 대하여」, 『조선고고연구』 3, 사회과학출판사.

서길수, 2020, 「아프라시압 고구리(高句麗)사절에 대한 새 논란 검토 - 고구리(高句麗) 사신 사행(使行) 부정론에 대한 비판적 고찰 II」, 『동북아역사논총』 68.

여호규, 2000, 「4세기 동아시아 국제질서와 고구려 대외정책의 변화-對前燕關係를 중심으로」, 『역사와 현실』 36.

연민수, 2020, 「고대 일본의 고려군(高麗郡) 설치와 고구려계 씨족의 동향」, 『동북아역사논총』 70.

이규호, 2016, 「당의 고구려 유민 정책과 유민들이 동향」, 『역사와 현실』 101.

이미경, 2015, 「신라의 보덕국 지배 정책」, 『대구사학』 20.

이성제, 2019, 「650년대 전반기 투르크계 북방세력의 동향과 고구려 - 고구려 사절이 아프라시압 궁정벽화에 그려진 배경에 대한 검토 -」, 『동북아역사논총』 65.

이우성, 1974, 「삼국사기의 구성과 고려왕조의 정통의식」, 『진단학보』 38.

이익주, 1996, 「고려·원 관계의 구조에 대한 연구」, 『한국사론』 36.

이정빈, 2009, 「고연무의 고구려 부흥군과 부흥 운동의 전개」, 『역사와 현실』 72.

_____, 2018, 「6세기 중후반 요서말갈과 돌궐·고구려」, 『동북아역사논총』 61.

이홍직, 1965, 「고구려 유민에 관한 1·2의 사료」, 『사총』 10; 1971, 『한국고대사의 연구』.

임기환, 1992, 「6·7세기 고구려 정치세력의 동향」, 『한국고대사연구』 5.

_____, 2017, 「고구려사 연구의 시작과 끝에 대한 탐색」, 『한국고대사연구』 85.

장병진, 2016, 「당의 고구려 고지(故地) 지배 방식과 유민(遺民)의 대응」, 『역사와 현실』 101.

_____, 2020, 「고구려 유민 묘지명의 고구려 관련 전승과 그 계통」, 『역사와 현실』 117.

전호태, 2011, 「고구려 평양권 벽화고분의 현황과 과제」, 『울산사학』 15.

_____, 2012, 「고분벽화로 본 고구려와 중앙아시아의 교류」, 『한국고대사연구』 68.

_____, 2015, 「고구려 복식문화 연구론」, 『한국사연구』 170.

_____, 2017, 「고구려(高句麗)와 모용선비(慕容鮮卑) 삼연(三燕)의 고분 문화」, 『동북아역사논총』 57.

정재서, 2003, 「고구려 고분벽화에 표현된 도교 도상(圖像) 의미」, 『고구려연구』 16.

정진헌, 2004, 「조선 시대의 고구려 인식」, 『고구려연구』 18.

정호섭, 2011b, 「백제 벽화고분의 조영과 문화계통」, 『한국고대사연구』 61.

_____, 2013, 「조우관(鳥羽冠)을 쓴 인물도(人物圖)의 유형과 성격 – 외국 자료에 나타난 古代 한국인의 모습을 중심으로」, 『영남학(嶺南學)』 24.

조법종, 2015, 「고구려 유민의 백제 금마저(金馬渚) 배치와 보덕국」, 『한국고대사연구』 78.

한규철, 2008, 「고구려 발해의 상관성 연구와 과제」, 『고구려발해연구』 31.

한명기, 2006, 「조선시대 한·중 지식인의 고구려 인식 – 고구려의 '강성(强盛)'과 조선의 고구려 계승 인식을 중심으로 –」, 『한국문화』 38.

찾아보기

ㄱ

가림성 174
가서한(哥舒翰) 307, 308
가언충(賈言忠) 109
각저총 350
강심(江深) 106
개돈양(皆敦壤) 140, 176
개성 195
개원(愷元) 105
거란(契丹) 70, 204, 206, 221
건안성(建安城) 132, 244
건안주(建安州) 98, 268
검교안동도호(檢校安東都護) 117, 131
검모잠(劍牟岑) 137~145, 147, 148, 151, 152, 176, 181, 269, 279
검주(黔州) 117
격고려문(檄高麗文) 108
경기 257, 258
계루 252
계림대도독부(鷄林大都督府) 170
계필숭(契苾嵩) 66
고간(高偘) 87, 137, 142, 146, 149, 150, 178, 263, 270
고구려 고지 28, 103, 129~131, 143, 150, 156, 191
고구려 부흥운동 130, 141, 180, 183, 229, 269, 337
고구려 유민 67, 130, 168, 187
고국원왕 259, 346
고노자 253, 260
고덕(高德) 243, 248
고려(高麗) 144, 347
고려국왕(高麗國王) 338
고려군(高麗郡) 285~289, 292, 293, 327, 349
『고려도경(高麗圖經)』 348
고려왕약광(高麗王若光) 289
고려유려(高麗遺黎) 338
고려조신(高麗朝臣) 289, 291~293
고력사(高力士) 239
고모(高牟) 98, 235, 248
고목로(高木盧) 239, 248
고문간(高文簡) 281, 325, 326
고밀(高密) 236, 253, 259, 260

고발해지(故渤海地) 338
고선지(高仙芝) 281, 296, 304, 313~319
고씨 부인(高氏夫人) 245, 248
고연무(高延武) 138~141, 144, 181, 269
고연복(高延福) 238, 248, 251
고연수 356
고요묘(高鐃苗) 231, 232, 248
고원(高瑗) 244
고원망(高遠望) 97, 132, 244, 245, 248, 268
고을덕(高乙德) 67, 248, 252, 253, 256, 260, 261, 263
고인의(高仁義) 340
고자(高慈) 95, 230, 236, 246, 248, 252~254, 259, 260
고점리(高漸離) 243
고정문(高定問) 132, 138, 154, 155, 265
고제덕(高齊德) 340
고제석(高提昔) 232, 248
고족유(高足酉) 99, 235, 248, 255
고종 262
고진(高震) 230, 246~248
고질(高質) 95, 236, 246, 248, 252, 255, 260
고창조신복신(高倉朝臣福信) 289
고취악대(鼓吹樂隊) 행렬도 345

고토회복론 18~20, 24
고현(高玄) 94, 230, 234, 248, 267
고혜진 356
고흠덕(高欽德) 97, 132, 244, 245, 248, 268
공주(邛州) 159
곽대봉(郭待封) 101
곽행절(郭行節) 150
관롱집단(關隴集團) 31, 211, 212
관모(冠帽) 350
관중본위정책 25
광개토왕비 353
9서당 185
국가형성기 202~205, 216
국내성(國內城) 85, 232, 237
국서(國書) 339
군사귀족제(militocracy) 203, 207, 216, 222
군사(적) 팽창정책 204, 205, 210, 216
군제(軍制) 354
궁예 347
귀단도사(貴端道史) 67
귀족연립정권 209
근강국(近江國) 286
글필하력(契苾何力) 51~53, 65, 66, 71, 86~90, 101, 107, 265
금마저(金馬渚) 146, 174, 182, 189, 282~284, 327
금산(金山) 89

기미지배(羈縻支配) 131~133, 155, 157, 158, 266, 268, 269
기자 255
김법민(金法敏) 55
김보가(金寶嘉) 113
김부식(金富軾) 202
김성일(金誠一) 356
김유신(金庾信) 55
김인문(金仁問) 35, 55, 105, 172
김인태(金仁泰) 105
김춘추(金春秋) 27, 55, 169, 194
김흠돌 185

ㄴ

나당동맹 28~30, 32, 33, 47~49, 219
나당연합군 35, 39, 47, 109, 173, 181
나진옥(羅振玉) 230
낙랑(樂浪) 240, 241, 248
남건(男建) 89, 201, 232, 237
남곽생(南郭生) 53
남단덕(南單德) 99, 246, 248, 267
남단덕(南單德)묘지명 132
남산(男産) 230, 237, 238, 248, 252, 254, 260, 298, 301, 303
남생(男生) 65, 78, 131, 158, 215, 230, 233, 237, 238, 240, 248, 252, 255, 264, 280, 297, 301, 303
남소성(南蘇城) 88
남실위(南室韋) 352

남천주(南川州) 56, 191
낭비성 21
내준신(來俊臣) 237
농우도(隴右道) 280, 295, 296
뇌음신(惱音信) 40
누경(婁敬) 66
누방도(鏤方道) 52

ㄷ

다곡(多谷) 105
다식(多式) 145
다종족국가 206, 216
단결병 296
「답설인귀서(答薛仁貴書)」 22, 27, 30, 56, 94, 106, 113, 114, 116
당 고종(高宗) 131, 135, 152, 240
당시장군정사초당비(唐柴將軍精舍草堂碑) 53
당 중종 239
당 태종 167, 194, 232, 245
당항진(黨項津) 112
당 현종 243
대곡성(大谷城) 99
대당 경도 정책 209, 219
『대명일통지(大明一統志)』 356
대무신왕 260
대문(大文) 186, 190
대상(大相) 232
대수령(大首領) 232

찾아보기 363

대승 256
대안리(大安里)1호분 351
대양성(大楊城) 184
대조영(大祚榮) 159, 337
대행성(大行城) 88, 107
도림성(道臨城) 195
도사(道使) 232
도침(道琛) 168
독고경운(獨孤卿雲) 101
돌궐 158, 167, 212, 221, 235, 266
돌무지무덤 342
돌방 흙무덤 343
동국(東國) 286, 287
『동국통감(東國通鑑)』 357
동단국(東丹國) 338
동명구양(東明舊壤) 338
동명왕 260, 341, 348, 356
동북공정 250
동아시아 세계체제질서 208
동자성(童子城) 184
동책주 265
동책주도독부 154
두만강 151, 154, 155, 156
두선부(豆善富) 98, 242, 248
두의적(竇義積) 101

ㅁ

마미성(磨米城) 236, 246, 252
마미주(磨米州) 99, 246, 268

마읍(馬邑) 235
마읍산(馬邑山) 63
마읍성(馬邑城) 183
막리지(莫離支) 78, 236
말갈(靺鞨) 67, 140, 151, 153, 158, 159, 204, 206, 221, 233
매소성(買肖城) 178, 157, 194
매소성전투 178
명랑법사 177
모용씨 259
모용연 236
모용외 253, 259
모용황 259
목록(目錄) 135~137, 152
목저(木底) 89
묘지명 280, 294, 297~299, 300, 302, 303, 307
무열왕 24, 35, 37, 55, 170
무용총 350
무장국(武藏國) 286, 287, 289, 292, 293
무진주(武珍州) 175
문두루 비법 177
문무왕 55, 170
문영 114
문음(門蔭) 298~300, 303, 304, 328
미천왕 259

ㅂ

박작성(泊灼城) 111
발해(渤海) 239, 243, 247, 248
발해고국(渤海故國) 338
발해군왕(渤海郡王) 340
발해 무왕(武王) 339
방동선(龐同善) 87
방효태(龐孝泰) 52, 170
백제 고지 168, 191
백제군(百濟郡) 349
백제병합론 28
백제부흥군 36, 37, 40, 41, 55~59, 69, 75, 168~170
백제 부흥운동 39, 169, 173
백제 선공책 51
백제통합전쟁론 192
벌노성(伐奴城) 153
벽금서당(碧衿誓幢) 186
변국(卞國) 237, 256
변방 구조의 중층성 207
병영국가(garrison state) 203
보덕국(報德國) 184, 190, 279~284, 287, 327
보장왕(寶藏王) 139, 153, 158, 159, 201, 216, 238, 240, 246, 247, 262, 280, 294, 295, 297, 298, 303, 337
복남(福男) 77
복신(福信) 168
봉상왕 259

봉선(封禪) 77
봉제사(奉祭祀) 341
부몽영찰(夫蒙靈詧) 314, 320
부여 233, 269
부여도(扶餘道) 52
부여성(扶餘城) 101, 136
부여융 171
부여풍(扶餘豊) 169
북부여성주(北扶餘城州) 136, 152
북연(北燕) 243
북한산성 40
불덕(佛德) 84
비열홀(比列忽) 22, 93, 176
비열홀주(比列忽州) 191

ㅅ

사마르칸트 346
사사명 246, 310, 311, 319
사선의일(似先義逸) 230, 248, 249
사수(蛇水) 72
사수전(蛇水戰) 114
사신도(四神圖) 344
사야도(史也島) 140, 142
사천벌판(蛇川之原) 114
사천전(蛇川戰) 114
산동사족(山東士族) 31
『삼국지(三國志)』 152, 257, 341, 349
삼국통일론 202, 219
삼국통일전쟁론 192

삼실총 350
3차 고당전쟁 49
삼한(三韓) 234, 235, 248
석문전투 183
석성(石城) 97
석성전투 177
석현성(石峴城) 194
선비(鮮卑) 204, 206, 221
설만비(薛萬備) 53
설오유(薛烏儒) 140, 141, 144, 174
설인귀(薛仁貴) 67, 131, 134, 136,
   143, 147, 150, 156, 157, 167, 174,
   177, 191, 262, 265, 336
설하수(薛賀水) 111
세계정책 205, 208, 217, 218, 220
세력균형체제(Balance of Power
   International System) 204
소나(肖奈) 289, 290, 291
소나행문(肖奈行文) 290, 291, 293
소부리주(所夫里州) 174
소사업(蕭嗣業) 52
소정방(蘇定方) 35, 51, 170
속말말갈 153, 159
속민(屬民) 353
『속일본기(續日本記)』 349
송악(松岳) 341
송악성(松岳城) 195
송화강(松花江) 151, 153, 156, 216
수경성(水境城) 232

수곡성 106
수덕개(首德皆) 185
수박희(手搏戱) 345
술천성 41
시이곡정(始飴谷停) 55
신라군(新羅郡) 349
신라–당 전쟁 168, 175, 179
신문왕 185
신분국가 203, 207, 216
신선사상 345
신성(信誠) 95, 201, 232
신성(新城) 85, 134, 249, 337
실위(室韋) 206

ㅇ

아골타(阿骨打) 339
아달성(阿達城) 194
아달혜(阿達兮) 62
아사나충비(阿史那忠碑) 53
아진함성(阿珍含城) 106
악공인(樂工人) 349
안녹산(安祿山) 246, 308, 310, 311,
   318, 319, 320
안동(安東) 235, 248
안동도호(安東都護) 247, 262
안동도호부(安東都護府) 117, 129,
   131, 134, 135, 143, 149, 157, 159,
   167, 182, 191, 220, 234, 246, 264,
   266, 268, 269, 336

안무대사(安撫大使) 78
안승(安勝) 137~140, 142~145, 147, 174, 181, 188, 279, 281~284, 327
안시성(安市城) 102, 136, 147~149, 177, 356
안주성 108, 112
압록도(鴨綠道) 53, 101
압록수 65, 135, 136
압록책 111
압신라발해양번사(押新羅渤海兩蕃使) 323, 324
양도(良圖) 58
양성지(梁誠之) 354
양오(楊隞) 60
양원왕(陽原王) 209
양현기(陽玄基) 132, 133, 154, 155, 263, 265, 269
양현기(陽玄基)묘지명 132, 154, 155
여당전쟁 214, 218
여·제연화설 37, 38
『역대병요(歷代兵要)』355
연개소문(淵蓋蘇文) 18, 78, 180, 209, 210, 213, 215, 218, 233, 237, 238, 240
연꽃무늬 344
연운보(連雲堡) 315
연정토(淵淨土) 83, 181, 187
연진(延津) 108
열기(裂起) 60

염유(冉有) 85
영가(永嘉)의 난 243
영류산(嬰留山) 113
영류왕(榮留王) 209
영주 134, 159
영주성방(營州城傍) 307, 309
예군 251
예맥(穢陌) 235
예소사 251
예식진 251
오골성(烏骨城) 136, 140
오골성전투 140
오사(烏沙) 95
오흠(忤欽) 65
옥골(屋骨) 140, 176
옥성주(屋城州) 136
옥저도(沃沮道) 52
옹산성(甕山城) 55
완산주 175
왕건 347
왕경요(王景曜) 241, 248
왕모중(王毛仲) 242, 281, 304~307
왕문도(王文度) 169
왕사례(王思禮) 281, 304, 307~313
왕자(王字)무늬 344
요동(遼東) 242, 248, 263
요동도(遼東道) 51
요동성 136, 150, 157, 158
요묘(饒苗) 95

요수(遼水) 88
요해(遼海) 211
욕살(褥薩) 151, 243
욕이성(辱夷城) 88, 99, 112
우명산성 20
우산하고분군 350
우술성(雨述城) 57
우잠성(牛岑城) 184
웅령회맹 172
웅진도독 169
웅진도독부 170, 173, 188, 266
웅현성(熊峴城) 57
원만경(元萬頃) 108
위도(葦島) 63
위두대형(位頭大兄) 236
위만 256
위철(魏哲) 262
유덕민(劉德敏) 53
유목제국(遊牧帝國, imperial nomads) 204
유민(遺民) 129, 229, 336
유백영(劉伯英) 51, 72
유성룡(柳成龍) 356
유속(遺俗) 339
유연(柔然) 204, 205, 221, 352
유원정(劉元貞) 243, 248
유인궤(劉仁軌) 110, 131, 143, 169, 191, 264, 265
유인원(劉仁願) 55, 101, 170, 181

유헌(劉軒) 243
의봉4년개토(儀鳳四年皆土) 192
의자왕 34
이경(李敬) 245
이근행 137, 142, 146, 147, 149, 150, 157, 178, 270
이승휴(李承休) 341
이융기(李隆基) 243
이은지(李隱之) 242, 244, 248
이인덕 241, 248
이인회(李仁晦) 239, 248
이적(李勣) 101, 201, 232, 233, 262, 264
이정기(李正己) 281, 304, 312, 320~324
2차 고당전쟁 48
이타인(李他仁) 96, 139, 151~155, 230, 233, 248, 252, 253, 265
이타인묘지명 139, 151~153, 155
이현(梨峴) 60
이회(李懷) 242, 244, 248
일민족-다국가체제 219
일원(日原) 105
일통삼한(一統三韓) 189, 192
일통삼한론 28
임아상(任雅相) 52

ㅈ

『자치통감고이(資治通鑑考異)』 157

잠지락 256
장경(張脛) 53
장새(鄣塞) 60, 106
장수산성 144
장수왕(長壽王) 207
장잠도(長岑道) 53
장천1호분 350
적금서당(赤衿誓幢) 186
적리도(積利道) 101
적리성(積利城) 104
적목성(赤木城) 195
적석총(積石塚) 341, 342
전사국가 203
전제적 군사국가(專制的 軍事國家, despotic military state) 203, 204, 207, 216
절풍(折風) 349
정명진(程名振) 51
제1차 여당전쟁 214
제2차 여당전쟁 214
제국적 미숙성 207
제국적 지배구조 206, 207, 209, 216
『제왕운기(帝王韻紀)』 341
조계숙(曹繼叔) 72
조공 208, 257, 266
조공·책봉 80, 208
조선(朝鮮) 245, 247, 248
조양(朝陽) 337
조우삽관(鳥羽揷冠) 346

종심방어전략(縱深防禦戰略) 213, 214
주류성 168
주몽 252~254, 257, 261
중국 중심의 억압적 평화체제 (pax-sinica system) 208, 213
지경(智鏡) 105
지두우(地豆于) 206, 352
직조기술 351
진국(振國) 337
진변(辰卞) 232
진한(辰韓) 235
『집신주삼보감통록(集神州三寶感通錄)』 67
집안(集安) 204, 342

ㅊ

차대왕 256
창암(倉巖) 89
책(幘) 349
책봉 208, 266
책성(柵城) 151, 154, 156, 220, 236, 265, 269
책주(柵州) 96, 233, 248, 263
천강(泉岡) 113
천비(泉毖) 230, 240, 247, 248, 303, 304
천성(泉城) 194
천손(天孫) 261
천씨 부인(泉氏夫人) 247, 248

천은(泉隱) 240
천추(天樞) 235
천하관 193, 205, 353
천헌성(泉獻誠) 230, 234, 237, 238, 247, 248, 252, 253, 260, 297, 304
철관성(鐵關城) 194
철륵(鐵勒) 69
철산진(鐵山陣) 66
철위(哲威) 53
청주운천동사적비(清州雲泉洞寺蹟碑) 192
최헌(崔獻) 86
충상(忠常) 188
충선왕(忠宣王) 348
충주고구려비 353
취리산회맹 172
측천무후 31, 237
치제(致祭) 356
7세기 동아시아 국제전쟁 202
칠중성(七重城) 21, 39, 194
칠중하(七重河) 60

ㅌ

탈라스(Talas)전투 317, 318
태막리지 79
태산봉선 306
태원(太原) 241, 248
태원창(太原倉) 318, 319

토번(吐蕃) 135, 143, 150, 157, 178, 220, 235, 281, 296, 308, 314~316, 319
토욕혼(土谷渾) 204, 205
통구(通溝)분지 342
통구12호분 350
통일전쟁론 202

ㅍ

패강(浿江) 63
패강도(浿江道) 51
패강진(浿江鎭) 195
평로절도사 319~321
평로치청절도사(平盧淄青節度使) 321, 323
평릉(平陵) 242
평양 234, 235, 248
평양도(平壤道) 51
평양성 115, 238
평양 이남 백제 토지(平壤已南 百濟土地) 27, 47, 194
표하(瓢河) 62
풍발(馮跋) 243
풍사본(馮師本) 102
풍홍(馮弘) 243

ㅎ

하남도(河南道) 280, 324
하북6진(河北六鎭) 211

학처춘(郝處俊) 101

한성(漢城) 99, 142, 144, 146, 176, 181

한성 고구려국 130, 144, 146~148, 185

한성정(漢城停) 106

한향(韓鄉) 235

함원전(含元殿) 117

함자도(含資道) 53

해곡(海谷) 105

해곡도(海谷道) 101

해동성국(海東盛國) 338

현도군공(玄菟郡公) 85

현무문(玄武門)의 변(變) 213

혜포(鞋浦) 56

호로하(瓠瀘河) 147, 184

화장지법(化粧地法) 343

환두대도 346

환인(桓仁) 204

황산벌전투 188

회흘(回紇) 52

후희일(侯希逸) 319, 321~324

흑수말갈 340

흑수부(黑水府) 340

흑치상지 251

흑치준 251

고구려통사 7
고구려의 멸망과 부흥운동, 유민사

초판 1쇄 발행 2024년 11월 29일

엮은이 동북아역사재단 한중연구소
지은이 이동훈, 정원주, 김강훈, 이준성, 박경철, 장병진, 김수진, 금경숙
펴낸이 박지향
펴낸곳 동북아역사재단

등록 제312-2004-050호(2004년 10월 18일)
주소 서울시 서대문구 통일로 81 NH농협생명빌딩
전화 02-2012-6065
홈페이지 www.nahf.or.kr
제작·인쇄 역사공간

ISBN 979-11-7161-144-7 94910
　　　　978-89-6187-595-0 (세트)

- 이 책은 저작권법에 의해 보호를 받는 저작물이므로 어떤 형태나 어떤 방법으로도 무단전재와 무단복제를 금합니다.
- 책값은 뒤표지에 있습니다. 잘못된 책은 바꾸어 드립니다.